Lengua castellana y Literatura 2

Esta obra ha sido impresa sobre papel ecológico y 100% reciclable.

En los libros de Lengua castellana y Literatura de Bachillerato se han incorporado normas de la Nueva Gramática de la Lengua Española (2011) y de la Ortografía de la Lengua Española (2010) de la Real Academia Española.

Cubierta
P. y O. Sallés

Diseño de maqueta
Naono, S. L.

Dibujos
J. M.ª Casanovas

Fotografías
Age Fotostock, Album Archivo de Fotografía, Archivo Teide, Juanfran Martínez Photo, Getty Images, Prisma Archivo, Shutterstock Inc., Cordon Press, Stock Photos – Latin Stock, Dreamstime

Maquetación
Admagraf

Primera edición
Segunda impresión, 2017

info@editorialteide.com
www.editorialteide.com

ISBN: 978-84-307-5351-2
Depósito legal: B-11305-2016
Impreso en Arlequín & Pierrot SL - 08029 Barcelona

BACHILLERATO

Lengua castellana y Literatura 2

J. Fortuny, S. Martí, M. López, J. Ráfols

TEIDE

ÍNDICE

LECTURA Y COMENTARIO · ESCUCHAR, HABLAR, LEER Y ESCRIBIR · CONOCIMIENTO DE LA LENGUA

UNIDAD 11

LITERATURA

LITERATURA

APÉNDICE

Con la activación de la licencia, se accede a mundodigital, espacio donde se pueden encontrar recursos y materiales complementarios tan útiles como necesarios.

Audio en el web

Lengua

UNIDAD 1

Emoticóname
La lengua que se escribe con imágenes

Ya se habla de una «emotilengua», es decir, un lenguaje de *emoticonos*, la moda infantil de comunicarse por medio de iconos, que se ha extendido a los adultos. En el 2014 la *palabra* más usada en inglés fue un ideograma, la imagen de un corazón, y la Biblioteca del Congreso de Estados Unidos ha aceptado un ejemplar de la novela *Moby Dick* escrito en emoticonos (*emoji* en japonés). El emoticono constituye una especie de atajo emocional entre el lenguaje oral y el escrito. Existen centenares de emoticonos, y entre los nuevos que se esperan se encuentran los rostros de Freud y Beyoncé, así como el símbolo de la peineta.

En el 2001, año de los atentados del 11-S, fue *ground zero*; en el 2011, cuando emergieron los movimientos de los indignados, *occupy*; en el 2014, la palabra más usada en el mundo de habla inglesa, según Global Language Monitor, ya no fue una palabra, sino un ideograma que representa un corazón, es decir, un emoticono, el icono que expresa emociones. El *emoji* es la lengua más escrita del mundo, la nueva lengua franca. Pasó de los niños a los adultos en apenas cuatro años y su uso se ha extendido tanto que ya se habla de ampliar los signos del alfabeto, o mejor, el «alfa-bit». En los teclados de los dispositivos Android, junto a los teclados tradicionales qwerty, chino, árabe, urdu o hawaiano, está el *emoji*, un invento japonés que ha contagiado como una fiebre a las poblaciones de todo el planeta. [...]

Los emoticonos visualizan emociones: una cara sonriendo, otra triste, otra llorosa, una pistola apuntando, un rostro enfurruñado, un brazo exhibiendo bíceps..., un lenguaje ya común en los libros infantiles para niños que aprendían a leer. Unas veces sirve para subrayar (como los signos de admiración), otras para reemplazar palabras. Son una mezcla de las antiguas calcomanías, el cómic y los pictogramas, logogramas, ideogramas o símbolos que ya se utilizaban habitualmente (el dólar, una caseta de playa, una copa de champán, señales de tráfico o aeropuertos). Incluye desde una bailarina flamenca hasta rostros que no se sabe bien si ríen o lloran. [...]

¿A qué se debe el celérico éxito de los emoticonos entre niños, jóvenes y ahora adultos? Hay una parte de juego novedoso y otra de la creciente infantilización de la sociedad, pero la principal causa de su implantación viene de la necesidad de inmediatez y de la ansiedad de estar permanentemente hiperconectados: la tardanza en contestar un mensaje telefónico suscita desasosiego y no pocos equívocos. Los estudios de comunicación indican que cuando dos personas hablan cara a cara, casi lo de menos es la expresión verbal: cuenta más cómo lo dices, la expresión gestual, el tono, la mirada..., algo que se pierde cuando estas dos mismas personas se comunican a distancia por escrito con mensajes cortos, a la velocidad del rayo. Y como nadie escribe con la rapidez con la que habla, de la escritura con palabras abreviadas del *slang* de los SMS o del primer emoticono –inventado en 1982 por Scott Fahlman, de la Universidad Carnegie Mellon (Estados Unidos), para representar una cara sonriente con dos puntos, un guion y un paréntesis :-)–, se ha pasado a las imágenes como atajo emocional. Aunque no del todo, porque muchas figuras o su secuencia dan pie a malas interpretaciones.

Nabokov, harto de que sus bromas no fueran entendidas por un lector apresurado, imploraba la incorporación en el teclado qwerty de un signo que indicara que la frase encerraba una ironía. Proponía que fuera el signo del paréntesis reclinado, a modo de sonrisa. [...] Hoy, la conversación *emoji* a veces se utiliza para ser ambiguo, salir del paso o esconder los verdaderos sentimientos. Es más fácil pulsar un corazón latiendo en la pantalla del móvil que dibujar un corazón atravesado por una flecha en la corteza de un árbol y por supuesto que escribir una hermosa carta de amor.

La voz *emoji* quiere decir en japonés 'palabra-imagen' y fue inventada por Shigetaka Kurita, que trabajaba en la NTTT Docom, una proveedora de servicios de Internet para móviles, inspirándose en el manga, las señales callejeras y la escritura japonesa, porque la escritura pictográfica no es nueva ni hay que remontarse a los egipcios. En literatura, Lawrence Sterne, en *Tristram Shandy*; poetas como Apollinaire en sus caligramas, y hoy Mark Z. Danielewski, en *Casa de hojas*, utilizan recursos icónicos. Los expertos en lenguaje comunicativo coinciden en señalar que el *emoji* no sustituye a ningún lenguaje tradicional, sino que solo lo amplía. No se trata nada más que de un juego en una época en la que la inmediatez deja poco espacio para la reflexión y en que en las redes sociales se busca coleccionar compulsivamente clics de «me gusta», el puño con el pulgar en alto, y se vincula la autoestima con el número de seguidores.

Los expertos no saben predecir si el *emoji* acabará cansando a quienes ahora lo utilizan y lo abandonarán por otras formas de comunicación hoy inimaginables. Sus caracteres tienen un potencial ilimitado de crecimiento e incluso existe la opción de personalizarlos con el rostro de cada usuario. De momento, la mayoría de iconos buscan la rápida conectividad emocional positiva y son pocos los que expresan sentimientos negativos o de violencia. Dulcifican mensajes con bala que circulan por la red. Más irónicos, imaginativos o críticos son los *memes*, en los que se mezclan imágenes y texto, a veces devastadores.

Josep Massot. *La Vanguardia*

LECTURA Y COMENTARIO

Aspectos comunicativos o pragmáticos

1. ¿Qué podemos deducir sobre el autor y sobre el propio discurso a partir del texto, un artículo publicado en la sección de cultura de un periódico?
   - En el quinto párrafo, se habla de los antecedentes de los emoticonos citando a diversos escritores. ¿Qué información aportan esas citas sobre el autor?
   - ¿Qué expectativas crees que tiene el autor respecto a sus lectores?
2. ¿Qué finalidad predomina en el texto: entretener, conmover, persuadir o informar?
3. Indica de qué tipo es el texto: narrativo, descriptivo, dialogado, expositivo, argumentativo, predictivo o retórico.
4. Indica si es un texto claramente modalizado, en el que el autor manifiesta su opinión, o bien si es poco modalizado. Para ello, observa si se emplea léxico valorativo, las modalidades de los enunciados, los cambios de registro, la persona verbal, etc.

Contenido

5. Resume el primer párrafo en una frase como si fuera un subtítulo.
6. ¿Cuál es la frase esencial del segundo párrafo?
7. En el tercer párrafo, el autor refiere las razones del éxito de los *emoji*. ¿Cuáles son?
8. ¿Los emoticonos amenazan el lenguaje tradicional, en opinión de los expertos (párrafo quinto)?
9. ¿Qué futuro se vislumbra respecto a los emoticonos?

Estructura

10. Elabora un esquema de la estructura del texto: señala sus partes y el tema principal de cada una.
    - ¿Se establece una correspondencia entre los subtemas y los párrafos?

Aspectos lingüísticos

11. Como es lógico, al tratar sobre un nuevo lenguaje, el texto incorpora nuevas palabras, algunas, como *emoji*, no reconocidas por la RAE, y otras admitidas, como *emoticono*. Comenta qué clase de palabras son.
12. Analiza las palabras compuestas *pictogramas*, *logogramas* e *ideogramas*.

Creación

13. En grupos de tres o cuatro personas, debatid sobre el futuro de los emoticonos tomando como punto de partida el último párrafo del texto y redactad vuestras ideas en un breve texto de unas diez líneas.
14. Leed las diversas redacciones al resto del grupo y después realizad una valoración que tenga en cuenta tanto el interés del contenido como la forma de expresión.

ESCUCHAR, HABLAR, LEER Y ESCRIBIR

El estudio del texto

El texto

El **texto** es una unidad total de comunicación emitida por un hablante en unas circunstancias determinadas.

Como vimos en el curso anterior, el **texto** se define por los siguientes rasgos:

- Es un **acto** porque el hablante realiza una acción (como cantar o correr) manifestando una intención comunicativa: informar, ordenar, mostrar, persuadir, prometer...
- Se produce en una **situación** extralingüística determinada (tiempo, espacio, relación emisor-receptor), a la que debe adecuarse, y fuera de esta pierde su sentido.
- Posee una **estructura** (organización interna) que relaciona sus elementos y les da coherencia y unidad.

La extensión de un texto no tiene un límite preciso. Un texto puede estar constituido por un solo enunciado (como la palabra-enunciado *¡Bienvenido!*); por varios (una conversación, un correo electrónico), o por cientos de ellos (el guion de una película o una novela). Un texto puede incluir textos menores (capítulos, párrafos, etc.).

Las propiedades textuales

Todo texto (oral o escrito) debe cumplir unas condiciones para ser considerado como tal. Estas condiciones son las **propiedades textuales**:

- La **adecuación** a la situación comunicativa.
- La **coherencia**, o selección y organización de la información con vistas a obtener un significado unitario (el *tema* del texto, es decir, la *idea* que transmite globalmente).
- La **cohesión** o conexión entre los distintos elementos que constituyen el texto, y también entre el propio texto y la situación extralingüística.

PROPIEDADES TEXTUALES

- adecuación
- coherencia
- cohesión

La adecuación

La **adecuación** atiende a la relación entre texto y situación. Un texto es adecuado cuando se adapta a la intención comunicativa del emisor y al contexto en que se produce.

UN TEXTO ADECUADO

- Se adapta a la situación: relacionado con la selección de información, el registro y la modalización.
- Consigue el propósito comunicativo: relacionado con las funciones lingüísticas.

La **intención** u **objetivo comunicativo** que perseguimos se relaciona con la **función lingüística** dominante. Así, usaremos la función **referencial** si queremos informar, **conativa** o **apelativa** si lo que buscamos es convencer al receptor, etc. Respecto a la **situación comunicativa**, tendremos en cuenta el marco espacio-temporal (el intercambio comunicativo se produce en un despacho, en la calle...); el tema (general o específico); el canal (oral o escrito), y la idea que nos hacemos del receptor al que va dirigido (¿quién es?; ¿qué relación tiene con nosotros?, y ¿qué presuponemos que sabe?). Todo ello hace que **seleccionemos** una determinada **información** y empleemos un **registro** adecuado –desde lo informal hasta lo formal–; unos recursos de **modalización**, que reflejan la actitud del emisor (la entonación, el léxico valorativo, las interjecciones, las cursivas o comillas); la ironía; el tratamiento de *tú* o de *usted*; recursos embellecedores o humorísticos; ejemplos, etc.

Actividades de comprobación

1. Indica en qué tipo de publicación serían adecuados los siguientes textos:

a) Sin darnos tiempo a reponernos de cuatro días de infarto de uno de los festivales de música *indie* más potentes y reconocidos de todo el territorio español, la organización del Sonorama ya se ha puesto manos a la obra y tenemos fechas confirmadas para el próximo año: del 12 al 15 de agosto.

Si eres uno de los afortunados que ya tiene en sus manos uno de los 100 abonos que sacaron hace unos días a precio reducido, ¡¡¡enhorabuena!!! Si eres de los muchos que se quedaron sin él, no te preocupes, pues en cuanto pongan a la venta nuevos abonos, te informaremos lo más rápido posible.

Mientras tanto, te dejamos con Niños Mutantes dándolo todo en la plaza del Trigo.

Sonorama

b) CINE EN CONSTRUCCIÓN es una propuesta que comparten los festivales de San Sebastián y Toulouse en secciones paralelas y por la que cada año se realiza una convocatoria para que películas latinoamericanas y españolas que están en fase de producción y posproducción encuentren apoyo para su finalización y posterior difusión. Después de que las películas tengan su distribución comercial e internacional en festivales, así como su exhibición en salas, participan en la ruta que organiza el Instituto Cervantes, que permite que lleguen a un público diferente o a aquel que no tiene acceso al circuito internacional de los festivales.

Centro Virtual Cervantes
<http://www.cervantes.es>

2. Observa la modalización y el registro de ambos textos y deduce qué emisores y receptores pueden tener.

La coherencia

La **coherencia** es la propiedad del texto que le da unidad de sentido, de manera que todos los elementos se relacionan para formar un significado global.

Para que un texto sea coherente, en primer lugar **se selecciona la información** necesaria para su comprensión, y se prescinde de la restante (esta selección se hace teniendo presente la situación comunicativa, para que el texto sea *adecuado* a esta). En segundo lugar, **se organiza de forma coherente**, es decir, con una estructura que le dé sentido. En la coherencia, además de la selección de la información y la estructura, importa la intervención activa del emisor y del receptor en el proceso de producción e interpretación del texto.

Junto con esta estructura interna, los hablantes tienen a su alcance unos «moldes» (o superestructuras) que se han fijado con el uso y que facilitan la producción e interpretación de los textos. Son los **tipos de textos** –narración, exposición, argumentación...–: formas comunes a una serie de textos que tienen las mismas características y que, a su vez, incluyen diversos **géneros** textuales o **clases** de textos, como el cuento, el chiste, la carta, las instrucciones de uso o la presentación. Por ejemplo, si nuestro objetivo comunicativo es contar una anécdota, utilizaremos el texto narrativo; si pretendemos informar, el texto tendrá forma de noticia; en cambio, si lo que queremos es entretener, usaremos otro género: el cuento. Además, en un texto se pueden combinar tipos o géneros textuales distintos; por ejemplo, numerosos chistes incluyen narración y diálogo, mientras que una conferencia (exposición) puede incluir alguna anécdota (narración).

La coherencia depende de:

- la selección de la información;
- la estructuración del texto en partes (relacionada con los tipos y géneros textuales).

Actividades de comprobación

3. Realiza un esquema del texto que aparece a continuación. ¿Consideras que tiene una estructura clara y ordenada?

> Las abejas son insectos sociales y colaboradores. Viven en las colmenas, donde existen tres castas.
>
> Las únicas abejas que normalmente vemos son las obreras. Son hembras que no están desarrolladas sexualmente. Estas abejas buscan alimento (polen y néctar de las flores), construyen la colmena y la protegen, limpian, hacen correr el aire batiendo sus alas y realizan otras muchas tareas para la comunidad.
>
> El trabajo de la abeja reina es sencillo: pone los huevos que constituirán la nueva generación de abejas. Normalmente no hay más que una abeja reina en una colmena. Si muere, las obreras crean una nueva abeja reina alimentando a una de las obreras con una dieta especial, la jalea real. Este elixir hace que la abeja obrera se desarrolle y se convierta en una reina fértil. Las reinas también ponen orden en el trabajo de la colmena desarrollando productos químicos que guían el comportamiento de las demás abejas.
>
> Los zánganos son la tercera casta de las colmenas, y son machos. En cada colmena viven cientos de zánganos durante la primavera y el verano, pero son expulsados en invierno, cuando la colmena adopta una forma de vida más austera.
>
> Las abejas viven durante todo el invierno de la miel y el polen almacenados, manteniéndose juntas para conservar el calor. Las larvas también se alimentan en invierno de los productos almacenados y, al llegar la primavera, vivirá un nuevo enjambre en la colmena.
>
> *National Geographic*

4. ¿Qué finalidad predomina en el texto: convencer, informar, dialogar...? ¿De qué tipo crees que es: descriptivo, retórico, expositivo, argumentativo, dialogado...?

1

La cohesión

La **cohesión** manifiesta la relación de los diversos elementos del texto, así como la relación entre el texto y la situación extralingüística.

ELEMENTOS DE LA COHESIÓN

- Mecanismos de referencia:
  - de cohesión gramatical
    - elipsis
    - deixis
    - anáfora
    - catáfora
  - de cohesión léxico-semántica
    - repetición
    - recurrencia semántica: sinónimos, hiperónimos, metáforas...
- Mecanismos de conexión: conectores o marcadores discursivos.
- Marcas relacionadas con la modalización.
- Correlación de las formas verbales.
- Puntuación o entonación.

Los mecanismos de cohesión fundamentales, como vimos en el curso anterior, son los siguientes:

- La **referencia**, que es la relación entre un elemento o referente (objeto, persona, etc.) y otro que lo sustituye, con lo que se asegura el seguimiento del tema: *Llamó Juan, le dije que viniera temprano.*

- La **conexión**, que expresa la relación de las ideas a través de los **conectores** o **marcadores discursivos**: *Ayer no me encontraba bien, mejor dicho, estaba muy cansada.*

- Son también mecanismos de cohesión la **modalización**, el uso de las **formas verbales** –la correlación lógica del tiempo y el modo verbal– y la **entonación** y la **puntuación**.

Las relaciones referenciales

Recordemos brevemente los procedimientos de referencia, tanto los de tipo gramatical como los léxico-semánticos.

Mecanismos de cohesión gramatical

- La **elipsis** es la omisión de un elemento fácilmente deducible, sea porque se ha mencionado anteriormente o porque se sobreentiende en el contexto:
  Lucía llamó. (ella) Dijo que finalmente había llegado a Londres.

- La **deixis** es un tipo de referencia que señala algunos elementos de la realidad o situación extralingüística mediante procedimientos lingüísticos llamados *deícticos*. Estos señalan a las personas que participan en el acto verbal (emisor y receptor) y el lugar y el momento en los que se enuncia el mensaje. Por ello, básicamente se distinguen tres tipos de deixis: personal, espacial y temporal. Observa el siguiente ejemplo:
  Por aquí no los veo, mira tú por fuera.

  Los elementos subrayados solo adquieren sentido para los interlocutores porque el enunciado se construye desde el presente del yo-emisor y los deícticos se emplean para señalar desde ese punto de vista.

- La **anáfora** vincula un elemento del texto con otro que ha aparecido anteriormente –el referente antecedente–. Por ejemplo:
  Vi a tu hermana en el cine, ella dijo que lo había aprobado todo.

  En esta frase, *tu hermana* es el antecedente o referente, y *ella* es una deixis anafórica.

- La **catáfora** se produce cuando un elemento del texto se relaciona con otro posterior –o hace referencia a él:

  Sara me contó esto: un día que iba en tren...

  En el ejemplo, el elemento *esto* es una deixis catafórica, ya que sustituye lo que va a continuación: *un día que iba en tren...*

Mecanismos de referencia léxico-semánticos

- La simple **repetición** de una palabra constituye un factor de cohesión del texto: *Pedirá paella y, de segundo, lenguado. La paella me gusta mucho.*

- La **recurrencia semántica** se produce cuando en el mismo texto se usan con un único significado varias palabras relacionadas entre sí por su significación (palabras sinónimas, antónimas, hiperónimas e hipónimas) o se utilizan otro tipo de sustitutos semánticos para reemplazar la palabra referente (perífrasis, metáforas, metonimias, etc.):

  Comeré paella. ¿Tú también querrás arroz?
  referente — sustituto léxico (hiperónimo)

  Su loro tenía un miedo atroz al perro del vecino y batía nerviosamente las alas
  referente
  al primer ladrido del irascible pequinés.
  sustituto léxico (hipónimo)

  Las relaciones de referencia léxico-semánticas son también de tipo anafórico o catafórico, en función de si la palabra referente aparece antes o después de la que la sustituye.

  Mi vecina me regaló unas rosas; es un detalle que se acuerde de cuáles
  referente-antecedente
  son mis flores preferidas.
  sust. léxica anafórica (hiperónimo)

  Me contestó con estas palabras: No quiero verle nunca más.
  sust. léxica catafórica — referente

La conexión textual

La **conexión** de un texto se hace explícita con los **conectores** o **marcadores discursivos**, que cohesionan las partes del texto (enunciados, párrafos o apartados mayores), expresando diversas relaciones significativas entre ellos (de distribución, ejemplificación, síntesis, etc.).

Como vimos en el curso anterior, los **conectores** o **marcadores discursivos** orientan la interpretación del texto porque indican la relación entre sus partes. No forman una clase de palabras especial. Pueden ser adverbios (*realmente, además*); preposiciones y conjunciones (*según, pero*); interjecciones (*¡claro!*) y, sobre todo, las locuciones formadas por esas clases de palabras (*así pues, en primer lugar, por ejemplo, en definitiva*). Se distinguen las siguientes clases de conectores:

- **De ordenación:** *para empezar, en primer lugar, por una parte... por otra, finalmente...*
- **Aditivos (y de precisión):** *además, incluso, de hecho, en realidad, sobre todo...*
- **De contraste (adversativos y contraargumentativos):** *no obstante, en cambio...*
- **Concesivos:** *en cualquier caso, con todo, de todas maneras...*
- **Consecutivos e ilativos:** *por tanto, por consiguiente, de ahí que, de modo que...*
- **Explicativos:** *esto es, o sea, es decir, a saber...*
- **Reformuladores (aclaran o rectifican):** *en otras palabras, dicho de otra forma...*
- **Ejemplificativos:** *por ejemplo, así, en concreto...*
- **Rectificativos:** *mejor dicho, más bien...*
- **Recapitulativos:** *en resumen, así pues, en definitiva, sintetizando...*
- **De apoyo argumentativo:** *en vista de todo ello, dicho esto, pues bien...*
- **Digresivos (incorporan comentarios no esenciales):** *por cierto, a propósito...*

Actividad de comprobación

5. Lee el texto y responde las siguientes preguntas:

a) Indica los mecanismos de referencia que se emplean en el texto.

b) ¿Por qué contribuye a la cohesión textual la repetición del sustantivo *microbioma*? (En total, se repite 4 veces).

c) Comenta cuál es la función en el texto de *además* (lín. 9).

Los indios yanomamis tienen una diversidad en su microbioma que los protege frente a enfermedades como el asma o la alergia.

El microbioma (es decir, las bacterias que viven en el organismo) de los indios yanomamis es mucho más completo que el de los habitantes de los países más industrializados, casi «virgen». El microbioma de estos indios que apenas tienen contacto con la llamada civilización contiene posiblemente el nivel más alto de diversidad bacteriana que se ha registrado hasta la fecha en un grupo de seres humanos, casi un 40 % más que, por ejemplo, el de la población de Estados Unidos. Además, el microbioma de los yanomamis no solo es muy diverso, sino que aloja genes resistentes a antibióticos, incluso a aquellos que confieren resistencia a medicamentos sintéticos.

R. IBARRA. *ABC*

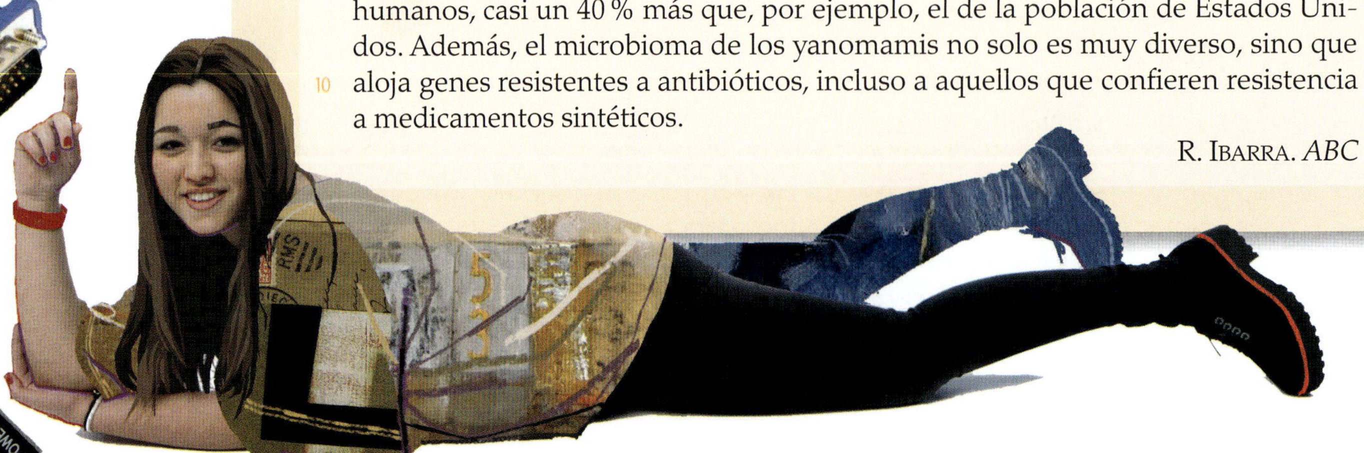

ACTIVIDADES DE CONSOLIDACIÓN

1. Recuerda las reglas de coherencia del texto: 1) *de repetición* (que aparezcan un tema o temas comunes que se van retomando a lo largo del texto); 2) *de progresión* (que el texto avance aportando nueva información); 3) *de no contradicción* (que no se produzcan contradicciones entre los datos que se aportan), y 4) *de relación* (que la información tenga que ver con el tema del que se trata).

▶ Comprueba cómo se cumplen estas reglas en el texto que sigue:

Animales que se automedican

Los monos capuchinos del Zoo de Edimburgo fueron grabados restregándose cebollas y limas por el cuerpo como antiséptico y repelente de insectos. Las mariposas monarca infectadas por parásitos suelen depositar sus huevos en plantas tóxicas para los parásitos, mientras que las mariposas no infectadas no muestran ninguna preferencia. En las ciudades, los pájaros ponen colillas en los nidos porque las sustancias químicas que contienen repelen a los parásitos.

Y como estos, hay muchos otros ejemplos que merece la pena seguir de cerca.

Mark Hunter, que participó en el estudio sobre las mariposas monarca, afirma que podemos aprender mucho observando cómo los animales hacen uso de la naturaleza como si de una enorme farmacia se tratara. De hecho, probablemente nuestra especie hizo lo mismo en su momento.

National Geographic

▶ Comenta la función que desempeñan en el texto anterior las palabras subrayadas en estos fragmentos e indica qué propiedad textual reflejan:

a) *Y como estos, hay muchos otros ejemplos que merece la pena seguir de cerca.* (líns. 10-11)

b) *De hecho, probablemente nuestra especie hizo lo mismo en su momento.* (líns. 16-17)

2. Analiza la estructura del siguiente texto. ¿Es una estructura ordenada y clara?

Se ha dicho, con cierta frecuencia, que una película se escribe tres veces: en el guion, en el rodaje y en la sala de montaje. La primera es responsabilidad del guionista, la segunda del director, la tercera –y última– del productor, o del director si tiene derecho al «montaje definitivo».

Linda SEGER, *Cómo convertir un buen guion en un guion excelente*

a) Señala la función textual de las palabras subrayadas.

b) Propón un título para el texto anterior que recoja el tema.

3. Indica en qué situación sería adecuado el siguiente texto y en cuál sería inadecuado:

La ballena pertenece al orden de los cetáceos. Las ballenas son los mamíferos marinos más grandes de la Tierra. Su adaptación al agua es tal que parecen pertenecer a la familia de los peces. Pero según nos indica la investigación científica, y según sus esqueletos, las ballenas descienden de animales terrestres con cuatro extremidades.

Dentro de los cetáceos existen dos grandes grupos:

Grupo 1) **Las ballenas con barbas:** En este grupo se incluyen las ballenas de gran tamaño, como la ballena azul. Esta clase de cetáceos se caracterizan por tener barbas en lugar de dientes. Estas barbas las utilizan para filtrar el agua y así poder atrapar el alimento. [...] Otro rasgo de este grupo es que cuentan con un respiradero doble. [...]

Grupo 2) **Las ballenas dentadas:** Los miembros de este grupo suelen tener entre 1 y 260 dientes, que utilizan para retener el alimento. Solo tienen un orificio para respirar y poseen capacidad de ecolocación. La mayoría de las ballenas pequeñas, los delfines y las marsopas pertenecen a este grupo. Un ejemplo de ballena con dientes es el cachalote.

«Ballenas». En: *Anipedia* <http://ballenas.anipedia.net/>

a) Indica a qué tipo de texto corresponde el texto que acabas de leer.

b) Comprueba el tiempo y el modo verbal que predominan. ¿Son los adecuados para este tipo de texto?

CONOCIMIENTO DE LA LENGUA

Formación de las palabras (I)

Estructura de las palabras

Una **palabra** es una unidad lingüística independiente, formada por **uno o más morfemas**, que en la escritura aparece delimitada entre dos espacios en blanco.

Las palabras son términos que el hablante reconoce fácilmente de una manera intuitiva; resultan difíciles de definir porque son signos lingüísticos tan diversos que los criterios que se suelen utilizar para ello no abarcan todas las variantes. La parte de la gramática que se ocupa de la estructura de las palabras es la **morfología**.

En el análisis morfológico de una palabra se parte de las unidades más pequeñas aislables y dotadas de significación que esta contiene. Estas unidades se llaman **morfemas** y son, en realidad, el primer elemento de análisis morfológico.

Así, por ejemplo, la palabra *impresentable* puede dividirse en tres morfemas: *im-present-able.* Cada uno de ellos aporta una parte del significado de la palabra.

impresentable
que no se puede presentar

im-	*-present-*	*-a-ble*
Expresa negación.	Expresa la acción de presentar.	Expresa la capacidad para recibir la acción del verbo.

Algunas veces, las palabras se componen de **un solo** morfema (*sol, chocolate, mesa, pantera, pan, árbol, que*) y otras, de **más de uno** (*hij-a-s, viaj-er-o, im-previs-ible*).

La palabra *muchachas* se pude dividir en *muchach-a-s*:

muchach-	*-a-*	*-s*
Niño que no ha llegado a la adolescencia.	Expresa que la palabra es femenina.	Expresa que la palabra está en plural.

Actividad de comprobación

1. Descompón en morfemas las siguientes palabras:

hospitalario	desagradecido	desatascador
desmembrado	indomable	prehistórico
inconsciente	cámara	invencible
cortés	amabilidad	internacional

Clases de morfemas

Los morfemas son unidades mínimas con significación y, según la función que desempeñan en la estructura y en el proceso de formación de palabras, se clasifican en morfemas **léxicos** o **lexemas** y **morfemas gramaticales**.

- Los **morfemas léxicos** o **lexemas** son las unidades que aportan el **significado léxico** a la palabra. Constituyen la **base léxica** y la **raíz** de los sustantivos, adjetivos, verbos y adverbios: ***mesa***, ***chic****-o*, *des-****terr****-ad-o*, ***reloj****-er-ía*, ***mar***, ***sofá***, ***luz***. La **base léxica** es la palabra de la que se parte en un proceso morfológico y proporciona la **raíz** tras la pérdida de la vocal final átona. Por ejemplo, *mesa* es la base léxica que proporciona la raíz *mes-* para construir la palabra *mesita*. Cuando la base léxica termina en consonante (*mar*) o en vocal tónica (*sofá*), la **base léxica** y la **raíz coinciden**, como sucede en *mar-ino* o en *sofá-s*.

- Los **morfemas gramaticales** son unidades que sirven para **relacionar morfemas léxicos** (café ***con*** *leche*, *casa* ***de*** *madera*) o **modificar** su significado (*gat-****o****-****s***, ***in****-móv-****il***, *alumn-****a****-****s***).

Los morfemas gramaticales se clasifican en:

- **Independientes** o **libres**, que forman palabras por sí solos. Son los determinantes, las preposiciones, las conjunciones y los pronombres.
- **Dependientes** o **ligados** (**afijos**), que se unen a las raíces para completar y modificar su significado. Son de dos tipos:
  - Los **derivativos** añaden significados a las raíces; son los **prefijos** (***pre***-historia), **sufijos** (*port-****er-ía***) y los **interfijos** (*san-****at****-orio*).
  - Los **flexivos** siempre ocupan la posición final de la palabra y sirven para expresar accidentes gramaticales: género, número, persona, tiempo, modo y aspecto (*libro-****s***, *am-****as***).

Es frecuente que los morfemas presenten **distinta forma** en los procesos morfológicos. A las variantes que presenta un morfema se las denomina **alomorfos**. Estos pueden aparecer en las raíces o en los afijos. Así, los alomorfos que se forman en la raíz de la base *piedra* son los siguientes:

piedr- → *piedrecilla*

pedr- → *pedrada, pedrisco*

petr- → *petróleo*

El morfema derivativo **-ble** toma la forma **-bil-** si va seguido de otro morfema derivativo:

*fi-a-****ble*** → *fi- a-****bil****-idad*

El morfema flexivo de número se puede presentar generalmente con las siguientes variantes:

Ø para el singular y *-s* o *-es* para el plural

*camisa / camisa-****s***, *camión / camion-****es***

No obstante, algunos nombres acabados en *-s* o *-x* forman el plural sin marca, por lo que la diferencia entre el plural y el singular solo se manifiesta a través de la concordancia: *la crisis - las crisis, el análisis - los análisis, el tórax - los tórax*.

A veces, las variaciones de los morfemas **son** meras **variaciones ortográficas** y **no alomorfos**. Así, por ejemplo, el morfema léxico *feliz* se adapta ortográficamente al recibir el morfema flexivo de número (*felic-es*), por lo que *felic-* no es un alomorfo de *feliz*, sino una variación ortográfica.

Consideraciones morfológicas

Los procesos de **formación de palabras** se aplican sobre una **base** que proporciona la **raíz**, a la cual se adjuntan un **sufijo**; un **prefijo**; un **prefijo** y un **sufijo**, o bien una **palabra**. La **base** de las operaciones morfológicas puede ser una palabra existente actualmente en el castellano o una raíz culta que no se haya materializado en español.

Actividad de comprobación

2. Descompón en morfemas las siguientes palabras; después indica los que son morfemas léxicos (bases léxicas y raíces) y los que son morfemas gramaticales; finalmente, clasifica los morfemas gramaticales:

vosotros	caminante	relajado	cabezazo
relojero	realidad	impresentable	butaca
barco	más	desmontar	matasanos

Procedimientos de formación de palabras o morfología léxica

Algunos de los procedimientos que más se utilizan para el enriquecimiento del léxico se basan en la combinación de morfemas. Los más frecuentes son la derivación, la parasíntesis y la composición.

La derivación

Las **palabras derivadas** se forman mediante la combinación de una base léxica o de una raíz y uno o más **morfemas derivativos**.

PROCEDIMIENTOS DE FORMACIÓN DE PALABRAS

- derivación
- parasíntesis
- composición
- otros procedimientos de formación de palabras:
  - siglas
  - acrónimos
  - reducciones

Lo podemos observar en estos ejemplos: *librería* se crea a partir de la base *libro*, que proporciona la raíz *libr-*; *impresionar* se crea a partir de la base léxica y raíz *impresión* (en este caso, ambas coinciden).

libr - er - ía
raíz morf. deriv. morf. deriv.

impresion - ar
raíz morf. deriv.

Las palabras derivadas también pueden llevar **morfemas flexivos**.

flor - ero - s
base léx. morf. deriv. morf. flex.

Los morfemas derivativos se clasifican en prefijos, sufijos e interfijos. Al final de esta unidad puedes consultar una lista de los más usuales.

- **Prefijos.** Van delante de la base léxica o la raíz: ***contra**-orden*. El prefijo modifica el significado de las palabras (*humano* → *in-humano*), pero no cambia su categoría gramatical: *humano* (adjetivo) → *inhumano* (adjetivo).

- **Sufijos.** Van detrás de la base léxica o la raíz: *camion-**ero***. El sufijo modifica el significado de las palabras (*carta* → *cart-ero*) y generalmente cambia la categoría gramatical de las palabras, como veremos en los apartados siguientes: *barba* (sustantivo) → *barb-udo* (adjetivo). Los distintos tipos de derivación por sufijación reciben su nombre de las diferentes clases de palabras que se originan: nominal, adjetival, verbal y adverbial.

NORMAS PARA FORMAR PALABRAS POR DERIVACIÓN

Para formar palabras por derivación de forma correcta, deben tenerse en cuenta las siguientes normas:

1. Si las palabras son verbos:
   - Se añade el sufijo a la raíz: *am-**ado***.
   - Cuando la raíz termina en **e** o **i**, algunas veces se pierden estas vocales ante la vocal del sufijo: *berre-**ar*** → *berr-**ido***, *chirri-**ar*** → *chirr-**ido***.
2. Si las palabras son sustantivos o adjetivos:
   - Cuando la base léxica que proporciona la raíz termina en vocal átona, se pierde dicha vocal: *casa* → *cas-**ita***, *oscuro* → *oscur-**idad***.
   - Cuando la base léxica que proporciona la raíz termina en diptongo cuya segunda vocal es **a**, **e**, **o**, se pierden estas vocales o el diptongo: *gloria* → *glori-**eta***, *necio* → *nec-**edad***.
   - Cuando la base léxica termina en consonante o en vocal tónica, base léxica y raíz coinciden: *mar*, *café*. A veces puede elidirse una parte final de la base, como en el caso de las bases léxicas terminadas en **-dad**, que suelen perder **-ad** al formarse la raíz: *vanidad* → *vanid-**oso***; *libertad* → *libert-**ar***.

- **Interfijos.** Suelen identificarse como tales los segmentos que van entre la base léxica o la raíz y un sufijo: *largu-**ir**-ucho*. Apenas aportan significado y sirven de unión entre la base léxica o la raíz y el sufijo. Cuando nos encontremos con palabras como *ros-al-eda*, *fri-al-dad* o la anterior, *largu-ir-ucho*, para comprobar si **-al-** o **-ir-** son sufijos o interfijos, basta con suprimir el último sufijo de la palabra: si la palabra resultante existe en la lengua, son sufijos; si no existe, son interfijos. En el caso de *rosaleda*, la palabra *rosal* existe en la lengua, por lo que **-al** es un sufijo. Por el contrario, en el caso de *frialdad* y *larguirucho*, las palabras *frial* y *larguir* no existen en la lengua y, por tanto, **-al-** e **-ir-** son interfijos.

Algunos gramáticos defienden la inexistencia de los **interfijos**, ya que resulta difícil determinar su naturaleza gramatical. Prefieren hablar de distintos **alomorfos** o variantes de un mismo sufijo. Según este criterio, *joven-c-ito* y *pie-cec-ito* podrían también segmentarse de la siguiente manera: *joven-cito*, *pie-cecito*.

Actividades de comprobación

3. Copia en tu cuaderno las siguientes palabras derivadas. Descomponlas y, a continuación, escribe la raíz y, si tienen, los prefijos, sufijos e interfijos.

Por ejemplo: *fe-al-dad* (raíz int. suf.) *des-organ-izar* (pref. raíz suf.)

polvareda	lentamente	hipocalórico
internacional	posdorsal	transalpino

4. Forma derivados a partir de las palabras que te damos utilizando los prefijos *in-* (*im-*, *i-*), *des-*, *sub-* y *re-*. A continuación, di si las palabras formadas han cambiado de categoría.

creíble	confiar	agrupar
comunicar	reconciliable	suelo

La derivación nominal: características y clasificación

La **derivación nominal** consiste en la **formación de sustantivos** a partir de sustantivos o de otras categorías de palabras.

La clasificación de los sustantivos formados por derivación se clasifican, principalmente, según la **categoría gramatical** de la base de la cual derivan y según el **significado del sustantivo** derivado.

- Según la **categoría gramatical**, es posible distinguir entre **sustantivos** cuya base es un **verbo**, **sustantivos** cuya base es un **adjetivo** y **sustantivos** cuya base es otro **sustantivo**. Por ejemplo: *crear* (verbo) → *creación* (sustantivo), *humano* (adjetivo) → *humanidad* (sustantivo), *escala* (sustantivo) → *escalera* (sustantivo).
- Según el **significado**, los sustantivos que se forman se dividen en: sustantivos de acción y efecto; sustantivos de cualidad, estado y condición; sustantivos de persona, profesión, instrumento y lugar, y sustantivos de conjunto o colectividad.

Más adelante puedes consultar una clasificación de los principales sufijos según su significado.

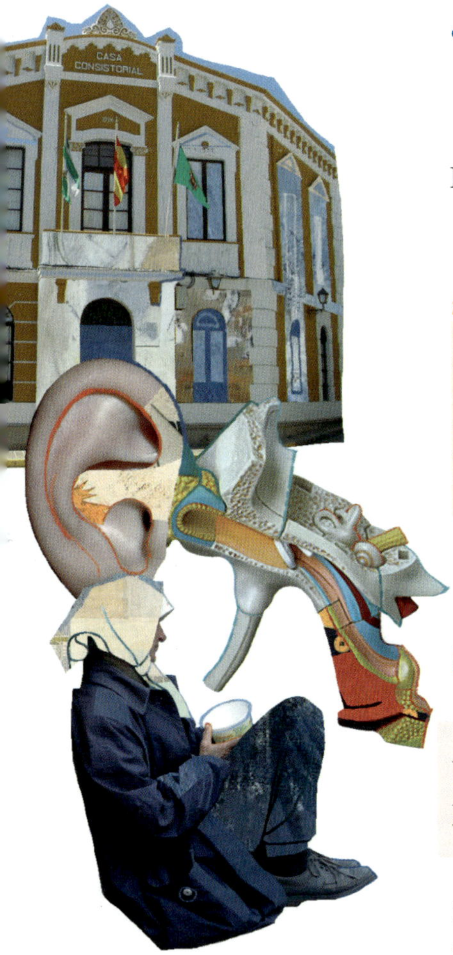

Actividades de comprobación

5. Indica si los siguientes sustantivos derivan de nombres, verbos o adjetivos: *seriedad, miramiento, enfermedad, ramaje, sentimiento, pobreza, certeza, oído.*

6. Identifica los sufijos de los siguientes sustantivos derivados y señala su significado: *habilidad, perdición, alcaldía, dulzura, viñedo, hospedaje, entereza, enfermedad.*

La derivación adjetival: características y clases

La **derivación adjetival** consiste en la **formación de adjetivos** a partir de otras categorías de palabras.

Según la **categoría gramatical** de la base, es posible distinguir entre **adjetivos** cuya base es un **sustantivo** (*volcán* → *volcánico*) y **adjetivos** cuya base es un **verbo** (*consumir* → *consumible*). En menor medida, es posible crear adjetivos a partir de palabras de otras categorías (*caro* → *carísimo, verde* → *verdoso, grande* → *grandioso*).

Se pueden formar adjetivos correspondientes a las dos clases principales: **calificativos** y de **relación**. No obstante, muchos adjetivos creados por derivación pueden pertenecer a una u otra clase en función del contexto:

Santiago tiene un problema familiar. (adjetivo de relación)

Su trato es familiar y cordial. (adjetivo calificativo)

Más adelante puedes consultar los principales sufijos que forman adjetivos calificativos, de relación y gentilicios.

Actividades de comprobación

7. Segmenta los siguientes adjetivos en morfemas e indica los sufijos. A continuación, clasifica los adjetivos en calificativos o de relación:

problemático	exigente	venerable	alveolar
vendedor	capitalista	lechal	caluroso

8. Identifica los sufijos propios de gentilicios de los siguientes adjetivos:

granadina	austríaca	iraní	guatemalteca
birmano	aragonés	chileno	polaca

La derivación verbal y adverbial: características y clases

La **derivación verbal** y **adverbial** consiste en la **formación de verbos** y **adverbios** a partir de las distintas categorías de palabras.

Se **forman verbos** a partir de otras categorías, pero sobre todo de **sustantivos** y **adjetivos**, ya sea a través de la sufijación o de la parasíntesis.

Los verbos derivados se clasifican según la **categoría de su base** y según la **relación formal entre la base y el derivado**.

- Según la categoría de su base, se pueden distinguir **verbos** derivados de **sustantivos** (*broma* → *bromear*); **verbos** derivados de **adjetivos** (*limpio* → *limpiar*); **verbos** derivados de otros **verbos** (*cantar* → *canturrear*), y **verbos** derivados de **adverbios** (*cerca* → *acercar*).
- Según la relación formal entre la base y el derivado, se distinguen los verbos derivados por sufijación (*cojo* > *cojear*) y los formados por parasíntesis (*claro* → *aclarar*).

Se **forman adverbios** a partir de **adjetivos** a los que se une el sufijo **-mente**. Por ejemplo: *delicada* → *delicadamente, dulce* → *dulcemente*.

Más adelante puedes consultar los sufijos que forman verbos y adverbios.

Parasíntesis

Formación de palabras nuevas por la adición simultánea de un prefijo y de un sufijo, de manera que sin uno de los afijos la palabra es inexistente en la lengua.

Actividad de comprobación

9. Segmenta los sufijos de los siguientes verbos y explica si los verbos se han credo por sufijación o parasíntesis:

gotear	enloquecer	aterrorizar	alargar
limpiar	acercar	florecer	atarear

La derivación apreciativa: características y clases

Los **sufijos apreciativos no crean palabras que designen nociones nuevas**, sino que **matizan el significado** de lo indicado por la base léxica o la raíz a la que se unen. **Tampoco cambian la categoría gramatical** de la palabra original.

Los sufijos apreciativos expresan una **valoración afectiva subjetiva** respecto a lo designado por la base o la raíz, o bien una **idea objetiva** en relación con su tamaño, intensidad o duración. Por ejemplo, *abuelita* expresa una valoración afectiva, mientras que *mesita* indica tamaño pequeño. A menudo, la noción objetiva puede ir acompañada de una valoración subjetiva. Por ejemplo:

He llevado a mi perrito al veterinario.

En esta frase, el sufijo *-ito* puede transmitir la idea de tamaño pequeño y, al mismo tiempo, la noción de cariño.

Los sufijos apreciativos **tampoco cambian la categoría gramatical de la palabra original**: sustantivos (*papel* → *papelito*), adjetivos (*listo* → *listillo*) y algunos adverbios (*temprano* → *tempranito*).

Algunos se han lexicalizado y se han convertido en palabras con un significado distinto al del sustantivo del que derivan: *zapatilla, colchón, palabrota, serrucho...*

Existen tres clases de sufijos apreciativos: **diminutivos**, **aumentativos** y **despectivos**.

- **Sufijos diminutivos.** Aparte del valor **afectivo**, pueden expresar pequeño tamaño (*librito*), brevedad (*paseíto*), atenuación (*problemilla*) o intensificación en el caso de adjetivos y adverbios (*cerquita*). Actualmente, el más extendido es *-ito/-ita*.
- **Sufijos aumentativos.** Aportan las **nociones de aumento**, **intensidad o exceso** al contenido afectivo propio de los sufijos apreciativos. El valor más frecuente es el de «golpe», que se expresa mediante al sufijo *-azo* (*bastonazo, puñetazo*). Muchas palabras formadas con los sufijos aumentativos están **lexicalizadas**, y por eso aparecen en los diccionarios: *cinturón, camarote, jarrón, islote, barcaza, salón...*
- **Sufijos despectivos.** Aportan la **noción de menosprecio** a la significación del positivo del que proceden. Tal vez el más característico sea *-ucho*/*-ucha* (*flacucho*).

Actividad de comprobación

10. Segmenta las siguientes palabras e indica el significado que aporta el sufijo apreciativo en cada caso:

bufandón
papelito
tontuelo
gordote
gentuza
bicharraco

Morfemas derivativos	
Prefijos	
Locativos	• **Posición delantera y trasera; 'más allá de'** ante-: *antebrazo* pre-: *premolar* pos(t)-: *posdorsal* tras-, trans-: *trastienda, transatlántico* • **Posición superior o inferior** sobre-: *sobrevolar* super-: *superponer* supra-: *supranacional* sub-: *submarino* • **Posición intermedia y opuesta, espacio interior o exterior** entre-: *entrecejo* contra-: *contraplano* intra-: *intramuscular* ex-: *extraer* en- (em-): *enlatar, empapelar* extra-: *extrarradio*
Temporales y aspectuales	• **Anterioridad o procedencia** ante-: *anteayer* pre-: *prehistórico* • **Posterioridad** pos(t)-: *posventa* • **Repetición** re-: *reponer* • **Antigüedad, cese** ex: *exministro*
Negativos	a(n)-: *apolítico, anarquía* des-: *desacuerdo* in- (im-, i-): *indestructible, ilícita*
Cuantitativos	bi-, bis-, biz-: *bifocal, bisnieto, bizcocho* multi-: *multicolor* pluri-: *plurinacional*
Gradativos y escalares	entre-: *entrever* hiper-: *hiperactivo* hipo-: *hipocalórico* sobre-: *sobrepeso* sub-: *subdirector* super-: *superpoblado* ultra-: *ultraconservador*
Actitud contraria o favorable	anti-: *antivirus* contra-: *contragolpe* pro-: *prorruso*
Reflexividad, reciprocidad, asociación, causación	auto-: *autocrítica* entre-: *entremezclar* inter-: *intercambiar* co-, con-: *coeducar, convecino* a-: *acallar*

Morfemas derivativos

Sufijos		
Sufijos que forman nombres o sustantivos	Indican acción y efecto	-a, -e, -o: *pesca, despiste, abono* -ada: *pintada* -(a)je: *aterrizaje* -azo: *porrazo* -ción (-ión, -sión, -zón): *combinación, perdición, rebelión, inclusión, quemazón* -dura: *soldadura, mordedura* -ida: *salida* -ido: *chillido* -miento: *levantamiento, atrevimiento* -ncia: *fragancia* -nza: *alabanza* -ón: *apagón*
	Indican cualidad, estado y condición	-dad (-edad, -idad, -dad, -tad): *terquedad, barbaridad, crueldad, libertad* -ería: *holgazanería* -ez/-eza: *llaneza, limpieza* -ia: *eficacia* -ía: *alegría* -ismo: *puritanismo* -ura: *hermosura*
	Indican persona o profesión, instrumento y lugar	-ario/-aria: *secretario* -dero/-dera: *regadera, tendedero, vertedero* -dor/-dora (-tor/-tora, -sor/-sora, -or/-ora): *comedor, calculadora, conductor, sucesor, pintor* -ero/-era: *librero* -ista: *chapista* -nte: *dirigente* -ón/-ona: *barracón* -torio: *laboratorio*
	Indican conjunto y su relación con lugar	-ar, -al: *pinar, arenal* -ario, -ero/-era: *temario, melocotonero, hormiguero* -edo, -eda: *robledo, arboleda* -ería: *cubertería* -erío: *griterío* -ía: *librería*
Sufijos que forman adjetivos	Forman adjetivos calificativos	-(i)ento/-(i)enta: *hambriento* -oso/-osa: *orgulloso* -udo/-uda, -ón/-ona: *barbudo, pelón*
	Forman adjetivos de relación	-ar, -al: *familiar, arbitral* -ástico/-ástica: *gimnástico* -ático/-ática: *acuático* -ero/-era: *embustero* -ico/-ica: *silábico* -ífico/-ífica: *científico* -ista: *optimista* -ístico/ística: *característico*

Morfemas derivativos			
Sufijos			
Sufijos que forman adjetivos	Forman gentilicios	-aco/-aca: *austriaco* -ano/-ana: *valenciano* -eco/-eca: *guatemalteco* -ense: *tarraconense*	-eño/-eña: *madrileño* -és/-esa: *barcelonés* -ino/-ina: *bilbaíno* -o/-a: *chino*, *rusa*
	De sentido activo	-dor/-dora: *conservador*, *cumplidora* -nte (-ante, -ente, -iente): *cantante*, *sorprendente*, *ardiente*	
	De sentido pasivo	-ble: *venerable*, *creíble*	
	Otros sufijos adjetivales	-il: *juvenil* -izo/-iza: *rojizo* -oide: *humanoide*	-sco/-sca: *burlesco* -uno/-una: *ovejuna*
Sufijos que forman verbos		-ar: *alegrar* -ear: *agujerear* -ecer: *humedecer*	-ificar: *dosificar* -itar: *capacitar* -izar: *aterrizar*
Sufijos que forman adverbios		-mente: *delicadamente*	
Sufijos apreciativos	Diminutivos	-ejo/-eja: *animalejo* -ete/-eta: *mozalbete* -ico/-ica: *apuradico* -illo/-illa: *chiquillo*	-ín/-ina: *pillín* -ino/-ina: *palomino* -iño/-iña, -uco/-uca: *beatuco* -ito/-ita: *arbolito*
	Aumentativos	-azo/-aza: *animalazo* -ón/-ona: *novelón* -ote/-ota: *gordote*	
	Despectivos	-aco/-aca: *pajarraco* -acho/-acha: *ricacho* -ajo/aja: *pequeñajo* -ales: *rubiales* -astro/-astra: *politicastro* -ato/-ata: *niñato*	-ejo/-eja: *tipejo* -orrio: *villorrio* -orro/-orra: *vidorra* -ucho/-ucha: *feúcho* -ute: *franchute* -uza: *gentuza*
Interfijos			
		-al-: *fri-al-dad* -ant-: *atrag-ant-ar* -ar-: *viv-ar-acho* -at-: *vin-at-ero* -c-, -ec-, -cec-: *villan-c-ico*, *pec-ec-illo*, *pie-cec-ito*	-eg-: *pedr-eg-al* -er-: *volt-er-eta* -il-: *dorm-il-ón* -ir-: *largu-ir-ucho* -it-: *escup-it-ajo* -ol-: *herb-ol-ario*

ACTIVIDADES DE CONSOLIDACIÓN

1. Descompón las palabras de la siguiente frase en morfemas y clasifícalos. Puedes utilizar el diccionario: «Los dos mecánicos repararon rápidamente algunos desperfectos del vehículo averiado».

2. Segmenta los siguientes sustantivos e indica los sufijos. Di la categoría de la base de la cual derivan e indica qué significado aporta el sufijo.

aceptación	combinación
llegada	capacidad
levantamiento	blancura
palidez	valentía
riqueza	oportunidad

3. Identifica los sufijos de los siguientes sustantivos. A continuación, indica si se trata de sufijos que significan colectividad, instrumento, lugar, oficio o agente.

arboleda	ciudadanía	cochero
encinar	alameda	candelero
arrozal	melonar	papelera
lavadora	comedor	robledo
salero	observador	lechería

4. Segmenta los siguientes adjetivos y, a continuación, explica si los sufijos que los forman son característicos de los adjetivos calificativos o de los de relación:

familiar	famoso	científico
profesional	ecologista	irónico
europeísta	selvático	voluntariosa
pesquero	conyugal	grasienta

5. Escribe los gentilicios correspondientes a los siguientes topónimos:

Ecuador	Mallorca	Lisboa
Elche	Granada	Cáceres
Europa	Moscú	Croacia
Ávila	Bosnia	Ceuta

6. Identifica los sufijos que forman adjetivos de sentido activo o pasivo.

combustible	abundante
complaciente	inviable
creíble	brillante
atribuible	absorbente

7. Indica qué palabras llevan un sufijo apreciativo lexicalizado.

cañón	cielito	camioneta	problemón
sablazo	manguito	llenazo	batallita
horquilla	lentejuela	latazo	descansito
maletín	colleja	inocentona	bodorrio

8. Explica los significados que aportan a la raíz los sufijos apreciativos que aparecen en las siguientes frases:

- Nos alojamos en un hotelucho de mala muerte.
- Vamos a tirar todos los papelajos que ya no nos sirven.
- Vaya mañanita que nos ha dado el niño.
- Dile al jardinero que arranque los hierbajos de nuestro jardín.
- Después de la operación ha quedado muy debilucho.
- Mi tía Pilarín es muy cabezona.
- Tomaremos un cafelito en el jardín.
- Luisito ya es un cuarentón.

9. Analiza morfológicamente la sufijación de las palabras destacadas del siguiente texto:

Ambos somos feos. Ni siquiera **vulgarmente** feos. Ella tiene un pómulo **hundido**. Desde los ocho años, cuando le hicieron la **operación**. Mi asquerosa marca junto a la boca viene de una **quemadura feroz**, ocurrida a comienzos de mi **adolescencia**.

Tampoco puede decirse que tengamos ojos tiernos, esa suerte de faros de **justificación** por los que a veces los horribles consiguen arrimarse a la **belleza**. No, de ningún modo. Tanto los de ella como los míos son ojos de **resentimiento**, que solo reflejan la poca o ninguna **resignación** con que enfrentamos nuestro **infortunio**. Quizá eso nos haya unido. Tal vez *unido* no sea la palabra más **apropiada**. Me refiero al odio **implacable** que cada uno de nosotros siente por su propio rostro.

Nos conocimos a la entrada del cine, haciendo cola para ver en la pantalla a dos hermosos cualesquiera. Allí fue donde por primera vez nos examinamos sin simpatía pero con oscura **solidaridad**; allí fue donde registramos, ya desde la primera **ojeada**, nuestras respectivas **soledades**. En la cola todos estaban de dos en dos, pero además eran auténticas parejas: esposos, novios, **amantes**, **abuelitos**, vaya uno a saber. Todos –de la mano o del brazo– tenían a alguien. Solo ella y yo teníamos las manos sueltas y **crispadas**.

Mario Benedetti, *La noche de los feos*

La norma lingüística

1. Coloca tilde donde convenga aplicando las reglas generales de la acentuación.

cancion	huracan	carcel
cesped	minimo	caracol
autobus	hibernacion	caracter
jardin	oxigeno	baston
luz	caliz	marino
azucar	colerico	eter
mariscal	atun	ganaras
ducha	invento	biberon
examenes	caracteres	regimenes
debil	toxico	fertil

2. Coloca tilde en los diptongos, hiatos y triptongos cuando sea preciso.

rompiais	miopia	asocieis
variacion	tio	fluido
psicologia	comprendiais	inclui
mohin	baul	rehizo
huesped	gratuito	situa
sabreis	maiz	linea
viviais	huir	caotico
fluor	heroe	raices
ataud	sonreir	duo

3. Algunas palabras poseen distinto significado según sean masculinas o femeninas. Escribe *el* o *la* delante de las palabras en negrita de las siguientes frases:

- No sabía ____ **clave** para abrir la caja fuerte de su abuelo.
- La modista marcó ____ **doblez** del vestido de la novia.
- Durante el siglo XVIII se tocaba ____ **clave**, instrumento musical de cuerda.
- ____ **cólera** es una enfermedad epidémica muy grave.
- ____ **frente** principal de la tormenta se halla muy cerca de la costa.
- ____ **editorial** del periódico de ayer hablaba sobre el elevado precio de la vivienda.
- María se cayó por las escaleras y se rompió ____ **lentes**.
- Hay una anotación en ____ **margen** de la página.
- ____ **orden** del día de mañana consta de diez largos puntos.
- Parece que Isabel obró con ____ **doblez** y la hipocresía que la caracterizan.
- ____ **radio** es un elemento químico con importante poder radioactivo.
- La cola de ____ **cometa** estaba formada por papeles de distintos colores.
- ____ **pez** negra se obtiene de la destilación de las resinas impuras.

4. Sustituye el verbo *tener* por otro más preciso sin que se repita ninguno.

- Tiene un buen cargo en la empresa.
- Esta serie televisiva ha tenido un gran éxito.
- Ambos sindicatos tienen frecuentes reuniones.
- Este niño tiene mal semblante.
- Ha tenido una larga enfermedad.
- Esta familia tiene mucho dinero.
- Pedro tiene unas merecidas vacaciones.
- Los bancos tienen el poder real.

5. Sustituye la palabra *cosa* por otro vocablo más adecuado en las siguientes oraciones:

- En la televisión se ve cada cosa...
- Tú no te interesas por mis cosas.
- ¿Con qué cosas has elaborado este suculento plato?
- A mí no me suceden esas cosas tan extraordinarias.
- Este coche ofrece muchas cosas que no tienen otros vehículos de su categoría.
- Nuestra empresa fabrica una cosa muy nueva.
- ¿Cómo se llama esa cosa que han inventado los alemanes para la fabricación de coches?
- No me interesan para nada las cosas que publican esas revistas.

6. Sustituye los espacios en blanco por las correspondientes formas de los verbos cuyos infinitivos aparecen entre paréntesis.

- Colgaron unas cortinas para que nadie los (*ver*).
- Vosotros nunca (*venir*) a vernos a nuestra finca veraniega.
- Si María (*venir*), sería mucho mejor.
- ¿Tú (*ver*) el año pasado aquella obra de teatro?
- Aunque no (*valer*) la pena, habría ido al estreno de esta película.
- Yo (*valer*) poco en aquel entonces, pero ahora (*valer*) bastante.
- ¿Por qué no (*venir*) tú ayer?

Lengua y globalización

Juan José Millás (Valencia, 1946) es novelista y articulista. Aunque empezó su trayectoria como novelista –con éxito y traducciones a más de veinte lenguas–, sus colaboraciones en la prensa y en otros medios de comunicación le han reportado asimismo gran éxito y popularidad, como muestran los premios de narrativa y periodismo que ha obtenido. Millás es el creador de un género literario personal, el «articuento», una mezcla de artículo periodístico y cuento donde utiliza la fantasía para mostrar la realidad de forma imaginativa, crítica y comprometida.

En el artículo que leerás a continuación, el escritor reflexiona sobre si el uso generalizado del inglés como lengua franca significa una vuelta atrás, al ser un idioma que una gran parte de la población conoce, pero del que tiene un escaso dominio.

Juan José Millás

Mi padre era esperantista, de modo que pasé gran parte de mi infancia escuchando la apología de ese idioma mítico que, cuando se impusiera sobre los demás, permitiría a cualquier persona, en cualquier parte del mundo, preguntar dónde se encontraba el cuarto de baño y ser entendido.

–Tú entrarás en un bar de Australia –añadía con un entusiasmo loco–, preguntarás por el servicio en esperanto y te responderán, también en esperanto, que al fondo a la izquierda.

El servicio, en los bares españoles, está al fondo a la derecha, pero mi padre creía que del mismo modo que en el hemisferio sur el agua gira alrededor del sumidero del lavabo en sentido contrario al de las agujas del reloj, el cuarto de baño debería estar allí en el lado opuesto al que ocupaba entre nosotros. Le fascinaban los cambios que se producían en las relaciones especulares, aunque nunca entendió por qué, si en el espejo aparece a la derecha lo que en la imagen real se encuentra a la izquierda, no vemos la cabeza donde deberían aparecer los pies.

Mi padre se murió sin [...] saber que el esperanto había triunfado, aunque se llamaba inglés. En efecto, el inglés en el que se expresa el 90 % de la población mundial que lo habla es un idioma de aeropuerto, que sirve para averiguar dónde está el retrete y poco más. Podríamos decir que se trata de un inglés escatológico, pero es que también el esperanto que yo conocí era un idioma escatológico, no solo por la utilidad principal que le atribuía mi padre, sino porque, más que anunciar el principio de una nueva cultura, amenazaba con la muerte de todas.

Quien haya leído la Biblia sabrá que el relato de la Torre de Babel apenas ocupa 10 o 15 líneas. Resulta increíble que una fábula de ese tamaño, y con una trama tan sencilla, haya atravesado los siglos llegando al día de hoy tan fresca como cuando se escribió. Sobre esa fábula se han escrito miles de páginas, pues ha sido motivo de inspiración para filósofos y ensayistas, aunque también para pintores y músicos. Cualquier escritor sensato daría un brazo por alumbrar un cuento con esa capacidad para sobrevivir y crecer a lo largo del tiempo. ¿Dónde está su secreto? ¿De dónde procede su vigencia inagotable? ¿Cuál es la carga simbólica que la mantiene viva? Para mí que la juventud perenne de ese relato se debe a que resume de manera admirable un momento inaugural en la historia de los seres humanos, pues cuando Dios confundió las lenguas de los habitantes de Babel, obligándolos a organizarse en grupos lingüísticos que tomaron diferentes direcciones, comenzó, desde mi punto de vista, la cultura.

[...]

Según algunas estadísticas, el 60 % de los idiomas del mundo está en trance de desaparecer. Últimamente todo está en trance de extinción. Cada 20 minutos, por ejemplo, desaparece una especie animal y empeora la calidad del esperma de las que van quedando. Del 40 % de los idiomas que no corren ningún peligro, el principal en nuestro ámbito es el inglés, que la mayoría de las personas habla de un modo aproximado, y no para preguntarse precisamente quiénes son, adónde van o de dónde vienen, que es para lo que lo utilizaba Shakespeare, sino para averiguar dónde está el cuarto de baño. Hay gente que se las arregla con un vocabulario de 70 u 80 palabras, lo que para el pensamiento es tan peligroso como para la biología que nos manejáramos con un esperma que no contuviera más de 70 u 80 espermatozoides.

Me gusta decir que la lengua es un órgano de la visión porque cuando voy al campo yo solo, y dada mi ignorancia en asuntos relacionados con la naturaleza, apenas veo árboles, pero cuando voy con un amigo experto, además de árboles, veo acacias y chopos y pinos y fresnos y álamos y castañales y robles. La reducción del lenguaje estrecha el campo de la visión y reduce el del pensamiento. Una sociedad que habla mal o que escribe mal no puede pensar bien, aunque tenga los ojos azules y mida 1,80. Digo esto porque, además del triunfo inesperado del esperanto y de la pérdida diaria de alguna lengua, uno tiene la impresión de que del mismo modo que cada vez hay menos clases de escarabajos, cada vez se utilizan menos palabras en los idiomas que sobreviven a esta extinción desoladora. Cada palabra que se cae del vocabulario, como cada lengua que se pierde, equivale a la pérdida de una pieza dental. Con esas piezas dentales que llamamos *palabras* masticamos la realidad para digerirla y comprenderla. Los tractores que esquilmaron impunemente la Amazonía no solo acabaron con un ecosistema, sino con multitud de lenguas a través de cuya óptica se comprendía la necesidad de mantener intacta esa reserva. Quizá deberíamos comenzar a mostrar en relación a las palabras y a los idiomas la misma preocupación que mostramos por las especies animales o vegetales. Hace falta la aparición de un activismo en relación a la lengua y a las lenguas, especialmente en un momento en el que la globalización se está mostrando incompatible con el mantenimiento de la identidad lingüística, de las identidades lingüísticas. Si las lenguas solo sirvieran para averiguar dónde está el baño, nos daría lo mismo. Pero preferiríamos que las generaciones del futuro las utilizaran para algo más.

Juan José Millás. *El País*

LECTURA Y COMENTARIO

Aspectos comunicativos o pragmáticos

1. El ensayo, género al que pertenece el artículo que acabas de leer, es una reflexión libre en la que destaca el enfoque original y personal que el autor quiere dar a cualquier tema. ¿Lo ves así en el texto que acabas de leer? Razona tu respuesta.

2. ¿Cuál es la intención comunicativa del texto: divulgativa, interpretativa, persuasiva...?

3. ¿Cuál es el tipo de texto predominante en «Lengua y globalización»? Razona tu respuesta señalando algunos rasgos propios de él. Indica si aparecen otros tipos de texto y destaca también alguna característica suya.

Contenido

4. Enuncia el tema del texto y propón un título alternativo que lo recoja.

5. Explica el significado de la expresión «el esperanto había triunfado, aunque se llamaba inglés» (líns. 26-28).

6. ¿Qué tono predomina en el artículo: más o menos subjetivo, satírico, lírico, humorístico...?

Estructura

7. Analiza la estructura del texto, subrayando la tesis y la conclusión.

8. La digresión –acción de romper el hilo argumental de un texto y hablar en él de cosas que no tienen conexión con lo dicho– es un rasgo propio del ensayo. ¿Puedes señalar alguna aquí? ¿Qué función o relación tiene con respecto al resto del artículo?

9. Localiza un conector o marcador discursivo en el cuarto párrafo e indica su valor semántico.

Aspectos lingüísticos

10. Observa las formas verbales en relación con los contenidos que se desarrollan en el texto.
    - ¿En qué momentos y por qué cambia la persona gramatical?
    - ¿Cuándo se usa el presente y cuándo el pretérito perfecto simple? ¿Por qué se alternan?

11. Uno de los rasgos del periodismo de opinión (actualmente, quizás la forma más frecuente del ensayo) es la búsqueda de un estilo atractivo. Por ello, los recursos retóricos suelen ser un elemento destacado en estos textos. Localiza alguno de ellos en «Lengua y globalización» y coméntalo: interrogación retórica, comparación, metáfora, polisíndeton, hipérbole...

12. Concreta el significado de la palabra *escatológico* en las dos ocasiones en que aparece en el cuarto párrafo.

13. En parejas, haced una lista de los elementos de modalización que aportan lo subjetivo del artículo.

Creación

14. En grupo, buscad información sobre Babel y su presencia en la historia de la cultura (citad las fuentes que habéis utilizado).

15. Preparad un debate sobre las dos posturas frente a la diversidad lingüística que se describen en el texto. Grabadlo y evaluad su desarrollo conjuntamente de forma crítica.

ESCUCHAR, HABLAR, LEER Y ESCRIBIR

El ensayo

El ensayo como género

El **ensayo** es un texto escrito en **prosa**, generalmente **breve**, con un objetivo **didáctico** o **interpretativo**, en el que el escritor nos da una visión **personal** y **subjetiva** sobre **cualquier tema** en un **estilo cuidado** y ameno. El ensayo es un **género** literario, como lo son, por ejemplo, la novela o el drama.

Veamos algunas de estas características con mayor detalle:

- El ensayista reflexiona libremente sobre **temas diversos** –ciencia, sociología, política, arte, actualidad...– con **intención divulgativa** o **interpretativa**, y a menudo **persuasiva**. La reflexión suele ser breve y no exhaustiva: el ensayo no pretende hacer un análisis sistemático y completo de un tema, como se hace en los textos científicos, sino abrir caminos a la reflexión, mostrar nuevos puntos de vista o presentar sugerencias del autor sobre algún aspecto de un tema. A pesar de ello, en ensayos de tema científico, el resultado de la reflexión puede ser más extenso y profundo.

- El enfoque del tema es **personal** y **subjetivo**. El ensayo nos da una visión de la realidad o del ser humano en la cual el autor no queda al margen; incluso puede ser más interesante el enfoque que el propio tema. Ello proporciona otro rasgo muy propio del género: la **originalidad** en el tratamiento del contenido, que se refleja no solo en la variedad de temas –de los más aparentemente nimios a los más trascendentes–, sino también en la utilización de distintos **tonos** (irónico, crítico, grave, humorístico...) y en el **estilo**. La importancia de lo subjetivo –en

La flexibilidad del **ensayo** permite que se utilice no solo en la literatura, sino también en las **ciencias humanas** y en la divulgación científica en general, en las que se razona sobre determinados aspectos con un objetivo que puede ser científico, y en la **prensa analógica y digital**, en la que el artículo de opinión periodístico es uno de los géneros más apreciados.

mayor o menor grado– no es obstáculo para que el contenido sea riguroso, fundamentado, bien argumentado, y documentado, si se considera necesario.

- En la elaboración del texto, el autor tiene muy presente al **receptor**. El ensayo se dirige a un amplio sector de lectores cultos, interesados por temas diversos, pero no especialistas, con los que el autor comparte un mismo tiempo histórico. Por ello, el texto suele manifestar la intención de establecer un diálogo con el receptor y son frecuentes las alusiones y llamadas a este. Este perfil de receptor exige al ensayista un estilo **ameno**, **cuidado** y **atractivo**.

El éxito del ensayo en la actualidad se explica por la variedad de formas de este género en nuestra sociedad: libros (incluyendo antologías o recopilaciones), artículos de prensa, blogs, conferencias... Cuando no hay unidad de tema, esta la da el autor con su particular punto de vista sobre los más variados asuntos. También pueden recogerse en forma de libro, textos de distintos ensayistas, agrupados con un criterio que suele ser cronológico, lo que permite ver puntos de vista diversos o contrapuestos sobre la cultura y el modo de pensar de una misma época.

Por último, además de ser un género literario autónomo –dentro del didáctico– con características propias, el ensayo se relaciona también con otros géneros: puede adoptar forma de carta o de autobiografía, de conferencia en la lengua oral o bien estar presente en la novela en forma de digresiones reflexivas o dialogadas. Esta libertad de formas hace que, para la clasificación de los ensayos, se adopten puntos de vista diversos: según el **objetivo** o **contenido** (literario, periodístico, académico...); según el **enfoque** del autor (analítico, crítico, informativo...), o según el **tono** (objetivo, satírico, lírico, irónico, humorístico...).

Actividad de comprobación

1. Lee el siguiente fragmento de «Desnudos», de Manuel Vicent, y contesta las preguntas que hay a continuación:

> Los políticos no han incorporado todavía a su ADN la conciencia de estar viviendo siempre bajo los focos de la pista de un circo mediático. Tampoco el ciudadano anónimo y tributable es consciente de que para las redes sociales no deja de ser un insecto a merced de la telaraña. No obstante, existen indicios de que algunos empiezan a darse cuenta de este peligro. A eso obedece el que se haya convertido en una costumbre instintiva taparse la boca con la mano cuando se está en una tribuna pública, en los escaños del Parlamento o el banquillo del estadio en el momento de hablar con el vecino. Solo el movimiento de los labios ya es un lenguaje universal que podría delatarte. La araña siempre está preparada para comerse al mosquito, bien porque este se ha ido de la lengua ante un micrófono que creía cerrado, bien por ignorar que un tuit se envía al universo entero y no se destruye jamás. La culpa de un tuit no tiene redención posible. Si cometes un asesinato, te confiesas, te arrepientes, el cura te absuelve y ya estás perdonado. O si caes en manos de la justicia los años de cárcel al final también te redimen. Pero el tuit idiota, malvado, procaz, ridículo que en un momento de rabia, soledad, odio, frivolidad u otra excrecencia del alma hayas mandado a la red te perseguirá incluso más allá de la tumba, porque el tuit no tiene pasado, siempre es un hecho presente, vertical, inmanente, sin contexto, que en el fondo constituye el detritus que el alma va dejando atrás formando un camino de miguitas hacia ese punto del pasado en que apareces en pelota picada.
>
> *El País*

a) ¿Qué tema o temas trata el autor? Clasifica este fragmento según el **contenido**, el **tono** y el **enfoque**.

b) Señala los elementos de diversos tipos que traslucen el subjetivismo y la presencia del autor (enfoque, persona gramatical, repeticiones expresivas, léxico valorativo, ironía...).

Tipos de texto y estructura

El tipo de texto que domina en el ensayo es la **argumentación**, dado que es un texto fundamentalmente de opinión. En el desarrollo, como base argumentativa, pueden aparecer sobre todo fragmentos expositivos y también narrativos, dialogados...

En cuanto a la estructura, los rasgos que acabamos de ver (la variedad de temas, la originalidad, el enfoque personal y subjetivo...) hacen del ensayo un **género** muy **abierto** frente a otros géneros –como el cuento, la comedia, la noticia...– que parten de una organización fijada de antemano.

En el desarrollo del tema (o tesis) se tiende a seguir un orden **deductivo** o **de análisis**, es decir, se va de lo general a lo particular. Este orden supone una mayor agilidad y facilidad en la exposición que el **inductivo** o **de síntesis**, en el que se va de lo particular a lo general. La estructura global sigue el esquema **introducción**, **desarrollo** y **conclusión**, aunque esta última, en forma de opiniones o conclusiones parciales, puede faltar o aparecer implícita.

Pero sobre esta organización básica, el aspecto más característico del ensayo es la **libertad de estructura**, lo que no significa desorden, sino que el género tiene su propia coherencia, en función del tema y del enfoque. La **digresión** –romper el hilo del discurso para introducir anécdotas, reflexiones, etc. que no tienen conexión con aquello de lo que se está tratando–, considerada un defecto en otros géneros, en el ensayo es un rasgo derivado del hecho de no buscar un estudio exhaustivo, sino una reflexión libre y abierta. La estructura del ensayo admite la posibilidad de cualquier organización, incluso la de no partir de una estructura previa, o interrumpirla con anécdotas, citas o asociaciones de ideas. Esta **falta** de un **orden riguroso** y **sistemático**, unida a la variedad de temas y al enfoque subjetivo, explica el mismo nombre de *ensayo* (del francés *essai*, título que dio a sus escritos Montaigne, el creador del género) u otros que se emplean, como *notas*, *meditaciones*, *apuntes*...

Por último, conviene señalar que en el ensayo, como género didáctico, se utilizan **citas de autoridad** o se hacen **referencias explícitas** a otros textos, con el fin de establecer una relación con la tradición cultural. No obstante, estas citas no se suelen dar con sus referencias completas, porque este género no tiene un objetivo erudito o científico, sino que pretende establecer conexiones con otras ideas u otros autores, o bien con la tradición en general.

Actividad de comprobación

2. En un género en que se opina y se defienden ideas o posturas son necesarios los **argumentos** (de autoridad, de la experiencia individual, del sentir de la sociedad, por analogía, a través de ejemplos, por generalización...). Lee el siguiente texto:

> Un argumento es un medio para *indagar*. Algunos filósofos y activistas han argüido, por ejemplo, que la «industria de la cría» de animales para producir carne causa inmensos sufrimientos a los animales, y es, por lo tanto, injustificada e inmoral. ¿Tienen razón? Usted no puede decidirlo consultando sus prejuicios, ya que están involucradas muchas cuestiones. ¿Tenemos obligaciones morales hacia otras especies, por ejemplo, o solo el sufrimiento humano es realmente malo? ¿En qué medida podemos vivir bien los seres humanos sin comer carne? Algunos vegetarianos han vivido hasta edades muy avanzadas, ¿muestra esto que las dietas vegetarianas son más saludables? ¿O es un dato irrelevante considerando que algunos no vegetarianos también han vivido hasta edades muy avanzadas? (Usted puede realizar algún progreso preguntando si un *porcentaje* más alto de vegetarianos vive más años). ¿O es que las personas más sanas tienden a ser vegetarianas, o a la inversa? Todas estas preguntas necesitan ser consideradas cuidadosamente, y las respuestas no son claras de antemano.
>
> Anthony WESTON, *Las claves de la argumentación*

a) Analiza la estructura del párrafo. ¿Es inductiva o deductiva?

b) Señala la tesis (la de todo el párrafo y también la que se plantea en el ejemplo).

c) Enumera los argumentos que se dan y añade algún otro que podrías utilizar.

Formas lingüísticas

El lenguaje con el que el **ensayo** se manifiesta puede ir desde la precisión y claridad exigibles en cualquier ciencia hasta la pura creación artística. Los objetivos del autor –artísticos, científicos, informativos o divulgativos– determinan el empleo que se hace de la lengua.

Como hemos visto, el **ensayo** es un género en el que se puede tratar desde un tema científico hasta lo más intrascendente, nimio, íntimo o subjetivo. Más adelante, al ocuparnos de los textos científicos y humanísticos, estudiaremos el rigor y la precisión propios de la lengua en la ciencia; ahora nos limitaremos al ensayo clásico, en el cual el autor busca un **estilo personal** que resulte bello y sugestivo para el lector –recordemos que es un género literario–, sin dejar de lado la claridad.

- La expresión de lo **subjetivo** se manifiesta sobre todo en la utilización de variados recursos de **modalización**, como la **primera persona** del singular, o del plural, cuando el autor quiere implicar al receptor. Junto a los enunciados **enunciativos**, que son los dominantes, aparecen enunciados **interrogativos** o **exclamativos** (muchas veces interrogaciones retóricas) y también **exhortativos**, cuando el autor se dirige al lector con intención persuasiva, cosa frecuente en el ensayo. Estos cambios de modalidad de los enunciados aportan variedad a la prosa, además de subrayar emotivamente las ideas. La presencia del receptor la vemos también en el uso de la segunda persona y de los pronombres *tú* o *ustedes*; en el empleo del presente, tiempo que comparten el emisor y el receptor, y a veces, en formas seudodialogadas con imperativos o formas análogas.

- El **estilo personal** y **ameno** se consigue mediante la utilización de **recursos retóricos**: metáforas, comparaciones, hipérboles, paralelismos... Este estilo trabajado se manifiesta también en la sintaxis: en ocasiones, a través de oraciones largas muy elaboradas, y en otros casos, en un estilo cortado, impresionista.

- En cuanto al **vocabulario**, al ser una reflexión mental sobre el individuo o la realidad, abundan los **sustantivos abstractos**, que en algunas ocasiones pueden alternarse con giros coloquiales y expresivos. El subjetivismo requiere también la presencia de **adjetivos valorativos** y, en general, de léxico connotativo. En los ensayos de tema científico y enfoque objetivo, aparecen **tecnicismos**, que son palabras propias de un ámbito científico (física, economía, política, ecología...).

Actividad de comprobación

3. Lee estos fragmentos de textos ensayísticos, y después realiza la actividad que se plantea a continuación:

a) *Realizar, efectuar, practicar* son con frecuencia infectos comodines sustitutivos del verbo llano y central *hacer*. En esta huida de las palabras llanas suele haber, a mi juicio, una motivación ritual, a veces hilarante [...]. Nunca dirán [los prospectos de ciertos productos de farmacia] «Hacer un agujero en el costado de la lata», sino que se esmerarán en inefables formulaciones como esta: «Practíquese un orificio en la parte lateral del recipiente». Y si la función del rito es proteger el límite, lo que el lenguaje de estos productos trata de imbuir al consumidor es como una parada, como una actitud de distancia, respecto de la cual cualquier acceso desenvuelto y familiar sería un allanamiento. Claramente se oye la connotación de circunspecta mediatez de «practicar un orificio», frente a la concienzuda inmediatez de «hacer un agujero». El lenguaje ritual parece aquí sustituir virtualmente todo directo echar mano de la cosa por un indirecto tomarla mediante pinzas cuidadosas y especializadas. «Hacer un agujero es una villanía» brutal y desconsiderada hacia un producto de conspicua calidad, irreverente violación del respeto que pretende merecer. En una palabra, «hacer un agujero» no es practicar un rito, «practicar un orificio» sí lo es.

Rafael Sánchez Ferlosio

b) La distribución de la riqueza es una de las cuestiones más controversiales y debatidas en la actualidad. Pero ¿qué se sabe realmente de su evolución a lo largo del tiempo? ¿Acaso la dinámica de la acumulación del capital privado conduce inevitablemente a una concentración cada vez mayor de la riqueza y del poder en unas cuantas manos, como lo creyó Marx en siglo XIX? O bien, ¿acaso las fuerzas equilibradoras del crecimiento, la competencia y el progreso técnico conducen espontáneamente a una reducción y a una armoniosa estabilización de las desigualdades en las fases avanzadas del desarrollo, como pensó Kuznets en el siglo XX? ¿Qué se sabe en realidad de la evolución de la distribución de los ingresos y de la riqueza desde el siglo XVIII, y qué lecciones podemos extraer para el siglo XXI?

Thomas Piketty, *El capital en el siglo XXI*

c) La sociedad cambia y yo, que me paso el día dando vueltas y mirando a las musarañas, soy un testigo de excepción. Algunos de mis últimos descubrimientos sobre la evolución demográfica y sociológica de la sociedad:

Los pijos: Tengo la sensación, seguramente disparatada y debida a que hace años que dejé de tratarlos, de que los pijos están en vías de extinción. Por eso, en vez de irse a París a comer hasta reventar y a visitar prostíbulos, como hacían nuestros bisabuelos, hacen tanto *footing* y tanta bicicleta, comen tantas barritas energéticas y hablan con voz cada vez más desvaída (cuando hablo con uno de ellos por teléfono, siempre tengo la sensación de que está al otro lado del mundo o en otro siglo, la voz suena lejaaaaaana y floja), porque se dan cuenta instintivamente de que están desapareciendo y creen que haciendo maratones la cosa se solucionará.

Milena Busquets, *Pijos, señores, mujeres y ellos* (13 mayo 2015)
<http://milenabusquets.blogspot.com.es/>

▶ Señala en todos los textos las características lingüísticas que hemos visto: recursos retóricos (metáforas, hipérboles, repeticiones...); giros expresivos (coloquiales); entonación; presencia de la primera y la segunda personas; tiempo verbal utilizado; etc.

ACTIVIDADES DE CONSOLIDACIÓN

Texto 1

Como ejemplo de la amplitud de placeres que el cómic ofrece a sus adictos, permitan que me tome como ejemplo, ya que soy el hombre que tengo más a mano, como diría Unamuno. En este momento estoy degustando con la debida parsimonia (solo leo de un tirón lo que no me gusta) dos obras contrapuestas del género. Por un lado, la más reciente entrega de la afortunadamente inacabable saga de Blake & Mortimer. Como los mejores de ustedes recordarán, Edgar P. Jacobs –el genial colaborador de Hergé al que tanto deben algunas imágenes de Tintín– solo publicó doce álbumes de las aventuras protagonizadas por Francis Blake y Philip Mortimer. Pero muchos fans nos hemos quedado atrapados en ellas y seguimos pidiendo más y más entregas de las peripecias de este parangón de la línea clara en que se combinan lo policíaco, el espionaje y la ciencia ficción. La actual está dibujada por André Julliard y escrita por Yves Sente: *Le bâton de Plutarque*, y es estupenda, claro. El otro cómic es totalmente distinto: *Cowboy Henk* (Autsaider Comics), de Kama y Seele, un infrahéroe con físico de súper, cuyas historietas incansablemente diversas mezclan el absurdo, lo insostenible y provocativo, la guarrada y la franca puerilidad. No son morales ni inmorales, ni docentes ni decentes, ni satíricas ni apologéticas, ni... Bueno, véanlas si se atreven.

Fernando SAVATER, «Comicadictos». *El País*

Texto 2

A pesar del carácter innato de la predisposición humana a la adquisición del lenguaje (no sabemos con precisión desde cuándo), la imagen actual de la vida es que, como decía Goethe, «en el principio fue la acción», no la palabra. Sin embargo, la cultura occidental ha pensado repetidamente de manera deficiente la relación entre emociones y racionalidad, cosa que ha distorsionado cómo los humanos nos entendemos a nosotros mismos. Ha pensado demasiado desde las «palabras». Platón vinculaba moral y justicia a la racionalidad. Solo una persona racional podía ser justa. Las actitudes éticas racionalistas consideran que las emociones tenían que ser sometidas al dictado de la razón. Emociones y razón han sido vistas como dos mundos nítidamente separados y situados en una relación jerárquica favorable a la razón. Hoy las neurociencias dicen que las cosas no son así. La investigación de las últimas décadas (Damasio, Gazzaniga, y entre nosotros, Morgado, Bufill, Bulbena) ha cambiado quizás definitivamente aquella visión binaria y excluyente. Una menor capacidad emocional empobrece la reflexión.

Ferran REQUEJO, «Razones emocionales, emociones razonables». *La Vanguardia*

1. Una de las formas más frecuentes y atractivas del ensayo es la colaboración periodística de escritores –o especialistas en otras ramas. Lee los dos textos anteriores y contesta las preguntas que siguen:

a) Señala el tema de ambos artículos y la intención comunicativa de los autores (persuadir, divulgar...).

b) Subraya los elementos lingüísticos que expresan contenidos valorativos (modalidades de los enunciados, léxico valorativo, uso de la cursiva...).

c) Observa si se produce una apelación al lector. Si es el caso, indica con qué medios lingüísticos se hace.

d) ¿Te parecen textos subjetivos u objetivos? Razona la respuesta.

e) Clasifica ambos artículos de opinión dentro de los tipos de ensayo, tal como hemos visto en la unidad: según el **contenido** (literario, periodístico...); según el **enfoque** del autor (analítico, crítico, informativo...); según el **tono** (objetivo, satírico, lírico, irónico, humorístico...).

2. Escribe un breve ensayo de 250 palabras que contenga argumentos variados (por ejemplo, una comparación o analogía, ejemplos, experiencia propia, una refutación –prevé una opinión en contra–, una cita de autoridad...). Previamente, haz un esquema o mapa conceptual de aquello sobre lo que vas a tratar. En la introducción deben figurar el tema y la tesis. Recuerda que debes usar un argumento en cada párrafo y desarrollarlos todos de forma equilibrada.

2

CONOCIMIENTO DE LA LENGUA

Formación de las palabras (II)

La composición

Las **palabras compuestas** se forman a partir de la unión de dos o más palabras simples.

Las **palabras simples** pueden estar formadas por una base léxica, que proporciona la raíz (***mesa***, *goma*, ***nieve***, ***cárcel***) y que puede ir acompañada de morfemas flexivos (*niñ-**o-s***, *beb-**éis***). También pueden estar formadas por morfemas gramaticales independientes o libres (*por*, *que*, *con*...). Por tanto, una **palabra compuesta** es aquella que está constituida por dos o más **palabras simples** –es decir, dos o más bases léxicas o raíces (*puerco-espín*), que pueden tener morfemas flexivos (*puerco-espin-es*)– y, a veces, por dos **morfemas gramaticales independientes** o **libres** (*con-que*). Este tipo de compuestos se denominan **propios** y sus componentes se integran en una sola palabra ortográfica donde el término resultante presenta un solo grupo tónico: *bocacalle*, *pelirrojo*.

Las combinaciones más frecuentes en la formación de palabras compuestas son:

- Sustantivo + sustantivo: *coliflor*.
- Adjetivo + adjetivo: *agridulce*.
- Sustantivo + adjetivo o viceversa: *boquiabierto*, *bajorrelieve*.
- Verbo + sustantivo o viceversa: *sacacorchos*, *radiodirigir*.

En la formación de las palabras compuestas se pueden dar las siguientes situaciones:

- Las palabras no se alteran cuando se unen: *sacacorchos*.
- La primera palabra modifica su terminación, ya perdiendo la última letra (*vinagre*), ya sustituyéndola por una **i** (*boquiabierto*).
- Las dos palabras se unen por medio de una **i**: *coliflor*.
- Si la letra con que termina la primera palabra es la misma con la que se inicia la segunda, estas se funden en una sola: *paraguas*.

Existen, asimismo, otros tipos de compuestos: los **compuestos cultos** y los **compuestos sintagmáticos**.

Los **compuestos cultos** son los que se forman mediante **bases compositivas cultas**, que son palabras procedentes del **latín** o del **griego** (o sus raíces): *antropología*, *omnívoro*, *hidroterapia*, *hemorragia*, etc. Muchos de estos compuestos cultos son muy usados en las disciplinas humanísticas, científicas y técnicas.

Los **compuestos sintagmáticos** están formados por palabras yuxtapuestas que mantienen independencia gráfica y acentual, y equivalen a un solo concepto: *lavado en seco*, *mesa camilla*, *ciudad dormitorio*, *Puerto Rico*, *ojo de buey*, etc.

Hay palabras que son el resultado de combinar la **composición** y la **derivación**, como *hoja-lat-ero* y *tele-graf-ista*. Este tipo de palabras son fruto de un proceso de composición de dos palabras simples o raíces (en este caso, para formar *hojalata* y *telégrafo*), y de un proceso posterior de derivación en el que se añaden a los compuestos los sufijos. En estos ejemplos, se han añadido los sufijos *-ero* e *-ista*, respectivamente, para formar *hoja-lat-ero* y *tele-graf-ista*.

Actividades de comprobación

1. Forma dos compuestos propios con cada una de las siguientes estructuras:
   - sustantivo + sustantivo
   - adjetivo + adjetivo
   - sustantivo + adjetivo
   - verbo + sustantivo

2. Identifica las bases compositivas de cada compuesto culto, indica su significado y después explica el significado de la palabra compuesta culta. Puedes consultar el diccionario.

democracia	idiosincrasia	polifacético	oftalmólogo
anfibio	hidrófugo	neurólogo	xenófobo
necrópolis	ególatra	ludoteca	hipódromo

La parasíntesis

Las **palabras parasintéticas** se forman mediante la unión simultánea de un **prefijo** y un **sufijo** a una raíz.

Así lo podemos ver en los ejemplos siguientes:

en-viud-ar	*des-peñ-ar*	*a-loc-ado*
pref. raíz suf.	pref. raíz suf.	pref. raíz suf.

Para saber si una palabra es parasintética es necesario comprobar que las combinaciones **prefijo + raíz** o **raíz + sufijo** no existen en el idioma. Por ejemplo, *enviudar* es una palabra parasintética porque a la raíz *-viud-* se le unen simultáneamente el prefijo *en-* y el sufijo *-ar* (*en-viud-ar*), y no existen ni *enviud** ni *viudar**.

También se considera parasíntesis la combinación de la composición y la derivación en casos como *barrio-baj-ero* o *quince-añ-ero*, ya que no existen de forma independiente ni el compuesto ni el derivado (no existen *barriobajo** ni *bajero**, ni existen *quinceaño** ni *añero**).

Actividad de comprobación

3. Indica qué palabras son parasintéticas.

descabellado	limpiaparabrisas	pordiosero	picapedrero
hispanoamericano	endemoniado	veinteañero	engordar
desalmado	inmortal	alunizar	impresentable

Otros procedimientos de formación de palabras

En los últimos años proliferan las **siglas**, los **acrónimos** y las **reducciones**.

Las siglas

Actualmente, se emplea mucho, sobre todo en los medios de comunicación social, la formación de palabras por medio de siglas para designar entidades, asociaciones, etc.

Las siglas son palabras que se forman a partir de las **letras iniciales** de las voces que integran una expresión compleja. Por ejemplo: *ONU* se ha formado a partir de *Organización de las Naciones Unidas; ovni,* a partir de *objeto volador no identificado; IPC* corresponde a *índice de precios al consumo,* y *Unesco,* al inglés *United Nations Educational, Scientific and Cultural Organization.*

También se denomina *sigla* cada una de las letras que forman una sigla. Por ejemplo, *O, N* y *U* son siglas de *ONU.*

Las siglas se clasifican en dos tipos, atendiendo a su lectura y escritura:

a) Las que **no son pronunciables** como palabras y tienen que **leerse deletreando** sus componentes (*IPC*). Siempre se escriben con mayúsculas.

b) Las que se pronuncian como una palabra y se leen como se escriben. Reciben el nombre de **acrónimos**: *ONU, ovni, Unesco.* A veces, este tipo de siglas se incorporan al léxico común como nombres propios (*Unesco*) o como nombres comunes (*sida*).

Los acrónimos

Como se ha dicho, los **acrónimos** son todas las siglas formadas con letras iniciales que se pronuncian como una palabra, por ejemplo *UVI* (*unidad de vigilancia intensiva*) o *OCU* (*Organización de Consumidores y Usuarios*), pero también se denominan acrónimos los vocablos formados por la unión de elementos de dos o más palabras, que suelen estar constituidos por el principio de la primera y el final de la última (*ofimática* se ha formado a partir de *oficina informática*) o, frecuentemente, por otras combinaciones (*Inem* corresponde *a Instituto Nacional de Empleo;* sonar, a *sound navigation and ranging*).

Las reducciones

Las **reducciones** resultan de abreviar informalmente palabras que los hablantes consideran largas: *cole* (*colegio*), *peli* (*película*), *boli* (*bolígrafo*).

Actividades de comprobación

4. Clasifica las siguientes palabras y explica su significado:

sida	ADN	Unicef	FBI
AVE	FIFA	ACB	UE
Sonimag	Imserso	DNI	COI
DRAE	IVA	NIF	PIB

5. Indica qué procedimiento se ha seguido para formar las siguientes palabras:

acalorado	Renfe	encarcelar	trigal
paracaidista	profe	radiografía	emboscada
sietemesino	SEAT	hombre rana	imperdonable

Asociaciones léxicas: las familias léxicas

Una **familia léxica** está formada por todas las palabras que tienen la misma raíz.

El léxico es susceptible de ser ordenado en **familias léxicas**. Así pues, a partir de la base léxica *humano*, que proporciona la raíz *human-*, se puede formar la siguiente asociación o familia léxica: *__human__idad*, *__human__izar*, *__human__izable*, *__humanal__*, *__human__amente*, *__human__idades*, *__human__ismo*, *__huma-__ nista*, *__human__ístico*, *__human__itario*, *in__humano__*, *des__humanizar__*, *des__humaniz__ado*...

Actividad de comprobación

6. Forma familias léxicas con las siguientes palabras:

ojo	viajar	llorar
propio	cárcel	cantar

Orígenes del léxico castellano

El **castellano** se formó a partir del **latín** y la mayor parte de su léxico proviene de esta lengua.

El léxico que procede del latín está formado por dos tipos de vocablos: las **palabras patrimoniales** y los **cultismos**.

Las **palabras patrimoniales** son aquellas que existen en el idioma desde los orígenes de este y han experimentado una serie de cambios fonéticos a lo largo de la historia hasta fijarse con su forma moderna.

vetulus > ***viejo*** *germanus* > ***hermano*** *plaga* > ***llaga***

Los **cultismos** son los vocablos que han sido tomados directamente del latín (a veces también del griego) y que apenas han sufrido variaciones porque han entrado tardíamente en el castellano, cuando ya se habían realizado los cambios fonéticos.

aspectus > ***aspecto*** *cathedra* > ***cátedra*** *nocturnus* > ***nocturno***

En algunas ocasiones, una palabra latina o griega, después de haber originado una palabra patrimonial, ha sido incorporada al idioma como cultismo, es decir, sin apenas variaciones. Este fenómeno recibe el nombre de **doblete**. Por ejemplo:

plenus → ***lleno*** (patrimonial) / ***pleno*** (cultismo)

integrum → ***entero*** (patrimonial) / ***íntegro*** (cultismo)

Actividad de comprobación

7. Relaciona cada uno de los vocablos latinos con las palabras que han originado y di cuáles son patrimoniales y cuáles son cultismos. Si es necesario, utiliza un diccionario etimológico, como, por ejemplo, el *Breve diccionario etimológico de la lengua castellana*, de Joan Corominas. También encontrarás información etimológica en el *Diccionario de la lengua española* de la Real Academia Española.

honorare	*hortus*	higo	tiempo
ficus	*filum*	hilo	indemne
tempus	*inflāre*	cóncavo	grajo
carĭes	*indemnis*	honrar	incrédulo
incredŭlus	*gracŭlus*	huerto	palestra
concăvus	*palaestra*	hinchar	caries

Los préstamos léxicos

El amplio caudal léxico formado por las palabras patrimoniales, con el paso del tiempo y por razones políticas, culturales, de vecindad, etc., se ha ido enriqueciendo con la incorporación de voces procedentes de otras lenguas, que reciben el nombre de **préstamos léxicos**.

Los cultismos, de los que acabamos de hablar, son préstamos, aunque procedentes de la lengua latina (latinismos), como *cándido, nocivo, fructífero*, etc., o de la griega (helenismos), como *democracia, púrpura, metabolismo*, etc.

Entre los otros préstamos que se han incorporado al castellano, los más importantes son los siguientes:

- **Germanismos (de las lenguas germánicas).** La mayoría se introdujeron en el siglo V: *blanco, rico, guerra, espía, aspa, espuela, ropa, gana*, etc.
- **Arabismos (del árabe).** Son los más abundantes en el castellano; hay unos cuatro mil: *almacén, alcohol, alhaja, taza, albañil, retama, alhelí, almohada, azúcar, berenjena, arroz, sandía, aceituna, zanahoria, algodón*, etc.
- **Galicismos (del francés).** Se introdujeron sobre todo durante la Edad Media y a partir del siglo XVIII: *dama, corcel, paje, fraile, mesón, doncel, bastón, salvaje, equipaje, bufanda*, etc.
- **Italianismos (del italiano).** La mayor influencia se da durante el Renacimiento: *soneto, centinela, soprano, piloto, escopeta, novela*, etc.
- **Americanismos (de las lenguas indígenas de América).** Entran a partir del descubrimiento de América: *huracán, chocolate, tiza, cacao, patata, tomate, loro, maíz*, etc.
- **Anglicismos (del inglés).** Entran a partir del siglo XVIII: *gánster, filme, cheque, club, fútbol, mitin, vagón, tranvía, líder, tenis*, etc.

Préstamos procedentes de las lenguas peninsulares:

- **Lusismos (del portugués):** *mermelada, mejillón, buzo, ostra, caramelo*, etc.
- **Vasquismos:** *zamarra, chistorra, zurrón, izquierda, pizarra, boina, cencerro*, etc.
- **Catalanismos:** *rape, barraca, paella, faena, butifarra, bandolero*, etc.
- **Galleguismos:** *botafumeiro, grelo, morriña, corpiño*, etc.

Actividad de comprobación

8. Indica la procedencia de los siguientes préstamos con la ayuda de alguno de los diccionarios antes nombrados:

nicotina	sublime	mejillón	yate	payés
piano	gabinete	yonqui	acritud	monolito
huracán	bistec	alcachofa	faena	mermelada
neologismo	alcanfor	vigía	jardín	cacahuete

Los neologismos

Los **neologismos** son las palabras que han entrado recientemente en la lengua.

Para crear nuevas palabras, existen diversos mecanismos que se han utilizado a lo largo de la historia de la lengua, como, por ejemplo, la derivación, la composición, etc. (*drogata, elevalunas, informatizar*, etc.), aunque también hay muchos neologismos que son **préstamos** de otros idiomas.

Para designar las nuevas realidades que se derivaban de los avances **tecnológicos** y **científicos**, antaño se acudía frecuentemente a los préstamos procedentes de otros idiomas, sobre todo del griego y del latín (compuestos cultos como *microcirugía, hidrocarburo, gastroscopia, estetoscopio, cardiovascular*, etc.); actualmente, sin embargo, en los campos de la técnica y de la ciencia, cada vez son más frecuentes los préstamos procedentes del inglés (*bit, disco duro, escáner, zum*, etc.).

En los últimos años, la mayor parte de los préstamos que entran en el español son **anglicismos**, dado que el inglés es la lengua de mayor prestigio por la enorme influencia política, económica y cultural que ejerce el mundo anglosajón. Para preservar nuestra lengua ante la multitud de neologismos que entran en ella, es aconsejable **desechar los extranjerismos** cuando ya **existan** palabras o expresiones españolas equivalentes.

Los préstamos que se incorporan al idioma pueden ser:

- **Calcos**, voces que se **calcan** o **traducen** con palabras españolas (por ejemplo, los anglicismos *living-room, week-end, acid rain* y *Science Fiction* se han traducido, respectivamente, por 'cuarto de

Las palabras que han caído en desuso entre los hablantes reciben el nombre de **arcaísmos**. Muchos de ellos aún se conservan en diccionarios, como el *Diccionario de la Real Academia Española*.

estar', 'fin de semana', 'lluvia ácida' y 'ciencia ficción'), o bien se **adaptan** a nuestra pronunciación y ortografía (por ejemplo, las palabras francesas *cassette* y *carnet* se han adaptado al español con las formas *casete* y *carné*, y las palabras inglesas *travelling* y *leader* se han adaptado con las formas *travelín* y *líder*).

Cuando a las significaciones de una palabra de una lengua se les añade un nuevo significado procedente de una palabra extranjera, nos hallamos ante un **calco** o **préstamo semántico**. Por ejemplo, la palabra *ventana*, en la acepción «espacio delimitado en una pantalla de un ordenador cuyo contenido puede manejarse independientemente del resto de la pantalla», es un calco o préstamo semántico del inglés *window*.

- **Xenismos**, vocablos que aún no han sido asimilados y mantienen su forma **original** y una pronunciación **parecida** a la del idioma de procedencia. Por ejemplo, del francés, *boutique*; del inglés, *show*, *zapping*, *squash*, *establishment*, *copyright*, *spot*.

Actividad de comprobación

9. Clasifica los siguientes neologismos en xenismos y calcos. Después, indica cuáles de los calcos son préstamos semánticos:

archivo (informática)	máster	balonmano
ratón (informática)	suflé	lobby
light	lentes de contacto	tuit
tráiler	alta fidelidad	lifting
walkie-talkie	base de datos	comida rápida
esparrin	boutade	rascacielos

Las locuciones

Las **locuciones** son combinaciones fijas de dos o más palabras con significado unitario y que funcionan como una determinada clase de palabras: nombre o sustantivo, adjetivo, adverbio, etc.

Observa esta locución:

a manos llenas

La locución *a manos llenas* es una expresión fija con sentido unitario que funciona como un adverbio y equivale a «generosamente».

Existen varias clases de locuciones:

- **Nominales** o **sustantivas.** Son las que hacen oficio de nombre o sustantivo: *lágrimas de cocodrilo, borrón y cuenta nueva, piel de gallina*, etc. Por ejemplo:

  *No me conmueven tus **lágrimas de cocodrilo**.*

- **Adjetivas.** Son las que desempeñan funciones propias de un adjetivo: *de armas tomar, corriente y moliente, de pelo en pecho,* etc. Por ejemplo:

  Es un individuo ***de armas tomar.***

- **Verbales.** Son conmutables por un verbo: *no tener dos dedos de frente, nadar y guardar la ropa, costar un ojo de la cara,* etc. Por ejemplo:

  Este chico ***no tiene dos dedos de frente.***

- **Adverbiales.** Hacen el oficio de adverbio: *de repente, de par en par, de golpe y porrazo,* etc. Por ejemplo:

  Apareció ***de repente*** *un coche a toda velocidad.*

- **Prepositivas.** Hacen oficio de preposición: *en torno a, encima de, gracias a,* etc. Por ejemplo:

  Todos los problemas giran ***en torno a mí.***

- **Conjuntivas.** Hacen la función de conjunción: *con tal de que, a fin de que, a medida que,* etc. Por ejemplo:

  Te dejaré el coche ***con tal de que*** *conduzcas despacio.*

Una **frase hecha** es una expresión utilizada en sentido figurado, tiene un alto grado de fijación y es de uso corriente entre los hablantes:

- *Las paredes oyen.*
- *Al mal tiempo, buena cara.*
- *Nunca segundas partes fueron buenas.*
- *A la tercera va la vencida.*

Actividad de comprobación

10. Clasifica las locuciones que aparecen en negrita en las siguientes oraciones:

- **A lo largo de** su vida se ha dedicado a la investigación.
- La luz entra **a raudales** por la ventana.
- Alberto, te pondrán una multa **de tomo y lomo.**
- **De pronto**, el avión cayó en picado.
- **Con tal de que** el niño no moleste, le dejan ver la televisión el tiempo que quiera.
- Este sujeto siempre **mete la pata.**
- Elisa siempre **lleva la voz cantante.**
- Este reloj **me ha costado un ojo de la cara.**
- Marga es una mujer **de rompe y rasga.**

Las terminologías

Las **terminologías** son el conjunto de palabras o términos de significado preciso que designan conceptos, procedimientos, objetos, etc., en una ciencia, técnica, profesión, arte u oficio.

Los **tecnicismos** son los casos más concretos de las terminologías. Son palabras **monosémicas** –con un solo significado–, pertenecientes a disciplinas científicas o técnicas, cuyo significado está definido con absoluta **precisión**. La monosemia de los tecnicismos contrasta con la polisemia (sentidos figurados, ambigüedades, connotaciones subjetivas, etc.) que caracteriza a la lengua común, en la cual los significados de las palabras se concretan en contextos determinados.

2

PROCEDIMIENTOS DE CREACIÓN DE TECNICISMOS

- Préstamos de palabras procedentes de las lenguas clásicas.
- Composición o derivación a partir de raíces grecolatinas.
- Préstamos de palabras extranjeras.
- Composición y derivación.
- Siglas y acrónimos.
- Atribución de nuevos significados a palabras que ya existen en la lengua.
- Epónimos.

Los tecnicismos son muy abundantes en el ámbito científico, debido a la evolución constante de la ciencia y de la técnica. Este hecho obliga a actualizar continuamente el vocabulario con la creación de nuevas palabras. Gran parte de los tecnicismos son **neologismos**, esto es, términos que se han creado recientemente a partir de los recursos léxicos o semánticos de la propia lengua (los mecanismos de formación de palabras –derivación, composición, etc.– y la atribución de nuevos significados a palabras ya existentes), y de los préstamos de otras lenguas. Los tecnicismos facilitan que los científicos comuniquen de manera exacta los conceptos, ya que evitan posibles discrepancias en las interpretaciones del significado de un término. Además, proporcionan validez universal al lenguaje científico, lo que asegura también su traducción exacta y precisa en diversas lenguas, aunque el significante cambie.

En las ciencias puras (matemáticas, física…) los tecnicismos son **unívocos** –es decir, cada palabra tiene un solo significado-. En las ciencias más estructuradas (química, biología…), el lenguaje es muy preciso y riguroso en la denominación de seres y objetos, y constituye clasificaciones estables desde hace siglos: es el caso de las **nomenclaturas**, es decir, los conjuntos de reglas que se aplican para denominar inequívocamente elementos, animales, etc. En las ciencias sociales (historia, derecho, sociolingüística…), en cambio, la terminología tiene como base la lengua común, pero se le da un sentido especializado. El uso de la lengua común puede provocar polisemia, ambigüedades o casos de sinonimia. Esto sucede, por ejemplo, en el campo de la gramática, cuando diferentes teorías o escuelas denominan con palabras distintas un mismo concepto o significado, como nexo y relacionante o nombre y sustantivo.

Algunos **tecnicismos** han pasado a formar parte de la lengua habitual por el uso que hacen de ellos los hablantes; así ha ocurrido con palabras como *asfalto, marcapasos, anorexia, inflación, hipertexto, hipoteca*, etc.

Los tecnicismos se han ido creando desde la Antigüedad hasta nuestros días. Sus **procedimientos de creación** son los siguientes:

- Los **préstamos**, en particular los de palabras procedentes de las **lenguas clásicas**, como *gravedad, ostracismo, letargo, caries, clon…*; o la **composición** o **derivación** a partir de raíces grecolatinas: *videoteca, aracnofobia, islamología, toxicólogo, hipertensión, biotecnología, anemia, aeródromo, multimedia, lexicografía, psicosomático, ludópata, biodegradable, cavernícola, usufructo…*

Son también muy importantes en la actualidad los préstamos del **inglés**: *estrés, test, overbooking, marcapasos, demo, chequeo, flash-back, casting…* Entre ellos abundan los que esta lengua ha tomado a su vez del griego o del latín: *computadora, aeróbic, globalización, monoaural…* En menor medida, cabe mencionar los tecnicismos que, a lo largo de la historia, se han ido adoptando de otras lenguas, como el francés (*cliché, vodevil…*); el italiano (*gueto, soneto…*); etc.

- La **composición** y la **derivación** a partir de elementos de la propia lengua: *cortocircuito, bajorrelieve, cortometraje, malversar, contrarreloj, orden del día…; clonar, descolonización, sustantivación, mundialización (globalización), integrista, dequeísmo, colectivizar, feísmo, anglicismo, cancerígeno, capitalizar…*

- **Siglas** y **acrónimos**: *bit, emoticono, delco, OMS, DVD, WWW, TIC, OCDE, CD-ROM…*

- La atribución de **nuevos significados** a palabras de uso cotidiano: *nuevas tecnologías, nodo* o *fuente* (en informática), *capital, bienes de consumo, sector servicios, plano, secuencia, bolsa…*

- Los **epónimos** (nombres de persona que designan un concepto, una tendencia, un proceso, etc.): *estalinista, alzheimer, chovinismo, pasteurizar, petrarquismo, marxismo-leninismo, amperio…*

Actividades de comprobación

11. Subraya los componentes grecolatinos de las siguientes palabras e indica el significado que aportan. Por ejemplo, *endoscopia*: *endo* 'dentro', *scopia* 'examen, vista, exploración'.

endoscopia	neoclasicismo	xenofobia
hemistiquio	hipotensión	microscopio
mononucleosis	cosmopolita	ecosistema
megalómano	oligarquía	cleptomanía

12. Clasifica los siguientes tecnicismos según el procedimiento por el que se han formado:

psicofísico	helicóptero	torre (de un ordenador)
quijotización	microcosmos	Tercer Mundo
clonación	travelín	disco duro
ADN	acción (de una sociedad anónima)	arrendatario
sida	herciano	quark

13. Leed el siguiente texto de José Antonio Millán, titulado «e», y debatid sobre la entrada de anglicismos en el español:

Más que una palabra, trataremos hoy una letra, ¡pero qué letra!

En los tiempos que corren, y en el inglés, hay muchas cosas que son *e*. Por ejemplo: *e-bussines*, *e-book*, *email* (negocio, libro, correo electrónico...). Como se ve, la *e* aparece pegada a la palabra, o separada por un guion, dependiendo de lo consolidada que esté la formación.

¿De dónde viene este uso? En el origen remoto está una palabra del griego clásico, *electrón*, nombre de una resina fósil, el ámbar, que se cargaba de electricidad estática cuando se frotaba, un fenómeno conocido desde la Antigüedad.

Del griego pasó al latín y después a las lenguas europeas: *electro* significó tanto 'ámbar' como una aleación metálica. Góngora cantaba en 1580 cosas que hoy suenan directamente *ciberpunk*: «Suda electro en los números que llora»...

La propiedad de atraer tomó su nombre de tan interesante materia: *electricidad* era, ya en el siglo XVII, el nombre del fluido que se pensaba que tenían ciertos cuerpos. Y cuando a finales del XIX se descubrió una partícula atómica con carga negativa, se la llamó ***electrón***. A partir de ahí se formó ***electrónico***, para aludir a los fenómenos relacionados con el movimiento de los electrones... Podríamos decir, por tanto, sin equivocarnos, que esta *e* ha recorrido unos cuatro mil años hasta llegar a nosotros.

¿Y qué hacer, entonces, con ella? La peculiar plasticidad de la lengua inglesa con las abreviaturas permite pegarla a numerosos términos, como *e-know* (conocer algo solo por vía electrónica, es decir: por Internet), pero la transposición al español es siempre muy dura. Se hace difícil hablar de *e-comercio* o de *e-libro*. Entre otras cosas porque el inglés antepone siempre el adjetivo (*e-book* abrevia *electronic book*), y en español deberíamos escribir en todo caso *libro-e* o *comercio-e*, lo cual tampoco se ve. Nuestra lengua sigue prefiriendo la expresión completa, *comercio electrónico*, que tiene el problema de resultar muchísimo más larga que la inglesa.

ACTIVIDADES DE CONSOLIDACIÓN

1. Descompón la siguiente frase en morfemas léxicos y morfemas gramaticales. Después, clasifica los morfemas gramaticales. Recuerda que puedes utilizar el diccionario.

> Dos astronautas salieron de su nave para reparar varios desperfectos del telescopio espacial.

2. Busca los dobletes de cada palabra latina, señala el vocablo patrimonial y el cultismo, y explica el significado de cada uno con la ayuda del diccionario.

		concejo	concilio
		delicado	recitar
humĕrus	*auscultāre*	hombro	escuchar
concilĭum	*litigāre*	lego	rezar
delicātus	*recitāre*	litigar	foco
laĭcus	*focus*	húmero	auscultar
		delgado	fuego
		laico	lidiar

3. Escribe una frase con cada uno de los siguientes cultismos:

inmune	truculento
idiosincrasia	proceloso
dúctil	inocuo
hilaridad	refulgente

4. Busca en el *Diccionario de la Real Academia Española* el significado de los siguientes formantes cultos y escribe tecnicismos que los contengan:

gastro	scopio	mega
bio	macro	grama
patía	hemo	fobia
poli	logía	derma

5. Señala las bases compositivas cultas de los siguientes compuestos procedentes del latín y del griego, y explica su significado. Si es necesario, puedes utilizar el diccionario.

neurología	monolingüe
cosmología	oligopolio
teléfono	geólogo
oftalmólogo	xenofobia

6. En grupos de tres, buscad en los medios de comunicación neologismos propios de los léxicos de la informática y del automóvil.

7. Indica qué términos son derivados y qué términos son parasintéticos.

ensuciar	envilecer
impresentable	afilador
alunizar	desobedecer
encarcelar	despiadado
desnatado	inapropiado
extraparlamentario	invencible

8. Forma palabras compuestas que sean neologismos relacionando las siguientes raíces. Después, comprueba si hay alguna que no esté aún en el *Diccionario de la Real Academia Española*.

multi	tráfico	chip	eleva
empleo	foto	circuito	micro
plaza	corto	pluri	ópticas
mono	narco	lunas	montaje

9. Escribe las siglas y los acrónimos que corresponden a las siguientes expresiones:

- impuesto sobre el valor añadido
- unidad de vigilancia intensiva
- objeto volador no identificado
- Instituto para la Conservación de la Naturaleza
- Empresa Nacional de Telecomunicaciones
- organización no gubernamental
- Instituto Nacional de Empleo

10. Escribe una oración con cada una de las siguientes locuciones:

- delante de
- de antemano
- ser de pacotilla
- si bien
- a ciegas
- cortina de humo
- tomar las de Villadiego
- echar de menos

11. Escribe uno o dos ejemplos de cada uno de estos procedimientos de creación de tecnicismos:

- composición (formantes grecolatinos)
- composición (palabras propias)
- derivación
- siglas y acrónimos
- atribución de nuevos significados a palabras ya existentes
- préstamos
- epónimos

La norma lingüística

1. Copia las siguientes palabras y escribe tilde cuando convenga:

cometelo	cantasela	vaiven
bañalo	habilmente	escribeme
ciegamente	decimoquinto	bebetela
franco-aleman	dodecasilabo	hispano-belga
mirole	dulcemente	echome
fragilmente	traspie	septuagenario
duodecimo	quitanieves	decimoseptimo
ayudalo	rogoles	oceanografico
luso-japones	rapidisimamente	vendioles
historico-critico	inutilmente	asimismo
obviamente	cantabro-astur	cayose

2. Escribe el plural de las siguientes palabras de origen extranjero que se han castellanizado:

bidé	estrés
eslogan	suéter
parqué	frac
club	chalé
vermú	champú
estándar	mitin
esmoquin	filme

3. Explica cómo se forma el plural de estas palabras:

coche cama	esquí
hombre rana	martes
quienquiera	jersey
cualquiera	rubí
sueldo base	caries
boquiabiertos	crisis
guardaespaldas	dosis
tiralíneas	tórax
guardarropa	virus
bisturí	lanzacohetes
mediodía	ojo de buey

4. En ocasiones, por influencia del francés, se usa la preposición *a* en vez de otras preposiciones o expresiones más genuinamente castellanas. Elige de cada pareja de frases la que contenga la construcción castellana más genuina.

- Esta es la táctica a seguir.
  Esta es la táctica que hay que seguir.
- Tomás siempre lleva camisas de rayas.
  Tomás siempre lleva camisas a rayas.
- Para lavarse la cabeza, Martina usa un champú a la clorofila.
  Para lavarse la cabeza, Martina usa un champú de clorofila.
- Los barcos a vela navegan cerca de la bahía.
  Los barcos de vela navegan cerca de la bahía.

5. En las siguientes oraciones, sustituye el verbo *poner* por otro, sin que se repita ninguno:

- Le pusieron un sedante para tranquilizarlo.
- Se puso en un asiento que no era el suyo.
- Ha puesto una tienda de ropa en una calle céntrica de la ciudad.
- Pon tu nombre en la parte superior del folio.
- Sus afirmaciones lo han puesto en una situación embarazosa.
- En estas calles pondrán más arbolado.
- Siempre pone los mismos argumentos.
- Este señor puso cien mil pesetas en su libreta de ahorros.
- El corredor número ocho se ha puesto en cabeza.
- Siempre se pone una ropa muy llamativa.
- Puso a todos sus soldados en esa misión.

6. Reescribe las siguientes frases sustituyendo los espacios en blanco por las formas verbales cuyo infinitivo aparece entre paréntesis:

- Si lo meditan detenidamente, quizás ahora ______ (*acertar*) en su decisión.
- Cuando descienda por este acantilado, yo me ______ (*asir*) con todas mis fuerzas de la cuerda.
- Yo no ______ (*caber*) en el coche porque ya iba lleno.
- ______ (*Sostener*) bien el vaso y que no se te ______ (*caer*) ni una gota de agua.
- Llegó justo un minuto antes de que ______ (*concluir*) la reunión.
- A lo mejor ______ (*colgar*) el cuadro que me regalaron en el comedor.
- El oso se ______ (*erguir*) amenazante sobre sus patas traseras.
- Con este cargo, ella ______ (*adquirir*) una gran responsabilidad.

UNIDAD 3

Una pluma y un balón

Marcus du Sautoy (Londres, 1965) es catedrático de matemáticas de la Universidad de Oxford. Además de publicar artículos especializados, es un escritor y presentador muy popular en la Gran Bretaña por su labor divulgadora de las matemáticas. Sus ensayos se han traducido al español con gran éxito: *La música de los números primos*; *Simetría, un viaje por los patrones de la naturaleza*, y el libro al que pertenece el fragmento que vas a leer: *Los misterios de los números: la odisea de las matemáticas en la vida cotidiana.*

En una visita a España, el autor afirmó: «Llegará un día en que podremos comprender el universo como un gran sudoku y entenderemos todos esos números que lo forman. El universo es lógico, con orden y con modelos que a veces son misteriosos, pero con la física y las matemáticas se van a encontrar soluciones que expliquen su funcionamiento».

Marcus du Sautoy

Si dejo caer una pluma y un balón de fútbol, ¿cuál llega primero al suelo?

El balón de fútbol, por supuesto. No hace falta ser un matemático de fama mundial para predecir esto. Pero ¿qué pasaría si dejo caer dos balones de fútbol idénticos, el uno lleno de aire y el otro de plomo? La primera reacción de la mayoría de la gente es decir que el balón relleno de plomo llegará antes al suelo. Esta era por cierto la opinión de Aristóteles, uno de los mayores pensadores de todos los tiempos.

En un experimento apócrifo, el científico italiano Galileo Galilei demostró que esta respuesta intuitiva es completamente falsa. Trabajaba en Pisa, ciudad en la que se encuentra la famosa torre inclinada. ¿Qué mejor sitio para tirar cosas y tener colocado un aprendiz abajo para ver qué llega antes? Galileo probó que Aristóteles se equivocó: las dos bolas, a pesar de tener diferente peso, llegaban al suelo a la vez.

Galileo se convenció de que el peso de un objeto no influía en este caso. Lo que hacía que una pluma cayera más despacio que una bola era la resistencia del aire, y si uno pudiera eliminarla, la pluma y la bola caerían a la misma velocidad. Un lugar en el que se podría comprobar fácilmente esta teoría es la superficie de la Luna, donde no hay aire. En 1971, David Scott, el comandante de la misión del *Apolo 15* en la Luna, recreó el experimento de Galileo, soltando un martillo de geólogo y una pluma de halcón al mismo tiempo. Ambos objetos cayeron mucho más despacio que si estuvieran en la Tierra, porque la atracción gravitatoria ejercida por la Luna es menor, pero llegaron al suelo simultáneamente, tal como había predicho Galileo.

Como dijo después uno de los controladores de la misión, el resultado fue «edificante, tanto si consideramos el gran número de personas que fueron testigos del experimento como el hecho de que el éxito del viaje de vuelta a casa dependía decisivamente de la validez de esta teoría concreta que se pretendía comprobar». Esto es muy cierto: sería imposible planificar los viajes espaciales sin disponer de las ecuaciones de las matemáticas para predecir el vuelo de un cohete, que resulta impulsado y atraído a la vez por la gravedad de la Tierra, del Sol y de los planetas, y también por la propulsión de sus motores.

Una vez descubierto el hecho de que el peso de un objeto es irrelevante en lo relativo a su velocidad al caer, Galileo quiso ver si sería capaz de predecir cuánto tardaría el objeto en llegar al suelo. Los objetos caían demasiado deprisa cuando eran lanzados desde lo alto de la torre inclinada, y era imposible cronometrar la caída con precisión, de modo que decidió hacer rodar una bola por un plano inclinado para ver cómo variaba la velocidad. Descubrió que si la bola rodaba una unidad de distancia en un segundo, entonces a los 2 segundos había rodado 4 unidades, y a los 3 segundos había recorrido 9 unidades. Pudo así predecir que a los 4 segundos la bola habría viajado un total de 16 unidades de distancia: en otras palabras, la distancia que recorre un cuerpo al caer es proporcional al cuadrado del tiempo que ha estado cayendo. En símbolos matemáticos,

$$d = 1/2 \cdot g \cdot t^2$$

donde *d* es la distancia recorrida y *t* es el tiempo. El factor *g*, conocido como la aceleración de la gravedad, le decía a Galileo cómo variaba la velocidad vertical de un objeto que caía al pasar un segundo. Pensemos, por ejemplo, en un balón lanzado desde lo alto de la torre inclinada de Pisa: al cabo de 1 segundo su velocidad será *g*, al cabo de 2 segundos será *2g*, y así sucesivamente. La fórmula de Galileo fue uno de los primeros ejemplos de una ecuación matemática utilizada para describir la naturaleza, o de lo que se acabaría llamando una ley de la física.

LECTURA Y COMENTARIO

Aspectos comunicativos o pragmáticos

1. El autor de «Una pluma y un balón» es un reconocido matemático, dedicado a la docencia y a la divulgación científica. Elabora una ficha con los datos más importantes de su biografía.
2. ¿Qué objetivo comunicativo tiene el texto: divulgativo o académico? Razona tu respuesta.
3. Señala el tipo de texto que predomina en el fragmento que acabas de leer; razona tu respuesta indicando algunos rasgos propios de ese tipo de texto.

4 ¿Consideras que el fragmento es un **ensayo** de tema científico? (Recuerda que el género ensayístico se caracteriza por ser una reflexión **libre** en la que destaca el enfoque original, personal y atractivo que el autor quiere dar a cualquier tema).

Contenido

5 Redacta en pocas palabras el tema o la idea principal del texto.

6 Las citas de autoridades son una característica de los textos científicos, tanto especializados como divulgativos. Subráyalas.

7 Escribe un resumen de «Una pluma y un balón».

8 ¿Qué tono predomina en el artículo: más o menos subjetivo, satírico, lírico, humorístico...?

Estructura

9 Analiza la estructura del texto indicando si es deductiva o inductiva.

10 Localiza la tesis.

Aspectos lingüísticos

11 En grupo, buscad los rasgos lingüísticos propios del lenguaje científico (deben reflejar características como la claridad, la precisión léxica, la denotación, etc.).

- Analizad los procesos de formación de los tecnicismos que hayáis encontrado (derivación, sigla, etc.).

12 ¿Hay algún rasgo, entre los anteriores, que se corresponda con el estilo atractivo propio del ensayo (uso de algún recurso retórico, tecnicismos al alcance de un lector común, etc.)?

13 Observa las formas verbales.

- ¿Por qué predominan las formas de pasado alternándose con las de presente?
- La forma de presente «es» aparece en nueve ocasiones. ¿Qué valor tiene la utilización de este presente de verbo copulativo?
- ¿Cuál es el valor estilístico de la forma *pensemos* (lín. 82) en el último párrafo?

14 Un rasgo del lenguaje científico es el uso de los lenguajes artificiales. Subraya algunos ejemplos y justifica su empleo.

15 En parejas, elaborad una lista de los elementos de modalización que aportan lo subjetivo del artículo.

Creación

16 En grupo, seleccionad un fragmento de un ensayo científico o un artículo de divulgación científica, documentaos sobre el tema que trata, preparad una presentación a vuestros compañeros y grabadla. A continuación, evaluad conjuntamente el desarrollo de la presentación.

ESCUCHAR, HABLAR, LEER Y ESCRIBIR

Los textos científicos y técnicos

Características generales

Los **textos científicos** explican la realidad para que el receptor adquiera conocimientos sobre ella, mientras que los textos **técnicos** aplican los conocimientos de la ciencia para actuar sobre la realidad, pues su objetivo es **enseñar a hacer** algo al receptor. En ambas clases de textos se utiliza un lenguaje preciso y denotativo.

Los conocimientos científicos a los que ha llegado la humanidad se han dividido en **ciencias formales** (matemáticas) y **naturales** (física, química, zoología...), cuyo objetivo es el estudio de la realidad, y **ciencias sociales** (las humanidades y las ciencias sociales propiamente dichas), centradas en el estudio del ser humano. Los diferentes contenidos de ambas categorías dan origen a usos particulares de la lengua, y por ello vamos a ver estos usos por separado. Empezaremos, en esta unidad, por el lenguaje de las ciencias formales y naturales, y dejaremos para la próxima el lenguaje de las ciencias sociales y humanas.

La función de los **textos científicos y técnicos**, cada vez más abundantes debido al gran desarrollo de la ciencia y de la técnica en la actualidad, es **transmitir conocimientos objetivos** sobre la realidad. El objetivo de la ciencia es hacer afirmaciones **universales** –es decir, buscar la *verdad general*, válida en cualquier tiempo y lugar, independientemente de la situación–; **objetivas** –esto es, basadas en hechos o datos que coincidan con la realidad–, y **verdaderas** –lo que significa que son verificables, característica que depende de la universalidad y objetividad–. Todo ello exige un lenguaje capaz de expresar los conceptos con **precisión** y **claridad**, en el que domine la función **referencial**, puesto que el objetivo de estos textos es informativo (aunque cabe lo persuasivo cuando se pretende transformar la ciencia con nuevos conocimientos que hay que argumentar). Por lo tanto, el vocabulario tiene que ser **denotativo** y **unívoco**.

Los **textos científicos y técnicos** incluyen diversas clases o géneros: informe, tratado, conferencia, monografía, artículo, libro de texto, tesis doctoral, ensayo..., y van desde los más **especializados** y difíciles, que se dan entre especialistas y en los que emisor y receptor comparten el mismo nivel de conocimientos, hasta los que aparecen en los distintos niveles de la **enseñanza**, o los textos de **divulgación científica**, que pueden tener forma de **ensayo** o **artículo**. En los dos últimos casos, el emisor es especialista pero el receptor no, y es aquel quien supone en el receptor determinados conocimientos que le hacen seleccionar la información –incluir más o menos datos–, explicar o definir algunos tecnicismos, aportar ejemplos, etc.

Tipos de texto y estructura

En los textos científicos y técnicos predominan la **exposición** y la **argumentación**, esta última cuando se suscitan temas de discusión, propios del debate científico. Ambas clases de texto pueden, además, incluir la descripción y la narración (si hay elementos cronológicos). Por su parte, en el lenguaje técnico se suele emplear el texto instructivo.

Además de la **exposición** y la **argumentación** –los tipos de texto dominantes–, también aparece, en menor medida, la **descripción**, como complemento necesario de la exposición. Esto ocurre, por ejemplo, en ciencias como la medicina o la zoología, en las que se tiene que mostrar cómo es el ser u objeto del que trata la explicación, o en las descripciones de objetos que encontramos en los textos técnicos. La **narración** puede aparecer cuando se hace un enfoque cronológico o histórico, y en los textos técnicos es característica la **instrucción**, pues su objetivo es enseñar al receptor a hacer algo.

El orden en que se desarrolla la información depende del método que utiliza la ciencia en concreto. En el **método deductivo**, se va de lo general a lo particular: se parte de la tesis o hipótesis y en el desarrollo del texto se aportan los hechos, las pruebas o los datos para comprobarla. La estructura es, pues, **analizante**. En el **método inductivo**, se va de lo particular a lo general: en primer lugar se exponen los hechos, los datos o las pruebas, y al final se llega a las conclusiones que explican el sentido de los datos o hechos descritos. La estructura es, pues, **sintetizante**. Ambos métodos pueden emplearse al mismo tiempo en la estructura **encuadrada** (el texto empieza con una idea que vuelve a aparecer como conclusión –a veces con alguna variación– tras el desarrollo de la explicación) y en la estructura **paralela** (se exponen sucesivamente distintas ideas relacionadas entre sí, pero sin que ninguna destaque sobre otras).

La **estructura** global sigue el esquema básico de: **introducción**, **desarrollo** y **conclusión**, sea cual fuere la clase de texto, desde los más breves hasta los más extensos.

- **Introducción.** Se presenta el tema (tesis, hipótesis) del que se va a tratar. En textos largos puede incluirse el marco: espacio, tiempo, estado de los conocimientos sobre el tema, objetivos del autor...
- **Desarrollo.** Se exponen o argumentan ordenadamente los hechos, los datos, las pruebas, las objeciones, etc.
- **Conclusión.** Se exponen las conclusiones que se han extraído del análisis: si se ha seguido el método inductivo, se expone la tesis; si el método es deductivo, se recogen brevemente las ideas que se han tratado. Las conclusiones pueden confirmar, rechazar o modificar en algún punto la tesis o hipótesis de la que se ha partido.

En los **textos científicos** de nivel académico elevado, como vimos el año pasado, hay siempre un trabajo previo de documentación. Las fuentes que se han consultado se citan con referencias completas y precisas. Estos textos presentan, además de notas, un apartado de bibliografía.

Actividad de comprobación

1. Lee los textos y, a continuación, responde las preguntas.

> Una vez que un científico tiene a su disposición leyes y teorías universales puede extraer de ellas diversas consecuencias que le sirven como explicaciones y predicciones. Por ejemplo, dado el hecho de que los metales se dilatan al ser calentados, es posible derivar el hecho de que los raíles de ferrocarril continuos, sin que existan entre ellos pequeños huecos, se distorsionarán con el calor del sol. Al tipo de razonamiento empleado en las derivaciones de esta clase se le denomina *razonamiento deductivo*.
>
> Alan F. CHALMERS, *¿Qué es esa cosa llamada ciencia?*

> Todos conocemos la reacción. La piel desarrolla un tono bronceado como protección solar. Dicho tono surge gracias a que ciertas células de la piel producen un pigmento oscuro, la melanina. Esta sustancia absorbe los rayos ultravioleta de onda corta y destruye su efecto biológico nocivo. Cuanto más intensos sean los rayos ultravioleta, más melanina debe formar la piel, y viceversa. Por lo tanto, el ser humano incipiente depositó cada vez más melanina en la piel a medida que se veía expuesta a los rayos ultravioleta. En consecuencia, los predecesores del ser humano eran de piel oscura en su lugar de origen, África oriental.
>
> Josef H. REICHHOLF, *La aparición del hombre*

a) ¿Qué tipo de texto predomina en cada párrafo que has leído?

b) Analiza su estructura e indica si es analizante, sintetizante o encuadrada.

c) Señala los elementos que contribuyen a que los textos sean precisos, claros y unívocos.

Formas lingüísticas

La lengua de los textos científicos y técnicos se caracteriza por la abundancia de **tecnicismos**, que configuran las ***terminologías*** (que vimos en la unidad anterior); el **registro formal**, y la presencia de los **lenguajes artificiales**.

El uso de tecnicismos y lenguajes artificiales (lenguajes formales, fórmulas, logogramas, símbolos, cifras, etc.) tiene como objetivo evitar las imprecisiones que forzosamente tienen las lenguas naturales. Dicho de otro modo, ambos recursos permiten superar las limitaciones de la lengua común en la búsqueda de la **precisión** y la **claridad**. En el lenguaje técnico y científico, el **registro** es **formal**, con las características de la lengua escrita, y el contexto situacional es poco relevante.

- En el nivel **morfológico** y **sintáctico**, los textos científicos y técnicos se caracterizan por los siguientes rasgos:

- **Claridad.** Predomina el **estilo nominal**: abundan los grupos nominales expandidos con aposiciones, subordinadas adjetivas u otros complementos, que se utilizan para delimitar y precisar la extensión del sustantivo. Los **complementos circunstanciales** también suelen aparecer muy expandidos para situar con precisión objetos, fenómenos, etc. Estas **expansiones** se hallan a menudo entre guiones o paréntesis. Por ejemplo:

  Los polímeros entrecruzados (redes poliméricas) que no pueden disolverse se ponen en contacto con un líquido compatible...

- **Objetividad.** Se manifiesta a través de los adjetivos especificativos; el empleo de la modalidad enunciativa; el modo indicativo; el presente intemporal o gnómico de significado permanente, y las estructuras impersonales (construcciones con **se**, formas impersonales como *se recogen las muestras, ha sido comprobado...*). Aunque predomina la tercera persona, esta puede alternar con la primera del singular o plural.

- **Elementos de cohesión.** Los **conectores** o **marcadores textuales** distribuyen y ordenan el contenido del texto y establecen las relaciones entre las ideas: *antes que nada, de cualquier manera, dicho esto, en consecuencia, en cuanto a, en primer lugar, por lo tanto,* etc. La **repetición** de una palabra o grupo, que puede ser un recurso poco elegante o molesto por reiterativo, se usa con frecuencia en estos textos cuando se pretende asegurar la comprensión del contenido.

■ Con respecto al **léxico,** domina la denotación; por ello es característica la presencia de los **tecnicismos**, que forman las **terminologías** –estudiadas en la unidad anterior–. Los tecnicismos responden a la necesidad de contar con términos que, por un lado, sean **unívocos** o **monosémicos** (con un solo significado), para evitar la polisemia o la ambigüedad, y por otro, tengan significado **denotativo**, ya que el discurso en el que se integran evita los elementos expresivos o subjetivos (como son adjetivos valorativos, léxico connotativo, diminutivos afectivos, humorismo, etc.).

Debido al gran avance de las ciencias en los dos últimos siglos, el desarrollo de las **terminologías** ha sido muy importante por la entrada de abundantes **neologismos** a través de los siguientes procedimientos:

- **Préstamos** procedentes de las **lenguas clásicas** (griega o latina), cuya difusión universal favorece su abundante uso, ya desde hace siglos, para formar nuevas palabras, como: *axioma, bacteria, plástico, electrolito, fotón, isótopo, paleontólogo, polinomio, barómetro, hipocondría, microscopio, termostato*, etc. Muchos de ellos nos llegan a través del inglés y, en menor medida, del francés.

- **Préstamos** procedentes de **lenguas modernas**, sobre todo del inglés y del francés: *infinitesimal, robot, escáner, cuark, baipás, zum, bafle, flash, chip...* Algunos de ellos son **xenismos** (*airbag, big bang, plugin...*) y otros, **calcos semánticos** (*ratón 'mouse', archivo 'file', ventana 'window'*) o calcos (*agujero negro 'black hole', lluvia ácida 'acid rain', red social 'social network', inteligencia artificial 'artificial intelligence', teléfono inteligente 'smartphone', base de datos 'database'*... Otro tipo de préstamos son los **epónimos** como *vatio* (de Watt, ingeniero británico); *polonio* (de Polonia, lugar de nacimiento de Marie Curie); *herciano* (de Hertz, físico alemán), *newton*...

- **Palabras formadas** por **derivación** y **composición**, los mecanismos propios de la lengua. En la **derivación** es especialmente abundante la creación de sustantivos abstractos con que se expresan procesos, estados, cualidades, etc. El sustantivo objetiva las acciones y los procesos al presentarse estos como algo ya realizado. La mayoría proceden de verbos, ya que estos, al señalar tiempo, incluyen elementos personalizadores –presencia del agente a través de los morfemas de persona, número...– (*fosilización, combustible, salivación, mezcolanza, valencia, absorbencia, cristalización*...); otras palabras son derivadas de préstamos grecolatinos (*optimizar, analgésico, analógico, digital, telefonear, biodegradable, descalcificación*...). Por último, la **composición** permite la formación de palabras como *terremoto* u *horticultura*; existe, además, la composición sintagmática, que genera términos como *caballo de vapor, elevalunas eléctrico, alto horno, árbol de levas, cristal líquido*...

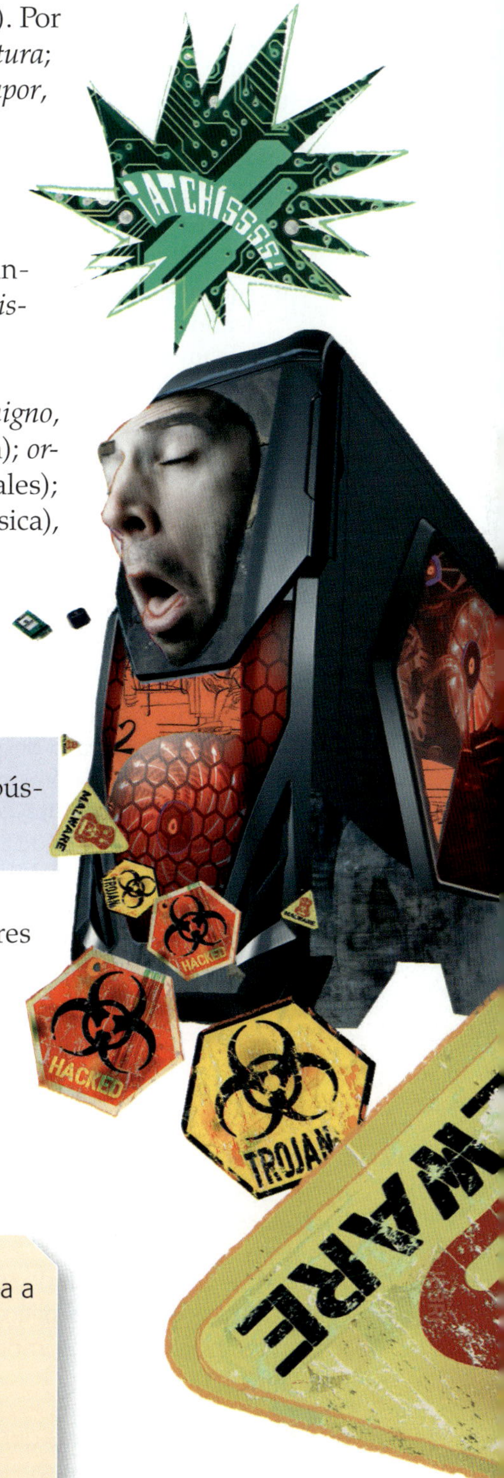

- La formación de **siglas** y **acrónimos** es un mecanismo muy empleado, lo cual se explica por la tendencia analítica del lenguaje científico y técnico: ADN'**á**cido **d**esoxirribo**n**ucleico', *bit*'**bi**nary digi**t**', *PC*'**p**ersonal **c**omputer', *radar*'**ra**dio **d**etecting **a**nd **r**anging', *informática*'**infor**mación auto**mática**', *láser*'**l**ight **a**mplification by **s**timulated **e**mission of **r**adiation'.

- **Palabras de la lengua estándar** que se utilizan **con un sentido muy preciso**: *benigno, cuerpo extraño* (en medicina); *fuerza, rapidez, masa* (en física); *ácido, gel, sal* (en química); *orden, clase, familia* (cada uno de los grupos taxonómicos en que se clasifican los animales); *cuadros mágicos* (en matemáticas); *singularidad* (tecnológica, matemática); *barrido* (en física), etc.

Los lenguajes artificiales

Los **lenguajes artificiales** (símbolos, cifras, fórmulas...) son la solución más extrema en la búsqueda de la más precisa y universal relación del término con la realidad.

El objetivo de los lenguajes artificiales es eliminar las inevitables imprecisiones o los valores connotativos de las palabras, que se sustituyen por nomenclaturas, lenguajes formales, fórmulas, logogramas, números, operadores u otros signos. Con estos lenguajes se consigue una expresión unívoca y absolutamente denotativa. A ellos hay que añadir los códigos icónicos como parte de la información gráfica, muy importantes en muchos textos científicos y técnicos.

Actividades de comprobación

2. A partir de elementos griegos o latinos, forma tecnicismos e indica su significado y la ciencia a la que pertenecen. Por ejemplo, puedes emplear estos elementos:

aero-	cosmo-	-fago	-morfo
termo-	cefalo-	-terapia	-cida
antropo-	multi-	-lito	-voro
dodeca-	poli-	-patía	-podo
		-oide	

3. Busca ejemplos de palabras comunes o metáforas que se utilicen como tecnicismos (*antena, cojinete, alerón, aceleración, servidor*...).

4. Lee los siguientes textos y, a continuación, contesta las preguntas:

¿Saben cuál es el gran argumento contra el nihilismo? Que una gran teoría no solo explica todos los datos disponibles de una manera simple, sino que también predice fenómenos desconocidos y hasta «non gratos» para quien la formuló. Las ecuaciones de relatividad general predicen, para la infinita desesperación de su autor, objetos tan extraños como los agujeros negros –que hoy se han vuelto populares hasta en Hollywood– y fenómenos tan lunáticos como la expansión acelerada del cosmos. Que intente explicar eso quien crea que el mundo es un engaño: no podrá.

Y ahora vale, que es domingo. A menos que nos trague un agujero negro, nos volvemos a ver en otros cien años. No se preocupen, el tiempo es relativo.

Javier SAMPEDRO,
«La belleza cumple un siglo». *El País*

Los «corpúsculos», como Thomson denominó inicialmente a estas partículas, eran lo que hoy conocemos como *electrones*. Su descubrimiento (y el estudio sistemático de sus propiedades emprendido por Thomson) condujo de forma directa al trascendental avance realizado una década después por Ernest Rutherford, quien concibió el átomo como una especie de «sistema solar» en miniatura, con los electrones diminutos orbitando alrededor de un núcleo masivo como los planetas alrededor del Sol. Rutherford demostró experimentalmente lo que Einstein había descubierto en su cabeza y revelado en su famosa ecuación, $E = mc^2$ (1905), esto es, que la materia y la energía eran esencialmente lo mismo.

Peter WATSON, *Ideas, historia de la humanidad*

a) Busca en el primer texto los elementos modalizadores (interrogación retórica, adjetivos valorativos, primera persona gramatical, etc.).

b) Observa si en el segundo texto se dan los rasgos morfosintácticos del texto científico que se han descrito (grupos nominales expandidos, modalidad enunciativa, modo indicativo...).

c) Subraya los tecnicismos que encuentres en ambos textos (y los casos en que se usan lenguajes artificiales, si los hay).

d) ¿Cuál de los dos textos es más objetivo? Razona tu respuesta teniendo en cuenta el análisis de los aspectos lingüísticos que acabas de hacer.

5. Lee este texto y realiza las actividades que siguen:

La ciencia toma palabras del diccionario para designar conceptos nuevos a medida que los va necesitando. Pero cuando estas regresan al idioma común, ya no son las mismas porque han ganado precisión, matices y significado. Por ejemplo, antes de Newton la palabra *fuerza* era poco más que una sensación muscular y la palabra *energía* poco menos que una promesa de vitalidad. Después de Newton, la fuerza es capacidad para cambiar el movimiento de un cuerpo y la energía es capacidad para desplazar una fuerza. Hasta 1948, la palabra *información* era una intuición intensa pero estaba muy lejos de ser medible como lo es una longitud en metros o una masa en gramos. Fue entonces cuando el matemático Claude E. Shannon, el Newton de la teoría matemática de la información, concedió por fin dignidad científica a este escurridizo concepto.

[...]

- La información que da un suceso después de ocurrir es tanto mayor cuanto menor era su probabilidad antes de ocurrir.
- La información, cuando viaja, se viste de redundancia para resistir el ruido, pero solo lo justo, no sea que el tedio alargue el camino.
- La información es el cambio de estado mental que deja un suceso después de su ocurrencia.
- Un bit es la cantidad de información que se gana por ser testigo de un suceso cuya probabilidad de ocurrencia era del 50 %.
- La publicación de una información verdadera puede convertirla en falsa (la autopista está colapsada), mientras que la publicación de una noticia falsa puede convertirla en verdadera (este banco va mal).

Jorge WAGENSBERG,
«La información en aforismos*». *El País*

* Sentencia breve y doctrinal que se propone como regla en alguna ciencia o arte.

a) Resume el contenido del primer párrafo en unas dos o tres líneas.

b) ¿De qué clase de tecnicismo se está hablando en el primer párrafo? (Consulta lo que se dice sobre el nivel léxico en el apartado dedicado a las formas lingüísticas).

c) ¿Te parece un texto divulgativo o especializado? ¿Encuentras algún elemento subjetivo?

d) ¿Qué función cumplen los aforismos?

ACTIVIDADES DE CONSOLIDACIÓN

1. Leed el artículo y, en grupos, responded las preguntas que siguen.

SINGULARIDAD TECNOLÓGICA

Para el ingeniero de Google Ray Kurzweil, la singularidad tecnológica o Singularidad está cerca. Nuestra especie está a punto de evolucionar artificialmente y convertirse en algo diferente de lo que ha sido siempre. ¿Estamos preparados para afrontarlo?

La Singularidad será un acontecimiento que sucederá dentro de unos años con el aumento espectacular del progreso tecnológico debido al desarrollo de la inteligencia artificial. Eso ocasionará cambios sociales inimaginables, imposibles de comprender o predecir por cualquier humano anterior al citado acontecimiento. En esta fase de la evolución se producirá la fusión entre tecnología e inteligencia humana. Finalmente la tecnología dominará los métodos de la biología hasta dar lugar a una era en que se impondrá la inteligencia no biológica de los posthumanos, que se expandirá por el universo.

[...]

Hace falta decir que Kurzweil es un insigne representante de la ideología transhumanista, muy extendida en ámbitos científicos que desarrollan tecnologías NBIC (nanotecnología, biotecnología, tecnología de la información, ciencia cognitiva) y otros como inteligencia artificial, robótica o neurociencia espiritual, así como entre filósofos, intelectuales, financieros y políticos que buscan una finalidad: la «mejora» de la especie humana, el cambio en su naturaleza y la prolongación de su existencia.

[...]

Según esta visión, hay que diferenciar entre transhumano y posthumano. El primero sería un ser humano en transformación, con algunas de sus capacidades físicas y psíquicas superiores a las de un humano normal. En cambio, un posthumano sería un ser (natural-artificial) con unas capacidades que sobrepasarían de forma excepcional las posibilidades del hombre actual. Esta superioridad sería tal que eliminaría cualquier ambigüedad entre un humano y un posthumano, completamente diferente y más perfecto.

Albert CORTINA. *La Vanguardia*

a) ¿Cómo se plantea el tema del texto, de forma divulgativa o especializada?

b) En parejas, identificad formas propias del texto científico (registro formal, denotación, tecnicismos, formas verbales...). Distinguid diferentes clases de tecnicismos: compuestos cultos, siglas, palabras de la lengua estándar con sentido preciso...

c) Subraya los conectores o marcadores textuales e indica su valor semántico (puedes consultar la unidad 1).

d) ¿Qué tiempo verbal predomina en el último párrafo? ¿Por qué?

2. En grupo, observad la rapidez y frecuencia con que entran en el lenguaje científico y técnico los **préstamos** (xenismos, calcos...), sobre todo los procedentes del inglés, y posteriormente haced una puesta en común.

- Partid de un ámbito, como, por ejemplo, la informática (*software*, *clic*, *bit*, *base de datos*, *hardware*, *Internet*, *terabyte*, *sistema operativo*, *disco duro*, *megahercios*...).
- Escribid una lista con algunos préstamos de otros ámbitos, como el mundo del automóvil, la fotografía..., y si es posible, indicad de qué tipo son. Consultad, para ello, diccionarios generales y especializados.

3. Muchos tecnicismos pasan a la lengua común (*dinamo*, *proteína*, *antibiótico*, *delco*, *radiografía*, *transistor*, *termómetro*, *anestesia*, *infarto*, *termostato*, *insecticida*, *termómetro*...). Añade algunos ejemplos más.

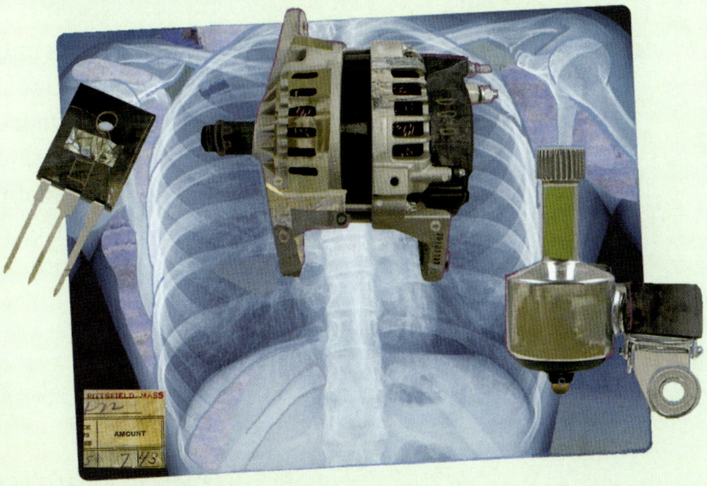

4. En grupos de dos o tres personas, preparad una exposición oral sobre un tema científico o técnico. Procurad que el tema quede claramente formulado, que el título sea breve y significativo, que los tecnicismos sean adecuados y que la exposición esté bien estructurada.

3

CONOCIMIENTO DE LA LENGUA

El significado de las palabras

La denotación y la connotación

La palabra es un signo lingüístico y, como tal, está compuesta de un significado y un significante.

En muchas palabras podemos distinguir el significado denotativo o denotación y el significado connotativo o connotación.

La **semántica** es la disciplina que estudia el significado de las palabras y las relaciones que se establecen entre ellas a través de sus significados.

La **denotación** es el significado **objetivo** que tiene una palabra, que es común a todos los hablantes y está registrado en los diccionarios.

Por ejemplo, *navegar* tiene, entre otros, el significado denotativo que registran los diccionarios: «Viajar o ir por el agua en una embarcación».

Pero a esta significación objetiva de una palabra, algunas personas o grupos sociales, en un determinado contexto o situación, pueden añadirle un conjunto de **valores subjetivos** (positivos o negativos). Así, para algunos hablantes *navegar* tiene asociados los valores aventura, placer, descanso..., mientras que a otros puede sugerirles riesgo, temor, mareo...

Esta serie de significados subjetivos añadidos a la denotación y que no están recogidos en los diccionarios reciben el nombre de **connotación**.

Significado de las palabras:

- denotativo
- connotativo

Las connotaciones de una palabra están relacionadas con el **contexto lingüístico** o la **situación comunicativa**: cultura, ideología, intencionalidad, lugar donde se desarrolla la comunicación, variedades de estilo o registros... Por ejemplo, la palabra *víbora*, usada en el contexto lingüístico «Actuó como una víbora», tiene las connotaciones o los significados añadidos de traición, maldad, ruindad..., y la palabra *revolución* tendrá connotaciones distintas según la situación comunicativa en que se use, es decir, sus connotaciones dependerán de la ideología (progresista o conservadora) del hablante o los hablantes que la usen.

Actividades de comprobación

1. Busca en el diccionario la denotación (significado objetivo) de las siguientes palabras y después indica qué significados connotativos (subjetivos) tienen para ti:

rojo	tiempo
examen	poesía
música	montaña

2. Lee el siguiente texto. A continuación, escribe cuatro palabras explicando su significado denotativo y sus posibles significados connotativos.

Las palabras tienen, hasta que las leemos, una característica: la de carecer de alma. Somos nosotros, sus lectores, los hablantes, quienes les insuflamos el espíritu. De la palabra *escalera*, por ejemplo, se puede decir que nombra una serie de peldaños ideados para salvar un desnivel. Pero esa definición no expresa el miedo que nos producen las escaleras que van al sótano o la alegría que nos proporcionan las que conducen a la azotea; el miedo o la alegría (el alma) la ponemos nosotros. De la palabra *oscuridad* se puede predicar que alude a una falta de luz. Pero eso nada dice del temblor que nos producía la oscuridad en la infancia (el temblor, de nuevo, lo ponemos nosotros). Las palabras tienen un significado oficial (el que da el diccionario) y otro personal (el nuestro). La suma de ambos hace que un término, además de cuerpo, tenga alma. Por eso se habla del espíritu o de la letra de las leyes. Cada vez que abrimos un diccionario y leemos una de sus entradas estamos insuflando vida a una palabra, es decir, nos estamos explicando el mundo.

Juan José MILLÁS, *Todas las palabras de nuestra vida*

Las relaciones semánticas o léxicas

Las relaciones entre el significado y el significante de las palabras crean una serie de fenómenos semánticos que analizaremos a continuación.

RELACIONES SEMÁNTICAS O LÉXICAS
- monosemia
- polisemia
- homonimia
- sinonimia
- antonimia
- hiperonimia e hiponimia

Monosemia

Una palabra es **monosémica** cuando a su significante le corresponde un solo significado.

Las palabras monosémicas son palabras con significado denotativo y abundan en el lenguaje científico porque este busca la exactitud y la claridad: *neurona, transgénico, analgésico, fémur, abdomen, periscopio*... También encontramos palabras monosémicas en el lenguaje común: *centollo, pupitre, col, termómetro*...

Polisemia

Una palabra es **polisémica** cuando a su significante le corresponden dos o más significados.

La mayor parte de las palabras son polisémicas, y sus diferentes significados o acepciones vienen recogidos en los diccionarios bajo una sola entrada. Con la polisemia se pretende evitar la excesiva proliferación del léxico, ya que, sin este fenómeno semántico, tendría que existir un significante diferente para cada significado.

3

El significado de una palabra polisémica viene determinado por el **contexto lingüístico** en el que se usa. Por ejemplo, según el contexto, *copa* puede significar «vaso con pie para beber»; «conjunto de ramas que forma la parte superior de un árbol»; «parte hueca del sombrero, en que entra la cabeza»; «cada una de las cartas del palo de copas en los naipes»; «premio que se concede en algunos certámenes deportivos», etc.

Homonimia

La **homonimia** no debe confundirse con la polisemia. Esta confusión se puede evitar ya porque las palabras homónimas **se escriben de forma distinta** *–vaca / baca–*, ya porque pertenecen a **distintas categorías gramaticales** *–llama* (nombre) / *llama* (verbo)–. En caso de duda, se debe consultar la etimología (origen) de la palabra en el diccionario. En él, las voces homónimas, como palabras diferentes que son, se recogen en entradas distintas y numeradas.

La **homonimia** se produce cuando dos o más palabras que originariamente tenían significados y significantes diferentes por evolución han acabado siendo palabras con significados distintos y significantes que se escriben igual o de forma parecida y se pronuncian de forma idéntica.

Así se puede observar en estos ejemplos:

venuit (latín) → **vino** (pret. perf. simple de *venir*)
vinum (latín) → **vino** (bebida)
hatta (árabe) → **hasta** (preposición)
hasta (latín) → **asta** (cuerno)

Las palabras homónimas se dividen en:

- **Homófonas**, que son aquellas cuyos significantes se pronuncian igual pero se escriben de forma distinta: *sabia* (persona con muchos conocimientos) / *savia* (líquido que circula por los vasos de las plantas).
- **Homógrafas**, que son aquellas cuyos significantes se pronuncian y escriben igual: *río* (1.ª pers. pres. ind. del verbo reír) / *río* (corriente de agua continua).

Sinonimia

Dos o más palabras son **sinónimas** cuando tienen distinto significante y el mismo o parecido significado.

Muy raramente se dan casos de **sinonimia total**, es decir, sinónimos que son totalmente idénticos y que, por tanto, se pueden intercambiar en todos los contextos lingüísticos: *burro = asno*; *oculista = oftalmólogo*. En cambio, la **sinonimia parcial** es habitual porque, aunque las palabras sinónimas tengan un mismo significado, cada una de ellas presenta matices significativos diferentes. Por ejemplo, son sinónimos de *peculiar* los adjetivos *singular, particular, especial, característico, raro, distinto, propio*...

Los sinónimos pertenecen a la misma categoría gramatical.

Los sinónimos parciales no siempre son intercambiables en todos los contextos lingüísticos. Así, en la siguiente oración no se podría sustituir *peculiares* por *raros*:

Los signos ***peculiares*** *del ser humano son los verbales.*

Cuando se tenga que escoger un sinónimo entre todos los posibles, se debe elegir el que mejor se adecue al contexto lingüístico y a la situación.

Antonimia

La **antonimia** se produce cuando dos palabras tienen significados opuestos.

Esto se puede observar en estos ejemplos:

sistema de comunicación ***complejo / simple*** ***maravilloso / horroroso*** *sistema de códigos*

Existen tres clases de antónimos:

- **Complementarios.** Se oponen de manera que la afirmación de uno implica la exclusión del otro: *par/impar*. *Par* excluye a *impar* y viceversa.

- **Recíprocos.** Se oponen de manera que uno implica al otro: *entrega/recepción*. Para entregar algo tiene que haber alguien que lo reciba.

- **Graduales.** Se oponen de forma que entre ellos se puede establecer una gradación. Por ejemplo entre los significados de las voces *frío* y *caliente* hay una gradación: *frío, tibio, templado, caliente...*

CLASES DE ANTÓNIMOS
- complementarios
- recíprocos
- graduales

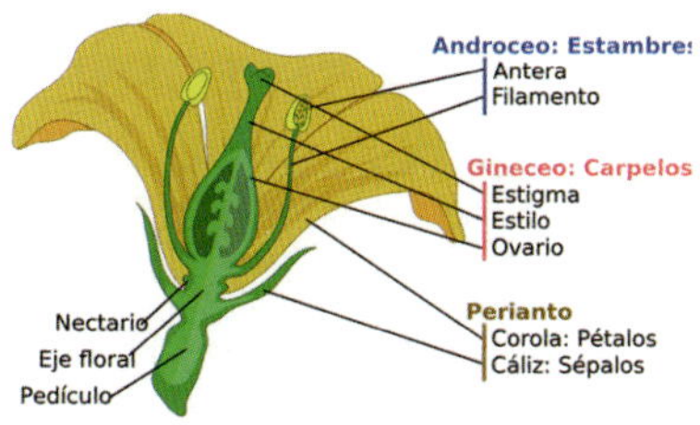

Hiperonimia e hiponimia

Los **hiperónimos** son aquellos vocablos cuyo significado incluye al de otros, llamados **hipónimos**, con una extensión significativa más reducida.

Por ejemplo, la palabra *flor* es el hiperónimo que incluye en su significado los hipónimos *rosa, margarita, tulipán, clavel...*

Con los hiperónimos se consigue la generalización, y con los hipónimos, la concreción. De esta relación se parte para clasificar los seres y los objetos en clases y subclases en muchas de las disciplinas que se estudian en el Bachillerato.

Actividades de comprobación

3. Indica qué palabras son monosémicas y qué palabras son polisémicas. Con cada una de las palabras polisémicas, escribe tres frases en que tengan significados distintos.

bolígrafo	plaza	gallina	nudo
pie	ojo	red	electrodo
microscopio	cuarto	arco	escultor

4. Escribe dos sinónimos y un antónimo de cada una de las siguientes palabras: *caro*, *pacífico*, *fuerte*, *alegre*, *bueno*, *dar*, *vivir*, *frío*.

5. Cita hipónimos de los siguientes hiperónimos: *carne*, *fruta* y *árbol*.

Asociaciones semánticas: el campo semántico

Un **campo semántico** es un conjunto de palabras de la misma categoría gramatical que comparten unos determinados rasgos de significado y, al mismo tiempo, tienen rasgos significativos propios que las diferencian unas de otras.

No se debe confundir **campo semántico** con **familia léxica**. En el campo semántico las palabras se agrupan por su significado, mientras que en la familia léxica, las palabras que la forman poseen la misma raíz. Por ejemplo, de ***digno***: *in**dig**no*, ***dig**namente*, ***dig**nidad*, *in**dig**nado*, *in**dig**nación*, *in**dig**nante*, ***dig**nificación*...

Cada una de estas características comunes y distintivas recibe el nombre de **sema**. Por ejemplo, el campo semántico de los muebles con patas que sirven para sentarse está compuesto de los nombres *silla*, *sillón*, *sofá* y *taburete*, y de los rasgos (semas = S) siguientes:

	asiento	con patas	con respaldo	individual	con brazos	colectivo
	S1	S2	S3	S4	S5	S6
silla	+	+	+	+		
sillón	+	+	+	+	+	
sofá	+	+	+		+	+
taburete	+	+		+		

Las palabras anteriores tienen los rasgos comunes *asiento* y *con patas*, y el resto sirven para diferenciarlas.

En la unidad 1 se explicó que para que un texto sea coherente ha de tener un tema. Pues bien, el tema de un texto se puede reconocer más fácilmente gracias a la aparición repetida de vocablos que contienen los **mismos semas** o **rasgos**, que contribuyen a mantener el tema a lo largo del texto.

Actividad de comprobación

6. Escribe un mínimo de diez palabras que pertenezcan a los siguientes campos semánticos: parentesco, peces, verduras, utensilios de cocina.

Los cambios semánticos

Con el paso del tiempo, el significado de las palabras sufre variaciones. Estas variaciones se denominan **cambios semánticos**.

Hay palabras cuyo significado **se amplía** al pasar de un lenguaje específico a la lengua común. Por ejemplo, la palabra *singular* pasa de un uso restringido en el ámbito específico de la gramática, en el que significa «uno solo», al uso generalizado por parte de todos los hablantes, con el significado de «poco común» en expresiones como «es una persona singular». Otras palabras sufren una **restricción** o **especialización** del significado. Por ejemplo, una palabra de uso común, como *operación*, puede ser empleada por un grupo social que utiliza un lenguaje especializado. Así, tenemos *operación militar, matemática, mercantil*... También hay palabras que **adquieren otra significación** cuando se refieren a una realidad que ha evolucionado o desaparecido. Por ejemplo, la palabra *azafata* significaba antiguamente «doncella de la reina» y en la actualidad significa «empleada que atiende a los pasajeros de un avión», «ayudante de un programa de televisión», etc.

Los cambios semánticos se deben a causas lingüísticas, históricas, sociales y psicológicas:

- **Causas lingüísticas.** A veces, cuando dos palabras aparecen frecuentemente juntas en un mismo contexto, una de ellas adopta el significado de otra que resulta omitida. Por ejemplo, por elipsis, el adjetivo *móvil* ha adquirido el significado de 'teléfono móvil' porque aparecían juntas las palabras *teléfono* y *móvil*. Lo mismo ha sucedido con el adjetivo *puro*, que ha adquirido el significado de 'cigarro'.
- **Causas históricas.** Las cosas cambian de uso o de forma a lo largo de la historia, pero permanecen los nombres que las designan. La palabra *pluma* designaba antiguamente la pluma de ave que se utilizaba para escribir y actualmente designa la pluma estilográfica.
- **Causas sociales** y **psicológicas.** En algunas ocasiones, debido a las relaciones entre las personas, las palabras que se utilizaban en ámbitos restringidos pasan al vocabulario general o, al revés, un vocablo de uso común es adoptado por un grupo restringido. Por ejemplo, la palabra *divorcio*, que significaba «separación judicial de un matrimonio», ha ampliado su significado en expresiones como «el divorcio entre los dos grandes partidos políticos es evidente». En cambio, la palabra *lidiar*, «luchar, combatir», ha restringido su significado al pasar a significar en el lenguaje taurino «luchar con un toro».

También, por convenciones sociales y factores psicológicos, los hablantes tienen reparos en utilizar ciertas palabras que están cargadas de connotaciones negativas. Estos vocablos reciben el nombre de **palabras tabú** y se sustituyen por otros más elegantes o menos desagradables, llamados **eufemismos**. Por ejemplo, las palabras *borracho*, *vejez* y *ciego* son consideradas palabras tabú y se sustituyen por los eufemismos *ebrio*, *tercera edad* e *invidente*, respectivamente.

Los cambios de significado de muchas palabras tienen su origen en la valoración subjetiva que los hablantes hacen de la realidad cuando, por una asociación mental de dos objetos, designan a uno con el nombre del otro.

Este mecanismo de asociación puede obedecer a una relación de **semejanza** entre ambos objetos, en el caso de la **metáfora**. Por ejemplo, a una lámpara se la llama *araña* porque sus brazos tienen semejanza con las patas de ese animal. La asociación también puede responder a una relación de **proximidad** entre ambos objetos, en el caso de la **metonimia**. Por ejemplo, la parte de la camisa que está cerca del *cuello humano* recibe, por proximidad, el nombre de *cuello*.

Actividad de comprobación

7. Señala si, en los siguientes casos, el cambio semántico se ha producido por **elipsis**, **eufemismo**, **metáfora** o **metonimia**:
   - Llegará esta tarde en el rápido.
   - Los poderes fácticos han influido en la designación del ministro.
   - La policía le ha multado por conducir con unas copas de más.
   - Es un lince para los negocios.
   - La boca del metro está dos calles más arriba.
   - El gato dormía a los pies de la cama.
   - A este señor solo le gusta fumar rubio.

CAUSAS DEL CAMBIO SEMÁNTICO

- lingüísticas
- históricas
- sociales
- psicológicas

MECANISMOS DEL CAMBIO SEMÁNTICO

- **Elipsis:** una palabra adopta el significado de otra que se omite.
- **Eufemismo:** una palabra o expresión sustituye a otra que se considera desagradable y se prefiere no nombrar.
- **Metáfora:** se designa una cosa con el nombre de otra con la que tiene una relación de semejanza.
- **Metonimia:** se designa una cosa con el nombre de otra con la que tiene una relación de proximidad.

ACTIVIDADES DE CONSOLIDACIÓN

1. Señala las connotaciones positivas o negativas que pueden tener las siguientes palabras según los rasgos culturales, morales o ideológicos de ciertas personas o ciertos grupos sociales.

Ejemplo:

lluvia *→ Para una persona que quiere ir de excursión: connotaciones negativas. Para un agricultor: connotaciones positivas.*

lluvia	sol	pena de muerte
Hacienda	fascismo	democracia
libertinaje	aborto	estudiar

2. Aunque las connotaciones son subjetivas, intenta explicar algunas de las connotaciones que tiene la palabra *mar* para:

- un pescador
- un náufrago
- la familia de un pescador
- un veraneante
- una persona que practica el deporte de la vela

3. Escribe cada una de las siguientes palabras polisémicas en tres contextos distintos, de modo que tengan significados diferentes; luego explícalos. Si es necesario, puedes utilizar el diccionario.

cabeza	red	raíz
cabo	pie	banco

4. Explica el significado de los siguientes vocablos homónimos; di si son homófonos u homógrafos, y escribe una frase con cada uno:

- bota / bota / vota
- rebelar / revelar
- haya / haya / aya
- llama / llama / llama
- errar / herrar
- echo / hecho

5. Indica si las palabras en negrita son polisémicas u homónimas. Puedes consultar el diccionario.

- Se ha casado con una mujer **china**.
- Tiene una **china** en el zapato.
- En el **polo** Sur apenas viven seres humanos.
- El **polo** es un deporte minoritario.
- A este trabajador se le ha roto el **pico**.
- Es el **pico** más alto de esta cordillera.

6. Escribe sinónimos de cada uno de los siguientes cultismos:

cauto	pérfido	ínfimo	ubérrimo
trivial	acérrimo	obviar	candor

7. Sustituye por un sinónimo las palabras destacadas del siguiente texto:

> Lo veía todo con gran **nitidez**, como cuando el viento **purifica** la atmósfera y **resalta** la **silueta** de las cosas. Pero no había viento, nada tenía que ver mi **percepción** con la realidad. Era únicamente por David, por su **recuerdo**, porque estaba pensando en él, en mi amigo. David no volvería a ver aquel **paisaje**: las colinas, los campos, las casas. Tampoco llegaría a sus oídos el canto de los **pájaros** del rancho. No volverían sus manos a sentir la **tibieza** de las tablas de madera del **porche** tras un día de sol.
>
> Bernardo ATXAGA, *El hijo del acordeonista*

8. Busca los antónimos de las siguientes palabras y clasifícalos en graduales, complementarios y recíprocos:

cobrar	lleno	rápido	leal
cerca	encendido	enseñar	ligero
crudo	abierto	interno	reír

9. Indica el hiperónimo de cada serie.

- revista, periódico, libro, cómic
- pantera, elefante, tigre, chacal
- cariño, celos, amor, envidia, odio
- calcetín, chaqueta, abrigo, pantalón

10. Busca nuevos significados de las siguientes palabras e indica si el significado originario que te damos se ha ampliado, se ha restringido o ha cambiado totalmente en la actualidad:

- villano: habitante de una villa.
- granada: fruto del granado.
- físico: médico
- abortar: interrumpir el desarrollo del feto durante el embarazo.
- letra: cada uno de los signos gráficos con los que se representan los sonidos de un idioma.

11. Escribe eufemismos de las siguientes palabras tabú:

subida de precios	despido	embarazada
loco	parir	asilo de ancianos
cáncer	muerte	huelga
orinar	manicomio	manco

12. Escribe cuatro cambios semánticos producidos por metáfora y cuatro producidos por metonimia.

La norma lingüística

1. Copia las siguientes frases y escribe tilde en los monosílabos cuando convenga:

- Dele las gracias si lo ve.
- Dijo que si a su oferta.
- Es seguro que piensa mas en ti que en mi.
- ¿A que hora toman el te?
- Dime que piensas hacer con el.
- Ya se el camino que conduce al río.
- ¿Quién te ha dicho que yo lo se?
- Se dice que tu siempre actúas tal cual piensas.
- Todo lo quería para si.
- ¿Cual de ellos prefieres?

2. Todos estos verbos significan «subir»: *escalar*, *ascender*, *trepar*, *montar*, *encarecerse*, *remontar*, *aumentar*. Escribe las siguientes frases sustituyendo los espacios en blanco por alguno de estos verbos sin que se repita ninguno:

- La temperatura ______ algunos grados esta próxima noche.
- Las piraguas ______ el río a duras penas.
- El vaquero se ______ en el caballo y se fue al trote.
- Los alpinistas ______ la montaña hasta la cumbre.
- Los conductores ______ bastante la velocidad en las autopistas.
- El precio de la vivienda se ______ por varios motivos.
- La planta ______ por la pared lateral de la casa.

3. Copia las siguientes frases sustituyendo los espacios en blanco por la forma que corresponda de las que te damos a continuación:

> si no / sino, media noche / medianoche,
> a sí mismo / asimismo, a parte / aparte,
> tan poco / tampoco, sin fin / sinfín

- ______ te importa, llámame antes de las once de la noche.
- No me gusta este coche de carreras, ______ aquel.
- Marcos saldrá hacia Madrid en el tren de ______. Durante el viaje estuve ______ despierto.
- Todos comentan que es un hombre que solo se quiere ______. ______ es antipático.
- Pon este grupo de personas ______.
- Hoy no iré ______ alguna.
- Ayer ______ encontró trabajo. No sé por qué hay ______ trabajo.
- Es una discusión ______. Tuvo un ______ de percances.

4. Escribe las siguientes oraciones sustituyendo los espacios en blanco por la forma apropiada:

> por qué / por que / porque / porqué,
> con que / con qué / conque

- Casi nadie sabe el ______ de esta reacción tan violenta.
- ¿______ no vamos a pasar unos días al campo?
- Esta fue la causa ______ se arrepintió de lo que había hecho.
- He ido a ver la película ______ me la habían recomendado.
- Me he dejado las llaves dentro de casa, ______ tendré que avisar al cerrajero.
- Aquella es la moto ______ compitió en el circuito.
- Todavía no sabe ______ ayudas va a contar en el futuro.

5. Elige la expresión correcta de cada pareja y escribe una frase con ella (si es necesario, consulta el diccionario).

- a objeto de / al objeto de
- por el contrario / por el contrario
- a lo que veo / por lo que veo
- de mi parte / por mi parte
- en relación a / en relación con
- bajo mi punto de vista / desde mi punto de vista

6. Copia las siguientes frases y sustituye los espacios en blanco por las correspondientes formas de los verbos cuyos infinitivos aparecen entre paréntesis:

- El otro día no me ______ (*traer*) lo que te había pedido.
- Si no ______ (*tener*) tanta prisa, me quedaría hasta la hora de la cena.
- ______ (*sentar*) todos, por favor.
- Quiero que él ______ (*saber*) que no le guardo ningún rencor.
- Si llama por teléfono, dile que ______ (*traer*) la raqueta de tenis.
- Ellos lo ______ (*saber*) hace tiempo porque se lo comunicó una vecina.

Un animal sin importancia

Yuval Noah Harari, un reconocido especialista de la historia del mundo y los procesos macro-históricos, es el autor de *Sapiens. De animales a dioses. Una breve historia de la humanidad*, libro al que pertenece el texto que sigue. Se trata de un ambicioso ensayo divulgativo sobre la historia del *Homo sapiens* desde la perspectiva darwinista. Plantea cómo la especie humana logró imponerse a las otras especies; cómo crearon ciudades, religiones, libros, leyes, dinero, derechos humanos, etc., hasta llegar al momento actual, con sus problemas y esperanzas.

Hace unos 13 500 millones de años, materia, energía, tiempo y espacio tuvieron su origen en lo que se conoce como el *big bang*. El relato de estas características fundamentales de nuestro universo se llama *física*.

Unos 300 000 años después de su aparición, materia y energía empezaron a conglutinarse en estructuras complejas, llamadas *átomos*, que después se combinaron en moléculas. El relato de los átomos, las moléculas y sus interacciones se llama *química*.

Hace unos 3 800 millones de años, en un planeta llamado *Tierra*, determinadas moléculas se combinaron para formar estructuras particularmente grandes e intrincadas llamadas *organismos*. El relato de los organismos se llama *biología*.

Hace unos 70 000 años, organismos pertenecientes a la especie *Homo sapiens* empezaron a formar estructuras todavía más complejas llamadas *culturas*. El desarrollo subsiguiente de estas *culturas* humanas se llama *historia*.

Tres revoluciones importantes conformaron el curso de la historia: la revolución cognitiva marcó el inicio de la historia hace unos 70 000 años. La revolución agrícola la aceleró hace unos 12 000 años. La revolución científica, que se puso en marcha hace solo 500 años, bien pudiera poner fin a la historia e iniciar algo completamente diferente. [...]

Hubo humanos mucho antes de que hubiera historia. Animales muy parecidos a los humanos modernos aparecieron por primera vez hace unos 2,5 millones de años. Pero durante innumerables generaciones no destacaron de entre la miríada de otros organismos con los que compartían sus hábitats.

En una excursión por África oriental hace dos millones de años, bien pudiéramos haber encontrado un reparto familiar de personajes humanos: madres ansiosas que acariciarían a sus bebés y grupos de niños despreocupados que jugarían en el fango; adolescentes temperamentales que se enfadarían ante los dictados de la sociedad, y ancianos cansados que solo querrían que se les dejara en paz; machos que se golpearían el pecho intentando impresionar a la belleza local, y matriarcas sabias y viejas que ya lo habrían visto todo. Estos humanos arcaicos amaban, jugaban, formaban amistades íntimas y competían por el rango social y el poder..., pero también lo hacían los chimpancés, los papiones y los elefantes. No había nada de especial en ellos. Nadie, y mucho menos los propios humanos, tenían ningún atisbo de que sus descendientes caminarían un día sobre la Luna, dividirían el átomo, desentrañarían el código genético y escribirían libros de historia. Lo más importante que hay que saber acerca de los humanos prehistóricos es que eran animales insignificantes que no ejercían más impacto sobre su ambiente que los gorilas, las luciérnagas o las medusas.

Los biólogos clasifican a los organismos en especies. Se dice que unos animales pertenecen a la misma especie si tienden a aparearse entre sí, dando origen a descendientes fértiles. Caballos y asnos tienen un antepasado común reciente y comparten muchos rasgos físicos, pero muestran muy poco interés sexual mutuo. Se aparean si se les induce a hacerlo; sin embargo, sus descendientes, llamados *mulas* y *burdéganos*, son estériles. Por ello, las mutaciones en el ADN de asno nunca pasarán al caballo, o viceversa. En consecuencia, se considera que los dos tipos de animales son dos especies distintas, que se desplazan a lo largo de rutas evolutivas separadas. En cambio, un bulldog y un spaniel pueden tener un aspecto muy diferente, pero son miembros de la misma especie y comparten el mismo acervo de ADN. Se aparearán fácilmente, y sus cachorros crecerán y se aparearán con otros perros y engendrarán más cachorros.

Las especies que evolucionaron a partir de un ancestro común se agrupan bajo la denominación de *género*. Leones, tigres, leopardos y jaguares son especies diferentes dentro del género *Panthera*. Los biólogos denominan a los organismos con un nombre latino en dos partes, el género seguido de la especie. Los leones, por ejemplo, se llaman *Panthera leo*, la especie *leo* del género *Panthera*. Presumiblemente, todo el que lea este libro es un *Homo sapiens*: la especie *sapiens* (sabio) del género *Homo* (hombre).

Los géneros, a su vez, se agrupan en familias, como las de los gatos (leones, guepardos, gatos domésticos), los perros (lobos, zorros, chacales) y los elefantes (elefantes, mamuts, mastodontes). Todos los miembros de una familia remontan su linaje hasta una matriarca o un patriarca fundadores. Todos los gatos, por ejemplo, desde el minino doméstico más pequeño hasta el león más feroz, comparten un antepasado felino común que vivió hace unos 25 millones de años.

También *Homo sapiens* pertenece a una familia. Este hecho banal ha sido uno de los secretos más bien guardados de la historia. Durante mucho tiempo, *Homo sapiens* prefirió considerarse separado de los animales, un huérfano carente de familia, sin hermanos ni primos y, más importante todavía, sin padres. Pero esto no es así. Nos guste o no, somos miembros de una familia grande y particularmente ruidosa: la de los grandes simios. Nuestros parientes vivos más próximos incluyen a los chimpancés, los gorilas y los orangutanes. Los chimpancés son los más próximos. Hace exactamente 6 millones de años, una única hembra de simio tuvo dos hijas. Una se convirtió en el ancestro de todos los chimpancés, la otra es nuestra propia abuela.

Homo sapiens ha mantenido escondido un secreto todavía más inquietante. No solo poseemos una abundancia de primos incivilizados; hubo un tiempo en que tuvimos asimismo unos cuantos hermanos y hermanas. Estamos acostumbrados a pensar en nosotros como la única especie humana que hay, porque durante los últimos 10 000 años nuestra especie ha sido, efectivamente, la única especie humana de estos pagos. Pero el significado real de la palabra *humano* es «un animal que pertenece al género *Homo*», y hubo otras muchas especies de este género además de *Homo sapiens*.

Yuval Noah Harari, *De animales a dioses. Una breve historia de la humanidad*

LECTURA Y COMENTARIO

Aspectos comunicativos o pragmáticos

1. Teniendo en cuenta la profesión del autor y el tema que trata el texto, ¿a qué tipo de receptores crees que va dirigido?

2. Explica el sentido de la denominación *ensayo divulgativo*, que se aplica a este tipo de libros, razonando la respuesta con ejemplos del propio texto.

3. ¿Qué objetivo principal tiene el texto o, dicho de otro modo, qué función lingüística predomina?

4. En el texto se combinan la narración y la exposición. Señala fragmentos de cada uno de los dos tipos.
   - ¿Hay relación entre los tipos de texto de esos fragmentos y el contenido que predomina en ellos?

Contenido

5. Como puedes advertir, el planteamiento del tema se hace desde la perspectiva del *darwinismo*. Explica qué significa y, en caso de no saberlo, busca antes información sobre la teoría de Darwin.

6. Comenta el título del texto (que es el título del primer capítulo del libro). ¿Qué sentido tiene en el texto «un animal sin importancia»?

7. ¿Qué revoluciones marcaron el ritmo de la historia, según el texto?

8. ¿En qué se distingue el *Homo sapiens* del *Homo*?

Estructura

9. En parejas, realizad un esquema del texto.

10. Poned un título a cada una de las partes.

Aspectos lingüísticos

11. Califica el registro del texto.

12. En ocasiones, hay un tono irónico en el texto; por ejemplo, en: «Presumiblemente, todo el que lea este libro es un *Homo sapiens*» (líns. 99-101). Indica algún otro ejemplo de esa ironía.

13. ¿Qué figura retórica o recurso expresivo se da en el uso de: *abuela*, *primos* y *hermanos/as*?: «Una se convirtió en el ancestro de todos los chimpancés, la otra es nuestra propia abuela» (líns. 130-132); «poseemos una abundancia de primos incivilizados; hubo un tiempo en que tuvimos asimismo unos cuantos hermanos y hermanas» (líns. 135-138).

Creación

14. Con los datos que ofrece el texto, realizad por parejas un esquema cronológico en el que los periodos históricos aparezcan representados proporcionalmente. A continuación, comparad y comentad vuestras diferentes propuestas.

ESCUCHAR, HABLAR, LEER Y ESCRIBIR

Los textos humanísticos

Características generales

Los **textos humanísticos** estudian temas relacionados con el ser humano y sus actividades culturales, artísticas y socioeconómicas.

En las humanidades se distinguen dos ámbitos:

- Las **ciencias sociales**, que incluyen las disciplinas que tratan sobre la **vertiente social** de la persona, como el derecho, la sociología, la historia, la antropología y la economía.
- Las **ciencias humanas**, que abarcan las disciplinas que se refieren a la **esfera individual**, como la filosofía, la filología o la estética.

En función de las disciplinas y de sus objetivos más o menos prácticos, algunos de estos textos, como los de las **ciencias sociales**, son más técnicos y específicos, y pueden incorporar otros lenguajes (en las estadísticas, los gráficos, etc.). Los de las **ciencias humanas** son más especulativos y abstractos, es decir, tienden más a la pura reflexión. No obstante, a pesar de las diferencias, todos ellos se caracterizan, frente a los textos científicos y técnicos, por utilizar de forma casi exclusiva el lenguaje verbal para transmitir conocimientos; por dejar traslucir, en ocasiones, elementos subjetivos en la valoración o defensa de puntos de vista particulares (individuales, ideológicos o de *escuela*), y, finalmente, por el método, ya que predomina lo deductivo, más propio de la reflexión. No obstante, aunque traten contenidos teóricos que pueden ser revisados o cuestionados, no dejan de tener el rigor y la precisión propios de la ciencia.

Tipología y estructura

Los tipos de texto que predominan en las ciencias humanas y sociales son la **exposición** y la **argumentación**, que se combinan con frecuencia.

La **exposición** domina cuando el texto tiene un planteamiento absolutamente objetivo y su finalidad es analizar o sintetizar determinados contenidos, mientras que si el autor propone valoraciones y tomas de posición –lo cual da cabida a lo subjetivo– predomina la **argumentación**. Como en los textos científicos, en los humanísticos pueden aparecer también la descripción, como complemento necesario de la exposición, y la **narración**, si el objetivo es hacer un enfoque cronológico o histórico.

La **estructura** global de los textos humanísticos suele ser la clásica: **introducción, desarrollo** y **conclusión**.

- En la **introducción** se formula el tema –tesis, hipótesis– que se va a explicar o probar.
- En el **desarrollo** se desenvuelven ordenadamente las ideas o los argumentos.
- En la **conclusión** aparece la tesis si el método es inductivo, mientras que si es deductivo, se recogen o sintetizan las ideas desarrolladas.

Tanto la exposición como la argumentación pueden presentarse con cualquier organización de contenido –**analizante**, **sintetizante**, **encuadrada** o **en paralelo** (cuando se avanza alternado ideas de la misma importancia jerárquica que se oponen en todo o en parte)–, aunque el método deductivo (y, por tanto, la estructura **analizante**) es más propio de las ciencias humanas.

Conviene resaltar aquí que las ciencias humanas se prestan más a las **valoraciones** porque, por su naturaleza especulativa, no parten de datos comprobados sobre la realidad, sino de *premisas lógicas aceptables*. Es decir, mientras que en las ciencias se parte del axioma o del argumento *apodíctico* –cierto y válido en todas las condiciones–, en las humanidades se usan argumentos que parten de lo probable, lo verosímil o lo generalmente aceptado. Es importante destacar, no obstante, que el rigor de las ciencias humanas exige una argumentación capaz de convencer al receptor, es decir, que apele a su inteligencia con argumentos sólidos, y no que busque la persuasión a través de argumentos dirigidos a la voluntad, los cuales suelen ser más primarios.

Como ya hemos visto, los límites entre el **ensayo** y los **textos humanísticos** son, con frecuencia, difusos: muchos autores se sirven de este género literario, que incluye una clara voluntad de estilo, para exponer contenidos filosóficos, lingüísticos, históricos, económicos, de crítica literaria, etc., con un objetivo científico.

Por último, el rigor científico de los textos humanísticos exige que consten las fuentes que se han consultado con sus referencias completas y precisas. Asimismo, estos textos presentan, además de notas, un apartado de bibliografía, pues, en general, son textos académicos.

Actividad de comprobación

1. Lee el siguiente texto de la ONU, titulado «¿Cómo protege el derecho internacional los derechos humanos?», y realiza las actividades:

> El derecho internacional de derechos humanos establece las obligaciones que deben cumplir los Estados. Al pasar a formar parte de tratados internacionales, los Estados asumen deberes y obligaciones en virtud del derecho internacional, y se comprometen a respetar, proteger y promover los derechos humanos. La obligación de respetar supone que los Estados deben abstenerse de restringir los derechos humanos o de interferir en su realización. La obligación de proteger exige que los Estados protejan a las personas o grupos de personas de las violaciones de los derechos humanos. La obligación de promover significa que los Estados deben adoptar medidas positivas para facilitar la realización de los derechos humanos básicos.

a) Indica el tema del texto. ¿Lo incluirías en las ciencias sociales o en las ciencias humanas?

b) Realiza un esquema de la estructura del texto. ¿Va de lo particular a lo general o a la inversa? ¿Cómo se denomina esta estructura?

Formas lingüísticas

La lengua de los textos humanísticos se caracteriza por el uso casi exclusivo de las **lenguas naturales**, el **registro formal** y el empleo de **tecnicismos**, esto es, de una **terminología** especializada.

Las características generales del lenguaje de las ciencias humanas no difieren, en principio, de las de los textos científicos. La principal diferencia se da en el **uso exclusivo**, en las ciencias humanas, de las **lenguas naturales**, que son inevitablemente **imprecisas** y están abiertas a fenómenos como la polisemia o la sinonimia, algo que contrasta con el carácter unívoco que tienen las palabras en el ámbito científico. A ello hay que añadir el hecho de que algunos autores muestran, junto a la exposición objetiva, un enfoque subjetivo de los temas o incluso un estilo personal, lo que suele ser frecuente en el ensayo, género empleado a menudo en las ciencias humanas. Respecto a las **terminologías**, que son el aspecto más definidor de los textos de cualquier ciencia, suelen ser más universales en los textos científicos, donde hay más acuerdo y pesa menos la tradición, a pesar de que se producen más cambios y estos son más rápidos, mientras que en los textos humanísticos, las *escuelas* o *tendencias* marcan a menudo el uso de terminologías distintas (por ejemplo: *complemento / objeto directo*, *semiótica / semiología*).

En el nivel **morfológico y sintáctico**, se dan analogías con el lenguaje científico. **Predomina** también el **estilo nominal** –grupos nominales expandidos con elementos explicativos o especificativos (complementos del nombre, aposiciones, oraciones adjetivas)–; las oraciones suelen ser largas e incluyen adversativas, explicativas, causales, consecutivas, condicionales... El objetivo de un lenguaje denotativo y referencial se consigue a través de recursos morfosintácticos variados: el empleo de la modalidad enunciativa; el modo indicativo; el presente intemporal o histórico de significado permanente, y las estructuras impersonales, aunque estas pueden alternar con

la primera persona del singular o del plural, para hacer más variado el estilo o para implicar al destinatario, como hemos visto en el ensayo.

En cuanto a los mecanismos de **cohesión**, los **conectores textuales** establecen el orden, la progresión y la relación entre las ideas (*además, a modo de conclusión, dicho de otra forma, en definitiva, es decir, mejor dicho, no obstante, por consiguiente, por ejemplo, por una parte*...); a través de ellos se establece la relación entre los **párrafos**, unidad de contenido fundamental en la organización de estos textos. Los párrafos suelen tener una estructura equilibrada tanto en extensión (muy variable, aunque en la actualidad se tiende al uso del párrafo no excesivamente largo) como en contenido: en principio, cada párrafo se construye alrededor de un tema o subtema.

Los rasgos más característicos se dan en el **léxico**, con el uso de las **terminologías** (v. unidad 2):

Algunos **tecnicismos** son préstamos. Los hay de origen **grecolatino** (*antropología, litigante, ego, policromía, psicosomático, trauma; macroeconomía, monopolio; usufructo, código, homicidio; oligarquía, imperialismo; sintaxis, eufemismo; silogismo, mónada*; etc.); préstamos procedentes de **lenguas modernas**, sobre todo del inglés (*naíf, zum, estocaje, interviú, filmografía, argot, dadaísmo, plano americano, media* o *mediático, melodrama*...); **xenismos** (*stock, share, dumping, kitsch, holding, lobby*...), o términos formados a partir de **siglas** y **acrónimos** (*PIB, PNB, TDAH*)... Otros tecnicismos son palabras de la lengua común con significado científico muy preciso (*bienes, capital, interés, mercado, estímulo, reflejo, cosa* o *referente, Tercer Mundo, Norte-Sur, cuarto poder, izquierdas y derechas*, etc.). Finalmente, algunos tecnicismos se forman a través de la **derivación** o la **composición** (*muestreo, monetarismo, arbitraje, renacimiento, compraventa, hispanohablante, golpe de estado, renta per cápita, bienes de capital, cuota de pantalla, balanza de pagos*...).

- Muchos de estos **tecnicismos** son, a su vez, palabras **abstractas**, debido al carácter teórico y de reflexión mental de las ciencias humanas. Abundan los sustantivos formados por **derivación** de adjetivos y verbos; en este caso, la conversión en sustantivos los hace más objetivos al perder toda referencia temporal. Los términos abstractos expresan estados, cualidades o acciones pensadas como independientes de la realidad; son los formados con los sufijos *-anza, -ción, -dad, -encia, -ez, -ismo, -miento, -sión, -tud*..., o con el artículo neutro *lo* ante un adjetivo. Por ejemplo: *alianza, actuación, constitución, deflación, descolonización, emoción, globalización, jurisdicción, alteridad, temporalidad, audiencia, competencia, liquidez, liberalismo, proteccionismo, sentimiento, actitud, concordancia*... La dificultad que conlleva el uso de sustantivos abstractos suele compensarse con la *paráfrasis* (explicación o interpretación amplificativa de un término) y la ejemplificación.

- Algunos **tecnicismos** sufren la *contaminación* que implica el uso social de las lenguas naturales y adquieren valores connotativos (muy frecuentes en los ámbitos de la sociología, la política, la historia o la comunicación). Las palabras, por razones históricas, sociales o políticas, se cargan de referencias ideológicas; es lo que ha ocurrido, por ejemplo, con los términos *socialismo, capitalismo, individualismo, puritanismo, monopolio, derecha, nacionalismo* y *liberalismo*. Otros términos, por razones diversas, no cumplen la condición de unívocos; a veces, porque distintas escuelas o autores proponen su término para un concepto idéntico: *significado / significante* o *expresión / contenido; complemento de régimen verbal / suplemento*... Para garantizar la interpretación de un tecnicismo, de un significado especial o de un valor añadido, algunos términos pueden aparecer destacados con recursos tipográficos como la cursiva, la negrita o las comillas. Por ejemplo, en «una inflación **inesperada** puede causar unos cambios...», la negrita advierte al lector de que debe entender el término como un tecnicismo que califica uno de los tipos de inflación.

Actividad de comprobación

2. Lee el siguiente texto y responde las preguntas que se plantean:

> En poesía siempre se ha experimentado, igual que en cualquier otra actividad artística. En un principio, el lugar de partida se inició con el propio código verbal, que luego se fue combinando con otros lenguajes icónicos, hasta que en la actualidad se pueden ver serias experiencias abordadas de manera visual, con fotografías, dibujos, distintas técnicas de reproducción artesanal...; de manera objetual, con objetos manipulados, esculturas, cerámica..., o de manera sonora, con voz, ruido, instrumentos o sonidos casuales. En algunas ocasiones la propuesta es tan multidisciplinar que una misma obra necesita de las aportaciones de distintas manifestaciones creativas. A todas estas formas poéticas, a todos estos lenguajes utilizados para comunicarnos, se los conoce bajo el enunciado genérico de «poesía experimental».
>
> Antonio GÓMEZ, *Esencia visual*

a) Indica el tema del texto, di la disciplina o materia a la que corresponde y determina si pertenece a las ciencias sociales o a las humanas.

b) ¿Qué función realizan en el texto las palabras que se subrayan a continuación?

> <u>En un principio</u>, el lugar de partida se inició con el propio código verbal, que <u>luego</u> se fue combinando con otros lenguajes icónicos, <u>hasta que en la actualidad</u>...

c) Comenta las siguientes expresiones indicando si son tecnicismos o si simplemente son expresiones abstractas: *código verbal*, *lenguajes icónicos*, *de manera visual-de manera objetual*.

ACTIVIDADES DE CONSOLIDACIÓN

1. En grupos de tres o cuatro personas, buscad en diccionarios generales o especializados, ya sean en papel o digitales, **tecnicismos** del ámbito de las ciencias sociales y humanas (literatura, historia, filología, sociología, psicología, economía, geografía...).

▶ Realizad una puesta en común con el resto de los grupos e indicad, si es posible, qué clase de préstamos son esos tecnicismos (préstamos de origen grecolatino, xenismos, préstamos formados por derivación, etc.).

2. Lee el texto (Thomas Mann, *El puesto de Freud en la historia del espíritu moderno*) y realiza las actividades que se proponen después.

> El psicoanálisis, no cabe la menor duda, forma parte del movimiento científico de nuestros días, es una parte de la fuerza de ese movimiento, es una parte de su espíritu, de un espíritu que no quiere precisamente saber mucho del espíritu como poder determinante de la vida. Por la manera como acentúa lo demoníaco en la naturaleza, por la pasión con que investiga los ámbitos nocturnos del alma, el psicoanálisis es tan irracional como cualquier otra manifestación de ese espíritu nuevo que está librando una batalla victoriosa contra los elementos materialistas y mecanicistas del siglo XIX. Por su sentido, el psicoanálisis es enteramente revolucionario. «Como psicoanalista –dice Freud de pasada en un pequeño esbozo autobiográfico–, yo tengo que interesarme más por los procesos afectivos que por los intelectuales, más por la vida anímica inconsciente que por la consciente». Esta es una frase extremadamente sencilla, pero que encierra dentro de sí muchas cosas.
>
> Llama la atención, sobre todo, la naturalidad con que en ella se habla de la «vida anímica inconsciente».

a) Analiza la estructura del texto y di cómo se organiza su contenido (estructura analizante, sintetizante, encuadrada o en paralelo).

b) ¿Qué relación lógica se da entre los dos párrafos?

c) Comenta la función textual de «no cabe la menor duda».

d) En el texto se repiten las oraciones causales (*por la manera como acentúa lo demoníaco...*; *por la pasión con que investiga...*; *por su sentido, el psicoanálisis...* (líns. 6, 7 y 12). ¿De qué tipo de texto es característica esta sintaxis?

e) Thomas Mann (1875-1955), que aquí escribe un ensayo sobre Sigmund Freud, el creador del psicoanálisis, es uno de los grandes escritores de la primera mitad del siglo XX. Señala algunas metáforas que recuerden la faceta literaria del autor.

f) En grupos de tres personas, buscad información sobre Thomas Mann y Sigmund Freud, y preparad una breve presentación oral sobre uno de ellos.

3. Lee el texto y realiza las actividades que se plantean a continuación.

> Se ha estudiado demasiado poco lo que podríamos llamar «higiene de los nervios». Es cierto que la psicología industrial ha realizado complicadas investigaciones sobre la fatiga, y se ha demostrado mediante concienzudas estadísticas que si uno sigue haciendo una cosa durante un tiempo suficientemente largo, acaba bastante cansado; un resultado que podría haberse adivinado sin tanto despliegue de ciencia. Los estudios psicológicos de la fatiga se ocupan principalmente de la fatiga muscular, aunque también se han hecho algunos estudios sobre la fatiga en los niños en edad escolar. Sin embargo, ninguno de estos estudios aborda el problema importante. En la vida moderna, la clase de fatiga que importa es siempre emocional; la fatiga puramente intelectual, como la fatiga puramente muscular, se remedia con el sueño. Una persona que haya tenido que hacer una gran cantidad de trabajo intelectual desprovisto de emoción –como por ejemplo una serie de cálculos complicados– se duerme al final de cada jornada y así se libra de la fatiga que el día le ocasionó.
>
> El daño que se atribuye al exceso de trabajo casi nunca se debe a esta causa, sino a algún tipo de preocupación o ansiedad. Lo malo de la fatiga emocional es que interfiere en el descanso. Cuanto más cansado está uno, más imposible le resulta parar.
>
> Bertrand RUSSELL, *La conquista de la felicidad*

a) Indica el tipo de texto que predomina.

b) Justifica por qué este texto puede calificarse de humanístico. Dentro de las disciplinas humanísticas, ¿con cuál se relaciona?

c) Bertrand Russell es un reconocido pensador contemporáneo con una amplia obra que combina estudios especializados y otros más divulgativos. ¿En qué vertiente incluirías el texto anterior? Razona la respuesta.

CONOCIMIENTO DE LA LENGUA

La oración

La oración gramatical

Generalmente, la oración está compuesta por un grupo nominal (GN), que desempeña la función de **sujeto** (S), y por un grupo verbal (GV), que funciona como **predicado** (P). Los núcleos de estos grupos concuerdan en número y persona.

ORACIÓN
GN sujeto
GV predicado

El **grupo nominal** está formado por un núcleo, que es un sustantivo u otro elemento nominal, y puede ir acompañado por determinantes –que son los artículos, demostrativos, posesivos, cuantificadores no numerales y numerales, interrogativos y exclamativos– y por complementos del nombre, que pueden ser un grupo adjetival, un grupo preposicional, un grupo nominal en aposición o una oración adjetiva o de relativo. Por ejemplo:

GN → (Det) + N + (CN)

un bosque frondoso
Det N GAdj (CN)
GN

los montes Pirineos
Det N GN en aposición (CN)
GN

mi libro de cabecera
Det N GPrep (CN)
GN

la autopista que rodea la ciudad
Det N O Sub. Adj. (CN)
GN

El **grupo verbal**, cuando funciona como **predicado verbal**, tiene como núcleo un verbo predicativo. Este puede ir acompañado de diversos complementos, que reciben nombres específicos.

GV predicado verbal → v. pred. + (complementos)

- El **complemento directo** es un grupo nominal que exigen los verbos transitivos para completar su significado e indica la cosa realizada por la acción del verbo. Es, pues, un complemento argumental. Con nombres de persona, el complemento directo es un grupo nominal precedido de la preposición *a* (GPrep).

Aquella muchacha compró un kilo de fruta.
v. GN (CD)
GV predicado verbal

Para reconocer el CD, basta con sustituirlo por los pronombres personales átonos **lo**, **la**, **los**, **las** o transformar la oración activa en pasiva y comprobar que pasa a ser sujeto paciente en esta.

Aquella muchacha lo compró.
CD

Un kilo de fruta fue comprado por aquella muchacha.
Suj paciente

El **complemento indirecto** es un grupo preposicional con la preposición **a** que designa al destinatario de la acción del verbo, pero también puede designar a la persona o cosa que experimenta emociones; a la persona de la que procede algo, etc. Algunos complementos indirectos son argumentales porque los exige el significado del verbo. El CI se reconoce por que se puede sustituir por los pronombres personales átonos **le**, **les**.

Él susurró unas palabras a María.
susurró: v. — a María: GPrep (CI)
susurró unas palabras a María: GV predicado verbal

Él le susurró unas palabras.
le: CI

Los pronombres **le**, **les** adoptan la forma **se** ante los pronombres personales **lo**, **la**, **los**, **las**.

Él se las susurró.
se: CI

El **complemento de régimen** o **preposicional** es un grupo preposicional que **exigen** algunos verbos (*tratar de, confiar en, acordarse de, atreverse a...*) para completar su significado. Por ello decimos que es un complemento argumental. El complemento de régimen se puede sustituir por la **preposición** más un **pronombre tónico**.

Ella confía en su amigo.
en su amigo: GPrep (CRég)
confía en su amigo: GV predicado verbal

Ella confía en él.
en él: GPrep (CRég)

El **complemento predicativo** es un tipo de atributo que se construye con verbos predicativos o plenos, es decir, dotados de contenido léxico, y no con verbos copulativos. El complemento predicativo suele ser un **grupo adjetival o nominal** que **concuerda con el sujeto o el CD en género y número**.

La niña se despertó intranquila.
La niña: GN (Suj) — se despertó: v. — intranquila: GAdj (CPred)
← concordancia →
se despertó intranquila: GV predicado verbal

Eligieron delegada a Elena.
Eligieron: v. — delegada: GN (CPred) — a Elena: GPrep (CD)
← concordancia →
Eligieron delegada a Elena: GV predicado verbal

El **complemento circunstancial** es un adjunto, ya que aporta información no exigida por el significado del verbo. Expresa las **circunstancias** en que se realiza la **acción verbal**: lugar, tiempo, modo, finalidad, compañía, causa, instrumento o cantidad. Los complementos circunstanciales se pueden suprimir o cambiar de lugar dentro de la oración. Pueden desempeñar la función de complemento circunstancial un grupo nominal, un grupo preposicional o un grupo adverbial. Por ejemplo:

Hoy he ido a la piscina dos veces.
Hoy: GAdv (CCT) — he ido: v. — a la piscina: GPrep (CCL) — dos veces: GN (CCC)
Hoy he ido a la piscina dos veces: GV predicado verbal

El **complemento agente** indica el autor o agente que **realiza la acción del verbo** en las oraciones pasivas. Es un grupo preposicional introducido mediante la preposición **por**.

El árbol fue cortado por el leñador.
fue cortado: v. — por el leñador: GPrep (CAg)
fue cortado por el leñador: GV predicado verbal

El **grupo verbal**, cuando funciona como **predicado nominal**, está formado por un verbo copulativo y un atributo.

Aquel árbol era gigantesco.
v. cop. GAdj (Atr)
GV predicado nominal

GV predicado nominal → v. cop. + Atr

En el libro de primer curso, ya se analizaron detalladamente todas estas funciones. Asimismo, como veremos a continuación, el GV también puede contener oraciones. Por ejemplo:

Sabía que ella tenía un hermano.
O Sub. Sust. de CD

Actividades de comprobación

1. Indica las funciones sintácticas en las siguientes oraciones:

- El sedentarismo de la sociedad incide de forma notoria en las enfermedades cardiovasculares.
- La noticia fue recibida por el público asistente con mucha alegría.
- A Laura le han dado el primer premio de poesía.
- Algunos viajeros del tren miran medio adormilados por la ventanilla.
- Algunos consideran legítima la ocupación de tierras por campesinos en caso extremo.
- Este documento es de enorme interés para nosotros.

2. Anota uno o varios grupos sintácticos u oraciones del siguiente texto que desempeñen estas funciones: sujeto, complemento directo, complemento indirecto, complemento de régimen, complemento circunstancial, complemento predicativo y atributo.

Juan se acercó a mí:

–¿No conoces a mi mujer, Andrea?

Y empujó por los hombros a la mujer despeinada.

–Me llamo Gloria –dijo ella.

Vi que la abuelita nos estaba mirando con una ansiosa sonrisa.

–¡Bah, bah!... ¿qué es eso de daros la mano? Abrazaos, niñas... ¡así, así!

Gloria me susurró al oído:

–¿Tienes miedo?

Y entonces casi lo sentí, porque vi la cara de Juan que hacía muecas nerviosas mordiéndose las mejillas. Era que trataba de sonreír.

Volvió tía Angustias autoritaria.

–¡Vamos!, a dormir, que es tarde.

–Quisiera lavarme un poco –dije.

–¿Cómo? ¡Habla más fuerte! ¿Lavarte?

Los ojos se abrían asombrados sobre mí. Los ojos de Angustias y de todos los demás.

–Aquí no hay agua caliente –dijo al fin Angustias.

–No importa...

–¿Te atreverás a tomar una ducha a estas horas?

–Sí –dije–, sí.

Carmen Laforet, *Nada*

4

La oración simple y la oración compuesta

La **oración simple** consta de un solo verbo, mientras que la **oración compuesta** tiene dos o más verbos.

Por ejemplo:

El agua ha acompañado desde siempre la vida, la cultura y la imaginación.

Los obreros llegaron a la fábrica, pero no empezaron a trabajar.

Alberto pensó que ganaría el partido de tenis.

La primera oración es una **oración simple** porque consta de un solo verbo, núcleo del GV predicado.

El agua *ha acompañado* *desde siempre la vida, la cultura y la imaginación.*
verbo
GN sujeto — GV predicado

En cambio, las dos restantes son **oraciones compuestas** porque poseen más de un verbo, cada uno de los cuales funciona como núcleo de su GV predicado.

Los obreros llegaron a la fábrica + pero (ellos) no empezaron a trabajar.
verbo — verbo
GN sujeto — GV predicado — GN sujeto — GV predicado

Alberto pensó + que (él) ganaría el partido de tenis.
verbo — verbo
GN sujeto — GV predicado — GN sujeto — GV predicado

Como se ha podido comprobar en los ejemplos anteriores, cada oración compuesta se puede segmentar en dos grupos de palabras o más, que se constituyen alrededor de sendos verbos. Cada uno de estos segmentos se denomina **oración** y se unen entre ellos, generalmente, por medio de nexos o elementos de relación: conjunciones, locuciones, pronombres relativos, etc., para formar oraciones compuestas o complejas. En la oración compuesta, se distinguen dos clases principales de relación: la **coordinación** y la **subordinación**.

Los obreros ***llegaron a la fábrica***, *pero (ellos)* ***no empezaron a trabajar***.
GN sujeto — GV predicado — GN sujeto — GV predicado
oración — oración
oración compuesta por coordinación

Alberto ***pensó*** *que (él)* ***ganaría el partido de tenis***.
GN sujeto — GV predicado — GN sujeto — GV predicado
oración — oración
oración compuesta por subordinación

Actividad de comprobación

3. Señala las oraciones simples y las compuestas. Recuerda que el verbo del GV puede presentarse en forma de perífrasis, lo cual no significa que nos hallemos ante una oración compuesta.

- Nuevas obras van a consolidar la ampliación del espacio para los peatones.
- Dejó el trabajo y dijo que se dedicaría a viajar.
- El cuestionario debería ser igual para todos.
- Los servicios mínimos están cumpliéndose con normalidad.
- Mientras Beatriz esperaba el autobús, empezó a llover torrencialmente.
- El doctor dice que pronto me recuperaré.
- La ciudad tendrá que recuperar el tranvía.
- Si el tiempo lo permite, este fin de semana saldremos de excursión.

La coordinación

Se denomina **coordinación** la relación que une oraciones entre las cuales **no se establece ninguna dependencia sintáctica**.

Las oraciones coordinadas se pueden relacionar de dos formas:

- Con nexos. Las oraciones se unen mediante conjunciones y locuciones conjuntivas.
- Sin nexos. Las oraciones se unen sin nexos y van separadas por pausas en el habla o por **signos de puntuación** en la escritura. En este caso, se habla de **yuxtaposición**.

  Las unidades que unen en un solo enunciado oracional las oraciones son las **conjunciones** (*y*, *ni*, *pero*, etc.). Por ejemplo:

  Sin agua nada fluye y nada vive.
  (conjunción)
  nexo de coordinación
  oración — oración
  oración compuesta por coordinación

Las oraciones compuestas por coordinación con nexos, que analizarás en la próxima unidad, se clasifican en copulativas, disyuntivas, adversativas y distributivas o disyuntivas discontinuas.

Actividad de comprobación

4. Identifica las oraciones que son coordinadas.

- Es una persona muy educada.
- Ella estudia medicina y él, biología.
- En esta ciudad hay mucho turismo, pero en la vuestra, no.
- Estudia o suspenderás.
- Ni fuma ni bebe alcohol.
- Los dos ejércitos acaban de firmar la paz.

La yuxtaposición

Se denomina **yuxtaposición** la reunión de dos o más oraciones sin nexo alguno. Estas **van separadas** por **pausas** en el habla y por **signos de puntuación** en la escritura, pero están íntimamente relacionadas por el significado. Si los elementos yuxtapuestos presentan equivalencia sintáctica, se considera una **coordinación sin nexos**.

Por ejemplo:

Alberto lee el periódico, *María canta*, *Sergio ve la televisión*.
oración — oración — oración

oración compuesta por yuxtaposición

Las tres oraciones forman una oración compuesta por yuxtaposición.

Desde el punto de vista fónico, cada oración yuxtapuesta se distingue de las demás porque tiene una entonación descendente, que se señala en la escritura mediante signos de puntuación. En el ejemplo anterior, se indica con comas.

No obstante, a veces resulta difícil precisar si se trata de una oración compuesta por yuxtaposición o de una simple concatenación de oraciones independientes. Depende de la intención del hablante, que se manifiesta por medio del mayor o menor descenso de la entonación al final de cada oración, y también por medio de la pausa, más o menos intensa, marcada entre cada una de las oraciones. Por ejemplo:

Era de noche, hacía mucho frío, todos estaban en sus casas.

La oración anterior se podría considerar una oración compuesta por yuxtaposición si el hablante le quisiera dar un sentido como: *Puesto que era de noche y hacía mucho frío, todos estaban en sus casas*. Si las tres oraciones se vieran como independientes, esto seguramente se señalaría con una pausa mucho más marcada.

Era de noche. Hacía mucho frío. Todos estaban en sus casas.

Las **oraciones yuxtapuestas**, al no tener dependencia sintáctica, se consideran oraciones **coordinadas sin nexos** que, desde el punto de vista del significado, pueden tener **valores propios** de las **copulativas** o de las **adversativas**. Por ejemplo:

Joaquín prepara la comida; Elvira limpia la casa.

Ayer hizo mal tiempo; hoy hace un día espléndido.

La primera oración compuesta por yuxtaposición tiene el valor propio de una **copulativa** (*Joaquín prepara la comida [y] Elvira limpia la casa*) y la segunda tiene el valor propio de una **adversativa** (*Ayer hizo mal tiempo, [pero] hoy hace un día espléndido*).

También hay **oraciones coordinadas yuxtapuestas** que tienen los **valores propios** de una subordinada **causal**, **consecutiva**, **condicional**, etc. Por ejemplo:

Está contento. Ha empezado las vacaciones.

La oración compuesta por yuxtaposición anterior tiene el sentido propio de una subordinada **causal** (*Está contento [porque] ha empezado las vacaciones*).

Actividad de comprobación

5. Indica si entre las siguientes oraciones yuxtapuestas se establecen relaciones de coordinación o de subordinación, o bien si deben considerarse oraciones independientes:

- Eres una persona muy responsable, encontrarás trabajo.
- ¡Qué tarde! Me voy.
- Dice que no lo sabía, que no volverá a ocurrir.
- Bajó del coche, abrió el maletero, cogió la rueda de recambio.
- ¿Quién era?, ¿qué quería?, ¿hacia dónde ha ido?
- La policía me preguntó: cómo me llamaba, cuántos años tenía, dónde vivía...
- Me matricularé en un curso de informática, no puedo continuar así.
- La directora dijo muy enfadada: «¡No quiero que lleguéis tarde al instituto!».

La subordinación

Se denomina **subordinación** la relación de **dependencia sintáctica** que se establece, dentro de una oración compuesta, entre una oración llamada **principal** y otra que recibe el nombre de **subordinada**.

A veces, las oraciones subordinadas **se insertan** en la oración principal, forman parte de ella y desempeñan en su interior una función sintáctica, ya sea como sujeto o como complemento. En el siguiente ejemplo, la subordinada *que mañana vendrá al cine con nosotros* depende del verbo *dice* de la oración principal en que se inserta y funciona sintácticamente como complemento directo.

Cristina dice que mañana vendrá al cine con nosotros.

oración subordinada de CD

oración principal

oración compuesta por subordinación

Otras veces, las subordinadas no están incluidas en la oración principal porque no realizan ninguna función en su interior, sino que **modifican** a toda esa oración. En el siguiente ejemplo, la subordinada *Si te decides a venir a la reunión* no forma parte de la oración principal *avísame pronto*, sino que la modifica. Entre ellas se establece una relación de subordinación, pero no de inclusión.

Si te decides a venir a la reunión, avísame pronto.

oración subordinada — oración principal

oración compuesta por subordinación

CLASES DE SUBORDINADAS
- sustantivas
- adjetivas
- adverbiales

Las principales unidades encargadas de introducir las oraciones subordinadas son las **conjunciones** (*que, si, porque...*) y las **locuciones conjuntivas de subordinación** (*dado que, para que, con tal de que...*); los **adverbios con valor conjuntivo** (*mientras, cuando, como...*); los **pronombres relativos** (*que, el cual, quien...*), y los **determinantes**, **pronombres** o **adverbios interrogativos** (*qué, quién, cuándo, cómo, dónde...*). Por ejemplo:

La policía todavía investiga el robo que se cometió en esta joyería el año pasado.

pronombre relativo
(nexo de subordinación)

oración subordinada adjetiva o de relativo

oración principal

oración compuesta por subordinación

Hay tres clases de **oraciones subordinadas**:

- **Sustantivas.** Desempeñan la misma función que el grupo nominal.

Los socios quieren que dimita el entrenador de baloncesto.

conjunción
(nexo de subordinación)

O sub. sust. de CD

oración principal

oración compuesta por subordinación

La subordinada sustantiva se puede sustituir por un grupo nominal, que realiza la función de CD.

Los socios quieren la dimisión del entrenador de baloncesto.

GN (CD)

- **Adjetivas o de relativo.** Desempeñan la misma función que el grupo adjetival. Van introducidas por pronombres y adverbios relativos.

Me interesa la actitud que muestran algunas personas.

pronombre relativo
(nexo de subordinación)

O sub. adj. de CN

oración principal

oración compuesta por subordinación

La subordinada adjetiva se puede sustituir por un grupo adjetival, que también realiza la función de CN.

Me interesa la actitud mostrada por algunas personas.

GAdj

- **Adverbiales.** Tradicionalmente se llaman así las subordinadas que desempeñan la misma función que el grupo adverbial, pero esta denominación resulta inexacta para algunos, ya que no existen adverbios que puedan sustituir a las oraciones concesivas, condicionales, finales,

etc. No obstante, aunque esta denominación tradicional resulta discutible, es la que utilizaremos aquí con fines didácticos.

La joven se marchó *cuando* *se hizo de noche.*
conjunción (nexo de subordinación)
O sub. adv. CCT
oración principal
oración compuesta por subordinación

En el ejemplo, la subordinada adverbial se puede sustituir por un grupo adverbial, que realiza también la función de CCT.

La joven se marchó *entonces*.
GAdv CCT

Actividad de comprobación

6. Indica los nexos de coordinación y de subordinación que aparecen en las siguientes oraciones compuestas:

- Es uno de los escritores más célebres y su nombre suena siempre para el premio Nobel.
- Ella cree que ya está preparada y que puede encontrar trabajo con facilidad.
- No sabe cuándo le traerán el nuevo sofá que se ha comprado.
- Dice que ha cometido muchas locuras a lo largo de su vida.
- Hoy en nuestra revista aparece una entrevista con una de las escritoras más famosas de los últimos años, que publica ahora su autobiografía.
- Este periódico me gusta porque es muy original e informa de todo.
- Tardó varios días en llegar, pero finalmente consiguió lo que pretendía.
- Le regalaré un vídeo para que pueda grabar los programas televisivos que más le gustan.
- Es cierto que quiero tomarme unos días de vacaciones porque mi trabajo es muy estresante.

4 ACTIVIDADES DE CONSOLIDACIÓN

1. Di si son verdaderos o falsos los siguientes enunciados:

a) Un solo verbo en forma personal no constituye una oración.

b) Una oración compuesta está formada por dos o más oraciones.

c) Las oraciones yuxtapuestas, al no tener dependencia sintáctica, se consideran oraciones coordinadas sin nexos.

d) Las oraciones compuestas por subordinación desempeñan la misma función que un GN, un GAdj o un GAdv.

e) Entre las oraciones yuxtapuestas hay algún tipo de relación semántica.

2. Observa los verbos del siguiente texto e indica las oraciones simples y compuestas que encuentres:

> Don Sabas se acodó al escritorio con el rostro entre las manos después de que su mujer le aplicó la inyección. El coronel no supo qué hacer con su cuerpo. La mujer desconectó el ventilador eléctrico, lo puso sobre la caja blindada y luego se dirigió al armario.
>
> –El paraguas tiene algo que ver con la muerte –dijo.
>
> El coronel no le puso atención. Había salido de su casa a las cuatro con el propósito de esperar el correo, pero la lluvia lo obligó a refugiarse en la oficina de don Sabas. Aún llovía cuando pitaron las lanchas.
>
> «Todo el mundo dice que la muerte es una mujer», siguió diciendo la mujer. Era corpulenta, más alta que su marido, y con una verruga pilosa en el labio superior. Su manera de hablar recordaba el zumbido del ventilador eléctrico.
>
> «Pero a mí no me parece que sea una mujer», dijo. Cerró el armario y se volvió a consultar la mirada del coronel:
>
> –Yo creo que es un animal con pezuñas.
>
> –Es posible –admitió el coronel–. A veces suceden cosas muy extrañas.
>
> Gabriel GARCÍA MÁRQUEZ, *El coronel no tiene quien le escriba*

3. Señala si las oraciones compuestas del texto anterior lo son por coordinación, yuxtaposición o subordinación.

4. Sustituye las oraciones destacadas por un GN, un GAdj o un GAdv según convenga, y comprueba si dichos grupos desempeñan la misma función que la oración subordinada.

- Era imposible **que ella pudiera asistir a la reunión**.
- El coche lo he aparcado **donde me dijiste**.
- Se opusieron a **que lo eligieran**.
- **Cuando era necesario**, era muy responsable.
- No he perdido la esperanza de **que llegue**.
- El trabajo **que han realizado** no ha sido eficaz.
- Han hecho el trabajo **como se lo han mandado**.
- Conozco a una persona **a quien le gustaría ocupar este cargo**.
- No le gusta **que le pregunten sobre su vida privada**.
- El restaurante **que elegimos** era bastante caro.
- Me comunicó **que me había tocado la lotería de Navidad**.

5. Anota las oraciones compuestas que aparecen en el siguiente texto y di si están formadas por coordinación, yuxtaposición o subordinación:

> Intuí **que** había caído en una trampa y quise huir. Hice un enorme esfuerzo, **pero** era tarde: mi cuerpo ya no me obedecía. Me resigné a presenciar lo **que** iba a pasar, **como si** fuera un acontecimiento ajeno a mi persona. El hombre aquel comenzó a transformarme en pájaro, en un pájaro de tamaño humano. Empezó por los pies: vi **cómo** se convertían poco a poco en unas patas de gallo o algo así. Después siguió la transformación de todo el cuerpo, hacia arriba, **como** sube el agua en un estanque. Mi única esperanza estaba ahora en los amigos, **que** inexplicablemente no habían llegado. **Cuando** por fin llegaron, sucedió algo **que** me horrorizó: no notaron mi transformación.
>
> Ernesto SABATO, *El túnel*

6. Di a qué categoría pertenecen los nexos destacados del texto anterior, encargados de relacionar las oraciones que forman las oraciones compuestas: conjunciones o locuciones conjuntivas, adverbios con valor conjuntivo, interrogativos o relativos.

Por ejemplo: *Intuí **que*** (conjunción).

7. Escribe tres oraciones compuestas coordinadas y tres subordinadas. A continuación, señala a qué categoría pertenecen los nexos que has utilizado.

8. Escribe dos oraciones yuxtapuestas con sentido independiente, dos con valor de coordinación y dos con valor de subordinación.

La norma lingüística

1. Escribe acento diacrítico en las palabras que lo necesiten.

- ¿Adonde fuiste este domingo?
- No sé como terminará eso.
- Pablo aun se encuentra muy solo.
- Solo le gusta el cine.
- Cuando te vayas, cierra esa ventana y aquella.
- ¿Cuanto te pagaron por aquel trabajo?
- Pregúntale cuando piensa volver.
- Desconoce la población adonde se han trasladado.
- ¿Donde habrá dejado este el periódico?
- Aun no sabe qué carrera va a escoger cuando apruebe la selectividad.

2. Sustituye los espacios en blanco por el adverbio más apropiado de los que están entre paréntesis.

- Si viene Ana a casa, dile que estoy ____ (*fuera/afuera*).
- Vamos ____ (*adentro/dentro*), que está nevando.
- En aquel momento me encontraba exactamente ____ (*debajo/abajo*) de la copa de un árbol.
- Se había situado ____ (*detrás/atrás*) de la mesa.
- Se fue ____ (*a donde/adonde*) le habían recomendado.
- Bajaba calle ____ (*a bajo/abajo*) cuando oí un grito.
- Iremos a pescar mar ____ (*a dentro/adentro*).
- Seguiremos ____ (*adelante/a delante*) con este proyecto.

3. Escoge el adjetivo apropiado para completar las siguientes oraciones, adecuándolo al género y número del nombre al que debe acompañar. Cada adjetivo solo se puede usar una vez.

copioso, rico, fértil, pingüe, prolífero, fructífero, inagotable, abundante

- El campesino estaba contento por haber podido comprar una tierra tan ____.
- Después de una comida ____ le apetece pasear un poco.
- Es una fruta ____ en vitaminas y sales minerales.
- Los años más ____ fueron los de su juventud, cuando escribió sus tres novelas de mayor éxito.
- Se han escrito ____ artículos sobre el hambre en el mundo.
- Las reservas de petróleo de este país no son ____.
- Ha obtenido ____ beneficios en sus negocios.
- Las conversaciones entre los ministros de ambos países han sido ____.

4. Los vulgarismos son palabras y expresiones incorrectas que son consecuencia de una alteración de las normas de la lengua. Sustituye los vulgarismos subrayados de estas frases, recogidas por los médicos de un hospital y publicadas en el periódico *La Vanguardia*, por la palabra correcta:

vesícula biliar, flemas, orzuelo, hidrocele, pulmonía, escáner, efervescente

- En el ojo tengo un anzuelo.
- Mi hijo tose y saca flamas.
- Vengo para recoger el escaño.
- Toda la familia está mal de la basílica balear.
- Me han operado de un Rockefeller.
- ¿Me da una aspirina fluorescente?
- Doctora, creo que tengo una premonía.

5. Corrige los vulgarismos de las siguientes frases:

- Asín no podemos continuar.
- Dime cuála de las dos te gusta.
- Me se escapó el tren de las dos.
- ¿Tuvistes problemas con ella?
- ¡Callaros de una vez!
- Hoy comeremos almóndigas.
- Pronto va a cumplir los ventidós.
- Mira, allí hay una carnecería.

6. Subraya los vulgarismos empleados por el personaje que habla en el siguiente texto y sustitúyelos por la forma correcta:

Vamos, señó Pruyà, dijo Villalba sin arredrarse ante esta amenaza, me sea usté compresivo, que endespués de tó, un servidor no tié modales ni sabe cómo tié que comportase con la gente de paquete como usté; mire, antes de venir a verle estaba tan nervioso y tan asorao que me metí en la tasca y me tomé una copichuela pa darme ánimo; una copichuela o pué que tres, ya ni me enrecuerdo; ya ve usté si me doy cuenta de mis defeciencias. Pero ni mis mejores intenciones han valío pa ná, cagüen mis huesos. Así que a lo dicho, llame usté a la policía, llámela, que me lo tengo merecío; y endespués de tó, a mí poco se me da la policía; la policía y yo semos viejos amigos.

Eduardo MENDOZA, *Una comedia ligera*

UNIDAD 5

La migala

Juan José Arreola (1918-2001) es uno de los escritores mexicanos más reconocidos en el ámbito internacional. Destaca por su peculiar sentido del humor, su maestría para fundir la realidad y la fantasía y también por su estilo depurado, esencial, que se acerca a la prosa poética, sobre todo por la precisión de sus metáforas. Junto a Augusto Monterroso, contribuyó a la eclosión del microrrelato. El texto que presentamos, *La migala*, un ejemplo clásico del cuento de terror, pertenece al libro *Confabulario*.

Juan José Arreola

La migala discurre libremente por la casa, pero mi capacidad de horror no disminuye.

El día en que Beatriz y yo entramos en aquella barraca inmunda de la feria callejera, me di cuenta de que la repulsiva alimaña era lo más atroz que podía depararme el destino. Peor que el desprecio y la conmiseración brillando de pronto en una clara mirada.

Unos días más tarde volví para comprar la migala, y el sorprendido saltimbanqui me dio algunos informes acerca de sus costumbres y su alimentación extraña. Entonces comprendí que tenía en las manos, de una vez por todas, la amenaza total, la máxima dosis de terror que mi espíritu podía soportar. Recuerdo mi paso tembloroso, vacilante, cuando de regreso a la casa sentía el peso leve y denso de la araña, ese peso del cual podía descontar, con seguridad, el de la caja de madera en que la llevaba, como si fueran dos pesos totalmente diferentes: el de la madera inocente y el del impuro y ponzoñoso animal que tiraba de mí como un lastre definitivo. Dentro de aquella caja iba el infierno personal que instalaría en mi casa para destruir, para anular al otro, el descomunal infierno de los hombres.

La noche memorable en que solté a la migala en mi departamento y la vi correr como un cangrejo y ocultarse bajo un mueble, ha sido el principio de una vida indescriptible. Desde entonces, cada uno de los instantes de que dispongo ha sido recorrido por los pasos de la araña, que llena la casa con su presencia invisible.

Todas las noches tiemblo en espera de la picadura mortal. Muchas veces despierto con el cuerpo helado, tenso, inmóvil, porque el sueño ha creado para mí, con precisión, el paso cosquilleante de la araña sobre mi piel, su peso indefinible, su consistencia de entraña. Sin embargo, siempre amanece. Estoy vivo y mi alma inútilmente se apresta y se perfecciona.

Hay días en que pienso que la migala ha desaparecido, que se ha extraviado o que ha muerto. Pero no hago nada para comprobarlo. Dejo siempre que el azar me vuelva a poner frente a ella, al salir del baño, o mientras me desvisto para echarme en la cama. A veces el silencio de la noche me trae el eco de sus pasos, que he aprendido a oír, aunque sé que son imperceptibles.

Muchos días encuentro intacto el alimento que he dejado la víspera. Cuando desaparece, no sé si lo ha devorado la migala o algún otro inocente huésped de la casa. He llegado a pensar también que acaso estoy siendo víctima de una superchería y que me hallo a merced de una falsa migala. Tal vez el saltimbanqui me ha engañado, haciéndome pagar un alto precio por un inofensivo y repugnante escarabajo.

Pero en realidad esto no tiene importancia, porque yo he consagrado a la migala con la certeza de mi muerte aplazada. En las horas más agudas del insomnio, cuando me pierdo en conjeturas y nada me tranquiliza, suele visitarme la migala. Se pasea embrolladamente por el cuarto y trata de subir con torpeza a las paredes. Se detiene, levanta su cabeza y mueve los palpos. Parece husmear, agitada, un invisible compañero.

Entonces, estremecido en mi soledad, acorralado por el pequeño monstruo, recuerdo que en otro tiempo yo soñaba en Beatriz y en su compañía imposible.

Juan José ARREOLA

LECTURA Y COMENTARIO

Aspectos comunicativos o pragmáticos

1. En la literatura, el escritor puede crear mundos imaginarios, con sus espacios y personajes, como ocurre en este relato. ¿Cómo clasificas este tipo de cuento por el tema y el ambiente que se crea?

2. Una historia se puede contar desde puntos de vista diversos.
   - Distingue entre el autor y el narrador del relato.
   - Indica si es un narrador externo o interno.

3. ¿Este tipo de narrador aporta objetividad o subjetividad al relato?

4. Indica cómo se manifiesta la actitud del narrador respecto a lo que explica poniendo ejemplos de algunos rasgos de modalización.

5. Señala qué tipo de texto predomina en el cuento (expositivo, descriptivo, narrativo, argumentativo...).

Contenido

6 Resume el relato en pocas líneas (entre tres y seis).

7 Indica cuántos personajes (en sentido amplio, que incluye aquí a los animales) aparecen en el cuento.

- ¿Con qué se identifica a la migala? ¿Por qué el protagonista la compra y la libera en su casa?
- El nombre de Beatriz se menciona al principio y al final del relato. Explica qué función desempeña dentro de la historia y qué tema introduce.

8 Indica qué temas se entrecruzan en el siguiente fragmento (líns. 23-26):

«Dentro de aquella caja iba el infierno personal que instalaría en mi casa para destruir, para anular al otro, el descomunal infierno de los hombres».

Estructura

9 En el texto se habla de dos tiempos, el presente y el pasado. Analiza si la historia se presenta siguiendo el orden cronológico de los hechos (orden lineal), o bien si se mezclan y, comenzando en el presente (*in medias res*, es decir, en plena acción), se narra el pasado (mediante una retrospección o *flashback*).

10 Al margen del orden en que se presentan los sucesos, distingue en la historia narrada las partes clásicas de la narración: planteamiento o marco; nudo o complicación (donde se produce un conflicto), y desenlace o resolución.

Aspectos lingüísticos

11 «La migala» es uno de los cuentos de miedo o de terror más reconocidos, por el ambiente de inquietud que crea la amenaza de «la repulsiva alimaña» (lín. 5).

- Señala dos o tres ejemplos de cómo se refiere al animal el autor.
- Indica algunas metáforas que contribuyen a crear el clima de terror en el relato.

12 ¿Por qué la narración en primera persona contribuye a hacer más inquietante el cuento?

13 Observa que en estos microrrelatos no hay cabida más que para lo esencial, solo hay un discurso puramente narrativo y desaparece lo descriptivo. Comenta la siguiente frase del autor: «Aspiro al lenguaje absoluto, al lenguaje puro que da un rendimiento mayor que el lenguaje frondoso porque es fértil, porque es puro tronco».

Creación

14 Preparad una breve narración oral de una película de miedo que hayáis visto y contadla en dos o tres minutos al resto de la clase. Intentad recrear con vuestras palabras el clima de miedo, angustia o inquietud que transmitía la película.

ESCUCHAR, HABLAR, LEER Y ESCRIBIR

Los textos literarios

El lenguaje literario

En la literatura predomina la **función poética** o estética de la lengua, porque el lenguaje se emplea de forma especial para atraer la atención sobre sí mismo. Para ello, en la lengua literaria se produce un **alejamiento de la «norma»** (es decir, del uso común del idioma), que se manifiesta mediante el **lenguaje connotativo** y los **recursos expresivos**.

El lenguaje literario es el que usan los escritores en sus obras. Con él se crea una nueva realidad, un mundo ficticio, a través del lenguaje verbal, que es el mismo que se utiliza en la comunicación cotidiana. Eso es precisamente lo que diferencia a la literatura de otras artes que tienen un lenguaje o código propio, como la música o la pintura.

Para definir el lenguaje literario, se ha intentado identificar aquellos rasgos que convierten un texto en literatura. El más determinante tiene en cuenta el proceso de comunicación peculiar que se da en la literatura, es decir, el predominio de la **función poética**; en ella, importa no solo lo que se dice (la referencia o contenido), sino, sobre todo, cómo se dice (la forma del mensaje). La **función poética** persigue un objetivo estético, de forma que se aprovechan al máximo las posibilidades expresivas de la lengua para crear belleza o para conmover mediante la fealdad. En los textos en que predomina la función poética, en general, se emplea el **lenguaje connotativo**. En cambio, aquellos en que predomina la función referencial, que tienen una finalidad puramente informativa, se caracterizan por la denotación y en ellos la lengua solo sirve para transmitir información objetiva.

La función poética, para centrar la atención sobre la forma del mensaje, suele presentar un **alejamiento de la lengua común** (también denominado *extrañamiento* o *desvío de la norma*); ese alejamiento constituye un rasgo característico del lenguaje literario. La lengua literaria es el resultado de buscar palabras, expresiones o estructuras expresivas innovadoras e inusuales para evitar las demasiado habituales y desgastadas, y poder romper así con el automatismo y la monotonía de la lengua común. Para producir esta sensación de *extrañamiento* (y centrar la atención sobre el mensaje), en el texto literario predominan los **valores connotativos** de las palabras y los **recursos estilísticos** (repeticiones, figuras retóricas...) y **técnicos** (monólogo interior, estilo indirecto libre, narrador omnisciente, verso...).

Veamos, por ejemplo, cómo se manifiestan la ambigüedad y las connotaciones en estos versos de *Primeras canciones*, de Federico García Lorca:

CLARO DEL RELOJ

Me senté
en un claro del tiempo.
Era un remanso
de silencio,
de un blanco silencio,
anillo formidable
donde los luceros
chocaban con los doce flotantes
números negros.

Si bien la función poética no es exclusiva de la lengua literaria –se da también en la publicidad, los titulares periodísticos, la política, etc.–, lo distintivo del lenguaje literario es su objetivo estético, mientras que, por ejemplo, en un anuncio, el objetivo es vender; en el periodismo, llamar la atención, o en un discurso político, convencer al receptor para que vote a una determinada opción política.

Los versos anteriores se refieren a una extraña vivencia del *yo* poético: está sentado en un *claro del tiempo* (reloj), que a su vez es un *remanso de silencio*, en la blanca esfera (*anillo formidable*) donde las manecillas (*luceros*) chocan con los números. En esta imagen onírica contrasta el remanso de blanco silencio con el choque de los luceros con los doce números negros.

Definir con precisión los rasgos específicos del lenguaje literario frente al común resulta difícil en muchas ocasiones. A ello se añade que los propios textos literarios se manifiestan en distintos géneros –algunos de los cuales (memorias, artículo periodístico, ensayo...) no tienen un objetivo exclusivamente estético– y en variedad de estilos (que incluyen niveles o registros lingüísticos distintos). Por esta razón, algunos estudiosos renuncian a hablar de un lenguaje literario que pueda definirse de forma rigurosa en todos los casos, sino solo con relación a un autor, una obra, una escuela...

Actividades de comprobación

1. Lee el siguiente texto y explica su objetivo comunicativo. ¿Dirías que es un texto de divulgación científica o bien un texto literario?

EL PULPO

Soy capaz de orientarme gracias al olfato, tengo un par de ojos muy perfeccionados y utilizo el sentido del tacto para cortejar a las hembras. Cambio de colores según mi estado de ánimo: blanco cuando estoy muy asustado, y rojo cuando me pongo de mal genio. Además, cuando me amenaza un peligro, suelto a mi alrededor una nube de tinta, del mismo modo que algunos hombres, en circunstancias parecidas, tratan de ocultarse tras las palabras más adecuadas. Yo creo, sinceramente (y no es que quiera presumir de ello) que no somos tan distintos. Lo que más me distingue de esos hombres es que yo tengo ocho brazos.

Javier TOMEO, *Bestiario*

2. Las **recurrencias** o repeticiones (de sonidos, de palabras, de ideas, de estructuras y de ritmo) están en la base de la mayoría de los recursos de los textos literarios, especialmente en la poesía, muy relacionada con las canciones. Puedes comprobarlo en estos poemas de Gustavo Adolfo Bécquer, Antonio Machado y Miguel Hernández.

¡Los suspiros son aire y van al aire!
¡Las lágrimas son agua y van al mar!
Dime, mujer, cuando el amor se olvida
¿sabes tú adónde va?

G. A. BÉCQUER

Caminante, son tus
huellas
el camino y nada más;
caminante, no hay camino,
se hace camino al andar.
Al andar se hace camino,
y al volver la vista atrás
se ve la senda que nunca
se ha de volver a pisar.

A. MACHADO

Tristes guerras
si no es amor la empresa.
Tristes, tristes.
Tristes armas
si no son las palabras.
Tristes, tristes.
Tristes hombres
si no mueren de amores.
Tristes, tristes.

M. HERNÁNDEZ

Tipo de texto y estructura

El **tipo de texto** propio del lenguaje literario es el **texto retórico**, cuyo objetivo fundamental es jugar con el lenguaje para atraer al receptor a través de la belleza, el humor, el ingenio, la parodia, etc.

Con frecuencia, el texto retórico, propio de la literatura, también aparece en textos no literarios, como refranes, anuncios, adivinanzas, aforismos... Por otro lado, todos los tipos de texto –**narrativo**, **descriptivo**, **dialogado**...– pueden ser al mismo tiempo retóricos, si reflejan la función poética, que se manifiesta en el desvío del uso habitual de la lengua a través del empleo de las figuras retóricas y la connotación.

Los textos literarios presentan **estructuras** muy **diversas**, fruto de la tradición y la experimentación.
La estructura externa suele depender de los diferentes **géneros**, como la novela, el poema, el ensayo, la comedia, etc.
La estructura interna más frecuente es la tradicional, con **planteamiento**, **nudo** y **desenlace**.

En la **estructura externa** o formal, se distinguen las estrofas en la poesía, las partes o los capítulos en la novela, y las escenas, los actos y los cuadros en el teatro.

En general, la **estructura interna** del texto retórico refleja la estructura propia de los diversos tipos de texto con los que se combina (narración, diálogo, argumentación...). Así, la estructura interna de una novela o de una comedia suele ser la tripartita de planteamiento, nudo y desenlace, propia del tipo narrativo.

Actividad de comprobación

3. En grupos de dos o tres alumnos, escribid tres títulos de obras literarias para cada uno de los siguientes géneros: novela, teatro, cantar de gesta, poesía (título de la colección de poemas), ensayo, cuento (título del conjunto o colección de cuentos). Tened presente este cuadro, en el que se recogen los principales géneros literarios:

GÉNEROS LITERARIOS

Lírica
- oda, canción, elegía, égloga, sátira, epigrama...

Narrativa
- epopeya, épica, cantar de gesta, novela, cuento...

Teatro o género dramático
- tragedia, comedia, drama, auto sacramental, entremés, paso, sainete, ópera...

Didáctica
- fábula, ensayo, artículo periodístico...

Formas lingüísticas

La lengua literaria se caracteriza por experimentar **nuevas formas de expresión**. Además del **lenguaje connotativo** y los **recursos expresivos** (las figuras retóricas), suele emplear un **registro culto** y cuidado, especialmente en la poesía.

El uso especial de la lengua literaria se debe a su situación comunicativa peculiar: es una comunicación unilateral hacia un lector u oyente desconocido; está condicionada por el valor social de la tradición literaria –géneros, técnicas, estilos...–, de la que el escritor no puede escapar, y su objetivo es estético. En ocasiones, el lenguaje literario puede ser muy complejo y elaborado.

Aunque, como hemos dicho, es difícil definir los rasgos del lenguaje literario, se ha señalado que, entre los que caracterizan la lengua del texto literario, destaca la **ambigüedad** que deriva del **lenguaje connotativo**. La **ambigüedad**, potenciada por la polisemia, aumenta la capacidad de sugerir emociones y sensaciones, característica del texto literario (frente a la monosemia propia del lenguaje científico o técnico). El poder evocador del **léxico connotativo** resulta de los significados que se añaden mediante asociaciones subjetivas. Por ejemplo, en la metáfora *el fiero Marte airado*, Garcilaso de la Vega asocia a Marte, dios de la guerra, con la violencia de la guerra, y en los siguientes versos de García Lorca, *negro*, *frío* y *cuchillo* se asocian a la muerte:

Caballito negro.
¿Dónde llevas tu jinete muerto? [...]
Caballito frío.
¡Qué perfume de flor de cuchillo!

Los **recursos lingüísticos** del texto literario son de índole muy diversa y afectan a todos los niveles de la lengua (**fónico**, **gramatical** y **léxico-semántico**): la utilización de verso o prosa; la expresividad de la sintaxis (orden, repeticiones, construcciones pasivas...) y de la puntuación; el uso del discurso directo e indirecto; el empleo del modo verbal y de las modalidades oracionales; la riqueza del léxico; la selección de la persona narrativa; la elección de un tono (ironía, sarcasmo, humor...); etc. Todo ello configura un estilo al que también contribuyen las **figuras retóricas** o estilísticas, que recordaremos someramente a continuación.

Las figuras retóricas

Las figuras retóricas son las diferentes formas en que la lengua literaria se desvía de su uso habitual o cotidiano, en busca de una mayor expresividad mediante un uso inesperado. Repasándolas, podemos ver los distintos **recursos expresivos del texto literario**.

Al alejarse del uso habitual, más sencillo, las figuras retóricas proporcionan a la expresión originalidad, sorpresa, gracia y fuerza expresiva. Aunque se encuentran también en la lengua común –tanto en el habla coloquial (*Tiene un morro que se lo pisa* contiene una hipérbole y una metáfora) como en los textos informativos (*Navarra también quiere jugar la carta de la almendra* contiene una metáfora)– y en la publicidad (*El único que es único* contiene una antonomasia), en la lengua literaria aparecen en mayor número y con intención artística.

Las **figuras retóricas** afectan a los tres niveles de la lengua: **fónico**, **gramatical** y **léxico-semántico**.

En el nivel **fónico**, destacan las siguientes figuras: la **aliteración**, que es la repetición intencionada de sonidos para producir un determinado efecto sonoro (*el ruido con que rueda la ronca tempestad*); la **paronomasia**, juego de palabras que se produce por la proximidad de dos términos cuyos fonemas son parecidos, aunque no sus significados (*Para orador te faltan más de cien. / Para arador te sobran más de mil*); la **interrogación retórica**, es decir, una pregunta que no espera respuesta porque resulta obvia (*¿Qué delito cometí contra vosotros naciendo?*), etc.

En el nivel **gramatical** (morfológico y sintáctico), hay que mencionar estas figuras: la **anáfora**, que consiste en la repetición de una o varias palabras al principio del verso o la frase (*Por una mirada, un mundo; / por una sonrisa, un cielo*); el **asíndeton** o la ausencia de conjunciones, que acelera el ritmo (*Rendí, rompí, derribé*); el **polisíndeton**, recurso contrario al anterior que enlentece el ritmo (*calles y cuerpos y noches y azares*); la **elipsis**, la supresión de elementos en busca de la concentración de pensamiento (*No hallarás un sí sin no, ni cosa sin un sino*); el **epíteto**, adjetivo que expresa una cualidad que ya se deduce del sustantivo (*la verde hierba, el fresco viento / el blanco lirio y colorada rosa*); la **gradación**, es decir, la ordenación de ideas en orden ascendente o descendente para una expresión más intensa (*en tierra, en humo, en polvo, en sombra, en nada*); el **hipérbaton**, en el que se altera el orden sintáctico (*del salón en el ángulo oscuro*); el **paralelismo**, la repetición, en dos o más versos, de la misma estructura sintáctica (*los suspiros son aire y van al aire, / las lágrimas son agua y van al mar*), etc.

Las figuras del nivel **léxico-semántico** son más abundantes y se emplean con mayor frecuencia. Entre ellas destacan: la **antítesis** o **contraste**, la oposición de palabras o de ideas de sentido contrario (*yo no sé si eres muerte o eres vida*); la **metáfora**, que consiste en sustituir una palabra por otra con la que tiene una relación de semejanza (el viento se llevó los algodones del cielo –algodones por nubes–); la **hipérbole** o exageración desmesurada (*Érase un hombre a una nariz pegado*); la **paradoja**, que es una contradicción solo aparente, pues, en realidad, oculta una verdad (*vivo sin vivir en mí*); la **personificación**, en la cual se atribuyen cualidades o acciones humanas a animales u objetos (*Galopa la noche en su yegua sombría*), y la **sinestesia**, la asociación de dos términos que se relacionan con distintos sentidos (*salobre son de sombra fría*). También cabe mencionar otras figuras como la **ironía**, la **perífrasis**, la **comparación** o **símil**, la **metonimia**, la **alegoría**, etc.

FIGURAS RETÓRICAS

- **Nivel fónico:**
  - aliteración
  - paronomasia
  - interrogación retórica
- **Nivel gramatical:**
  - anáfora
  - asíndeton
  - polisíndeton
  - elipsis
  - epíteto
  - gradación
  - hipérbaton
  - paralelismo
- **Nivel léxico-semántico:**
  - antítesis
  - metáfora
  - hipérbole
  - paradoja
  - personificación
  - sinestesia
  - ironía
  - perífrasis
  - comparación
  - metonimia
  - alegoría

Actividad de comprobación

4. Relaciona estos textos literarios con la figura retórica correspondiente (en algunos casos puede haber más de una):

«Acude, corre vuela».	gradación
«Lo bueno, si breve, dos veces bueno».	elipsis
«Tanto dolor se agrupa en mi costado, / que por doler me duele hasta el aliento».	sinestesia
«Yo velo cuando tú duermes, yo lloro cuando tú cantas».	hipérbole
«¿Qué es poesía? ¿Y tú me lo preguntas? / Poesía... eres tú».	interrogación retórica
«[...] tu silencio / claro como una lámpara, simple como un anillo».	comparación
«¡Oh muerte que das vida!».	metáfora
«Nuestras vidas son los ríos / que van a dar a la mar, / que es el morir».	aliteración
«Con el ala aleve del leve abanico.»	antítesis
«La lluvia seguía cayendo indiferente, asidua, negra y helada».	asíndeton
«Un brazo de la noche entra por mi ventana».	personificación
«Un silencio de aire, luz y cielo».	paradoja
	polisíndeton

5 ACTIVIDADES DE CONSOLIDACIÓN

1. Identifica las siguientes figuras retóricas extraídas de textos literarios, periodísticos (titulares) y publicitarios (eslóganes):

- Con palabras de sombra, / con sonido de viento, / con aroma de bosque.
- Es herida que duele y no se siente.
- La tarde se ha dormido y las campanas sueñan.
- De cien tormentas el horrible estruendo.
- No hay extensión más grande que mi herida.
- Eres como la noche, callada y constelada.
- Verde prado de fresca sombra lleno.
- Máxima potencia, mínimo espacio (ordenador portátil).
- Otoño caliente en la Bolsa por la crisis china.
- Negocios divinos: el turismo religioso.
- Entrevista a la *madre* de Internet, Radia Perlman.
- Guerra sucia en Siria.
- Tu sistema de memoria personal (grabadoras de voz).
- Estas Navidades, ayúdanos a traerle carbón al cáncer.
- Vacaciones a ritmo de merengue (agencia de viajes).
- Adiós a la financiación cara (banco).
- Somos lo que comemos (alimentos ecológicos).

2. En parejas, buscad tres ejemplos variados de figuras retóricas en cada uno de los ámbitos que se han analizado en el ejercicio anterior: literario, periodístico (titulares) y publicitario (eslóganes).

- Realizad una puesta en común de los ejemplos propuestos y comentad los que os parezcan más originales o más eficaces.

3. Redacta un comentario de texto literario, de unas veinte líneas, del siguiente poema de José Agustín Goytisolo. Sigue estos puntos: tema; estructura (métrica y de contenido); análisis del lenguaje literario, y síntesis-conclusión. El comentario debe redactarse cohesionado y estructurado en tres o cuatro párrafos.

El oficio del poeta

Contemplar las palabras
sobre el papel escritas,
medirlas, sopesar
su cuerpo en el conjunto
del poema, y después,
igual que un artesano,
separarse a mirar
cómo la luz emerge
de la sutil textura.
Así es el viejo oficio
del poeta, que comienza
en la idea, en el soplo
sobre el polvo infinito
de la memoria, sobre
la experiencia vivida,
la historia, los deseos,
las pasiones del hombre.
La materia del canto
nos la ha ofrecido el pueblo
con su voz. Devolvamos
las palabras reunidas
a su auténtico dueño.

4. Transforma el poema anterior en un texto en prosa en el que domine la función referencial.

José Agustín Goytisolo.

CONOCIMIENTO DE LA LENGUA

Las oraciones coordinadas

La coordinación

Las oraciones son coordinadas cuando unas **no dependen sintácticamente de las otras** y están relacionadas por un **nexo coordinante**.

Por ejemplo:

Miguel se puso el chándal (O coordinada 1) *y* (nexo) *fue a entrenarse* (O coordinada 2).

Carmen quería coger el tren de las ocho, (O coordinada 1) *pero* (nexo) *llegó tarde* (O coordinada 2).

Estas oraciones podrían funcionar como oraciones autónomas.

Miguel se puso el chándal. *Carmen quería coger el tren de las ocho.*
(Miguel) fue a entrenarse. *(Carmen) llegó tarde.*

Pero, al unirse por medio de los nexos coordinantes, forman una unidad superior de significado completo llamada **oración compuesta por coordinación**. Estas oraciones tienen la misma **jerarquía**, es decir, hay **equivalencia gramatical** entre ellas.

Miguel se puso el chándal (O coordinada 1) *y* (nexo) *fue a entrenarse* (O coordinada 2). — oración compuesta

Carmen quería coger el tren de las ocho, (O coordinada 1) *pero* (nexo) *llegó tarde* (O coordinada 2). — oración compuesta

En una oración compuesta, una serie de oraciones coordinadas pueden funcionar en su conjunto como una oración subordinada. Cada una de ellas desempeña la misma función sintáctica que las demás. Por ejemplo:

Daniel dice que Isabel vendrá a cenar (O sub. sust. de CD) *y* (← nexo → de coordinación) *que traerá el postre* (O sub. sust. de CD). — oración compuesta

El complemento directo de *dice* está formado por dos oraciones subordinadas sustantivas: *que Isabel vendrá a cenar* y *que traerá el postre*. A su vez, ambas oraciones están coordinadas entre sí por medio de la conjunción *y*; por lo tanto, desempeñan la misma función sintáctica.

Recordemos que los nexos coordinantes no solo unen oraciones coordinadas, sino que también pueden unir palabras o grupos sintácticos que son de la misma categoría gramatical y desempeñan la misma función sintáctica dentro de la oración.

Va al mercado a comprar pescado fresco y barato.

Se ha comprado unos zapatos, una camisa y unos pantalones.

Pedro o Jaime vendrán a buscarte.

Actividad de comprobación

1. Explica si las conjunciones de las oraciones unen grupos sintácticos u oraciones.
   - Es un gran deportista: practica la natación, el tenis y el baloncesto.
   - Ester y Jaime van cada día a la piscina.
   - Andrés o Marta irán a esperarte.
   - Dejó de leer y dijo que se iba con sus amigos.
   - Vendrá, pero no sé cuándo.
   - Han salido tus notas, pero no las mías.
   - Camina contento y decidido sin saber lo que le espera.
   - Tienes que decidir una cosa u otra.
   - La película ha durado tres horas, pero no se ha hecho larga.

Clases de oraciones coordinadas:
- copulativas
- disyuntivas
- distributivas o disyuntivas discontinuas
- adversativas

Clases de oraciones coordinadas

Según el tipo de relación significativa que se establece entre ellas, las oraciones coordinadas se clasifican en: copulativas, disyuntivas, distributivas o disyuntivas discontinuas, y adversativas.

Coordinadas copulativas

Las oraciones coordinadas copulativas **suman sus significados**.

El significado de una oración coordinada se añade al de la otra o las otras mediante las conjunciones simples *y*, *e*, cuando las oraciones son afirmativas, y *ni*, cuando son negativas. La conjunción *ni* exige siempre una negación previa.

Javier nació en Madrid ***y*** *ahora vive en Hannover.*
Guillermo cogió el periódico ***e*** *hizo el crucigrama.*
Alicia ***no*** *ha venido* ***ni*** *ha llamado.*

La conjunción *e* es una variante de la conjunción *y* que se utiliza delante de las palabras que empiezan por *i-* o *hi-*.

Mañana nos levantaremos pronto ***e*** *iremos a buscar setas.*
Su tarea consiste en recoger la lana ***e*** *hilarla.*

Sin embargo, si las palabras empiezan por *hie-* se utiliza la conjunción *y*.

Unta las tostadas con mantequilla ***y*** *hierve agua para el té.*

En oraciones con tres o más oraciones coordinadas, la conjunción *y* precede solo a la última oración.

Se levantó tarde, se duchó rápidamente, apenas desayunó ***y*** *salió corriendo hacia el instituto.*

A veces, por razones de estilo, la conjunción **y** precede a cada una de las proposiciones de la oración compuesta para producir un efecto de intensidad y dar la sensación de que la enumeración es ilimitada.

Y el mar fue y le dio un nombre
y un apellido el viento
y las nubes un cuerpo
y un alma el fuego.

Rafael ALBERTI

En las coordinadas copulativas negativas, si la primera oración no está provista de una partícula negativa (*no, nunca...*), aparece delante de ella la conjunción *ni*.

> ***Ni** bebe **ni** fuma **ni** trasnocha.*

A veces, con la conjunción *y* o *ni*, se elide el verbo en la segunda oración coordinada, solo o con alguno de sus complementos.

> *Mi coche tiene cambio automático y el tuyo, no.*

Además de las conjunciones simples *y, ni*, se usan algunas **conjunciones coordinadas copulativas discontinuas** o correlativas, que constan de más de un componente; cada uno de dichos componentes se coloca ante uno de los elementos coordinados: *tanto... como...; tanto... cuanto...; igual... que...; lo mismo... que...; ni... ni...; no solo..., sino también...*

> ***Tanto** los más conservadores **como** los más progresistas lo eligieron alcalde.*
>
> *Acudieron al festival **igual** jóvenes **que** mayores.*
>
> *A este local **lo mismo** vienen hombres **que** mujeres.*
>
> *Nunca habla **ni** de política **ni** de fútbol.*
>
> ***No solo** vendía juguetes, **sino también** otros artículos.*

Las conjunciones discontinuas o correlativas se interpretan distributivamente. Así, en el primer ejemplo se sobrentiende: *Los más conservadores lo eligieron alcalde y los más progresistas lo eligieron alcalde.*

En ciertas frases hechas se usa **que** como conjunción copulativa. Tiene un valor reiterativo e intensivo.

> *Erre que erre.*
>
> *Dale que dale.*

A veces, la conjunción **y** puede tener valor semántico **condicional**.

> *Camina deprisa y no llegarás tarde. (Si caminas deprisa...).*

También puede tener **valor consecutivo** cuando el tiempo de la primera proposición es anterior al de la segunda.

> *Ha llovido intensamente y (por consiguiente) todo está empapado.*

O bien puede tener **valor adversativo**.

> *Lo he saludado y (pero) no me ha contestado.*

Coordinadas disyuntivas

Las oraciones disyuntivas, unidas mediante las conjunciones *o, u* y la locución conjuntiva *o bien*, suelen expresar dos tipos de relación, **una excluyente y la otra no excluyente**.

- **Disyunción excluyente.** Los contenidos de las oraciones no se pueden dar simultáneamente, es decir, el significado de una oración **excluye** al de la otra o las otras.

> *¿Vienes al teatro **o** te quedas en casa?*
>
> *¿Entramos en el bar **o** nos quedamos en la calle?*
>
> *Díselo de una vez **u** olvida el asunto.*
>
> *¿Vienes a mi casa **o bien** voy a la tuya?*

- **Disyunción no excluyente.** Los contenidos de las oraciones se pueden dar simultáneamente, es decir, las oraciones se presentan como posibilidades alternativas para referirse a una misma realidad.

> *Para optar a este trabajo se requiere haber realizado un cursillo de capacitación **o** tener dos años de experiencia.*
>
> *El domingo iremos al cine **o** visitaremos un museo.*

A veces, con objeto de reforzar la idea de exclusión, la conjunción **o** antecede a cada una de las oraciones disyuntivas.

> ***O** se calla **o** llamaré al acomodador.*

La conjunción *u* es una variante de la conjunción *o* que se utiliza delante de palabras que comienzan por *o* u *ho-*.

No sé si dice la verdad ***u*** *oculta algo.* *¿Estabas leyendo* ***u*** *hojeabas el libro?*

Coordinadas distributivas o disyuntivas discontinuas

Dos o más oraciones son coordinadas distributivas cuando se establece una relación de **alternancia** entre dos o más acciones que **no se excluyen**.

Las oraciones tradicionalmente distributivas son una variedad de las disyuntivas y presentan los elementos coordinados como alternativas que ocurren según ciertas circunstancias. La relación se expresa con las conjunciones discontinuas **bien... bien...**, **ora... ora...**, **ya... ya...**, **sea... sea...**, **fuera... fuera...** Por ejemplo:

Ora	*canta,*	*ora*	*baila.*
nexo distributivo	oración 1	nexo distributivo	oración 2

oración compuesta

Coordinadas adversativas

Cuando dos oraciones son adversativas, **una se contrapone parcial o totalmente** a la otra.

Esta oposición se realiza mediante las conjunciones *pero*, *mas* y *sino* (*que*).

Es una persona simpática, ***pero*** *bastante informal.*
Era un corredor muy rápido, ***mas*** *no ganó la carrera.*

Las coordinadas adversativas pueden ser:

- **Parciales.** La segunda oración limita o restringe el significado de la primera. Se utiliza frecuentemente como nexo la conjunción *pero*. La conjunción *mas*, que equivale a *pero*, es propia de la lengua escrita en estilo formal y arcaica. *Aunque* puede ser conjunción coordinante adversativa parcial cuando puede sustituirse por *pero*, lo que sucede cuando va insertada entre dos oraciones coordinadas y la segunda oración contiene un verbo en indicativo. Cuando es conjunción adversativa, va precedida de pausa.

  El tren salió tarde, ***pero*** *llegó a la hora prevista.* *Está cansado,* ***aunque*** *vendrá a la reunión.*
  Me gustaría ir, ***mas*** *no puedo.*

- **Totales.** Hay una oración negativa y otra afirmativa cuyos contenidos se excluyen mutuamente. Generalmente se utiliza como nexo *sino*. Se usa *sino que* cuando la segunda oración afirmativa, que corrige o matiza lo expresado en la primera oración negativa, es una oración con verbo en forma personal.

  No es mía la decisión, ***sino*** *tuya.*
  No quieren un aumento de sueldo, ***sino que*** *se les dé un trato más digno en el trabajo.*

Actividades de comprobación

2. Clasifica las siguientes oraciones compuestas coordinadas:

- Lo llamó varias veces, mas nunca cogía el teléfono.
- Ni sabe el día ni la hora en que llegará.
- Ya quieren ir a dormir, ya quieren salir a dar una vuelta.
- O vienes pronto o me voy a casa.
- Esperaba que fuera comprensivo y que la perdonara.
- Mañana hará en general mal tiempo, pero tal vez en algunas regiones lucirá el sol y el cielo estará despejado.

3. Añade los nexos que creas adecuados a las siguientes oraciones compuestas coordinadas y explica de qué clase son:

- ____ venden pescado, ____ carne y verduras.
- La invitaron a ir al cine ____ no pudo ir.
- No escucha ____ atiende a razones.
- ____ lee una revista, ____ lee el periódico.
- Guillermo no es oftalmólogo, ____ traumatólogo.
- ¿Aceptó las condiciones ____ se negó?

Compatibilidad semántica entre las oraciones coordinadas

No todas las oraciones coordinadas son **compatibles** desde el punto de vista semántico. Por ejemplo, las siguientes oraciones no son compatibles porque no existe una relación **lógica** entre sus significados:

Su hermana es cantante de ópera, pero no sabe nadar.

Va de viaje o va en tren.

Los frenos no responden y se pone a dormir.

Actividad de comprobación

4. Indica las oraciones coordinadas semánticamente incompatibles.

- ¿Vienes al cine o comes tortilla?
- Quería ir a tu casa, pero no sabía la dirección.
- Estudió toda la tarde, mas estaba en el taller.
- Este hombre ni es corto de vista ni es miope.
- La borrasca era muy fuerte y nos refugiamos en una cueva.
- La camisa no le entraba y se puso a descansar.
- ¿Has nacido en Vigo o en Galicia?
- Hazme caso y conseguirás el empleo.
- Trabaja mucho, pero no rinde.

5

ACTIVIDADES DE CONSOLIDACIÓN

1. Señala las oraciones coordinadas e indica de qué clase es cada una.

- Es muy listo, mas no lo demuestra.
- Dijo que no le gustó el piso y que no lo compraría.
- Se lo dije y no me escuchó.
- ¿Le compro un regalo o le doy el dinero para que se lo compre ella?
- Ora querían visitar el museo de Historia Natural, ora el de Arte Moderno.
- Aunque no engordes, no debes comer tanto.
- Saldremos del refugio cuando la tormenta amaine.

2. Identifica las oraciones compuestas coordinadas del siguiente texto y explica de qué clase es cada una de ellas:

> Hacía frío (¡oh, extraña y feliz contingencia!) y en la chimenea ardía un fuego. Yo estaba acalorado por el ejercicio y me senté cerca de la mesa. Usted, en cambio, había acercado un sillón a la chimenea. En el preciso momento en que yo depositaba el pergamino en su mano y usted se disponía a examinarlo, entró Wolf, el terranova, y le saltó a los hombros. Usted lo acarició y lo apartó con la mano izquierda, pero dejó caer descuidadamente la mano derecha, con la cual sujetaba el pergamino, entre las rodillas, muy cerca del fuego. Por un momento, creí que las llamas lo habían prendido y a punto estuve de advertírselo, pero antes de que pudiera decir nada usted ya había retirado la mano y estaba analizando el dibujo. Tras considerar todos estos detalles, no me cupo la menor duda de que el calor había sido el responsable de sacar a la luz la calavera que yo vi dibujada después en el pergamino. Usted sabe muy bien que existen, y han existido desde tiempos inmemoriales, preparados químicos gracias a los cuales es posible escribir sobre papel o vitela, de forma que los caracteres se vuelvan visibles solo cuando se los somete a la acción del calor.
>
> Edgar Allan Poe, *El escarabajo de oro*

3. Relaciona cada pareja de oraciones simples en una oración compuesta coordinada.

- ¿Iremos hoy de excursión? ¿Lo dejaremos para mañana?
- La acción de la película no se desarrolla en España. Se sitúa en Italia.
- Las dificultades de la ascensión al monte eran enormes. Él continuaba decidido a vencerlas.
- Era un hombre misterioso. Se llamaba Jonás.

4. Comenta la relación semántica que se establece entre las oraciones unidas con la conjunción *y*. Ten presente que el valor semántico de dichas oraciones puede ser temporal, condicional, adversativo, consecutivo o copulativo.

- Ha trabajado mucho y ahora está cansado.
- Déjame este disco y yo te dejaré otro.
- Se ha ido a la piscina y después vendrá a merendar.
- Salió el sol y nos levantamos.
- Estudia poco y siempre aprueba.
- Encontré a Ricardo y estuvimos charlando un buen rato.

5. Explica si las siguientes oraciones coordinadas disyuntivas tienen valor excluyente o no excluyente:

- Mañana vendré a verte o te llamaré si no puedo venir.
- Conduce con prudencia o tendrás un accidente.
- Nuestro equipo de baloncesto será campeón de Liga o ganará la Copa del Rey.
- Te comportas o no vendrás más con nosotros.
- ¿Compramos ahora la ropa o esperamos a las rebajas?

6. Di de qué clase son las siguientes oraciones coordinadas adversativas:

- Es un buen futbolista, pero está en baja forma.
- Para este viaje ya no hay plazas, aunque si vuelve dentro de unos días a lo mejor hay alguna baja.
- Hacía rato que había amanecido, mas no había ni un alma en la calle.
- Está enamorado de Adela, pero ella no le hace caso.
- No ha nacido en Madrid, sino en Valencia.
- No solo tiene un fuerte resfriado, sino que le duele el estómago.

7. Indica las oraciones en las que la conjunción *aunque* tiene valor adversativo.

- Aunque llueve poco, el pozo siempre tiene agua.
- Los fines de semana va a pescar, aunque casi nunca consigue una pieza.
- No logra entender estos problemas aunque ponga todo su empeño en ello.
- Tienes posibilidades de ganar el concurso, aunque tendrás que esforzarte mucho.

8. Escribe dos oraciones coordinadas de cada clase.

La norma lingüística

1. Copia las siguientes palabras sustituyendo los espacios en blanco por *b* o *v*:

◆ienhechor	◆ejación	o◆◆io	a◆usi◆o
carní◆oro	◆e◆er	◆iril	longe◆o
cam◆io	con◆i◆ir	◆uhonero	◆í◆ora
a◆sol◆er	◆ur◆uja	◆isa◆uela	a◆sor◆i◆le
al◆ada	a◆olir	sor◆er	hil◆anar
roda◆allo	al◆arán	her◆í◆oro	treme◆undo

2. El **dequeísmo** es el empleo incorrecto de *de que* cuando el régimen verbal no lo admite, sobre todo en las oraciones subordinadas sustantivas de CD: **Espero de que me lo deje* (incorrecto); *Espero que me lo deje* (correcto). Señala las oraciones incorrectas.

- Se sorprendió de que no le saludara.
- Recibió un aviso de que tenía un giro postal en correos.
- Me sorprendió de que no llamaras.
- ¿Te acuerdas de que aún no has visitado a tus tíos?
- No recuerdo de que me dijeras tu opinión.
- No pensó de que pudiera suspender.
- Dicen de que no se celebrará la reunión.
- Se alegró de que la esperases.

3. Copia el siguiente texto colocando comas donde creas necesario (en total debe haber dieciséis):

> La noche en que iba a cambiar el rumbo de mi vida el subdirector del periódico don Basilio Moragas tuvo a bien convocarme poco antes del cierre en el oscuro cubículo enclavado al fondo de la redacción que hacía las veces de despacho y de fumadero de habanos. Don Basilio era un hombre de aspecto feroz y bigotes frondosos que no se andaba con ñoñerías y suscribía la teoría de que un uso liberal de adverbios y la adjetivación excesiva eran cosa de pervertidos y gentes con deficiencias vitamínicas. Si descubría a un redactor proclive a la prosa florida lo enviaba tres semanas a componer esquelas funerarias. Si tras la purga el individuo reincidía don Basilio lo apuntaba a la sección de labores del hogar a perpetuidad. Todos le teníamos pavor y él lo sabía.
>
> –Don Basilio ¿me ha hecho usted llamar? –ofrecí tímidamente.
>
> El subdirector me miró de reojo. Me adentré en el despacho que olía a sudor y a tabaco por este orden. Don Basilio ignoró mi presencia y siguió repasando uno de los artículos que tenía sobre el escritorio lápiz rojo en mano. Durante un par de minutos el subdirector ametralló a correcciones cuando no amputaciones el texto mascullando exabruptos como si yo no estuviese allí. Sin saber qué hacer advertí que había una silla apostada contra la pared e hice ademán de tomar asiento.
>
> Carlos RUIZ ZAFÓN, *El juego del ángel*

4. Sustituye el verbo *haber* por otras formas verbales, sin que se repita ninguna.

- Pronto habrá muchos mítines de los partidos políticos porque se acercan las elecciones.
- El otro día hubo una puesta de sol magnífica.
- Cada día hay muchos accidentes de circulación.
- En esta ciudad hay muchos edificios de interés artístico.
- No hubo nadie dispuesto a ayudarlo.
- Ha habido un gran colapso en la autopista.
- Hay rumores de que esta empresa está en crisis.
- No hay ningún motivo para negarse.
- ¿Qué hay de tu petición?
- No hay agua corriente en su casa.

5. Recuerda que los extranjerismos deben evitarse cuando existe una palabra o expresión equivalente en el idioma. En grupos de tres, sustituid estas voces extranjeras por la palabra equivalente en español, si la tienen:

e-mail	*self-service*	*hardware*	*link*
lock-out	*hit parade*	*handicap*	*abstract*

6. Sustituye los extranjerismos de estas frases por la palabra o expresión española correspondiente:

- Mañana tendrá lugar un interesante encuentro de *singles* en nuestro club de tenis.
- Utiliza un *spray* infalible contra los mosquitos.
- En su ordenador ha instalado mucho *software* específico para su trabajo.
- Cada verano hay *overbooking* en los hoteles de las playas.
- Nuestro equipo ganó la liga por tener mejor *basket average* que el vuestro.
- El *mobbing* suele afectar a trabajadores perfectamente capaces.

7. Conjuga el pretérito perfecto simple de indicativo del verbo *abolir*, el presente de subjuntivo del verbo *dar*, el pretérito imperfecto de subjuntivo del verbo *producir* y el presente de imperativo del verbo *ir*.

Sobre la modernización del lenguaje administrativo

En las sociedades democráticas, el diálogo entre el ciudadano y la Administración debe ser fluido y transparente, con el objetivo de facilitar lo máximo posible la relación entre ambos. El autor del texto que sigue –que encabeza su blog con el lema «Contra el lenguaje oscuro, el lenguaje claro; contra el lenguaje recargado y espeso, el lenguaje llano»– señala algunos de los vicios que tradicionalmente han lastrado el lenguaje administrativo, abogando por transformarlo en un lenguaje funcional y accesible a todos.

El ciudadano debe entender lo que le dice la Administración. Del mismo modo, el ciudadano debe poder expresarse ante la Administración sin necesidad de manejar un lenguaje especializado, de uso restringido.

¿Cómo distinguir un lenguaje administrativo antiguo? Si observamos que abusa de un léxico especializado (*dejación, dación*...), o incluye formulismos vacíos y muletillas (*para su conocimiento y demás efectos..., en los términos previstos*...), o acumula formas y construcciones arcaicas (*si así no lo hicieren, vengo en disponer*...), o emplea circunloquios (*resultar beneficiario* por *beneficiarse*...) o locuciones prepositivas a troche y moche (*a tenor de*, por *según*; *a solicitud de*, en vez de *por*). Todo esto, junto o separado. Pero también es un lenguaje antiguo cuando las frases se alargan y se alargan y no se respeta el principio de sujeto, verbo y predicado de toda la vida. Es decir, la frase corta, directa. O sea, que es antiguo escribir mal, sin respeto a la gramática, pero también sin respeto a la ortografía.

¿Y qué es lo moderno en el lenguaje administrativo? Ya está claro: escribir para que te entiendan. Es decir, suprimir expresiones arcaizantes, formulismos innecesarios, suavizar el tono imperativo, simplificar los tratamientos... y luego, por supuesto, las técnicas de toda la vida para escribir bien: párrafos cortos; palabras sencillas –aunque sin renunciar al lenguaje culto–; aplicar correctamente las concordancias; preferir la primera persona en los tiempos del verbo; evitar neologismos y extranjerismos...

Lo moderno, y lo adecuado, es, igualmente, evitar elementos de discriminación en el lenguaje. El ciudadano lo es sin distinción de raza, sexo, opinión o cualquier otra condición o circunstancia personal o social, tal y como dice nuestra Constitución. Evitaremos el sexismo en el lenguaje y cuidaremos el trato hacia las personas con discapacidad.

Otra exigencia para la modernización administrativa es la eliminación, en lo posible, de la exasperante burocracia. A esto contribuirá la Administración electrónica. Según la *Ley 11/2007, de 22 de junio, de Acceso Electrónico de los Ciudadanos a los Servicios Públicos*, a partir de 2010 las administraciones están obligadas a permitir las comunicaciones por medios electrónicos. Es decir, un derecho de los ciudadanos y una obligación para las Administraciones. Porque modernización es también eficiencia y reducción de costes. Para estos tiempos de agobiante crisis es bueno saber que se estima en 50 000 millones de euros el ahorro anual en toda la UE por la implantación generalizada de la Administración electrónica.

Javier BADÍA
<http://www.lenguajeadministrativo.com>

LECTURA Y COMENTARIO

Aspectos comunicativos o pragmáticos

1. ¿A qué receptor va dirigido el texto: ciudadanos en general, funcionarios...? ¿Lo consideras adecuado para ese receptor?

2. ¿Qué elementos del blog del que se ha extraído hacen fiables sus contenidos?

3. Señala cuál es el tipo de texto que domina en el artículo y justifícalo con argumentos del propio texto.

Contenido

4. Enuncia el tema.

5. Redacta un breve resumen del contenido de los tres últimos párrafos.

6. Por parejas, haced dos listas ordenando los rasgos del lenguaje administrativo antiguo y los del moderno, de modo que quede patente la necesidad de cambio que pide el autor.

Estructura

7. Elabora un esquema que refleje la ordenada estructura del texto «Sobre la modernización del lenguaje administrativo».

8. Subraya la tesis.

9. ¿Es una estructura deductiva o inductiva? Justifica tu respuesta.

Aspectos lingüísticos

10. Localiza los conectores que aparecen en los tres primeros párrafos y analiza su valor semántico.

11. Propón un sinónimo de las siguientes palabras o expresiones del texto: *circunloquios* (lín. 13), *a troche y moche* (lín. 15) y *arcaizantes* (lín. 28).

12. ¿En qué parte del artículo se dedican unas líneas a la crítica de la sintaxis antigua? Aclara qué se critica exactamente.

13. Subraya las interrogaciones retóricas y comentad su intención expresiva.

Creación

14. En grupo, leed el fragmento del BOE que se reproduce en el blog de Javier Badía (*http://lenguajeadministrativo.com/2013/10/07/la-formula-secreta/*) y que ejemplifica el lenguaje «oscuro, recargado y espeso» del que se habla. A continuación, leed la propuesta de corrección que se incluye en el propio blog.

6

ESCUCHAR, HABLAR, LEER Y ESCRIBIR

Los textos jurídicos y administrativos

El lenguaje jurídico y administrativo

El lenguaje jurídico y administrativo es el propio de los **textos legislativos**, **judiciales** o **procesales** y **administrativos**. Los textos legislativos y los judiciales se dan en el ámbito **jurídico**; los administrativos, en los diversos órganos de la **Administración**.

En una sociedad compleja como la nuestra, la vida social genera gran número de textos –sentencias, leyes, contratos, denuncias...– que regulan las relaciones entre los ciudadanos, las relaciones entre estos y la Administración (estatal, autonómica, municipal...) y las que se dan en el seno de la propia Administración.

Estas relaciones están sometidas a un conjunto de reglas y preceptos que se manifiestan en los escritos que tienen relación con los tres poderes propios del Estado democrático: los textos **legislativos** emanan del poder legislativo, que reside en el Parlamento, responsable último de las leyes; los textos **judiciales** o **procesales** emanan del poder judicial, que resuelve los conflictos en caso de que las leyes sean infringidas, y los textos **administrativos** (muy variados) proceden de la Administración, en la que el ejecutivo delega la gestión de los servicios públicos.

Los textos mediante los cuales nos relacionamos con la Administración se usan en diversos ámbitos (hacienda, tráfico, cultura...) y en relación con distintos profesionales –notarios o registradores– que tienen la facultad de dar «fe pública» de determinados documentos (escrituras, testamentos...). El ciudadano también puede ser el emisor de textos judiciales y administrativos cuando toma la iniciativa en sus relaciones con estos ámbitos, como sucede en el recurso o en la instancia.

A menudo es difícil distinguir lo **jurídico** de lo **administrativo**, ya que, además de que la justicia es también parte de la Administración, los textos administrativos suelen aplicar preceptos y normas procedentes de los jurídicos, por lo que tienen similitudes evidentes con ellos. No obstante, los textos administrativos son utilizados por un sector social más amplio y en asuntos menos técnicos, por lo que son más sencillos en todos sus aspectos.

Tipos de texto y estructura

El texto **instructivo** es el más característico del **lenguaje administrativo** y **jurídico**, ya que en este domina la función conativa, y muchos de los textos, como las leyes, las sentencias y las resoluciones, emanan de una autoridad.

Algunos textos son normativos, es decir, definen un concepto (por ejemplo, el de propiedad en el Código Civil) o establecen un medio para alcanzar un fin (por ejemplo, cómo hacer un contrato); otros son prescriptivos, esto es, prohíben, obligan o permiten determinados actos (como el *Decreto de derechos y deberes de los alumnos*). No obstante, los textos **narrativos**, **descriptivos**, **explicativos** y **argumentativos** también se usan cuando resulta necesario hacer constar unos hechos, describirlos, explicarlos o argumentarlos.

Un rasgo característico de la mayoría de los escritos jurídicos y administrativos, además del uso especial de la lengua, que veremos a continuación, es el empleo de una **estructura externa** que responde a un **esquema prefijado**. Estas estructuras fijadas de antemano proporcionan seguridad en la interpretación del texto y facilitan su elaboración, lectura y consulta. Por ello, actualmente los textos administrativos que lo permiten se convierten en **formularios**, es decir, en impresos con espacios en blanco que el emisor (ciudadano o ciudadana) tan solo tiene que rellenar, como la declaración de renta, las denuncias por robo o algunas instancias.

Los recursos tipográficos dan la forma característica a estos esquemas prefijados: disposición en la hoja, tamaño y tipo de letra, números, espacios, etc. Como muestra, veamos una instancia:

Las leyes –normas jurídicas emitidas por el poder legislativo– presentan la siguiente estructura:

- título
- preámbulo (exposición de los motivos y objetivos de la ley)
- disposiciones (organizadas en títulos, capítulos, secciones y artículos)
- parte final (anexos y disposiciones adicionales, transitorias, derogatorias y finales)

[Optativo: tratamiento del cargo (*Sr.*, *Ilmo.*, etc.)] Datos del solicitante: ________________ ________________	En el **encabezamiento** del texto deben constar nuestros datos personales: nombre y apellidos (en mayúscula), DNI, lugar de nacimiento, domicilio...
	En el **cuerpo** del escrito escribiremos lo siguiente:
EXPONE: Exposición de motivos QUE ________________ ________________ ________________	– La exposición de motivos (EXPONE). Si hay más de uno, cada motivo irá en un párrafo diferente.
SOLICITA: Exposición de la solicitud ________________ ________________ ________________	– La solicitud (SOLICITA). Si hay más de una, procederemos igual que en el apartado anterior.
Localidad, fecha FIRMA	En el **cierre** deben incluirse la localidad, la fecha y la firma y rúbrica.
Cargo al que se dirige el escrito	En el **pie**, en la parte inferior de la hoja y en mayúsculas, se escribe el tratamiento abreviado (*Sr.*, *V. E.*, etc.), el cargo completo y la localidad del destinatario (persona u organismo) de la instancia.

Actividades de comprobación

1. Escribe una instancia dirigida al ministro o ministra de Educación en la que solicites una beca para realizar estudios en el extranjero (como motivos, puedes alegar buenas notas, no haber disfrutado de una beca con anterioridad...). Ten en cuenta las pautas formales que se deben seguir en la presentación de este tipo de documento.

2. En parejas, buscad algún impreso o formulario administrativo (impreso de la declaración de la renta, hoja de preinscripción en un centro de enseñanza público, impreso de solicitud de una beca, etc.) y comentad su estructura.

Forma lingüística de los textos jurídicos y administrativos

La lengua natural es la base de los textos **jurídicos** y **administrativos**, cuyo fin –regular las relaciones sociales– exige una lengua clara y precisa. Por ello, el estilo se subordina al contenido y se caracteriza por su formalidad y objetividad, y el emisor tiene muy poca libertad de elección.

No obstante, el objetivo de claridad se ve a menudo obstaculizado por varias razones: las imprecisiones y ambigüedades de las lenguas naturales; lo delicado o conflictivo de los contenidos, que, por sus repercusiones sociales e individuales, requieren un lenguaje detallado y técnico que permita una interpretación unívoca y correcta, y el peso de las tradiciones heredadas (en el ámbito jurídico, por ejemplo, la herencia del derecho romano), que da un carácter muy conservador al lenguaje por su vinculación con el pasado, aunque, por otro lado, es una garantía de estabilidad.

El resultado de todo ello es que los textos suelen resultar complejos o difíciles para el ciudadano, lo que resulta paradójico en un lenguaje que debe ser comunicativo y accesible.

Si atendemos a sus características concretas, podemos decir que el lenguaje jurídico y administrativo es un lenguaje de registro formal alto, muy especializado por el contenido, la estructura, el peso de la tradición y las formas lingüísticas a través de las que se manifiesta. Veamos estas formas.

En el **nivel morfosintáctico**, los rasgos más característicos son los siguientes:

- **Estilo nominal** para dar relieve al concepto. Esta característica se manifiesta en la tendencia a la **nominalización**: (*dar curso* 'cursar', *tomar en consideración* 'considerar'); las **sustantivaciones** (*lo dispuesto, el demandado, el contribuyente*); la **supresión del artículo** (*se tramitará expediente*). También en el grupo nominal destacan los adjetivos antepuestos, que dan lugar a formas estereotipadas como *presunto delito, preceptivo dictamen*.

- **Oraciones largas y complejas**, con aclaraciones, subordinadas, citas o referencias e incisos, con los que se persigue precisar al máximo el contenido. Algunas preposiciones o conjunciones simples se sustituyen por **locuciones prepositivas** o **conjuntivas**: *a efectos de* (*para*), *a tenor de* (*según*). Todo lo anterior da un ritmo lento y monótono a los textos, como también las numerosas repeticiones de palabras, subrayadas por adjetivos como *citado, dicho, mencionado* o *antedicho*. En contraposición, sobre todo en los formularios, se da un estilo «telegráfico» en el que se suprimen nexos y artículos, y se utilizan esquemas sintácticos claros reforzados por la distribución tipográfica. Otra particularidad es el uso de la barra (/) en impresos, formularios y otros documentos: *y/o, el/la, representado/a*.

- **Uso especial del verbo**, que muestra la tendencia de este tipo de textos a la impersonalidad, lo que les da mayor objetividad. Abundan las **formas no personales** (**gerundios**, **participios** e **infinitivos**), en construcciones concertadas y absolutas (*decretando dichos actos administrativos no ajustados a derecho y revocándolos..., a rellenar por la oficina*). La **impersonalidad** se manifiesta también en las numerosas construcciones pasivas e impersonales (*solicita le sea concedida una beca; se procederá a dictar resolución*). Dado el carácter prescriptivo de los textos, abundan las **formas que expresan obligación**: las perífrasis obligativas (*haber de, deber, tener que...*); los futuros de obligación y de posibilidad (*el juez admitirá la demanda..., podrá interponer recurso...*); el imperativo (*comuníquese*), y los verbos en los que **decir** es al mismo tiempo **hacer**, como *fallo, declaro, prometo* o *certifico*.

- Los tratamientos expresan un **distanciamiento**, como se observa en el uso del **plural oficial** (*por la presente le comunicamos..., ponemos en su conocimiento*), salvo cuando el emisor es un alto cargo y habla revestido de autoridad, y también de la **tercera persona en vez de la primera** (*este negociado..., el que suscribe...*). Hoy se recomienda el uso de la primera persona en los textos en que el emisor es el ciudadano, como la instancia o la declaración jurada. Asimismo, la propia Administración propone sustituir estas fórmulas, que proceden de una relación desigual e injusta, por *usted* o el tratamiento *señor/señora* seguido de la denominación del cargo que ocupa el representante de la Administración (por ejemplo: *Señora Jefa de negociado*).

Por lo que al **léxico** se refiere, los documentos jurídicos y administrativos emplean un vocabulario absolutamente **denotativo**, por su objetivo de imparcialidad, y **culto**, debido al peso de la tradición jurídica, base también del lenguaje administrativo. Por ese mismo motivo, a veces también resulta **anacrónico**. Abundan los **tecnicismos**, tanto los cultismos propios (*legítimo, intestado, sucesión ab intestato, donación inter vivos, de jure, casis belli, pacta sunt servanda...*) como los procedentes de la lengua común usados como tales: *vicio, escritura, diligencia*... Muchos de ellos son **abstractos**, procedentes de sustantivaciones: *quebrantamiento, embargo, jurisdicción*... Abundan también los **arcaísmos** (*pedimento, otrosí*) y las **muletillas**, los **clichés** y las **fórmulas** de cortesía (*y para que así conste a petición..., prometo por mi honor, en virtud de lo acordado, gracia que espera merecer de su recto proceder*), algunas de las cuales se usan desde tiempos inmemoriales. Otra tendencia opuesta al uso de los arcaísmos es el uso de las **siglas** (el *DNI*, el *BOE*...).

Hemos señalado indistintamente rasgos de los textos jurídicos y administrativos, la mayoría de los cuales son comunes, pero resaltaremos que los textos jurídicos son más convencionales y conservadores, están menos sujetos al cambio y tienen un registro más culto. En ellos se mantienen formas muy protocolarias en fórmulas y tratamientos (*su Señoría, con la venia, es justicia que pido*) y siguen vivos muchos latinismos, como *habeas corpus* (derecho del detenido a comparecer inmediatamente ante el juez), y máximas jurídicas en latín, como *in dubio pro reo* ('en la duda, a favor del reo'). Por último, los tecnicismos son abundantísimos: *bastanteo* (acto de hacer constar por escrito el valor legal de un documento); *cognición* (procedimiento civil judicial); *enajenación* (transmisión del derecho sobre alguna cosa), etc.

3. Lee esta sentencia, recogida en el libro *Visto para sentencia*, de Rafael Reig. Comprobarás que, aunque con un tratamiento humorístico crítico, respeta absolutamente la formalidad de una sentencia judicial.

Sala 2.ª de lo ministerial

Han sido vistas las diligencias seguidas contra D.ª Carmen Calvo, ministra de Cultura, y ha sido probado y así se declara como:

HECHOS PROBADOS

PRIMERO: Que D.ª Carmen finalmente se ha rendido ante la Unión Europea y ha incluido el canon por préstamo para las bibliotecas públicas. Que, por tanto, las bibliotecas públicas deberán abonar veinte céntimos adicionales por cada ejemplar que compren. Se calcula que esto supondrá un gasto de 1 400 000 euros anuales. Ítem más: que dicha cantidad se repartirá entre autores (70 %) y editores (30 %).

SEGUNDO: Que D.ª Carmen ha dicho que «en ningún caso se le cargará al ciudadano a través de las bibliotecas públicas dicho canon porque lo pagará, si no hay otra alternativa, el propio Ministerio». Ítem plus: que el coste del canon lo asumirán el Ministerio de Cultura y las comunidades, pero insisten en que no lo pagará el ciudadano, de lo que debe concluirse necesariamente que el Ministerio de Cultura y las comunidades tienen fuentes de financiación secretas (acaso turbias) a través de las cuales obtienen ingresos que no proceden «en ningún caso» de los contribuyentes.

TERCERO: Que, si bien dicho canon pretende proteger los derechos de los autores, más de cien escritores han expresado su rechazo al canon. [...]

FUNDAMENTOS DE DERECHO

Los hechos probados son constitutivos de delito de maquinación para impedir la lectura. Las bibliotecas adquieren libros y, al hacerlo, ya satisfacen los correspondientes derechos de autor. Este canon añadido grava, por tanto, el préstamo. [...] Si parece razonable que haya que pagar para adquirir un libro, resulta, en cambio, desorbitado que se imponga un canon, como si fuera una sanción o una multa, por el simple hecho de leer un libro de una biblioteca pública. ¿Habrá que pagar también por tatarear una canción en la ducha? ¿Por recitarle un poema a tu novia de un libro que ella no ha comprado? ¿Por leer en el autobús por encima del hombro de otro pasajero? ¿Hasta dónde pretenden llegar?

ACUERDO

Que debo condenar y condeno a D.ª Carmen Calvo como autora de un delito de maquinación para impedir la lectura a la pena de cambiar una preposición en el nombre de su Ministerio que pasará a llamarse Ministerio contra la Cultura.

[...]

Contra esta resolución cabe interponer recurso de apelación en el plazo de siete días ante el juzgado digital de segunda instancia.

Así lo pronuncio, mando y firmo.

- En grupo, subrayad y comentad algunos rasgos lingüísticos de los textos jurídicos que se han visto en la unidad (estructura, lenguaje...).

4. Di qué rasgos del lenguaje jurídico y administrativo puedes identificar en los enunciados que siguen y elabora un esquema gráfico con ellos:

- Transcurrido el plazo, se procederá a...
- Escrito que recoge las firmas
- Proceder al archivo
- Vigente reglamento
- Segundo otrosí digo...
- En caso de muerte del arrendatario podrán subrogarse...
- Ley de Propiedad Intelectual, regularizando, aclarando y armonizando las disposiciones...
- El querellado
- Ut supra

Clases de textos administrativos y jurídicos

Los textos **administrativos** y **jurídicos** se dividen en diversas clases según el emisor: legislativos, judiciales y administrativos.

Los textos **legislativos** emanan de una autoridad que tiene poder para legislar; por lo tanto, son siempre *normativos* o *prescriptivos*.

Los textos **judiciales** surgen del trabajo de los tribunales como origen o resultado de un proceso. El emisor es el ciudadano o la Administración de Justicia. En ambos casos se solicita que la justicia actúe para solucionar un conflicto que resulta de aplicar o infringir una norma.

Los textos **administrativos** tienen como emisor a la Administración o al ciudadano, que solicita un beneficio o el cumplimiento de un derecho. Son muy variados –prescriptivos, informativos, fedatarios (que dan fe pública)... Veamos algunos de ellos:

Escritos	Emisor	Clase	Características
Legislativo	Parlamento	ley	Disposición legal aprobada por el Parlamento.
	Administración	real decreto	Completa una *ley* o un *decreto ley*, aprobado por el Consejo de Ministros.
	Administración	decreto ley	Disposición de urgencia; la aprueba el Gobierno pero debe ratificarla el Parlamento en un plazo de treinta días.
	Administración	reglamento	Colección de reglas o preceptos para la ejecución de una *ley*.
Judicial (o procesal)	Administración	sentencia	Resolución de un tribunal de justicia (condena o absuelve).
	ciudadano o ciudadana	recurso	Escrito contra *sentencia* o *resolución* (expresa disconformidad con estas).
Administrativo	ciudadano o ciudadana	contrato	Documento en que se establecen unos acuerdos entre partes cuyo cumplimiento es obligatorio.
	ciudadano o ciudadana	declaración jurada	Manifestación, bajo juramento o promesa, de un hecho o acontecimiento, a petición de una autoridad.
	ciudadano o ciudadana	denuncia	Documento que notifica a una autoridad competente que se ha cometido algún delito o falta.
	Administración	certificado	Documento por el que se reconoce oficialmente la validez de un asunto.
	Administración	resolución	Documento en que se toma una decisión sobre un asunto (generalmente acaba el procedimiento administrativo).
	ciudadano o ciudadana	instancia	Solicitud que se presenta ante una autoridad para obtener algún beneficio.

6 ACTIVIDADES DE CONSOLIDACIÓN

1. Lee atentamente el preámbulo de la ley que sigue y realiza la actividad que encontrarás a continuación:

Ley Orgánica 1/2015, de 30 de marzo, por la que se modifica la Ley Orgánica 10/1995, de 23 de noviembre, del Código Penal.

FELIPE VI, REY DE ESPAÑA

A todos los que la presente vieren y entendieren.

Sabed: Que las Cortes Generales han aprobado y Yo vengo en sancionar la siguiente ley orgánica:

PREÁMBULO

I

El Código Penal aprobado mediante la Ley Orgánica 10/1995, de 23 de noviembre, es objeto de una completa revisión y actualización, en la conciencia de que el transcurso del tiempo y las nuevas demandas sociales evidencian la necesidad de llevar a cabo determinadas modificaciones de nuestra norma penal. [...] Gran parte de la reforma está también orientada a dar cumplimiento a los compromisos internacionales adquiridos por España. [...]

XVII

Los delitos contra la propiedad intelectual, que fueron modificados con ocasión de la reforma operada por la Ley Orgánica 15/2003, de 25 de noviembre, por la que se modificó la Ley Orgánica 10/1995, de 23 de noviembre, del Código Penal, introduciéndose entonces una importante mejora técnica de su tipificación, de acuerdo con la realidad social, la configuración de los tipos delictivos y su repercusión en la vida económica y social, son objeto también de revisión en esta reforma, a fin de ofrecer una adecuada protección jurídico-penal, aunque sin olvidar que la Ley de Propiedad Intelectual es el instrumento de protección natural en esta materia y que es absolutamente necesario lograr un cierto equilibrio entre esa protección de la propiedad intelectual y la que también deriva del legítimo uso de las nuevas tecnologías de la información y comunicación.

En primer lugar, resulta necesario ajustar la respuesta penal a la valoración de la gravedad de la infracción cometida y, con esa finalidad, se fija un marco penal amplio que ofrece al juez un margen adecuado para ajustar la pena a la gravedad de la conducta. En todo caso, se prevé la imposición de una penalidad menor en los supuestos de distribución ambulante o meramente ocasional; y se excluye la imposición de penas de prisión en los supuestos de escasa gravedad, en atención a las características del culpable y la reducida cuantía del beneficio. Los supuestos de almacenamiento, importación y exportación se castigan, en sus respectivos casos, con las mismas penas.

- Observa las formas lingüísticas: conectores; formas verbales (persona, tiempo, etc.); sustantivos abstractos; etc.

2. En este fragmento de un artículo de opinión, el autor reflexiona sobre los eufemismos en el ámbito jurídico. Leedlo atentamente y debatid sobre la conveniencia de su uso:

Y la cuestión es que, así como los términos económicos pueden engañar a quien se deje, los jurídicos son por sí mismos los que determinan si una situación existe o no; si se generan derechos o se establecen obligaciones; si se aplica –o no– una norma. Porque es el término jurídico lo que tiene consecuencias jurídicas. De hecho, muchas leyes comienzan su articulado con una definición de los términos que se van a emplear en su contenido, de tal forma que las situaciones que regulan no van a ser necesariamente las que los ciudadanos emplean en su lenguaje común, sino las que se conciben desde el metalenguaje jurídico. [...]

Sin ir más lejos, tenemos el reciente caso del «no transvase» del Ebro, convertido en una *captación, conducción o transferencia temporal reversible de caudales hídricos para paliar casos de urgente necesidad*, aunque casi todos lo llamamos *transvase* o *minitransvase*. Los juristas no dicen *aborto*, sino *interrupción del embarazo*, o en Uruguay *Ley de defensa de la salud reproductiva*. No se habla en nuestro Código Penal de *chantaje*, sino de *coacciones por las cuales se compele a uno a realizar lo que no quiere o no está obligado a hacer*.

Alberto P. Cáncer, «Hablando claro» *Muy Interesante*

3. Busca en el diccionario el significado de los siguientes tecnicismos jurídicos: *derecho consuetudinario, jurisprudencia, derogación, pleito, habeas corpus, querella, usufructo, cláusula, servidumbre, actora, coercitivo*.

4. Busca en el *BOE* o en el diario oficial de tu comunidad una ley o un decreto y analiza su estructura (por ejemplo, el *Decreto de derechos y deberes de los alumnos*, que encontrarás fácilmente en tu centro).

5. Redacta una declaración jurada con el siguiente esquema:

DATOS PERSONALES ____

NORMATIVA (opcional, solo en el caso de que exista normativa vigente que sea procedente en la situación)

____

DECLARO BAJO JURAMENTO

JURO / PROMETO (BAJO MI RESPONSABILIDAD / POR MI HONOR)

Que ____

Y para que así conste, firmo la presente en

____, ____ de ____ de 20 ____

(Firma)

6. En grupo, reunid textos administrativos o jurídicos (cada grupo de un tipo diferente); comparadlos teniendo en cuenta el contenido, la estructura y los rasgos lingüísticos, y preparad un informe (oral o escrito) sobre este lenguaje. Utilizad los ejemplos.

CONOCIMIENTO DE LA LENGUA

Las subordinadas sustantivas

Características generales y clases

La oración subordinada sustantiva desempeña en la oración compuesta funciones propias de un sustantivo o grupo nominal: sujeto, complemento directo, complemento de régimen, complemento del nombre, complemento del adjetivo y otras funciones (complemento indirecto, complemento circunstancial, complemento del adverbio, aposición).

Por ejemplo:

Este año es posible que nuestro equipo consiga el primer puesto del campeonato.
O sub. sust. de sujeto

El candidato propone que se lleve a cabo su agresivo plan.
O sub. sust. de CD

Confía en que ella será capaz de recuperarse.
O sub. sust. de CRég

Existe la posibilidad de que haya una crisis mundial.
O sub. sust. de CN

Está segura de que está bien preparada para este trabajo.
O sub. sust. de CAdj

Observa que estas oraciones se pueden sustituir fácilmente por grupos nominales que desempeñan la misma función sintáctica o por pronombres átonos o tónicos neutros:

Este año es posible el primer puesto del campeonato (Suj). *Este año es posible **eso*** (Suj).

El candidato propone un agresivo plan (CD). *El candidato **lo*** (CD) *propone.*

Confía en su capacidad de recuperación (CRég). *Confía en **ello*** (CRég).

Existe la posibilidad de una crisis mundial (CN). *Existe la posibilidad de **eso*** (CN).

Está segura de su preparación para este trabajo (CAdj). *Está segura de **eso*** (CAdj).

Las subordinadas sustantivas se clasifican, básicamente, en dos grupos: las **declarativas** o **enunciativas** y las **interrogativas indirectas**.

Como se ha dicho en la unidad 4, las subordinadas sustantivas se insertan en la oración principal, forman parte de ella y desempeñan en su interior una función sintáctica, ya sea como sujeto o como complemento. Por tanto, la oración principal es la oración en su totalidad.

6

- Las **declarativas** o **enunciativas** subordinan contenidos positivos o negativos que se enuncian y van introducidas por la conjunción *que*. El verbo de la subordinada puede estar en indicativo o subjuntivo, o bien ser un infinitivo.

Dice que está satisfecho.
Me ordenó que me callara.
Intenta llegar a la cima.

- Las **interrogativas indirectas**, aunque tradicionalmente han recibido esta denominación, carecen de entonación interrogativa y no siempre expresan pregunta. El verbo está en forma personal o en infinitivo. Pueden ser **totales** o **parciales**. Las totales presentan una elección o alternancia entre opciones y van introducidas por la conjunción *si*.

Pregúntale si han llamado por teléfono.

Las parciales están introducidas por determinantes, pronombres y adverbios interrogativos.

Averigua quién está detrás de este grupo comercial.

No les diré cómo conseguirlo.

CLASES DE ORACIONES SUSTANTIVAS

- declarativas o enunciativas
- interrogativas indirectas:
  - totales
  - parciales

El nexo de las oraciones sustantivas

Las oraciones subordinadas sustantivas pueden contener un verbo en forma personal o un verbo en infinitivo. Las sustantivas **con verbo en forma personal** van introducidas por distintos nexos.

Son los siguientes:

- La **conjunción** *que* introduce subordinadas sustantivas declarativas o enunciativas que pueden desempeñar las siguientes funciones:
  - **Sujeto.** *Es cierto* ***que ella lo sabía.***
  - **Complemento directo.** *Me dijeron* ***que estabas de viaje.***
  - **Complemento indirecto.** *No dio importancia* ***a que vistieran así.***
  - **Complemento de régimen.** *Siempre insiste* ***en que vayamos a su casa.***
  - **Complemento circunstancial.** *Se marchó* ***sin que nadie se diera cuenta.***
  - **Complemento del nombre.** *Aquello fue la prueba* ***de que no decía la verdad.***
  - **Complemento del adjetivo.** *Los aficionados están contentos* ***de que haya marcado un gol.***
  - **Complemento del adverbio.** *Partiremos después* ***de que haya salido el sol.***
  - **Aposición.** *Me sorprendió esto:* ***que nadie lo hubiera detectado antes.***

Nexos de las oraciones subordinadas sustantivas

Conjunciones. *Que*: introduce subordinadas sustantivas de Suj, CD, CI, CRég, CC, CN, CAdj, CAdv y Apos.

Si: introduce subordinadas sustantivas de CD, CI, CRég, CN y CAdj.

Interrogativos. *Qué, cuál, quién, dónde, cómo, cuándo, cuánto*: introducen subordinadas sustantivas de CD, CRég y CN.

Relativos. *Que* precedido de artículo (*el que, la que, los que, las que, lo que*); *quien*; *cuanto*: introducen subordinadas adjetivas sustantivadas que pueden desempeñar todas las funciones (Suj, CN, CAdj, CAdv, CD, CI, CRég, CC, Atr y CAg).

- La **conjunción** *si* introduce interrogativas indirectas totales. Las subordinadas sustantivas con *si* suelen desempeñar la función de **complemento directo** (*Me preguntó* ***si podría ir a la boda***), pero también pueden funcionar como **complemento indirecto** (*No le dio importancia* ***a si eran altos o bajos***); **complemento de régimen** (*Mi hermana insiste* ***en si podrás venir o no***); **complemento del nombre** (*No tenía ni idea* ***de si habría mucha gente***), y **complemento del adjetivo** (*No estaba seguro* ***de si podría venir***).

- Los **determinantes** y **pronombres interrogativos** *quién, qué, cuál, cuánto* o sus variantes de género y número, así como los **adverbios interrogativos** *dónde, cómo, cuándo* y *cuánto*, introducen interrogativas indirectas parciales y en ocasiones van precedidos de preposición. Las subordinadas sustantivas con un **interrogativo** suelen desempeñar la función de **complemento directo** (*Pregúntale* ***cuándo ha llegado de Sevilla***), pero también pueden funcionar como **complemento de régimen** (*La reunión trata* ***de cómo pagaremos la deuda***) y como **complemento del nombre** (*El acusado no contestó a la pregunta* ***de quién había disparado***). Estos interrogativos desempeñan dentro de la subordinada sustantiva una función sintáctica propia de la categoría a la que pertenecen.

- Un **relativo** (*quien, que* precedido de artículo *–el que, la que, los que, las que, lo que–* o *cuanto*) sin antecedente expreso introduce una **oración adjetiva sustantivada**, que puede desempeñar **todas las funciones** propias del grupo nominal (v. unidad 7): sujeto, complemento directo, complemento indirecto, atributo, complemento circunstancial, complemento agente, etc. Por ejemplo:

Mi coche es el que lleva las llantas de aluminio.
O sub. adj. sust. de atributo

Concedieron el premio a quien se lo merecía.
O sub. adj. sust. de CI

Actividad de comprobación

1. Sustituye la subordinada sustantiva por un grupo nominal o por un pronombre tónico o átono neutros. A continuación, señala el nexo de la subordinada y la función que desempeña.
   - Es necesario **que se regulen estas prácticas.**
   - Me interesa **que lea mucho.**
   - No me imagino **cómo pudo suceder.**
   - Se enteró **de que le habían destituido.**
   - Ya está harto **de que no le hagan caso.**
   - No tenía dudas **de que ganaría la carrera.**
   - Desconocía **cuándo le comprarían la moto.**
   - Se enorgullecía **de que hubiera viajado tanto.**
   - Estaba convencido **de que le habían engañado.**
   - Puedo dar fe **de que aquello sucedió así.**
   - Ignoro qué **pretende con eso.**
   - Eso depende **de si el avión llega a tiempo o no.**

Subordinadas sustantivas de sujeto

Desempeñan la función de sujeto de la oración compuesta en la que se incrustan.

Suelen tener las siguientes estructuras:

- CI + un verbo de uso intransitivo, como *gustar, molestar, interesar, importar*... + subordinada sustantiva.

  No le gusta que la adulen.
  CI + v. intr. + O sub. sust. de sujeto

- *Ser* + atributo + subordinada sustantiva.

  Es conveniente que estudies bien esta oferta de trabajo.
  v. cop. + Atr + O sub. sust. de sujeto

- Verbo en estructura de pasiva refleja + subordinada sustantiva.

  Se dice que este año saldremos de la crisis económica.
  v. pred. + O sub. sust. de sujeto

Subordinadas sustantivas de complemento directo

Desempeñan la función de complemento directo dentro de la oración compuesta en la que están incrustadas. Los verbos que admiten sustantivas de complemento directo suelen ser **verbos de comunicación** o **de decir**, como *decir, comunicar, preguntar, pedir*...; **verbos de entendimiento**, como *saber, conocer, ignorar*...; **verbos de percepción**, como *ver, oír, sentir*...; **verbos de pensamiento**, como *pensar*, o **verbos de deseo** o **temor**, como *desear, querer, temer*...

Forman el grupo más numeroso e importante. Por ejemplo:

No ***sabe*** *quién lo hizo.*
María ***oyó*** *que alguien subía por la escalera.*
La directora ***pensó*** *que todo se resolvería satisfactoriamente.*
Desea *que seas muy feliz.*

- Las sustantivas de complemento directo **declarativas** van introducidas por la conjunción *que*, o bien se construyen con un verbo en infinitivo sin nexo alguno. Por ejemplo:

  Dice que se sabe la lección.
  Piensa venir a la fiesta.

- Las sustantivas de complemento directo **interrogativas indirectas** pueden, a su vez, ser totales o parciales.

- Las interrogativas indirectas **totales** van introducidas por la conjunción *si*, que puede ir precedida de la conjunción *que*. Por ejemplo:

Me preguntó si tenía hora.
Me ha preguntado ***(que)*** *si podía ayudarle.*

- Las interrogativas indirectas **parciales** van introducidas por un **interrogativo**, que también puede ir precedido de la conjunción *que*. Los interrogativos pueden ser **pronombres** (*qué, cuál, quién, cuánto*, con sus variantes de género y número); **determinantes** (*qué, cuál, cuánto*, con sus variantes de género y número), o **adverbios** (*dónde, cómo, cuándo, cuánto*). Por ejemplo:

Dile ***qué*** *ha comido hoy.*
Pron (CD)

No sé ***qué*** *bicho le ha picado.*
Det de *bicho*

No sabe ***cuántas*** *horas tardará.*
Det de *horas*

Pregúntale ***cuándo*** *estarán acabados los pisos.*
Adv (CCT)

Pregúntale ***(que) cuándo*** *estarán acabados los pisos.*
Conj + Adv (CCT)

Con los verbos *temer, rogar, proponer* y *agradecer*, se puede omitir la conjunción subordinante. Esta omisión de la conjunción es más habitual en el lenguaje epistolar y en el jurídico y administrativo.

Temo ***(que)*** *llegue tarde a la reunión.*
Rogamos ***(que)*** *se abrochen los cinturones de seguridad.*
Agradeceríamos ***(que)*** *nos lo notificaran con la mayor brevedad.*

En todos estos casos, aunque no se censura la supresión de la conjunción, se considera preferible mantenerla.

Actividades de comprobación

2. Anota la subordinada sustantiva e indica la función que desempeña.
   - La investigadora explica que la primera prueba la hicieron con una doctora.
   - No sé si me interesa este deporte.
   - No le gusta que termine esta excelente serie de televisión.
   - Es conveniente que sepa la verdad.
   - Ha calculado que en dos años podrá terminar los estudios.
   - Algunos observaron cómo sucedió el incidente.
   - Voy a ver si no se apaga la lumbre.
   - No le importa que le gasten alguna broma.
   - Me pregunto qué podría valer aquel collar de piedras preciosas.
   - Se dice que nuestro equipo ganará la regata.
   - Es extraño que nuestro perro lo haya mordido.

3. Indica si las oraciones anteriores son subordinadas sustantivas declarativas o interrogativas indirectas y, en este último caso, si son totales o parciales.

Subordinadas sustantivas de complemento indirecto

Se ha discutido si las subordinadas sustantivas pueden desempeñar la función de complemento indirecto. Parece que pueden realizar esta función en un número limitado de construcciones.

Las subordinadas sustantivas de complemento indirecto son pocas, ya que se dan solamente en construcciones como *dar importancia a que…*, *dar tiempo a que…*, *dar crédito a que…*, *atribuir el problema a que…* Suelen admitir la sustitución por el pronombre átono *le* o por el pronombre demostrativo neutro *eso*.

Por ejemplo:

Atribuyó el problema <u>a que había dedicado poco tiempo al asunto</u>.
O sub. sust. de CI

*Le atribuyó el problema **a eso**.*

Subordinadas sustantivas de complemento de régimen

Son subordinadas sustantivas que complementan a los verbos que exigen la presencia de una preposición.

Van introducidas por la conjunción *que*, precedida de preposición.

Por ejemplo:

Se queja <u>de que no le hacen caso</u>.
O sub. sust. de CRég

La subordinada sustantiva de complemento de régimen puede ser una interrogativa indirecta total introducida por la conjunción *si* precedida de preposición (*Infórmate **de si hay clase mañana***) o una interrogativa indirecta parcial encabezada por un **interrogativo** precedido de preposición (*Entérate **de cuándo llega el avión de Londres***).

Subordinadas sustantivas de complemento circunstancial

Como veremos en la unidad 8, la mayoría de las oraciones que funcionan como complementos circunstanciales son adverbiales porque se pueden sustituir por adverbios o expresiones equivalentes. No obstante, hay algunas que también se pueden considerar subordinadas sustantivas, ya que pueden sustituirse por sustantivos, grupos nominales o pronombres neutros.

Las subordinadas sustantivas que funcionan como complementos circunstanciales van introducidas por la conjunción subordinante *que* precedida de preposición. Por ejemplo:

El parlamento aprobó los presupuestos sin que nadie se opusiera.
O sub. sust. de CC

El parlamento aprobó los presupuestos sin ninguna oposición.

Lleva a sus hijos a la playa para que puedan bañarse.
O sub. sust. de CC

Lleva a sus hijos a la playa para eso.

Subordinadas sustantivas de complemento del nombre

Son subordinadas sustantivas que complementan a un sustantivo.

Van introducidas por la conjunción *que* precedida de preposición. Por ejemplo:

Alberto tiene la esperanza de que le toque la lotería.
O sub. sust. de CN

Las subordinadas sustantivas de complemento del nombre también pueden estar encabezadas por la conjunción *si* o por un **interrogativo**, ambos precedidos de preposición.

El tribunal tenía dudas sobre si era culpable o no.
El ladrón no contestó a la pregunta de dónde había escondido el dinero.

Subordinadas sustantivas de complemento del adjetivo

Son subordinadas sustantivas que complementan a un adjetivo.

Van introducidas por las conjunciones *que* o *si* precedidas de preposición. Por ejemplo:

Alicia está segura de que la seleccionarán como protagonista de una serie televisiva.
O sub. sust. de CAdj

Mis padres están pendientes de si me dan el trabajo o no.
O sub. sust. de CAdj

Subordinadas sustantivas de complemento del adverbio

Son subordinadas sustantivas que complementan a un adverbio.

Van introducidas por la conjunción *que* precedida de preposición. Por ejemplo:

Partiremos antes de que salga el sol.
O sub. sust. de CAdv

Subordinadas sustantivas en aposición

Son subordinadas sustantivas que complementan a un pronombre o grupos nominales en aposición.

Van introducidas por la conjunción subordinante *que*. Por ejemplo:

Lo de que celebraríamos tu aniversario queda pendiente.
O sub. sust. en aposición

Me interesa este anuncio: que todo va a bajar de precio.
O sub. sust. en aposición

Actividad de comprobación

4. Analiza la función de las subordinadas sustantivas que son término de una preposición, es decir, que equivalen a un grupo preposicional.

- Atribuyó el problema a que no tuvo suficiente ayuda financiera.
- Me preocupa esta situación: que los jóvenes no encuentren trabajo.
- El editor publicó el libro sin que nadie le hubiera asegurado el éxito.
- No cabe ninguna duda de que este equipo ganará la liga.
- Está contenta de que la hayan ascendido en el trabajo.
- El delantero no respondió a la pregunta de si había marcado el gol con la mano.
- En esta ocasión se trata de que participes en un acto benéfico.
- Ha llegado a la conclusión de que el estilo de esta escritora es enérgico.
- Soy consciente de que he actuado precipitadamente.
- El secreto de su popularidad reside en que es una persona amable y cordial.
- El niño se acordó de que la maestra le había dado una carta para sus padres.

Estilo directo y estilo indirecto

En el **estilo directo** o cita textual se reproduce literalmente lo dicho o lo pensado por otra persona (o por uno mismo). El estilo directo es la **yuxtaposición** de dos elementos: el **marco** de la cita y la **cita** misma. Por ejemplo:

Un turista me preguntó: *«¿Dónde está la estación de metro más próxima?»*.
marco — cita

–*No quiero saber nada de este asunto* –*me contestó ella*.
cita — marco

Como se habrá podido observar en los ejemplos anteriores, el **marco** suele estar constituido por un **verbo de comunicación**, al que siguen dos puntos y comillas, o bien que sigue a un guion o se intercala entre dos guiones. A veces, puede faltar el marco de la cita. Por ejemplo:

Entonces subió al coche.
«¿Nos abandonas?».
«Sí. Ya es muy tarde.»

En la lengua oral, la **cita** se distingue del marco por la entonación o las pausas, y en la escritura, por el empleo de las comillas o los guiones.

En el **estilo indirecto**, lo dicho o lo pensado por otra persona o por uno mismo sufre algunos cambios, de manera que la cita aparece integrada en el marco y funciona habitualmente como una **subordinada sustantiva de complemento directo**. Por ejemplo:

Me contestó *que no quería saber nada de aquel asunto*.
marco — cita

Actividad de comprobación

5. Indica el estilo, el marco y la cita de los siguientes enunciados.

- Las lesiones musculares son muy engañosas –comentó.
- Él dijo que la situación de la empresa no era muy buena.
- Un turista me preguntó dónde estaba la estación más próxima.
- «La situación de la empresa –dijo él– no es muy buena».
- Me dijo: «Acompáñame en este viaje».

6

ACTIVIDADES DE CONSOLIDACIÓN

1. Analiza la función de los grupos nominales y preposicionales de estas oraciones. A continuación, sustitúyelos por una subordinada sustantiva.

- Le prometieron un aumento de sueldo.
- Confía en su buena voluntad.
- Estaba convencido de ello.
- Ordenó su detención.
- Nos interesa la compra de este cuadro.
- Tenía dudas de ello.
- No dio importancia a aquellas palabras.

2. En las siguientes oraciones, indica la subordinada sustantiva, sustitúyela por un grupo nominal (sustantivo, pronombre neutro o infinitivo) y di la función sintáctica de la subordinada y del grupo nominal por el que la has sustituido:

- Comprobaron que decía la verdad.
- Es curioso que tengamos que hacer las mismas cosas varias veces al día.
- No sabía si se llamaba María o Mercedes.
- Cuéntame por dónde viajarás este año.
- Insistió en que aquellos objetivos debían cumplirse.
- Saldremos después de la cena.

3. Indica las oraciones subordinadas sustantivas del texto y analiza la función que realizan.

A medida que andábamos, se iba haciendo más evidente que caminar despejaba el pensamiento, o lo mandaba a pasear más suelto, y ayudaba a decir frases más auténticas, tal vez por estar estas menos elaboradas. Pero, de vez en cuando, se colaba alguna que era espontánea y, sin embargo, sonaba complicada, tanto que hasta parecía elaborada y caía como cae el plomo en una laguna de uranio. Me acuerdo de la que se me escapó cuando estábamos a doscientos metros aún del bello y afrancesado palacio de la Orangerie. Me pregunto, dije, si un estercolero puede ser una obra de arte, y no digo que no pueda serlo, incluso tal vez esté tan lejos de poder serlo que precisamente por ese motivo lo sea. Pim no contestó. Su silencio lo interrumpió una llamada a su móvil de Chus Martínez desde Berlín. Enseguida me di cuenta de que era la primera vez que de verdad estaba cerca de la gran responsable de mi invitación, salvo que Boston de nuevo jugara conmigo y, al llamar a Pim, estuviera haciéndose pasar por Chus. Pero pronto vi que no, que al otro lado del móvil estaba en verdad Chus. Pim me la pasó y, por suerte, no me decidí a preguntarle qué se esperaba que hiciera yo en una rancia mesa de Dschingis Khan. Habría sido un error, pero por fortuna no lo cometí. Me ahorré así que quizás ella me riñera y me preguntara, por ejemplo, cómo era posible que no tuviera ideas cuando me había encargado el número chino para que supiera sacarle partido creativo al absurdo del encargo.

Cuando pienso en aquella llamada de móvil, me doy cuenta de que en el fondo tenía miedo de que Chus me dijera que pretendía que la habían engañado al decirle que yo era uno de los pocos vanguardistas que había en la amuermada España. Y me siento contento de no haber perdido de vista en ningún momento la posibilidad nada desdeñable de que Chus, que tenía fama de ser muy lista, me hubiera invitado a la Documenta para ponerme a prueba.

Enrique VILA-MATAS, *Kassel no invita a la lógica*

4. Transforma a estilo indirecto los siguientes enunciados:

- El profesor les dijo: «En un futuro próximo, la mayor parte de la población vivirá en áreas urbanas».
- Para una persona como yo –añadió– todo esto resulta muy extraño.
- Y pasado un instante, añadió:

  –No se preocupe por ello.
- A tu madre no la conozco –dijo la señora.

5. Traslada los siguientes enunciados a estilo directo:

- Nos propuso que fuéramos a tomar café a otra parte.
- Le preguntó si creía aquella versión de los hechos.
- Me reprochó que nunca la llevara al teatro.
- Nos preguntó que cuándo saldríamos por fin a bailar.

6. Indica la función de la subordinada y del interrogativo.

- Vio cómo daban el trofeo al ciclista.
- No sé quién le dirá la verdad.
- Entérate de cuántos días faltan para el viaje.
- La mujer le preguntó por qué lo había hecho.

La norma lingüística

1. Sustituye los espacios en blanco por *b* o *v*.

- La a◆eja ◆i◆e en colonias.
- Ál◆aro compro◆ó el estado de los frenos de su automó◆il.
- Se◆astián pescó un roda◆allo.
- Te ◆ol◆eré a gra◆ar la canción si no se oye ◆ien.
- Los ◆oraces depredadores ataca◆an a una manada de cier◆os.
- Es un indi◆iduo ◆astante a◆sor◆ente.
- Los cuer◆os re◆olotea◆an por encima de los sem◆rados.
- El ◆olcán ha entrado en erupción ◆arias ◆eces a lo largo de este in◆ierno.
- El go◆ierno ha iniciado las con◆ersaciones sobre el desarme de las tropas re◆eldes.
- Las ◆acas y las o◆ejas son animales her◆í◆oros.

2. Coloca punto y seguido (7) y coma (11) donde convenga. Recuerda que, después de punto, debes escribir mayúscula.

> Clara clarividente conocía el significado de los sueños ■ esta habilidad era natural en ella y no requería los engorrosos estudios cabalísticos que usaba el tío Marcos con más esfuerzo y menos acierto ■ el primero en darse cuenta de eso fue Honorio ■ el jardinero de la casa ■ que soñó un día con culebras que andaban entre sus pies y que ■ para quitárselas de encima ■ les daba de patadas hasta que conseguía aplastar a diecinueve ■ se lo contó a la niña mientras podaba las rosas ■ solo para entretenerla ■ porque la quería mucho y le daba lástima que fuera muda ■ Clara sacó la pizarrita del bolsillo de su delantal y escribió la interpretación del sueño de Honorio: tendrás mucho dinero ■ te durará poco ■ lo ganarás sin esfuerzo ■ juega al diecinueve ■ Honorio no sabía leer ■ pero Nívea le leyó el mensaje entre burlas y risas ■ el jardinero hizo lo que le decían y se ganó ochenta pesos en una timba clandestina que había detrás de una bodega de carbón ■ se lo gastó en un traje nuevo ■ una borrachera memorable con todos sus amigos y una muñeca de loza para Clara.
>
> Isabel Allende, *La casa de los espíritus*

3. Los números cardinales hasta el número treinta se escriben en una sola palabra, así como las decenas y las centenas; los demás cardinales se escriben en más de una palabra. Por ejemplo: *veintitrés*, *cuarenta y cuatro*, *doscientos*, *dos mil*.

▶ Escribe con letras los siguientes números cardinales: 19, 21, 24, 28, 36, 97, 116, 127, 322, 1 929, 10 255, 22 893, 148 917.

4. Los números ordinales expresan el orden en que se hallan situados los seres y los objetos. Por ejemplo: *Está sentado en la* ***undécima/decimoprimera*** *butaca. Lee el capítulo* ***duodécimo/decimosegundo***. Recuerda que es incorrecto usar los números fraccionarios en vez de los ordinales. Así, no se debe decir: **El atleta entró en el* ***quinceavo*** *lugar,* sino: *El atleta entró en el* ***decimoquinto*** *lugar.*

Escribe con letras los números ordinales que aparecen en las siguientes expresiones:

- Este libro va por la 13 edición.
- Vamos a leer el capítulo 9.
- Celebraron su 50 aniversario por todo lo alto.
- Resume el apartado 18.
- Pertenece a la 30 promoción.
- El ciclista ocupa el 11 lugar de la clasificación general.

5. Sustituye las formas del verbo *hacer* de las siguientes oraciones por otras formas de manera que no se repita ninguna:

- Los platos que hace son exquisitos.
- Este gimnasta hizo una gran exhibición.
- Esta comedia la harán cinco actores y dos actrices.
- Beethoven hizo *El himno a la alegría*.
- Esta casa la hicieron en el siglo pasado.
- Una comisión de diputados hace un nuevo código penal.
- Goya hizo cuadros magistrales.
- Las fiestas se hicieron con gran brillantez.
- Después de tantos días de lluvia, por fin hace sol.

6. Escoge la palabra más adecuada para cada oración.

- El gato ▬▬ (*falleció/murió*) envenenado.
- Le dieron la terrible noticia con mucho ▬▬ (*tacto/afecto*).
- El estafador ▬▬ (*ocultaba/escamoteaba*) sus verdaderas intenciones a su incauta víctima.
- El público aplaudió con ▬▬ (*admiración/entusiasmo*) la representación teatral.
- Siempre está ▬▬ (*adulando/halagando*) a su jefe para que lo ascienda de categoría.
- Tiene que guardar ▬▬ (*reposo/descanso*) absoluto durante un mes.
- La policía se ▬▬ (*incautó/apropió*) de un importante alijo de droga.

UNIDAD 7

Marca personal. La nueva huella digital

«El currículum es hoy algo obsoleto», dice el autor del artículo que vais a leer. Con Internet y dispositivos como las tabletas o los teléfonos inteligentes, cualquier persona puede mostrarse al mundo de la manera que considere oportuna: Facebook, Twitter, Instagram o los blogs son, entre otras, herramientas que nos lo permiten y, además, gratuitamente.

Pero convertirnos en una «marca» nos obliga a reflexionar sobre lo que ello conlleva, y a aprender a gestionar tanto los aspectos positivos –poder controlar, por ejemplo, la propia identidad o no depender del azar o de lo que otros opinen– como los negativos –engañar o pretender gustar a todo el mundo.

Hoy en día se habla mucho de la marca personal, de la huella que los ciudadanos dejan en los canales de mensajería instantánea, redes sociales y plataformas de Internet. Pero la marca personal ha existido siempre, mucho antes de la irrupción de la era digital. «Una marca personal es el impacto que una persona deja en su entorno. Así que cualquier amigo, abuela, maestro o ídolo que nos haya dejado una huella, nos ha dejado su marca personal del mismo modo que nosotros la dejamos en todos aquellos con los que nos relacionamos», afirma Andrés Pérez Ortega, experto en estrategia de marca personal, autor de varios libros de referencia sobre esta materia y profesor en varias escuelas de negocios. Lo que ha cambiado ahora, con estas nuevas tecnologías que permiten comunicarse al instante, es la gestión de esa huella personal. Y aquí es donde cobra importancia lo que los expertos en la materia denominan «*branding* personal», la herramienta imprescindible para gestionar adecuadamente lo que transmitimos.

Queda claro que el propósito de una marca, tanto si es personal como si es profesional, es aumentar el valor y el propósito de ser elegido. Las redes sociales y los canales de Internet son un altavoz perfecto, pero nunca hay que olvidar que esas plataformas digitales solo son útiles para que el mensaje llegue a más gente. Y ahí está, contradictoriamente, uno de los peligros para aquellos que intentan construir una marca personal sin ningún asesoramiento. Pérez Ortega alerta de que ocurre como en las películas, pues todo lo que tú escribas y cuelgues en esas redes podrá ser utilizado un día en tu contra, incluso el comentario más inocente. Cuando eso ocurre –muchos se han arrepentido de colgar aquella foto de borrachera en la boda de un amigo– todo lo positivo exhibido en esas redes para ganarse el respeto del resto de los usuarios o entrar en la lista de candidatos para un trabajo, puede quedar relegado a un segundo plano.

En el mundo laboral, lo que se escribe y exhibe en Internet (la huella digital particular de cada usuario) cada vez tiene más importancia, y especialmente cuando se busca un empleo. De hecho, algunos estudiosos de la materia afirman que el tradicional currículum en papel forma ya parte de la historia, que es un producto obsoleto, sustituido por portales como LinkedIn. Porque el currículum puede ser una herramienta perfecta para los dinosaurios corporativos, ya que les permite juzgar la trayectoria de una persona con solo un vistazo a dos páginas impresas, pero la mejor forma de comunicar nuestras cualidades profesionales es creando una plataforma propia en la red. Lo mejor, si el objetivo es encontrar un empleo, es un blog o un sitio en Internet gestionado por nosotros, y no una red social que puedan controlar otros. Pérez Ortega considera que el currículum no tiene que tener ni dos páginas ni una, sino que debería tener una única línea, la de nuestro sitio en Internet.

Nunca hay que olvidar, sin embargo, que en paralelo a portales como LinkedIn, que cada día gana más notoriedad en la búsqueda de talentos para trabajos concretos, circula toda la información añadida a la redes sociales más convencionales y conocidas.

¿Pero cómo se inicia todo el proceso? Lo mejor es empezar con un autoanálisis para descubrir qué quieres, quién eres y qué puedes aportar; a partir de ahí, se diseña un plan para mejorar lo que nos hace útiles, diferentes y fiables.

Y por último, se comunica mediante canales *offline* (como el *networking* o hablar en público) y *online* (blog, Twitter, redes sociales, seminarios en línea...). Y otro consejo clave es que lo importante es tener algo valioso que aportar y comunicar de forma constante, consistente y coherente. La disciplina y la rutina durante meses o años es la clave del éxito. Pero ese compromiso a una dedicación sin fecha de caducidad es lo que desanimaría a muchas personas a comprometerse con el desarrollo de su propia marca personal. Diseñar una buena estrategia es ya un punto para optar al éxito, pero la euforia al comprobar que uno empieza a ser visto y leído no debe deslumbrarnos. La mentira se paga muy cara.

Javier Ricou, «Cómo se gestiona la marca personal en Internet»
La Vanguardia (adaptación)

LECTURA Y COMENTARIO

Aspectos comunicativos o pragmáticos

1. El artículo que acabas de leer se publicó en un periódico de información general. ¿Qué elementos del contenido y de la forma lo hacen apropiado para un lector de la prensa diaria?

2. ¿Cuál es su objetivo comunicativo? ¿Qué función lingüística predomina? ¿Y cuál es el tipo de texto dominante?

Contenido

3 Identifica las dos palabras clave alrededor de las que se desarrolla el texto.

4 Elabora un resumen de «Cómo se gestiona la marca personal en Internet».

5 Subraya las referencias que funcionan como argumentos de autoridad a lo largo del artículo.

Estructura

6 Analiza la estructura del texto.

7 Localiza el conector o marcador textual del último párrafo y comenta su valor semántico.

Aspectos lingüísticos

8 ¿Predomina en el artículo el lenguaje connotativo o el denotativo? Razona la respuesta.

9 ¿Aparecen muchos recursos retóricos? Si es así, subraya alguno. Comenta el motivo de su ausencia o abundancia.

10 Busca en el diccionario de la RAE o en el portal de *Fundéu* cómo se escriben en español los términos *offline*, *branding*, *online* e *Internet*. ¿Qué tipo de anglicismos son? Puedes consultar los contenidos estudiados en la unidad 3.

11 Entre las formas verbales y los pronombres, encontramos formas de tercera persona y formas no personales, pero también formas que favorecen la implicación del lector (primera persona del plural y segunda persona del singular). Localiza ejemplos de ambos tipos y comenta esta variedad.

12 Analiza el valor expresivo del breve enunciado que cierra el artículo.

Creación

13 Reunid información sobre vuestro perfil personal (estudios, aficiones, imágenes, vivencias, etc.) e investigad qué entornos resultarían más adecuados para su publicación en Internet: un blog, LinkedIn –en el artículo se recomienda la utilidad de este gran portal global–, etc.

ESCUCHAR, HABLAR, LEER Y ESCRIBIR

Los textos de la vida laboral y social

En la vida social, las personas formamos parte de distintos tipos de organizaciones en cuyo seno interactuamos con los demás, como empresas, clubs deportivos, universidades, etc. Las relaciones que establecemos se manifiestan en **comunicaciones orales y escritas** que se dan en el marco de estas instituciones o bien con la Administración (de estas últimas vimos alguna en la unidad anterior), e incluso cabe la posibilidad de que se den en un ámbito global, como sucede en las relaciones laborales o sociales que se establecen en Internet (blogs, redes sociales como LinkedIn...). Estas comunicaciones se concretan en textos específicos muy variados, en los que un emisor se dirige a uno o varios receptores para conseguir un objetivo concreto, como, por ejemplo, solicitar un empleo, formalizar un contrato o presentar su currículum.

El resultado de esta interacción son textos muy variados: unos son analógicos o impresos, otros son electrónicos; algunos son discontinuos (es decir, están organizados de una manera distinta a los continuos, que son los habituales) y exigen una lectura no lineal, como cuadros, gráficos, etc.; otros, por el uso, se convierten en formularios que solo hay que rellenar con los propios datos, o bien siguen unas pautas de redacción rígidas. En cualquier caso, todos ellos tienen una **finalidad práctica** y exigen cuidado en la **adecuación** a la situación comunicativa, que en este caso supone un nivel de formalidad determinado. Este nivel de formalidad, como veremos, se manifiesta en la **estructura** de los textos, en el **registro formal** y en el empleo de un **lenguaje específico** en algunos casos.

Tipos de texto y estructura

El **tipo de texto** dominante en los documentos impresos o analógicos es el expositivo o explicativo, junto con el argumentativo, si es necesario justificar un contenido. Así sucede, por ejemplo, en las cartas, los contratos, los informes, los avisos, etc. En los textos electrónicos o digitales, como los blogs, los correos electrónicos, las *wikis* o la información compartida en las redes sociales, se pueden encontrar todos los tipos de texto: los hay narrativos (relación de sucesos), argumentativos (opinión), expositivos (divulgación), instructivos (pautas para cualquier proceso), etc. Las **funciones** que predominan en estos textos son la **referencial** y la **conativa**.

En cuanto a la **estructura**, aunque muchos de estos textos presentan una organización esquemática, es habitual la clásica estructura tripartita, que consta de presentación o introducción, cuerpo del texto, y cierre o conclusión. Si en el cuerpo o desarrollo hay diferentes apartados, estos pueden presentarse en forma de lista, numerados o con viñetas. No obstante, la diversidad de textos y formatos abre otras posibilidades.

Las **cartas y documentos similares** tienen una estructura propia, con los siguientes apartados: lugar y fecha, asunto, nombre del destinatario con su tratamiento, saludo, cuerpo de la carta, despedida y firma.

Formas lingüísticas de los textos laborales y sociales

Los textos laborales y sociales se caracterizan por un registro formal, un tono entre neutro y cordial, corrección gramatical y social, y una presentación adecuada. Sus rasgos lingüísticos más destacados son los siguientes:

- En cuanto al nivel **léxico**, el objetivo es la claridad y la precisión. Se pretende obtener un texto conciso, pero sin lagunas, para lo cual se recurre a la redundancia o los ejemplos, si son necesarios. El léxico es denotativo y preciso (no deberían caber términos como *tema*, *cosa*, *hecho*, *problema*...). Se evitan coloquialismos, generalizaciones o ambigüedades, y se emplea vocabulario especializado y fórmulas propias del lenguaje específico del área en que se genera el texto (*complementos salariales*, *trabajo en prácticas*, *convalidación*, *razón social*, *certificación acreditativa*, *acta*, *cláusula*, *compulsado*, *agradecemos de antemano*...).

- Respecto al nivel **morfológico** y **sintáctico**, dominan la modalidad enunciativa, los enunciados breves y el orden lógico de las frases (sujeto-verbo-predicado-complementos). Se usa el tratamiento de cortesía (*usted*) y la primera persona del singular, o también del plural, si se habla desde una institución. Si es posible, se evitan las palabras con marca de género y se sustituyen por otras no marcadas. Por ejemplo, se prefiere *la persona interesada* a *el/la interesado/a*.

Mención aparte merecen los blogs, género que trataremos más adelante. En los últimos años, se ha dado una tendencia a la especialización de los blogs, que se han ido convirtiendo en textos más profesionales. Hoy en día podemos encontrar blogs con los objetivos más diversos: desde relatar vivencias personales hasta dar a conocer las novedades de una empresa a sus clientes o las creaciones de un artista al público general, pero entre sus usos más destacados está el periodístico y el ensayístico o literario. En estos casos, el estilo adquiere más importancia y la lengua presenta los rasgos propios del periodismo y del ensayo.

Actividad de comprobación

1. Lee el documento y contesta las siguientes cuestiones:
   a) ¿Cuál es el tipo de texto empleado?
   b) ¿Qué estructura presenta?
   c) ¿Qué rasgos lingüísticos propios de los textos laborales o sociales encuentras?

IKX
Seguros

Certificado

Número de póliza: 6.0.1.21984

Con este documento **CERTIFICAMOS** que **Dña. Teresa García López** dispone de una PÓLIZA INTEGRAL ÉLITE, la cual incluye la cobertura de asistencia sanitaria de urgencia en viaje que garantiza la asistencia médica fuera de España (incluida Cuba), tal y como aparece detallado en las condiciones generales que se anexan.

Este certificado se extiende en León, a 21 de octubre de 2015.

Javier García
Atención al cliente
Sucursal de León

Clases de textos laborales y sociales

Dejando al margen el currículum y los géneros electrónicos, que veremos a continuación, en el cuadro que sigue se clasifican y definen algunos de los textos laborales y sociales más comunes:

Clase	Características
carta	Escrito sobre temas diversos y con objetivos variados que una persona envía a otra para comunicarse con ella. Puede ser comercial, informativa, de reclamación, de solicitud o petición (para solicitar una copia de un documento oficial, una entrevista de trabajo, información sobre un producto, etc.).
oficio	Escrito referente a los asuntos de las administraciones públicas, como consultas, órdenes, acuerdos, etc.
certificado	Escrito en el que se asegura la verdad de un hecho.
contrato de trabajo	Escrito que recoge un acuerdo entre un empresario y un trabajador en el que este se obliga a prestar un servicio a cambio de una retribución.
memorando	Documento breve y preciso de carácter interno que se da en el ámbito de una institución. En él se informa de algo que debe tenerse en cuenta para una acción o en un determinado asunto.
informe	Documento que describe las características de un proyecto, un estudio, etc., así como el estado en que se encuentra.
circular	Carta o aviso que se dirige individualmente a cada uno de los miembros de un grupo de personas relacionadas (una comunidad escolar, una población...) para informarlas de algo.

La importancia de las comunicaciones en las instituciones públicas y privadas (medios de comunicación, ayuntamientos, bancos, editoriales...) hace que muchas de ellas tengan modelos de formularios y manuales de estilo corporativo. Unos y otros facilitan la comunicación y guían la redacción de textos en todos sus aspectos (contenido, formato y corrección ortográfica y gramatical).

También en los propios procesadores de textos y en Internet, en general, se facilitan plantillas ya diseñadas para muchos de estos textos (currículum, carta de presentación, etc.). Si los hemos de elaborar nosotros mismos, es preferible seguir las mismas pautas de presentación: en ordenador y con el formato habitual (letra Times New Roman 12 o Arial 11; evitar negritas, subrayados y cursivas, si no son necesarios; interlineado sencillo; párrafos sin sangrar y línea blanca de separación entre ellos, etc.).

El currículum debe incluir:

- datos personales
- formación académica
- experiencia laboral
- idiomas
- informática
- otros datos de interés (habilidades, aficiones...)

El currículum

El currículum o *curriculum vitae* resume los datos biográficos de una persona, sus estudios, los trabajos que ha realizado y otras informaciones de interés para su candidatura a cubrir un puesto de trabajo. Puede organizarse cronológicamente (en orden natural o a la inversa, lo más actual en primer lugar) o temáticamente. En la actualidad se han incorporado el currículum web y el videocurrículum, que tienen una parte textual y otra que se manifiesta a través de imágenes, audio y vídeo, y se difunde en línea.

El currículum tiene que ser, ante todo, honesto, aunque no se resalten los defectos. Se redacta en un registro formal y de manera clara, concisa y correcta. Por ello, es importante revisar la ortografía y la lengua en general. La presentación es importante y ha de ceñirse a las pautas habituales (puedes consultar el cuadro que aparece al margen y los modelos propuestos en Internet). El currículum suele ocupar una o dos páginas y el nombre del autor o autora debe aparecer en el encabezamiento.

Una tendencia en alza hoy en día es el currículum digital, que se presenta en el marco de una comunidad social y profesional. Incluye el relato de la experiencia laboral y las competencias en primera persona; la voz de testimonios (clientes, amigos, jefes...) que validan esas competencias, que también pueden expresarse en primera persona, y finalmente, evidencias de las competencias indicadas en aficiones, voluntariado, cooperación, etc. La información se facilita a través de texto, audio, imagen o vídeo, de modo que el perfil no solo se relata, sino que se muestra a través de recursos audiovisuales.

Existen algunas redes sociales especializadas en el ámbito profesional en las que se puede incluir el currículum (como LinkedIn, donde podemos agregar nuestro currículum o diseñar nuestro perfil profesional para optar a distintos puestos de trabajo), pero también es importante la huella que dejamos en redes sociales como Google+, Facebook, YouTube, QQ, Instagram, etc., ya que puede difundirse a través de ellas y pasar a formar parte de nuestro perfil.

Actividades de comprobación

2. En grupo, aportad ejemplos de las clases de textos que se acaban de describir; subrayad los rasgos característicos y comentadlos.

3. En parejas, localizad un sitio web que tenga un generador de currículums y elaborad uno.

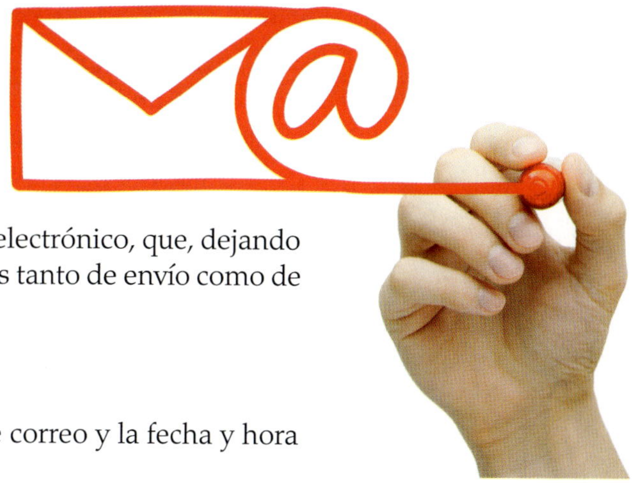

Géneros electrónicos o digitales: el correo electrónico, el blog y la presentación

El correo electrónico

Uno de los géneros más utilizados en la vida social actual es el correo electrónico, que, dejando al margen su uso estrictamente personal, debe adaptarse a unas normas tanto de envío como de redacción. En su estructura destacan dos apartados:

Encabezamiento

- Emisor. Por defecto, aparecen nuestro nombre, nuestra dirección de correo y la fecha y hora del envío.
- Destinatario (*Para*:). Si es un grupo, se recomienda poner solo una dirección y mandar el mensaje al resto con copia oculta (CCO) o simplemente con copia (CC), si no importa dar a conocer las direcciones.
- Asunto. Debe ser breve y significativo. Nunca debe dejarse en blanco. Cuando se reenvía el correo varias veces, hay que cambiarlo si cambia el tema. También hay que evitar reenviar el correo demasiadas veces.

Texto

- Saludo. Debe emplearse una forma neutra, como *Señor/a*, *Estimado/-a*, y evitar los saludos coloquiales como *hola* o *buenas tardes* (esta forma no tiene razón de ser porque es un género asincrónico).
- Cuerpo. Al ser un texto de tipo práctico, el redactado debe ser formal, breve, preciso y correcto. Es preferible tratar un solo tema (si hay varios, pueden dejarse para otros correos) y, si es muy extenso, es mejor enviar un fichero como documento adjunto. La letra no debe resaltar ni por el color, ni por el tamaño, ni por el uso exagerado de recursos tipográficos.
- Despedida. Pueden usarse fórmulas de cortesía como *un (cordial) saludo*. La firma con el nombre y apellido debe aparecer en línea aparte y pueden añadirse la dirección y el teléfono, si interesa.

En cuanto al envío, hay que fijarse en el peso de los archivos adjuntos. Si son varios, se pueden incluir en una carpeta y enviarlos comprimidos (y las imágenes, en resolución más baja). Es una buena medida, si es posible, incluir enlaces a ficheros en línea en lugar de enviarlos adjuntos.

Por último, siempre hay que revisar todos los apartados antes de enviar el correo electrónico. El plazo cortés de respuesta es de entre 24 y 48 horas.

Aunque el correo electrónico es un texto aparentemente sencillo del que tenemos mucha experiencia, cabe señalar la dificultad que entraña el hecho de que el intercambio comunicativo no se dé en presencia del emisor y el receptor, como en el discurso oral, y por tanto, que entre ellos exista la distancia propia del escrito. Al ser un texto escrito, lo que expresamos en un correo electrónico permanece, pero la inmediatez temporal (la interacción simultánea es posible) nos puede llevar a olvidarlo y a enviar el texto con información que no deberíamos compartir o con errores propios de la informalidad del oral. Por ello, conviene revisar tanto el contenido del correo como los destinatarios a quienes se envía.

Actividad de comprobación

4. Leed el siguiente correo electrónico y responded las preguntas que se formulan a continuación:

De: Mauro <mauri@domshop.com>
Fecha: 2 de octubre de 2015, 16:29
Para: jrv-2001@gmail.com
Asunto: SEGUNDO PAGO Y ENTREGA

¡Hola, María!
Por fin tenemos tu pedido listo para la entrega.
En cuanto me envíes por correo electrónico el recibo de la transferencia bancaria (217,50 €), te llamaremos para acordar la entrega.
Gracias.

Por favor, confirma la recepción de este mensaje y, si tienes alguna pregunta, no dudes en contactar conmigo.

Saludos,

Mauro
mauri@domshop.com
+34 600 222 031
C/ Balmes, 216, 08031 - Barcelona
Horario: de lunes a sábado, de 11 a 14 h y de 15 a 20 h

a) ¿Se ajusta a la estructura que se ha descrito?

b) ¿Cumple los requisitos de formalidad propios de un texto social en el ámbito de las relaciones comerciales? Razona la respuesta.

c) En caso de que no los cumpla totalmente, ¿lo consideras adecuado teniendo en cuenta la situación comunicativa?

El blog

El **blog** es un sitio web personal que se actualiza periódicamente en el que uno o varios autores escriben entradas (o *posts*) sobre temas de su interés, acerca de los cuales los lectores pueden escribir comentarios.

El blog es un género asincrónico, es decir, emisor y receptor actúan en tiempos distintos. Los artículos aparecen ordenados cronológicamente, de forma que el más reciente queda en primer lugar. Tienen aplicaciones y fines muy variados: hay blogs personales, periodísticos, empresariales, educativos, etc.; incluso, como acabamos de ver, pueden formar parte del currículum de una persona.

Al ser uno de los géneros más populares y polivalentes de Internet, en la red se encuentran muchos sitios que ayudan a elaborar blogs y dan consejos sobre cómo gestionarlos desde todos los puntos de vista: cuidar los títulos y subtítulos; incorporar elementos atractivos (imágenes, enlaces, listas...); utilizar determinados tipos de letra, etc. Desde otra perspectiva, también se recomienda respetar la ética de la comunicación respecto a los contenidos.

Desde el punto de vista textual, la lengua debe cumplir los requisitos que se han señalado más arriba, y aunque lo subjetivo y lo personal puedan tener un peso importante en un blog, hay que escribir bien, evitando incorrecciones, coloquialismos e imprecisiones.

Lo dicho sobre las normas en el correo electrónico y los blogs debe aplicarse a otros géneros digitales similares, como las ***wikis***, sitios web editados por varios usuarios que, de forma fácil y rápida, colaboran en un escrito común, o los **foros**, lugares de encuentro en la red en los que varias personas debaten ciertos asuntos en un ámbito digital. Ambos géneros aparecen como herramientas de comunicación en muchos sitios web.

La presentación

En el curso anterior se estudiaron las características generales de la exposición oral (estructura, formas lingüísticas y técnicas extralingüísticas). Añadimos aquí algunos rasgos de la exposición oral cuando se hace en forma de presentación. En la unidad que sigue se completará su estudio.

La **presentación** consiste en combinar el texto oral con una serie de diapositivas creadas con programas para elaborar presentaciones electrónicas (Power Point, Keynote, etc.), que incorporan texto escrito, imágenes, gráficos, tablas y recursos multimedia, como elementos de vídeo y audio, y animaciones.

Las presentaciones son muy utilizadas en ámbitos empresariales y académicos porque, además de atraer la atención, tienen la ventaja de facilitar la comprensión y la retención de lo que se ha expuesto.

Para lograr una presentación óptima, un buen consejo es respetar la regla «10-20-30» (de Guy Kawasaki), esto es: no más de 10 diapositivas en no más de 20 minutos de exposición, y no menos de 30 puntos en el tamaño de la letra. Otro consejo fundamental es que nunca hay que leer lo escrito en la diapositiva.

Como sucede con otros géneros electrónicos que hemos visto, en la red abundan programas y consejos útiles, ya sean en texto o en vídeo, para crear presentaciones. En ellos no solo se tiene en cuenta cómo elaborar presentaciones, sino que también se dedica especial atención a subrayar defectos habituales para evitarlos.

Actividad de comprobación

5. En parejas, visitad el sitio web de José Antonio Millán. Observad su contenido, tomad nota de lo que encontréis y después poned en común vuestros análisis y valoraciones. Podéis cuestionaros lo siguiente:

a) ¿Están activos todos los blogs y webs a los que se remite mediante enlaces? ¿Cuáles son los más activos? ¿Por qué?

b) Anotad el título y el contenido de los más activos y analizad su estructura.

c) Subrayad y comentad los aspectos formales: títulos; elementos atractivos (imágenes, enlaces...); tipografía; uso de la lengua; etc.

7

ACTIVIDADES DE CONSOLIDACIÓN

1. En grupo, entrad en el sitio web del Servicio Público de Empleo Estatal (*sepe.es*) y descargad las dos primeras páginas del modelo oficial del contrato de trabajo en prácticas. Se halla en la pestaña *Empresas*.

- Localizad en este documento los rasgos propios de los textos del ámbito laboral y comentadlos. Tened en cuenta los siguientes aspectos: la estructura de formulario; el número de notas al pie; la tipografía; el lenguaje específico (*bonificación*, *empleador*, *retribución*, *certificado*); el uso de mayúsculas...

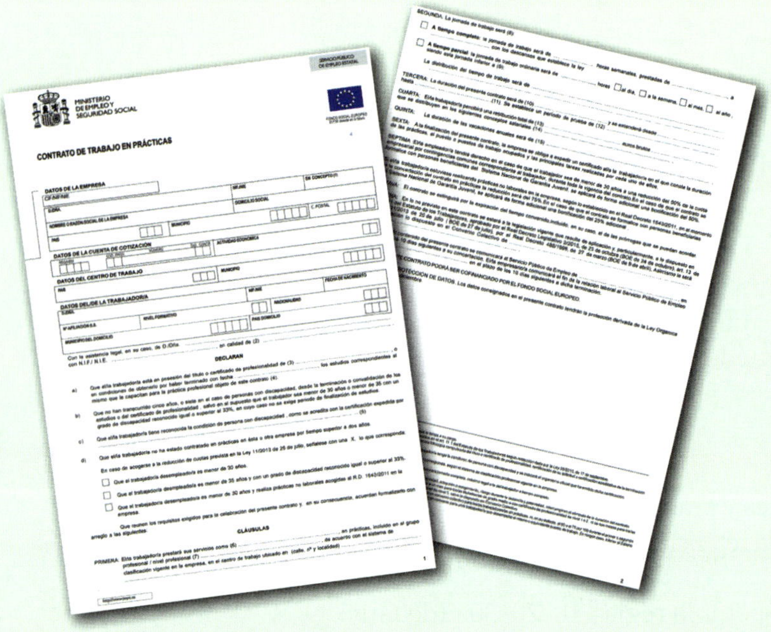
MINISTERIO DE EMPLEO Y SEGURIDAD SOCIAL

CONTRATO DE TRABAJO EN PRÁCTICAS

2. La lista que sigue se ha extraído de «Diez consejos para hacer un videocurrículum», artículo publicado en *La Vanguardia* por los expertos en videocurrículums Pablo Maldonado, responsable del portal *Videocurriculum Digital*, y Julieta Bolullo, periodista especializada en videocurrículums.

1. Reflexión antes de empezar.
2. No siempre es necesario.
3. El saludo inicial, primera parte.
4. La experiencia, segunda parte.
5. Resumen, tercera parte.
6. El lugar de grabación.
7. Repeticiones.
8. Edición cuidada.
9. «Mover» el videocurrículum.
10. Mantenerlo actualizado.

- Buscad el artículo completo en *lavanguardia.com* e incorporad la información que falta.
- En *elEconomista.es*, se plantea el mismo tema en el artículo «Diez consejos para hacer un videocurrículum». Consultadlo y añadid lo que consideréis de interés.

3. Visitad algunos sitios web dedicados a la elaboración del currículum (por ejemplo, *modelocurriculum.net*, *gipe.ua.es* o *primerempleo.com*) para completar la información que se ha dado en la unidad.

- Redactad vuestro currículum.
- Escribid un correo electrónico y adjuntad una carta de presentación para acompañar el envío del currículum.

4. En grupo, visitad varios blogs y tomad nota del diseño, las secciones, los contenidos, la forma en que aparece el autor, etc. Escoged como modelos blogs que ofrezcan garantías desde todos los puntos de vista, como *Sobrevueloscuervos* (Viggo Mortensen), *Elemental* (novela negra), *AlterConsumismo* (consumo justo y sostenible), etc.

- Una vez estudiados distintos modelos, cread un blog de grupo sobre un tema que os interese a todos y mantenedlo durante el resto del curso con un mínimo de cuatro entradas mensuales.

5. Entra en el sitio web de la Universidad de La Laguna (*ull.es*) y consulta la página «Cómo hacer una presentación», donde, de forma clara, sencilla y concisa, se dan las pautas generales para elaborar una presentación y se incluye un vídeo sobre los pasos que hay que seguir para crearlas con Power Point, así como una breve lista de factores que inciden en la calidad de la presentación.

- Elabora un resumen, esquema o mapa con la información de dicha página web.
- Guarda los apuntes para utilizarlos en las presentaciones que te pidan en otras asignaturas.

6. Entrad en *es.wikieducator.org/Tutorial/Que_es_un_wiki* y leed con atención la información básica y clara que ofrece sobre las *wikis* y cómo elaborarlas: qué son, ejemplos de sus diferentes usos, ventajas y desventajas de usarlas, etc.

- Comentad la información que encontréis y discutid las ventajas e inconvenientes de esta herramienta.

7. Algunos textos de la vida laboral y social presentan dificultades de comprensión debidas al propio contenido y a la necesidad de hacer explícitos todos los detalles. Localizad en YouTube la famosa escena de «La parte contratante de la primera parte...», de la película *Una noche en la ópera*, en la que los hermanos Marx parodian la redacción de los contratos.

CONOCIMIENTO DE LA LENGUA

Las oraciones subordinadas adjetivas o de relativo

Las subordinadas adjetivas o de relativo

Las oraciones subordinadas adjetivas desempeñan en la oración compuesta la **misma función que el adjetivo o el grupo adjetival**, es decir, sirven de **complemento de un nombre** que se halla en la oración principal y se denomina **antecedente**.

Por ejemplo: *Estos <u>jóvenes</u> que trabajaban en la construcción ahora están en paro.*
antecedente
O. sub. adj. (CN)
O. principal
O. compuesta

La oración subordinada adjetiva *que trabajaban en la construcción* funciona como CN de *jóvenes* (antecedente) y se puede sustituir por un grupo adjetival que desempeña la misma función.

Estos jóvenes <u>trabajadores</u> ahora están en paro.
GAdj (CN)

La oración subordinada adjetiva se denomina también **de relativo** porque va introducida por relativos (*que, cual, quien, cuyo, cuanto, donde, como, cuando*) que **insertan la oración adjetiva en la oración principal** ligándola al antecedente, por lo que los relativos son **nexos**.

Antonia perdió <u>el disco</u> <u>que</u> le regalaron.
antecedente ← rel./nexo
O. sub. adj.
O. principal
O. compuesta

Pero, además, los relativos tienen valor anafórico, es decir, se refieren al **antecedente**, al que **sustituyen** dentro de la oración adjetiva, y en ella desempeñan las **funciones propias del sustantivo, del adjetivo y del adverbio**.

- **Función sustantiva:** *Ha publicado un libro <u>que ha tenido mucho éxito</u>.*
  Suj
  O sub. adj.
- **Función adjetiva:** *La escritora, <u>cuya obra es muy peculiar</u>, pasa el verano aquí.*
  Det
  O sub. adj.

- **Función adverbial:** *El pueblo donde veranea es muy pintoresco.*

  CC lugar

  O sub. adj.

También pueden ser antecedentes; por ejemplo:

- **Un pronombre:** *Este que ves allí es mi hermano.*
- **Un adverbio:** *Lo vi allí donde me dijeron.*
- **Una oración:** *La llamó para felicitarla, lo cual la llenó de alegría.*

Las funciones que desempeñan los relativos pueden **coincidir o no** con las de sus antecedentes. Por ejemplo:

Luisa me ha dado la foto que nos hicimos en la cima de la montaña.
CD CD
O. sub. adj.
O. principal

No conozco al joven con quien hablabas.
CD CC compañía
O. sub. adj.
O. principal

Tiene un ordenador como el de Luis, el cual está fabricado en Alemania.
CD Suj
O. sub. adj.
O. principal

Mandé una solicitud a la empresa donde trabajas.
CC lugar CC lugar
O. sub. adj.
O. principal

A veces, las oraciones subordinadas adjetivas pueden presentarse sin relativos, con formas verbales no personales de participio y gerundio.

Ha pagado todos los refrescos consumidos por nosotros.
O. sub. adj.

Había muchos admiradores aguardando su llegada.
O. sub. adj.

Actividades de comprobación

1. Señala en las siguientes oraciones las subordinadas adjetivas y sustitúyelas por un adjetivo:

- En la casa había unos perros que ladraban sin cesar.
- Le ha regalado un collar que tiene el color de la plata.
- Los jóvenes que sepan hacer su oficio encontrarán trabajo.
- La muchacha a quien amaba lo rechazó.
- El río, que bajaba desbordado, arrastraba árboles y grandes piedras.
- Tu amiga tiene unas teorías sobre la amistad que son muy interesantes.

2. Indica en las siguientes oraciones compuestas la oración subordinada adjetiva, el relativo y su antecedente:

- Ha visitado a sus tíos, a quienes hacía tiempo que no veía.
- El lunes empieza a trabajar, lo cual le ilusiona mucho.
- Este que ves ahí es su novio.
- Olvida todo cuanto te dije.
- Hemos visto una película que nos ha gustado mucho.
- La esperaba en el sitio donde habían quedado.

Características de los relativos

Dentro de las oraciones adjetivas, los relativos pueden ser pronombres, determinantes o adverbios.

Los relativos *que*, *cual*, *quien*, *cuyo* y *cuanto*

- *Que* es el pronombre relativo más frecuente y es invariable. Se refiere a un antecedente con significado de **persona**, **animal** o **cosa**.

  Recibí la postal que me mandaste desde Finlandia.
  (postal: antecedente)

  Las funciones sintácticas que desempeña dentro de la oración adjetiva generalmente son las propias del **sustantivo**. Por ejemplo:

  Este vecino no conoce a los inquilinos que viven en el ático. (que: Suj)

  Se comió los pasteles que quiso. (que: CD)

  El libro a que te refieres está agotado. (a que: CRég)

  Con antecedente de significado **temporal**, *que* puede ir precedido de preposición.

  Mañana es el día en que Enrique llega de su viaje por América.

  También, a veces, cuando va precedido de una preposición, puede ir introducido por un **artículo que concuerda con el antecedente**.

  Tengo un mapa con el que podrás guiarte.

- **Cual** es el relativo que lleva siempre **artículo**, lo que le permite establecer concordancia en género y número

No deben confundirse las construcciones en las que el artículo solo determina al relativo con las construcciones sin antecedente expreso, que analizaremos más adelante, donde el artículo determina a toda la oración subordinada sustantivándola.

Los motivos ***por los que no ha venido*** *no los sé.*
(O sub. adj.)

El que quiera venir a la excursión *debe inscribirse pronto.*
(O sub. adj. sustantivada)

Tampoco el **pronombre relativo** *que* debe confundirse con la **conjunción** *que*. Esta última es solo un nexo de unión, ya que no tiene antecedente y no desempeña función sintáctica alguna dentro de la subordinada.

Javier dice ***que vendrá tarde a cenar.***
(que: nexo)

con el antecedente: *el cual, la cual, los cuales, las cuales*. El neutro *lo cual* se utiliza cuando el **antecedente es una oración**: *Le avisaron del fatal desenlace, lo cual la puso muy triste.* Cual suele emplearse cuando el uso de otros relativos puede llevar a **confusión** a la hora de determinar qué elemento es el antecedente.

Esta es la hija del bedel, la cual te llamó por teléfono el otro día.

También puede utilizarse cuando los relativos van **precedidos de preposición**.

*Compraron un piso en las afueras de la ciudad **en el cual** **no había calefacción**.*

Este relativo, generalmente, desempeña funciones sintácticas propias del **nombre**.

*Ese guardia de tráfico, **el cual** **es paisano nuestro**, les puso una multa.*
Suj

*Tiene información **a la cual** **casi nadie puede acceder**.*
CRég

- **Quien** es un pronombre relativo que concuerda solo en número (*quienes*) con su antecedente, que tiene significado de **persona**. Este relativo desempeña funciones propias del **nombre** dentro de las subordinadas adjetivas y puede ir precedido de preposición.

*Aquella es la persona **a quien** **le ha tocado el premio**.*
antecedente ← CI

Cuando el relativo **quien no lleva antecedente expreso**, la oración subordinada se sustantiva, como veremos más adelante.

***Quien afirme lo contrario** miente.*
O sub. adj. sustantivada

- **Cuyo** (*cuya, cuyos, cuyas*) es un **relativo posesivo** que en las subordinadas adjetivas funciona como **determinante posesivo** de un nombre, con el que concuerda en género y número, y añade sentido de **posesión** al significado del antecedente.

La muchacha, cuyos padres son vecinos nuestros, vendrá a bailar con nosotros.
antecedente — pronombre
- Concuerda en género y número con el nombre *padres* (determinante).
- Dice que son los padres del antecedente (posesivo).

- **Cuanto** y sus variantes de género y número *cuanta, cuantos, cuantas* y el neutro *cuanto* son relativos que pueden introducir oraciones subordinadas **sin antecedente expreso** y equivalen a *todo lo que, todos los que*, etc. La oración subordinada que introducen es, pues, **adjetiva sustantivada** y desempeña las funciones propias del sustantivo. Así, en *Cuanto te dijo es verdad*, la subordinada *cuanto te dijo* funciona como sujeto de *es verdad*. Dentro de la oración sustantiva suele desempeñar las funciones propias del **nombre**.

Cuanto te dijo es verdad.
CD

Cuanto también introduce oraciones subordinadas adjetivas y tiene como **antecedente expreso** a *todo*, con el que concuerda en género y número.

*Todo **cuanto** **tengo** será tuyo.*
antecedente

*Todos **cuantos** **lo intentaron** fracasaron.*
antecedente

A veces, **cuanto** puede ser un adverbio relativo sin variación de género y número. Significa «todo lo que»: *Trabaja cuanto puede.*

Los relativos adverbiales *donde*, *como* y *cuando*

- **Donde**, **como** y **cuando** introducen oraciones subordinadas adjetivas cuando tienen un **antecedente**.

*La calita solitaria donde **ayer nos bañamos** hoy está llena de gente.*
antecedente

La función que desempeñan **donde**, **como** y **cuando** es la de **nexo** y, dentro de la oración adjetiva, la de **complemento circunstancial de lugar**, **modo** y **tiempo**, respectivamente. Estos adverbios relativos pueden sustituirse por una preposición seguida de los pronombres (*el*) *que*, (*la*) *que*, etc., o *el cual*, *la cual*, etc.

*Ha perdido el reloj en el local **donde estuvimos ayer**.*
nexo
CC lugar
[*en el cual, en (el) que*]

*La manera **como el abogado defensor llevó el juicio** fue excelente.*
nexo
CCM
(*en la que, en la cual*)

*Siempre recuerda aquel día, **cuando se conocieron por primera vez**.*
nexo / CC tiempo
[*en (el) que, en el cual*]

Donde es la forma más frecuente y puede llevar preposiciones antepuestas: *adonde*, *de donde*, *por donde*, etc.

*No sabemos el lugar **adonde han ido**.*

Actividades de comprobación

3. Completa las oraciones con el relativo adecuado.

- Le indicó el camino ______ conducía al pueblecito.
- Me invitaron a un restaurante ______ se come muy bien.
- Este es el director de cine a ______ han dado el Oscar.
- Estoy leyendo un libro apasionante en ______ se relatan las aventuras y hazañas de los templarios en la Edad Media.
- Los señores, ______ hijos son amigos de los tuyos, han tenido un leve accidente de coche.
- Le compraron todo ______ pidió.

4. Determina las oraciones subordinadas adjetivas que hay en las siguientes oraciones compuestas y escribe las funciones de sus antecedentes y las de los relativos:

- Hay algunos que nunca escarmientan.
- Estará allí donde lo dejaste.
- El ajedrez es un juego que exige mucha concentración.
- A las personas cuyos coches están mal aparcados les han puesto una multa.
- El chico de quien hablabais no me suena de nada.
- Se conocieron en el año 1990, cuando nosotros empezamos la carrera de Medicina.

Subordinadas adjetivas especificativas y explicativas

Las subordinadas adjetivas pueden ser:

- **Especificativas**, cuando expresan una cualidad para **seleccionar** al ser u objeto designado por el sustantivo antecedente. Se expresan sin pausa (sin comas en la escritura).

Por ejemplo:

*Los pescadores **que han salido hoy a faenar** son muy temerarios.*

La cualidad expresada en la oración subordinada adjetiva selecciona a los pescadores que han salido hoy a faenar distinguiéndolos como muy temarios frente a los que no lo son porque no han salido.

- **Explicativas**, cuando expresan una cualidad del ser u objeto designado por el sustantivo antecedente **sin seleccionarlo**. Siempre van entre pausas (comas en la escritura).

Por ejemplo:

*Los pescadores, **que han salido hoy a faenar**, son muy temerarios.*

La oración subordinada adjetiva se limita a resaltar el hecho de que todos los pescadores han salido hoy a faenar; por lo tanto, todos son muy temerarios.

Actividad de comprobación

5. Señala las oraciones adjetivas de las siguientes oraciones compuestas, clasifícalas en especificativas y explicativas, y razona dicha clasificación:

- Los pescadores pintaban las barcas que eran viejas.
- Estos coches, que tienen una gran potencia, pagan un impuesto especial.
- Los diputados que querían aprobar la ley votaron a favor.
- Los árboles que se quemaron los cortarán mañana.
- Las carreteras, que han sufrido graves desperfectos por el temporal, tienen que repararse urgentemente.

Oraciones subordinadas adjetivas sustantivadas

Al igual que los adjetivos, las oraciones adjetivas también se sustantivan cuando **se omite el antecedente** y desempeñan las funciones propias del **sustantivo o GN**.

Por ejemplo:

*Se ha comprado la camisa **floreada**. → Se ha comprado **la floreada**.*
GN (CD)

*Se ha comprado la camisa **que es floreada**. → Se ha comprado **la que es floreada**.*
O sub. adj. sustantivada (CD)

Las oraciones adjetivas sustantivadas van introducidas por los **relativos** *quien* (*-es*), *que* precedido de artículo (*el que, la que, los que,* etc.) y *cuanto* (*-a, -os, -as*).

Las funciones que desempeñan son las siguientes:

***Los que** tengan entrada pueden pasar.*
O sub. adj. sustantivada de Suj

***Cuantos** lo vieron lo saludaron.*
O sub. adj. sustantivada de Suj

*Me han dado buenas referencias **de quien** tú ya sabes.*
O sub. adj. sustantivada de CN

*Esta actitud es impropia **del que** ocupa este cargo.*
O sub. adj. sustantivada de CAdj

*Archiva los papeles **dentro de la que** está vacía.*
O sub. adj. sustantivada de CAdv

*Compra **el que** te guste más.*
O sub. adj. sustantivada de CD

*Dieron el galardón **a quien** menos se lo merecía.*
O sub. adj. sustantivada de CI

*Siempre se acuerda **de quienes** lo ayudaron desinteresadamente.*
O sub. adj. sustantivada de CRég

*Irán al cine **con los que** conocieron en el bar.*
O sub. adj. sustantivada de CC compañía

*Julián es **el que** está cantando.*
O sub. adj. sustantivada de Atr

*El festival fue organizado **por los que** quieren recoger fondos para el Tercer Mundo.*
O sub. adj. sustantivada de CAg

Según la *Nueva gramática de la lengua española*, de la RAE, las subordinadas adjetivas sustantivadas forman parte de las subordinadas de relativo sin antecedente expreso y se clasifican en relativas libres y relativas semilibres.

▶ **Relativas libres.** Las oraciones relativas libres encabezadas por los relativos variables *quien* y *cuanto* sin antecedente expreso se asimilan a los grupos nominales porque realizan sus mismas funciones sintácticas.

__Quien__ dice eso miente. Él miente.

El relativo *quien* tiene capacidad de identificar antecedentes elípticos porque posee el rasgo semántico de «humano» y admite flexión de género y número. Además, toda la relativa subrayada es el sujeto de *miente*.

Las introducidas por los relativos *donde, cuando* y *como*, que presentan rasgos semánticos de lugar, tiempo y modo, respectivamente, y que permiten la omisión de un antecedente, suelen equivaler a los grupos adverbiales y realizan sus mismas funciones sintácticas.

*Te informaré **cuando** nos veamos. Te informaré luego.*

El adverbio relativo *cuando* posee rasgos semánticos de tiempo y toda la subordinada relativa actúa como complemento circunstancial de tiempo.

▶ **Relativas semilibres.** Estas oraciones van encabezadas por el pronombre *que* precedido del artículo determinado (***El que** la hace la paga*). Entre ambos se puede incorporar el elemento elidido *hombre*. Son una variante de las libres, pues *el que* comparte propiedades con *quien*, ya que los dos equivalen a *el hombre que*.

Actividad de comprobación

6. Señala las oraciones subordinadas adjetivas sustantivadas e indica su función.
   - El que vigilaba la puerta estaba distraído.
   - Se sentó con quien le asignaron.
   - No le gustó lo que dijeron en la reunión.
   - Entregarán un reloj de oro a quien gane el concurso.
   - El profesor felicitó a los que superaron el examen.
   - Aquellos son los que fueron entrevistados en un programa de televisión.

7 ACTIVIDADES DE CONSOLIDACIÓN

1. Señala los relativos de las siguientes oraciones y di cuál es su función sintáctica:

- He visitado el museo donde se exponen pinturas de Goya.
- Se lo contó a una persona en quien tenía mucha confianza.
- Estos monos viven en árboles cuyas ramas les dan cobijo y alimento.
- Tiene una moto muy potente, la cual es de importación.
- No sabía la manera como decírselo.
- Le dijeron que había aprobado, lo cual le produjo una gran satisfacción.
- Todos los padres cuyos hijos van a este colegio han recibido una felicitación navideña.

2. Analiza las siguientes oraciones e indica cuál es el antecedente. Si no está expreso, di cuál podría ser.

- Comunicaron por los altavoces que ya no vendría el que tenía que dar la conferencia.
- No hallaron quien pudiera informarlos del horario de los trenes.
- Estudia la manera como justificar su actitud.
- El año que viene muchos alumnos estudiarán en la universidad.
- El escritor cuyos poemas han sido premiados es amigo mío.
- El río arrastraba todo cuanto encontraba a su paso.
- En esta casa solitaria hay un perro que no para de ladrar.

3. Indica la categoría gramatical de los nexos de las oraciones subordinadas adjetivas del ejercicio anterior y determina la función que desempeñan dentro de la subordinada.

4. Indica si, en las siguientes oraciones, *que* es relativo o conjunción y especifica qué tipo de oración subordinada introduce:

- Me parece que dijo que no vendría.
- El entrenador ordenó que trabajaran con más intensidad.
- En el tren en que viaja todos los días se encontró con Carmen.
- En este mercado compraré pescado que esté fresco.
- El individuo que hay en la puerta les dijo que no los dejaba pasar.
- Que no lo saluden le molesta.
- Le dieron la que le gustaba más.
- Me gustaría que estudiara más.

5. Analiza las siguientes oraciones y distingue las oraciones subordinadas adjetivas de las oraciones subordinadas adjetivas sustantivadas. Luego, indica la función que estas últimas desempeñan dentro de la oración compuesta.

- Lo que debes hacer es confesarle tus sentimientos.
- Esta es la ventana por la que escaparon los ladrones.
- El camarero a quien hemos pedido los cafés es aquel chico rubio.
- El viejo caserón fue adquirido por el que pujó más.
- No ha encontrado argumentos con los que atacar sus teorías.
- No ha venido el que conoce el camino para subir la montaña.
- En este bar no hay quien atienda bien a los clientes.
- Haré todo cuanto me digas.

6. Transforma las oraciones adjetivas en adjetivos, y los adjetivos, en oraciones adjetivas.

- Le regalaron un loro que es de Brasil.
- Este señor tiene una enfermedad que es muy difícil de curar.
- Los hombres que son jóvenes harán las tareas más duras.
- Le gusta mucho el queso holandés.
- Tengo un amigo que no se pierde ninguna película.
- Se ha cortado con un hierro oxidado.
- El servicio que ofrece este restaurante es excelente.

7. Construye oraciones compuestas uniendo con relativos las siguientes oraciones:

- No conocía a este chico. El chico es de Santander.
- Ha comprado una casa. La casa está cerca de su trabajo.
- Hemos visto el programa. El presentador es su amigo de la infancia.
- No encuentro el libro. Con el libro quería preparar el examen de literatura.
- El chico jugaba con el balón. Sus padres le regalaron el balón.
- Fueron a bailar a una discoteca. En la discoteca encontraron a varias amigas.

8. Escribe cuatro oraciones que tengan oraciones subordinadas adjetivas y cuatro oraciones que tengan oraciones subordinadas adjetivas sustantivadas. Todas las oraciones subordinadas deben ir introducidas por un nexo diferente.

La norma lingüística

1. Escribe *h* en las palabras que la precisen.

uella	estiércol	oscuro
uésped	alagar	idrofobia
ectómetro	apresar	alcanzar
uelo	ipertensión	alló
umillar	allá	invitado
umedecer	idráulico	ilaba
observatorio	umilde	aplaudir
ipótesis	ubiera	arina
óseo	élice	uir
uelga	oquedad	aba

2. Corrige las palabras de las siguientes frases que deban llevar *h*:

- Le a salido un ematoma alrededor de la erida.
- Puso tres uevos a ervir para la cena.
- Ubo varios diputados que ablaron acaloradamente en el emiciclo.
- Está muy astiado de la actitud ipócrita de estos hombres.
- El locutor izo incapié con gran veemencia en los echos ocurridos ayer.
- Oy le an contado una istoria orrible.
- Las pruebas de ípica ya no se arán más en este ipódromo.
- Abrió la ventana de la abitación para que se ventilara.
- Mientras esperaba la llegada de su ijo ojeaba nerviosamente una revista.

3. En las siguientes oraciones, la preposición *a* está mal empleada. Sustitúyela, recupérala o elimínala.

- Ahora van avisar al encargado.
- Es un aficionado a escuchar la radio al punto de estar todo el día pegado a ella.
- Rogamos que nos respondan a la mayor brevedad.
- La grieta de la fachada va de arriba a abajo.
- Será necesario trabajar más horas al objeto de actualizar la contabilidad de la empresa.
- *A grosso modo* asistieron al congreso un centenar de médicos.

4. Escoge la oración correcta de cada pareja y explica, después, qué error has detectado.

- Habían cinco personas en la consulta.
  Había cinco personas en la consulta.
- Habrá varias representaciones teatrales.
  Habrán varias representaciones teatrales.
- En la fiesta hubieron cohetes y baile hasta la madrugada.
  En la fiesta hubo cohetes y baile hasta la madrugada.
- Hace dos años que terminó la carrera.
  Hacen dos años que terminó la carrera.
- El motivo de que la gripe se haya extendido tanto son los fríos que están haciendo.
  El motivo de que la gripe se haya extendido tanto son los fríos que está haciendo.
- No creo que hubieran más de cien personas.
  No creo que hubiera más de cien personas.

5. Sustituye los espacios en blanco de las siguientes oraciones por la forma adecuada de los verbos *hacer* o *haber*:

- Cuando hemos llegado solo ______ diez personas en la cola.
- No ______ muchos días que presentó el informe.
- Los meteorólogos predicen que ______ grandes nevadas.
- En la asamblea ______ grandes discusiones.
- Con estos calores que ______ se van a perder las cosechas.
- Nunca pensó que ______ personas tan altruistas.
- ______ dos meses que no se hablan.
- Estos días pasados ______ varios conciertos de música en la plaza.

6. Elige la forma adecuada del verbo en las frases que te proponemos a continuación. Para ello ten presente la concordancia con el sujeto.

- Alberto y tú ______ (*ir*) al teatro.
- Nosotros y el resto de compañeros ______ (*salir*) este fin de semana.
- Los demás y yo ______ (*visitar*) la exposición.
- Antonio, Carmen y él ______ (*llegar*) pasado mañana.
- Nosotros y ustedes ______ (*trabajar*) juntos en esta empresa.
- Un enjambre de abejas ______ (*picar*) a varias ovejas.
- Una serie de obras ______ (*adjudicar*) por el ministerio.
- La pereza y la desidia ______ (*provocar*) la ruina del negocio.
- Cada uno ______ (*ocupar*) una habitación.
- Nadie del grupo ______ (*querer*) ayudarle.

Primera clase. Los caminos de un escritor

El argentino Julio Cortázar (1914-1984) es uno de los grandes narradores en lengua española del siglo XX, un maestro del cuento o el relato breve y de la prosa poética; además fue traductor, profesor, poeta y guionista. En 1963 conoció la consagración como novelista con *Rayuela*, novela innovadora que contribuyó al auge de la narrativa hispanoamericana de la época. Entre sus libros de cuentos destacan *Final del juego* (1956) y *Alguien que anda por ahí* (1977). Como profesor universitario, Cortázar impartió clases sobre su experiencia literaria. La clase que recogemos a continuación trata sobre el cuento, un género en el que destacó.

Julio Cortázar

Tienen que saber que estos cursos los estoy improvisando muy poco antes de que ustedes vengan aquí: no soy sistemático, no soy ni un crítico ni un teórico, de modo que a medida que se me van planteando los problemas de trabajo, busco soluciones. [...]

Conviene hacer una cosa bastante elemental al principio, que es preguntarse qué es un cuento, porque sucede que todos los leemos (es un género que creo que se vuelve cada día más popular; en algunos países lo ha sido siempre y en otros va ganando camino después de haber sido rechazado por motivos bastante misteriosos que los críticos buscan deslindar), pero en definitiva es muy difícil intentar una definición de cuento. Hay cosas que se niegan a la definición; creo, y en este sentido me gusta extremar ciertos caminos mentales, que en el fondo nada se puede definir. [...] Lo mejor es acercarnos muy rápida e imperfectamente desde un punto de vista cronológico.

La narrativa del cuento, tal como se lo imaginó en otros tiempos y tal y como lo leemos y lo escribimos en la actualidad, es tan antigua como la humanidad. Supongo que en las cavernas las madres y los padres les contaban cuentos a los niños (cuentos de bisontes, probablemente). El cuento oral se da en todos los folclores. África es un continente maravilloso para los cuentos orales, los antropólogos no se cansan de reunir enormes volúmenes con miles y miles, algunos de una fantasía y una invención extraordinarias que se transmiten de padres a hijos. La Antigüedad conoce el cuento como género literario y la Edad Media le da una categoría estética y literaria bien definida, a veces en forma de apólogos destinados a ilustrar elementos religiosos, otras veces morales. Las fábulas, por ejemplo, nos vienen desde los griegos y son un mecanismo de pequeño cuento, un relato que se basta a sí mismo, algo que sucede entre dos o tres animales, que empieza, tiene su fin y su reflexión moralista. El cuento tal como lo entendemos ahora no aparece de hecho hasta el siglo XIX. Hay a lo largo de la historia elementos de cuentística verdaderamente maravillosos. Piensen ustedes en *Las mil y una noches*, una antología de cuentos, la mayoría de ellos anónimos, que un escriba persa recogió y les dio calidad estética; ahí hay cuentos con mecanismos sumamente complejos, muy modernos en ese sentido. En la Edad Media española hay un clásico, *El conde Lucanor*, del Infante Juan Manuel, que contiene algunos de antología. En el siglo XVIII se escriben cuentos en general sumamente largos, que divagan un poco en un territorio más de novela que de cuento; pienso, por ejemplo, en los de Voltaire: *Zadig*, *Cándido* [...]. Cuando nos metemos en el siglo XIX, el cuento adquiere de golpe su carta de ciudadanía, más o menos paralelamente en el mundo anglosajón y en el francés. [...] En Francia bastaría citar a Mérimée, a Villiers de l'Isle-Adam y, tal vez por encima de todos ellos, a Maupassant, para ver cómo el cuento se ha convertido en un género moderno. En nuestro siglo entra ya con todos los elementos, las condiciones y las exigencias por parte del escritor y del lector. [...]

¿Cuáles son las características en general del cuento, ya que decimos que no vamos a poder definirlo exactamente? [...] por lo que se refiere al tema, la variedad del cuento moderno es infinita: puede ocuparse de temas absolutamente realistas, psicológicos, históricos, costumbristas, sociales... Su campo es perfectamente apto para hacer frente a cualquiera de estos temas, y pensando en el camino de la imaginación pura, se abre con toda libertad para la ficción total en los cuentos que llamamos *fantásticos*, los cuentos de lo sobrenatural donde la imaginación modifica las leyes naturales, las transforma y presenta el mundo de otra manera y bajo otra luz. La gama es inmensa [...] Ya se dan cuenta ustedes de que, por la temática, no vamos a poder atrapar al cuento por la cola, porque cualquier cosa entra en el cuento: no hay temas buenos ni malos en el cuento. (No hay temas buenos ni malos en ninguna parte de la literatura, todo depende de quién y cómo lo trata. Alguien decía que se puede escribir sobre una piedra y hacer una cosa fascinante siempre que el que escriba se llame Kafka.)

Desde el punto de vista temático es difícil encontrar criterios para acercarnos a la noción de cuento; en cambio, creo que vamos a estar más cerca si buscamos por el lado de lo que se llama en general *forma*, aunque a mí me gustaría usar la palabra *estructura*, [...] una estructura supone una inteligencia y una voluntad que organizan algo para articularlo y darle una estructura.

Por el lado de la estructura podemos acercarnos un poco más al cuento porque, si me permiten una comparación no demasiado brillante pero sumamente útil, podríamos establecer dos pares comparativos: por un lado tenemos la novela y por otro, el cuento. *Grosso modo*, sabemos muy bien que la novela es un juego literario abierto que puede desarrollarse hasta el infinito y que, según las necesidades de la trama y la voluntad del escritor, en un momento dado se termina, no tiene un límite preciso. Una novela puede ser muy corta o casi infinita, algunas novelas terminan y uno se queda con la impresión de que el autor podría haber continuado, y algunos continúan porque años después escriben una segunda parte. La novela es lo que Umberto Eco llama la «obra abierta»: es realmente un juego abierto que deja entrar todo, lo admite, lo está llamando, está reclamando el juego abierto, los grandes espacios de la escritura y de la temática. El cuento es todo lo contrario: un orden cerrado. Para que nos deje la sensación de haber leído un cuento que va a quedar en nuestra memoria, que valía la pena leer, ese cuento será siempre uno que se cierra sobre sí mismo de una manera fatal.

Alguna vez he comparado el cuento con la noción de la esfera, la forma geométrica más perfecta en el sentido de que está totalmente cerrada en sí misma y cada uno de los infinitos puntos de su superficie son equidistantes del invisible punto central. Esa maravilla de perfección que es la esfera como figura geométrica es una imagen que me viene también cuando pienso en un cuento que me parece perfectamente logrado. Una novela no me dará jamás la idea de una esfera; me puede dar la idea de un poliedro, de una enorme estructura. En cambio, el cuento tiende, por autodefinición, a la esfericidad, a cerrarse, y es aquí donde podemos hacer una doble comparación pensando también en el cine y en la fotografía: el cine sería la novela y la fotografía, el cuento. Una película es como una novela, un orden abierto, un juego donde la acción y la trama podrían o no prolongarse; el director de la película podría multiplicar incidentes sin malograrla, incluso acaso mejorándola; en cambio, la fotografía me hace pensar siempre en el cuento.

Julio CORTÁZAR, *Clases de literatura. Berkeley, 1980*

LECTURA Y COMENTARIO

Aspectos comunicativos o pragmáticos

1. Teniendo en cuenta que este texto recoge una clase magistral en una universidad, identifica los elementos de ese proceso comunicativo: emisor, receptor, mensaje, canal, código y contexto o situación.

2. ¿Crees que la situación comunicativa condiciona el mensaje del autor? Razona la respuesta valorando tanto el tipo de contenido como el uso de la lengua: registro, elementos modalizadores, funciones del lenguaje, léxico connotativo o denotativo, etc.

3. ¿Qué tipo de texto predomina: descriptivo, narrativo, expositivo o argumentativo?

Contenido

4. Indica el tema principal del texto.

5. Propón un título que lo recoja.

6. ¿Desde qué perspectiva es imposible definir el cuento, según el autor? ¿Y desde qué punto de vista se puede definir?

7. ¿Con qué dos elementos compara Julio Cortázar el cuento?

8. Comenta cómo argumenta el escritor la correspondencia novela-película y fotografía-cuento.

Estructura

9. Realiza un esquema del texto y pon subtítulos a las diferentes partes.

10. Comprueba si hay correspondencia entre los párrafos y los subtemas.

Aspectos lingüísticos

11. Aunque el texto es monologado, el orador se dirige a su audiencia en varias ocasiones: «Tienen que saber» (lín. 1), «Ya se dan cuenta ustedes» (lín. 89). ¿Con qué finalidad crees que lo hace?

12. Indica qué tiempo verbal predomina en el discurso y explica la razón por la que se emplea.

13. El texto de Cortázar es el reflejo escrito de lo que fue una clase magistral ante unos alumnos que le vieron y escucharon. Indica qué aspectos de su presentación oral desconocemos al acceder exclusivamente al texto escrito.

Creación

14. Preparad una breve presentación o exposición oral (de unos cuatro o cinco minutos de duración) en que expliquéis a vuestros compañeros qué cuento os ha impresionado más en vuestra vida, por qué os gustaba o disgustaba y cómo argumentáis las causas de esa impresión.

ESCUCHAR, HABLAR, LEER Y ESCRIBIR

Los géneros académicos orales

Los textos académicos

El **texto académico** es el que se produce en el **ámbito de la** ***academia*** (universidades, centros de investigación o academias) con el **propósito** de **difundir** cualquier materia de **conocimiento** o **profundizar** en ella.

Los textos académicos pueden presentarse de forma oral o escrita en diferentes **formatos:**

- **oral** (una conferencia o una mesa redonda);
- **escrito** (un libro o un artículo).

El **formato audiovisual** puede ser un documental, una película, un informe en soporte audiovisual...

Lo fundamental es que el **trabajo sea riguroso** y que **aporte nueva información** o **difunda conocimiento basado en estudios contrastados.**

Los textos académicos se generan en **entidades** vinculadas al **conocimiento sistemático y socializado** donde se crea y difunde el conocimiento. Por su carácter **institucional**, son discursos **formales** y **planificados** que se ajustan a **modelos prefijados**.

El propósito de un texto académico es comunicar o difundir el conocimiento producido, pero ese **conocimiento** siempre es **sistemático**, es decir, es fruto de investigaciones realizadas anteriormente. Por ello, el discurso académico exige una **búsqueda de información** para establecer los conocimientos previos, así como la inclusión de **referencias** a los **textos consultados**, que validan la información que se está ofreciendo. Las referencias se realizan mediante las **citas**, las **notas** y la **bibliografía**, de manera que el texto recoge una serie de voces –emisores– que se suman a la del emisor del texto; es lo que se denomina **polifonía** o **intertextualidad**, que constituye un rasgo característico del discurso académico (y que también se presenta en obras literarias).

Si los textos académicos se generan en la *academia*, sus **emisores y receptores** también se inscriben en ese ámbito, pues actúan como **miembros de la comunidad académica** y **científica**: profesores, estudiantes e investigadores. Eso implica que el **lenguaje formal** incluya **tecnicismos** propios de un determinado campo del saber: medicina, derecho, física, sociología, etc.

Los resultados de trabajos, experiencias, proyectos de investigación, etc., pueden presentarse de forma oral o escrita, y en distintos formatos, entre ellos el audiovisual. Los que se presentan de **forma oral**, a su vez, pueden presentarse ante un **tribunal evaluador** (tesis, proyectos de fin de carrera, trabajos de investigación); en **seminarios** y **clases** (exposiciones, conferencias, clases magistrales), y también en **congresos** o **simposios**, es decir, reuniones de estudiosos o interesados en un tema específico, en las que participan algunas personalidades de prestigio y expertos en la materia que exponen sus investigaciones ante sus colegas (en ponencias, conferencias o mesas redondas).

8

Lo característico de los **géneros orales** es que exigen una **presentación** adecuada que afecta a aspectos de su **puesta en escena** ausentes en los trabajos académicos escritos, como la dicción, el volumen de la voz, la entonación, la gestualidad, las pausas etc. Es lo que la retórica clásica denominaba ***actio*** o ***pronuntiatio*** –en latín–, o **hipócrisis** –en griego–, que instruía sobre cómo debía presentar el orador su discurso. Al hablar en público, no comunicamos solo con las palabras, sino también con la voz, la mirada, los gestos y la postura corporal. Y es que la **comunicación oral** combina **códigos verbales y no verbales**, que se sincronizan durante la exposición. Lo ideal es que todos estos códigos colaboren durante la intervención oral.

Todas las presentaciones académicas orales pueden incluir **materiales de soporte** que las complementen. El uso de diapositivas, vídeos, documentos impresos u otros soportes sirve para atraer la atención, ejemplificar lo que se dice, explicitar la estructura del discurso y hacer comprensibles conceptos complejos.

Características de los discursos académicos

- La situación comunicativa en la que se producen es institucional: el ámbito académico, lo que condiciona el modelo de trabajo y el registro formal.
- El contexto en el que se presentan es el aula u otros tipos de salas académicas.
- Los interlocutores son miembros de la comunidad científica o académica.
- Los mensajes se refieren a la difusión o creación de conocimiento sistemático.
- Los discursos académicos orales, además, exigen una presentación cuidada, que abarca aspectos no verbales: volumen de voz, dicción, gestos, postura...

Géneros de los textos académicos orales

Los géneros académicos orales más reconocidos son los siguientes:

- De un emisor: la presentación, la conferencia y la comunicación o ponencia.
- De varios emisores: la mesa redonda.

Géneros académicos orales de un emisor

La **presentación**, la **conferencia** y la **ponencia** comparten numerosas características:

- Están gestionadas por un **emisor**, por lo que predomina el **monólogo**; solo al final hay diálogo con la audiencia.
- Son **discursos planificados** (no espontáneos), que exigen un **registro formal** y un **léxico preciso**. La comunicación no planificada aparece exclusivamente en el diálogo final.
- Predominan el texto **expositivo** y el **argumentativo**.
- Tienen la clásica **estructura tripartita**: presentación, desarrollo y conclusión.
  - En la **presentación** o **introducción** se anuncia y define la finalidad del discurso: el objeto del estudio, sus límites, las aportaciones, la hipótesis y la importancia del tema.
  - El **desarrollo** es la parte esencial, en la que se aporta la información relevante que se quiere transmitir al público.
  - En las **conclusiones** se sintetizan las ideas fundamentales.

Sin embargo, la presentación, la conferencia y la ponencia **se diferencian** en el grado de **profundización en el tema** tratado, que depende de si sus **interlocutores** (emisor y audiencia) son más o menos **especialistas en el tema**. Así, entre los tres géneros orales unipersonales que hemos citado, se establece una relación de progresiva **especialización** en la materia de conocimiento, que conlleva un grado de **formalidad** cada vez mayor. Esto se manifiesta, por ejemplo, en el uso de tecnicismos o lenguajes especializados y en las referencias a otros textos mediante citas y bibliografía.

La presentación académica oral

En la **presentación** o **exposición oral**, el emisor **no tiene que ser un experto** en la materia; es suficiente que conozca lo que expone. Los destinatarios, por su parte, pueden desconocer la cuestión que se presenta.

El emisor de una presentación académica oral es, por lo general, un estudiante, y los destinatarios o la audiencia son el profesor o los profesores y, en ocasiones, el resto de los integrantes de la clase.

La realización de **exposiciones orales** constituye una actividad muy común en la enseñanza. Generalmente, cumple una **función evaluativa** dentro de una materia o un ciclo educativo. Los estudiantes deben ser conscientes de que hay que preparar bien la exposición para obtener el resultado deseado.

Como en los otros géneros orales unipersonales, al finalizar la exposición oral puede entablarse un diálogo, que en este caso puede ser entre el profesor y el estudiante o entre el presentador y el resto de los estudiantes. Esta es la fase dialogada y no planificada de la presentación, y en ella predomina la argumentación sobre la exposición.

La conferencia

Es una exposición oral que imparte un **especialista** en una materia determinada, y se centra en la presentación de un **tema específico de su ámbito de conocimiento**. El **público** generalmente está compuesto por **personas conocedoras del tema o interesadas en él**.

La conferencia suele tener como base un **discurso escrito**, y en ocasiones es una lectura de ese texto; por ello, además de ser un texto **planificado**, su estilo puede ser más semejante al del discurso escrito que al del oral.

Por lo común, la conferencia finaliza con un diálogo con los oyentes, una fase no planificada en la que predomina el discurso argumentativo, es decir, el enfoque dialéctico a través de las preguntas y respuestas.

En el medio académico, la **conferencia** es uno de los géneros orales más utilizados para **transmitir conocimiento** o para exponer asuntos de interés general por parte de algún especialista. Asimismo, es muy útil para crear un **diálogo** con un **público interesado o especializado**, o con un grupo de **estudiantes en formación**.

Grabado coloreado que representa, con tono caricaturesco, una clase magistral en la universidad de Oxford.

Variantes de la conferencia son la **clase magistral** y la **lección magistral**.

- La **clase magistral** es un género oral que se produce en el ámbito de la enseñanza universitaria, dirigido por un profesor (emisor experto) y cuyos destinatarios son los alumnos. Las clases magistrales nacieron con las universidades medievales, en las que se leían y comentaban textos.

- La **lección magistral** es una exposición oral que imparte una personalidad de reconocido prestigio en eventos especiales, como una conmemoración, la inauguración de un curso, etc.

La comunicación o ponencia

Es una exposición en la que un **estudioso** presenta **ante otros estudiosos** o especialistas del mismo nivel académico aspectos específicos de su **trabajo de investigación**. Su finalidad es dar a conocer los resultados del trabajo y entablar un **diálogo entre expertos**.

Las ponencias suelen ser **trabajos breves** pero **exhaustivos**, que se presentan a la **comunidad de especialistas** en un tema para que se debatan colectivamente.

En principio, la ponencia se concibe como un texto que es **expuesto** por su autor y **escuchado** por la audiencia, no como un texto escrito que es leído. En general, las ponencias presentan un nuevo punto de vista o una posición frente a una cuestión; por ello **predomina el texto argumentativo** sobre el expositivo.

Generalmente, las ponencias se presentan en los **congresos** o **simposios** de especialistas en una materia; en los programas congresuales, las ponencias ocupan el espacio central. En el entorno universitario, los congresos son fundamentales para **difundir las investigaciones** o experiencias recientes, pues ofrecen una panorámica de las últimas investigaciones. En los congresos, las ponencias o comunicaciones se presentan previamente por escrito, ajustándose a unas **normas** reconocidas y avaladas por las comunidades académicas (ICONTEC, APA, etc.). Estas afectan a cuestiones como el formato, la extensión, el título, la portada y la inclusión de un resumen o *abstract* (de entre 50 y 250 palabras) que informe de los objetivos, la metodología y las aportaciones del trabajo. Las distintas ponencias presentadas en un congreso o simposio quedan recogidas en las **actas**.

Una ponencia se evalúa teniendo en cuenta varios criterios: la aportación al tema de discusión, el dominio que el ponente tiene del tema, la coherencia, la cohesión, la fuerza argumentativa, la originalidad, la capacidad de persuasión y la corrección idiomática.

Géneros académicos orales de varios emisores

Es la presentación de **diferentes puntos de vista** –no necesariamente contradictorios– sobre un tema determinado, **ante un público** y con la ayuda de un **moderador**.

Los participantes-emisores son **especialistas del mismo rango** o prestigio académico que exponen sus ideas sobre un **tema de su especialidad**.

La mesa redonda está integrada por un **moderador**, los **participantes** y el **público**.

La **función del moderador** es organizar, dirigir, presentar y cerrar la mesa redonda extrayendo las conclusiones. Es la figura que asegura que la **comunicación** se desarrolle de **forma ordenada y respetuosa**, y que las intervenciones no se alejen del tema principal.

La **función de los ponentes** o participantes es presentar un aspecto del tema tratado o su punto de vista sobre dicho tema, y también ampliar, avalar, matizar o corregir las intervenciones de sus compañeros.

Finalmente, el **papel del público** se limita a una sesión de preguntas que, por lo general, se realizan al concluir la exposición de cada uno de los participantes en la mesa redonda.

En la mesa redonda se pretende fomentar el **diálogo colaborativo** entre los participantes para analizar un tema a fondo desde **diferentes perspectivas**. En general, las mesas redondas se programan como complemento de **congresos** o **ciclos de conferencias**, con la intención de **profundizar en temas específicos**. El desarrollo del diálogo entre los conferenciantes, que es una parte esencial del género, es un discurso **no planificado**. Por ello, en las mesas redondas no se presenta comunicación previa por escrito.

En el medio académico, la mesa redonda es una herramienta útil tanto para ampliar y facilitar la comprensión de un tema determinado –ya que permite transmitir conocimiento– como para **estudiar un tema desde diferentes puntos de vista**.

La **estructura** de la mesa redonda está sujeta a reglas previamente establecidas por los participantes y el moderador, pero, en general, consta de cuatro fases:

- La **presentación** e introducción que realiza el moderador, quien introduce el tema y presenta a cada uno de los participantes.
- El **cuerpo de los discursos**, en que los ponentes exponen los diferentes acercamientos previamente preparados sobre el tema en cuestión y comentan lo que se ha dicho en otras participaciones. Las intervenciones deben sucederse de forma ordenada y ajustarse al tiempo pactado con el moderador.
- La **sesión de preguntas y respuestas**, en la que participa el público.
- La **conclusión**, expuesta por el moderador, que así cierra la mesa redonda.

Malala Yousafzai asiste a una mesa redonda durante su visita a la sede de las Naciones Unidas en agosto del 2014.

Por lo común, en las mesas redondas se acuerdan previamente los puntos que se tratarán. Por su naturaleza colectiva, en ellas se combinan los **monólogos** de cada ponente con los **diálogos** entre ellos, así como los que derivan de las preguntas de la audiencia.

Variante de la mesa redonda es el **coloquio** o **debate**, en el que **diversos especialistas**, ante un auditorio y bajo la coordinación de un moderador, **debaten un asunto desde posturas distintas o contrapuestas**. A diferencia de la mesa redonda, de espíritu cooperativo, en los debates, los interlocutores, además de **exponer sus argumentos**, **refutan las opiniones de otros par-**

ticipantes. De ahí que el tono del debate o coloquio sea más **polémico** o **dialéctico** que el de la mesa redonda, y que en él predomine el discurso **argumentativo** para defender la propia opinión y rebatir otras posturas.

Actividades de comprobación

1. El texto que sigue es el resumen o *abstract* de una ponencia. Léelo y contesta:

a) Señala en qué situación comunicativa se produce el texto.

b) Califica el registro lingüístico y el tipo de léxico empleado.

c) ¿Qué tipo de texto y función del lenguaje predominan?

d) ¿En qué disciplina se inscribe el texto?

> En esta ponencia se realiza un análisis contrastivo entre explicaciones científicas en textos del español y del portugués. El enfoque teórico-metodológico se enmarca dentro de los aportes de la Lingüística Sistémico Funcional. Concretamente, se examinan las diferencias y semejanzas con respecto al uso de las metáforas léxica y gramatical como recursos fundamentales que condicionan la estructura sintáctica y semántica de la cláusula. El trabajo, predominantemente descriptivo, permitirá, en sucesivas etapas de investigación, profundizar en la relación de estos procesos gramaticales con la construcción del razonamiento lógico del conocimiento.
>
> A. DEMARCHI y E. MATTIOLI, «Funcionalidad de los procesos de metáforas gramatical y léxica en textos de ciencia. Contrastación en los usos del lenguaje escrito entre el español y el portugués». <http://www.celu.edu.ar>

2. A través de Internet podemos escuchar y observar cómo se desarrollan numerosas conferencias y mesas redondas académicas. Acceded a la interesante conferencia de J. M. López Nicolás, titulada «El huevo y la niña», que encontraréis en la dirección *http://scientiablog.com*. Tras su visionado —o mientras la estéis viendo—, responded las siguientes preguntas:

a) ¿Cuál es el tema de la conferencia?

b) El conferenciante afirma: «[...] la inversión en ciencia es una falacia». Comenta el sentido que da a esta afirmación.

c) ¿Qué opina del conocimiento sistemático y la interdisciplinariedad?

d) ¿Qué han hecho mal los científicos, según el conferenciante?

e) Explica qué es el CIBERER.

f) ¿Cuál es el objetivo de la ciencia, según el conferenciante?

g) Indica qué relación tiene el título de la conferencia con el tema central.

h) Describe el material de soporte que se emplea en esta conferencia.

Formas lingüísticas de los géneros académicos orales

En los géneros académicos orales, como en los escritos, predominan el **registro formal**, los textos **expositivos** y **argumentativos**, la **función referencial** y el **léxico denotativo**. Cada ponente parte de un tema y lo desarrolla de forma **clara, ordenada y progresiva**, descartando toda posible ambigüedad o imprecisión.

La **oralidad**, sin embargo, suele incluir **ocasionales expresiones** de **registro más informal** que el característico de los textos escritos.

El **estilo de los textos académicos**, como hemos visto, reúne unas **características específicas** muy diferentes a las del resto de los discursos orales y escritos. Son textos cuyo **contexto** es el **entorno inmediato de los estudios** y cuyo contenido proviene de otros textos o de actividades o experimentos académicos, de manera que el **tema no procede de la experiencia personal del autor**. De ahí que estos textos no presenten recursos de **modalización** y, por el contrario, muestren los rasgos del **estilo impersonal**: **léxico objetivo** (no valorativo) y **preciso**; **registro formal** y predominio de la **función referencial**. Además, el objetivo de expresarse con la máxima **precisión** exige el uso de **tecnicismos** específicos de una disciplina, e incluso el empleo de códigos no lingüísticos (numéricos, de fórmulas, gráficos, etc.).

A la **claridad** del texto también contribuyen otros factores, como el **orden** de las ideas, que afecta a la coherencia (la estructura); la **definición** de los términos utilizados para que sean unívocos; las **clasificaciones**, y los **conectores** o marcadores discursivos, que explicitan la relación entre las partes del texto: el orden (*en primer lugar*), la rectificación (*mejor dicho*), el contraste (*sin embargo*), etc.

Los diferentes **tipos de texto** se emplean en función de la intencionalidad del texto expuesto. Si se desea **informar** a la audiencia sobre un tema, habrá un predominio de la **exposición**, mientras que si se pretende fomentar la discusión y el intercambio, se combinarán **exposición y argumentación**; finalmente, si se intenta **modificar la opinión** del auditorio, se empleará básicamente la **argumentación**.

En el **discurso oral**, además, tiene cabida el **uso esporádico** de un **registro más informal** que el de los textos académicos escritos, debido a que el ponente y la audiencia comparten el mismo espacio. Así, no es extraño que en ocasiones las exposiciones incluyan breves anécdotas, pequeñas bromas o apelaciones al público, cuya finalidad es **distender el ambiente** y ganarse la **benevolencia del auditorio**. Estos paréntesis informales de lenguaje modalizado (que se dan en medio de un discurso formal y objetivo) suelen aparecer al abrir y al cerrar la exposición.

Actividades de comprobación

3. Indica algunas características del lenguaje académico presentes en este resumen de una ponencia. Ten en cuenta los siguientes parámetros: registro, lenguaje connotativo o denotativo, función del lenguaje predominante, presencia o ausencia de rasgos de modalización y tipo de léxico.

> El modelo de enseñanza dominante ha dado muestras más que suficientes de que no es el adecuado para dar respuesta a las tareas que las demandas sociales plantean a las instituciones universitarias. La integración de las tecnologías de la información y la comunicación (TIC) en los procesos de enseñanza-aprendizaje puede constituirse en un catalizador para la materialización de un modelo centrado en el aprendizaje de los estudiantes. El uso de las TIC en el nuevo modelo de aprendizaje requiere de una redefinición de las funciones de los elementos que forman el sistema; de lo contrario, no solo no se evolucionaría en la dirección adecuada, sino que tendría efectos contraproducentes.
>
> J. Blanco, «Las TIC en la docencia universitaria». <http://www.edificacion.upm.es>

4. Visionad la conferencia de Martin Seligman sobre la psicología positiva: *http://milacahue.com/2013/11/13/martin-seligman-sobre-la-psicologia-positiva*. Después, contestad las siguientes preguntas:

a) El orador comienza con una anécdota. ¿Con qué objetivo lo hace?
b) ¿En qué han fallado la psicología y los psicólogos, según el conferenciante?
c) ¿Qué es la psicología positiva para el orador?
d) ¿En qué se diferencian las personas felices de las infelices?
e) Según el conferenciante, ¿la psicología puede hacer más felices a las personas?
f) ¿Qué tres tipos de «vidas felices» distingue?
g) Indica algunas de las intervenciones positivas para conseguir mayor felicidad que señala el autor.
h) ¿Qué función pueden tener la tecnología, el entretenimiento y el diseño respecto a la felicidad?

8 ACTIVIDADES DE CONSOLIDACIÓN

1. El siguiente texto, de una universidad, ofrece una serie de consejos prácticos para que las exposiciones orales resulten eficaces.

➢ En grupos de dos o tres personas, elaborad un esquema del texto y comentad aquellos aspectos que más os hayan sorprendido.

Consejos prácticos para hacer exposiciones orales eficaces

(**Lenguaje no verbal:** Un 65 % de la información que se transmite en una exposición oral proviene del lenguaje no verbal).

1. **Gestualidad.** La gestualidad puede acentuar, complementar, sustituir o contradecir aquello que se expresa con palabras.
   - Emplear gestos abiertos, como mostrar las manos, estirar brazos y piernas, abrir los hombros, no interponer objetos entre el propio cuerpo y el público, como mesas, carpetas o libros, y sobre todo asegurar que todos puedan veros la cara.
   - Utilizar gestos que acompañen el discurso y faciliten la comprensión. Por ejemplo, indicar con gestos una medida o una distancia, señalar una dirección, describir un ritmo o estirar dos dedos de la mano cuando se está diciendo que se presentarán dos ideas clave.
   - Evitar los tics gestuales que se hacen a veces por nerviosismo: jugar con un bolígrafo o con el anillo, apartarse el pelo, colocarse bien las gafas, etc.
   - Hacer movimientos pausados, evitar los movimientos bruscos. Evitar dar la espalda al auditorio.
2. **Mirada.** Una mirada efectiva tiende puentes de comunicación con el auditorio: tiene más posibilidades de captar y mantener la atención, transmitir el mensaje y obtener un *feedback* para adaptar el discurso al auditorio.
   - Repartirla entre el público para conseguir que todos se sientan mirados, evitar concentrar la mirada en una parte de la sala o mirar siempre a los mismos interlocutores.
   - Combinar diferentes tipos de mirada durante la exposición: radar o panorámica, láser o focalizada, y espejo o que recibe respuesta visual del público. Adaptar el discurso a los movimientos o las reacciones que se observen en la audiencia.
   - Optar por una mirada franca, es decir, con los ojos abiertos, mirando a los asistentes a la cara. Una mirada apagada, con los ojos caídos, genera apatía, y una mirada que se desvía cuando coincide con la de una persona del público muestra inseguridad.
   - No mirar al vacío, al suelo ni al techo, si no es con un propósito determinado. Evitar perder el contacto visual porque se lee el guion o se está pendiente de las diapositivas del programa de presentaciones.
3. **Volumen y entonación.** El papel de la voz es clave para conectar con el auditorio, transmitirle un mensaje con claridad, mantener la atención y comunicar, incluso, emociones.
   - Tomar mentalmente las medidas de la sala para conseguir que la voz llegue con un volumen adecuado tanto a las personas que están sentadas en las primeras filas como a las que están más alejadas. En caso de duda, conviene preguntar a los asistentes si oyen bien al orador cuando habla.
   - Evitar una entonación monótona y poco variada; por ejemplo, alternar frases enunciativas con frases exclamativas e interrogativas, o subrayar con la voz las palabras clave del discurso.
4. **Ritmo y pronunciación.** El buen orador ha de tener en cuenta el poder expresivo de su voz y procurar transmitir entusiasmo por el tema que expone.
   - Usar el ritmo idóneo para facilitar el seguimiento del discurso. Un ritmo demasiado lento provoca sensación de monotonía y un ritmo demasiado rápido denota nerviosismo.
   - Hacer más lento el ritmo en los momentos clave y utilizar pausas que remarquen palabras o separen las ideas refleja seguridad y permite mantener o recuperar la atención del auditorio.
   - Pronunciar las sílabas de las palabras con claridad; evitar la pronunciación descuidada de los sonidos.

Servicio de Lenguas y Terminología de la UPC
y Servicio de Lenguas de la UAB,
«50 consejos prácticos para hacer exposiciones orales eficaces» (traducción).
En: *Como comunicar*. <http://www.upc.edu>.

2. Preparad una breve exposición o presentación oral (de unos 15 minutos) sobre un tema que os interese y que creáis que puede interesar a vuestros compañeros.

➢ Para la presentación oral, tened en cuenta lo que se dice en el texto anterior.

3. En grupos de cuatro o cinco alumnos, preparad una mesa redonda o un debate sobre un tema de actualidad. Elegid tema y moderador, y preparad intervenciones individuales de tres minutos. Partiendo de estos elementos, entablad un diálogo ordenado y respetuoso de unos 10 minutos. El moderador o moderadora deberá introducir el tema y presentar a los oradores, conceder la palabra, reconducir el tema cuando convenga y concluir la mesa redonda o el debate intentando recoger las conclusiones de cuanto se ha dicho.

CONOCIMIENTO DE LA LENGUA

Las subordinadas adverbiales

Las oraciones subordinadas adverbiales y su clasificación

Dentro de la oración compuesta, las oraciones subordinadas adverbiales, aunque no siempre puedan sustituirse por **adverbios**, desempeñan la **misma función** que estos, ya que complementan al verbo o modifican a toda la oración principal.

Las oraciones subordinadas adverbiales se clasifican en propias e impropias.

- Las **propias** son las que **se pueden sustituir** por un adverbio de lugar, de tiempo o de modo. Así pues, hay tres tipos de adverbiales propias: las de lugar, las de tiempo y las de modo.

El perro se tumbó <u>donde daba el sol</u>. → *El perro se tumbó <u>allí</u>.*
O sub. adv. de lugar — Adv de lugar

Él llegó a casa <u>cuando empezaba a nevar</u>. → *Él llegó a casa <u>entonces</u>.*
O sub. adv. de tiempo — Adv de tiempo

Cocinó una merluza <u>como indicaba la receta</u>. → *Cocinó una merluza <u>así</u>.*
O sub. adv. de modo — Adv de modo

- Las **impropias** son las oraciones subordinadas adverbiales que **no se pueden sustituir** por un adverbio. Dentro de este grupo se incluyen las comparativas, consecutivas, causales, finales, ilativas, condicionales y concesivas.

Las subordinadas adverbiales o circunstanciales forman un grupo de oraciones que, al presentar una serie de características que hacen difícil su clasificación, han sido motivo de polémica y debate entre los gramáticos a lo largo de las últimas décadas. Aunque tradicionalmente se las llame así, esta denominación es, para algunos, inexacta, ya que no siempre existen adverbios que puedan sustituir a las oraciones subordinadas adverbiales. No obstante, como ya hemos dicho anteriormente, aquí mantendremos la denominación tradicional con fines didácticos, pero aceptando muchas consideraciones de los estudios actuales.

Hay subordinadas adverbiales impropias que **pueden realizar la función de complemento circunstancial**. Por ejemplo:

No tiene muchos amigos <u>porque es tímido</u>. → *No tiene muchos amigos <u>por su timidez</u>.*
O sub. adv. causal — GPrep (CC de causa)

Toma este dinero <u>para que puedas preparar la fiesta</u>. → *Toma este dinero <u>para la fiesta</u>.*
O sub. adv. final — GPrep (CC de finalidad)

Las oraciones subordinadas anteriores desempeñan la función de complemento circunstancial, pero **no se pueden sustituir por adverbios** que denoten causa o finalidad porque **no existen**; en cambio, sí pueden ser reemplazadas por un **grupo preposicional** en función de **complemento circunstancial**.

También hay subordinadas que **no realizan la función de complemento circunstancial** dentro de la oración principal, sino que **modifican** a toda esa oración. Por ejemplo:

<u>Si hoy termino el libro</u>, <u>mañana haré el resumen</u>.
O sub. condicional — oración principal

<u>Aunque no la ayuden</u>, <u>lo conseguirá</u>.
O sub. concesiva — oración principal

Como se ha dicho anteriormente, algunos también consideran que las subordinadas adverbiales de lugar, tiempo y modo son oraciones relativas sin antecedente expreso.

Actividad de comprobación

1. Indica si las siguientes oraciones subordinadas adverbiales son propias o impropias:
   - El accidente ocurrió como te contaron.
   - Tráeme una aspirina, que me duele la cabeza.
   - Seguiré sus consejos cuando lo crea conveniente.
   - Los alpinistas se dirigieron hacia donde estaba el refugio.
   - No pude llegar a tiempo porque me dormí.
   - He seguido las instrucciones según indica el folleto.
   - Si nieva, no podremos ir de excursión.
   - Pienso, luego existo.

Hay gramáticos que designan a estas subordinadas adverbiales con el término **construcciones**. Se agrupan en **comparativas** y **consecutivas** (van introducidas por conjunciones en correlación con cuantificadores); **causales**, **finales** e **ilativas** (mantienen una relación de causa-efecto), y **condicionales** y **concesivas** (forman periodos bimembres constituidos por una oración principal y una subordinada).

Subordinadas adverbiales de lugar

Señalan el **lugar** en que se desarrolla la acción del verbo de la oración principal.

Los nexos que introducen las oraciones subordinadas adverbiales pertenecen a distintas categorías: preposiciones, conjunciones, adverbios, locuciones conjuntivas, etc.

Por ejemplo:

Colócate *donde te pueda ver.*
O sub. adv. de lugar

El nexo que las une a la oración principal es el adverbio *donde*. A veces, cuando el verbo de la oración principal expresa movimiento, *donde* puede ir precedido de preposiciones (*por donde, hacia donde, desde donde, de donde, hasta donde, a donde* o *adonde, en donde*), que matizan las diversas relaciones espaciales (tránsito, dirección, origen, procedencia, término, destino, permanencia).

- Tránsito: *Pasaremos* ***por donde*** *estuvimos ayer*.
- Dirección: *Ahora mismo voy* ***hacia donde*** *está la parada del autobús*.
- Origen: *Escribe* ***desde donde*** *veranea*.
- Procedencia: *Vengo* ***de donde*** *tú sabes*.
- Término: *Caminaremos* ***hasta donde*** *nos permitan las fuerzas*.
- Destino: *Han ido* ***a donde/adonde*** *les recomendaste*.
- Permanencia: *Me he dejado el reloj* ***en donde*** *suponía*.

Las subordinadas adverbiales de lugar se reconocen por el hecho de que pueden aparecer como respuesta al adverbio interrogativo *dónde* y por que existe la posibilidad de conmutarlas por adverbios de lugar.

– *¿**Dónde** iremos a cenar?*
– *(Iremos a cenar)* ***Donde tú quieras.***
– *(Iremos a cenar)* ***Allí.***

Subordinadas adverbiales de tiempo

Estas oraciones indican el **tiempo en que sucede** la acción expresada por el verbo de la oración principal.

Por ejemplo:

Cuando lo sepas, me avisas.
O sub. adv. de tiempo

Los nexos que las unen a la oración principal son adverbios con valor conjuntivo, como *cuando, apenas, mientras*, etc., o locuciones conjuntivas, como *tan pronto como, después (de) que, antes (de) que, en cuanto, a medida que*, etc.

A veces, se pueden utilizar nexos correlativos como *apenas... cuando, no bien... cuando, aún no... cuando*, etc.

***Apenas** se acababa de dormir **cuando** sonó el teléfono.*

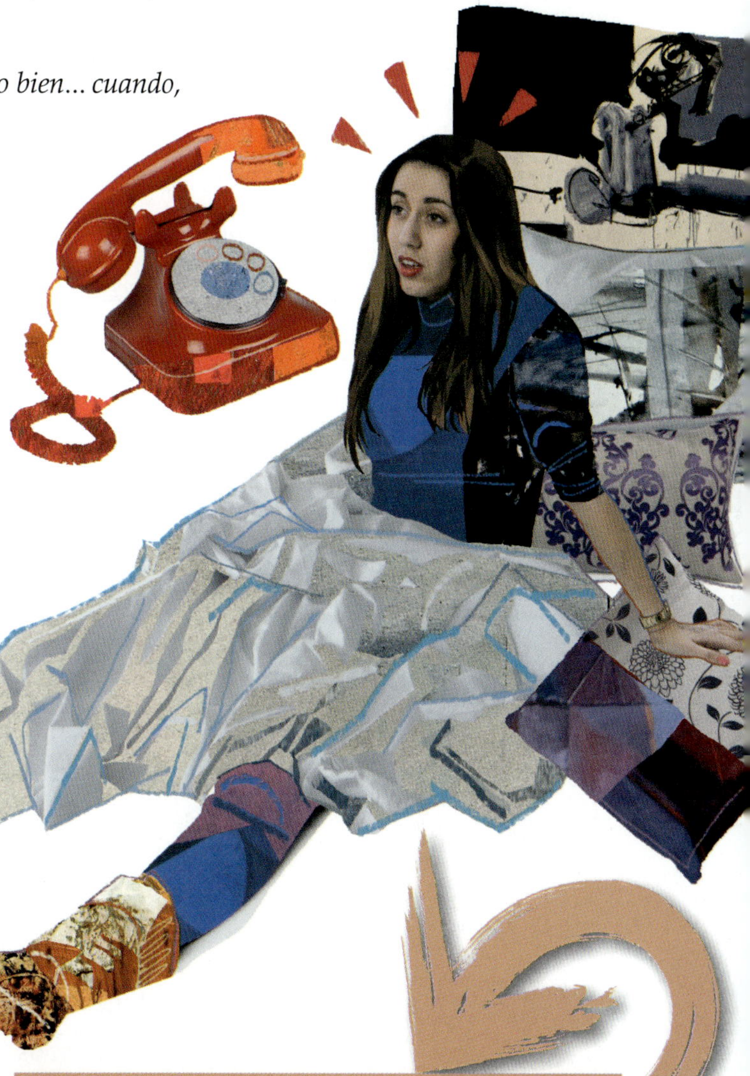

La acción de la oración subordinada puede ser anterior, posterior o simultánea a la acción expresada en la oración principal.

- **Anterior:**

  ***Cuando** lo sepas, me lo dices.*

  ***Tan pronto como** tenga las radiografías, iré al traumatólogo.*

  ***Apenas** salí de casa, empezó a llover.*

  ***En cuanto** amanezca, iremos a pescar.*

- **Posterior:**

  *Ya lo sabía **cuando** los periódicos dieron la noticia.*

  *Vete a tu casa **antes de que** tus padres se inquieten.*

- **Simultánea:**

  *Me duele la espalda **cuando** me agacho.*

  ***Mientras** tú meriendas, yo voy a leer un poco el periódico.*

  ***A medida que** pasa el tiempo, me acuerdo más de ti.*

Estas oraciones se pueden construir con formas no personales (infinitivo, gerundio y participio).

Por ejemplo:

Iremos a visitarte al caer la tarde.

Saliendo del cine, me encontré a Daniel.

Terminada la ascensión, descansaron un buen rato en la cumbre.

Las subordinadas adverbiales de tiempo se reconocen por el hecho de que pueden aparecer como respuesta al adverbio interrogativo *cuándo* y por que existe la posibilidad de conmutarlas por adverbios de tiempo.

– *¿**Cuándo** saldrás?*
– *(Saldré)* ***Cuando termine de leer el periódico.***
– *(Saldré)* ***Después.***

Subordinadas adverbiales de modo

Expresan la **manera** como se realiza la acción del verbo de la oración principal.

Por ejemplo:

El acto se desarrolló como estaba previsto.
O sub. adv. de modo

El adverbio como, así como palabras o grupos de palabras de distintas categorías (según, según que, conforme, como si, como para, etc.), son los nexos con valor conjuntivo que introducen estas subordinadas.

La reunión acabó ***como*** *se preveía.*

Se resolverá ***según*** *las normas establecidas.*

Hizo los problemas ***conforme*** *le habían explicado.*

Actúa ***como si*** *estuviera desmoralizado.*

Las subordinadas adverbiales de modo se pueden construir con formas verbales no personales.

Entra sin hacer ruido.

Se relaja tocando el piano.

Se presentó ante el tribunal erguida la cabeza.

Las subordinadas introducidas con el nexo *como si* (*Se preocupa por su educación* ***como si*** *fuera su padre*) pueden tener valor modal y comparativo. Nosotros las consideramos modales porque funcionan como el adverbio de modo *así*, por el cual pueden ser sustituidas.

Actividades de comprobación

2. Subraya las oraciones subordinadas adverbiales. Sustitúyelas por un adverbio e indica si son de lugar, de tiempo o de modo.

- No bien supo que había aprobado, fue a celebrarlo.
- Tan pronto como termines ven a reunirte con nosotros.
- Corre como si fuera una gacela.
- Se dirigen a donde está el dispensario.
- Según vayan terminando, entreguen el examen.
- Donde nace el río hay un paisaje maravilloso.
- Recibieron una gratificación por su pundonor según lo que habían pactado.
- Después de estudiar iré a jugar al fútbol.

Las subordinadas modales se reconocen por que pueden aparecer como respuesta al adverbio interrogativo *cómo* y por que existe la posibilidad de conmutarlas por adverbios de modo.

– *¿**Cómo** lo ha tratado?*
– *(Lo ha tratado)* ***Como había previsto.***
– *(Lo ha tratado)* ***Bien.***

3. Escribe el nexo adecuado e indica de qué clase son las oraciones subordinadas adverbiales.

- Haré los ejercicios físicos ___ manda el profesor de gimnasia.
- ___ charlaba con su amiga, le robaron el bolso.
- Cada día tiene que andar tres kilómetros ___ está el instituto.
- Deja el abrigo ___ tú quieras.
- Devuélvaselo ___ se enfade.
- Estaba ___ comérselo.
- Te enviaré un correo electrónico ___ pueda.

4. Completa con una oración subordinada adverbial de lugar, de tiempo o de modo.

- Escalaremos ____.
- Se comportó ____.
- Atravesaremos la ciudad ____.
- Iremos al cine ____.
- Lo haré ____.
- Me llamará ____.

Subordinadas adverbiales comparativas

Las oraciones subordinadas adverbiales comparativas sirven de **término de comparación** a la oración principal. Entre la oración principal y la subordinada se establece una comparación cuantitativa de **igualdad**, de **superioridad** o de **inferioridad**.

Cuando el verbo de la oración principal y el de la subordinada es el mismo, se omite en la subordinada. A veces, también se pueden omitir otros constituyentes comunes con la oración principal.

Judit es más alegre que Pepa (es alegre).
O sub. adv. comparativa

La estructura comparativa se expresa mediante los siguientes **nexos correlativos**, formados por dos términos, uno de grado cuantitativo, situado en la oración principal, y otro situado en la oración subordinada.

- **Igualdad:** *tan... como; tanto... como; tanto... cuanto; tanto, -a, -os, -as... como; igual... que; igual de... que*, etc.

  *Hoy está **tan** abatida como ayer.*

  *Come **tanto** como tú.*

  *Hacía **tanto** cuanto podía para mejorar su carácter.*

  *Mi coche es **igual** que el tuyo.*

  *Este piso es **igual de** grande que el mío.*

- **Superioridad:** *más... que, más... de*; los nexos correlativos *mejor que, peor que, mayor que* y *menor que* se utilizan en lugar de *más bueno que, más grande que, más malo que* y *más pequeño que*, respectivamente.

  *Tiene **más** suerte que tú.*

  *Es **más** alegre de lo que parece.*

  *La exposición de María ha sido **mejor** que la de Marisa.*

  *La cosecha ha sido **peor** que la del año pasado.*

  *Su interés por ayudar es **mayor** que el tuyo.*

A veces, también se utilizan los adjetivos *superior* o *inferior* + *a* para sustituir, respectivamente, a los nexos *más alto que* y *más bajo que*.

Su rendimiento es ***superior*** *al de los demás.*

El precio de la camisa es ***inferior*** *al del jersey.*

- **Inferioridad:** *menos... que, menos... de.*

  Jaime es ***menos*** *agradable* ***que*** *tu amigo.*

  Estudia ***menos*** ***de*** *lo que tú piensas.*

El primer elemento de la relación comparativa está en la oración principal y suele desempeñar una doble función: la de nexo, como acabamos de ver, y la de complemento de un verbo, determinante de un nombre o modificador de un adjetivo o de un adverbio. Por ejemplo:

Me trató ***peor*** *que a un perro.*
V ← CC/nexo

Yo tengo ***más problemas*** *que tú.*
Det/nexo → N

Esta persona es ***más generosa*** *que aquella.*
Mod/nexo → Adj

Vive ***tan lejos*** *como él.*
Mod/nexo → Adv

Actividad de comprobación

5. Forma oraciones compuestas comparativas con los siguientes nexos e indica cuáles son de igualdad, cuáles de superioridad y cuáles de inferioridad:

- tantas... como
- menos... que
- mejor... que
- más... que
- tan... como
- peor... que
- menor... que
- igual... que

Subordinadas adverbiales consecutivas

Expresan la **consecuencia** producida por el **grado de intensificación** de algo indicado en la oración principal. La oración principal siempre precede a la subordinada e indica la causa, mientras que la subordinada indica la consecuencia o el efecto.

Por ejemplo:

Hacía ***tanto*** *calor en la sala que algunas personas se desmayaron.*
O principal — CAUSA
O sub. adv. consecutiva — CONSECUENCIA

Como las comparativas, las subordinadas consecutivas van introducidas por dos nexos correlativos: el primero se sitúa en la oración principal y está formado por elementos **cuantificativos** (*tanto, -a,-os,-as; tan*) o cualificativos (*tal, -es*), y el segundo encabeza la oración subordinada y está formado por la conjunción *que*.

*Está **tan** asustado **que** no quiere salir de casa.*

*Sabe **tanto** de animales **que** le han ofrecido un trabajo en el zoo.*

*Es de una maldad **tal** **que** asusta.*

Existen otras construcciones con valor consecutivo, muchas de ellas correspondientes al registro conversacional, en las que el elemento ponderativo es diferente de los examinados anteriormente: *un* + sustantivo + *que*, *cada* + sustantivo + *que*, *un* + sustantivo + *tal* + *que*, *de un* + adjetivo + *que*, etc.

*Tiene **un morro que** se lo pisa.*

*Dice **cada tontería que** te quedas alucinada.*

Para no confundir las oraciones adverbiales consecutivas con las comparativas cuando llevan en el primer término del nexo correlativo *tanto* o *tan*, que desempeña también una doble función sintáctica, debe observarse que las consecutivas en el segundo término llevan *que* y las comparativas, *como*.

Actividades de comprobación

6. Forma oraciones subordinadas adverbiales consecutivas con los siguientes nexos:

- tal + sustantivo + que
- tan + adjetivo + que
- tanto + verbo + que
- de tal manera que
- tan + adverbio de modo + que
- de un + adjetivo + que

7. Subraya las subordinadas adverbiales. Destaca el nexo e indica si son comparativas o consecutivas.

- Le dieron más palos que a una estera.
- Es una persona tan amable que se hace querer.
- Es tan despreocupado como yo.
- Este café es peor que el que bebimos ayer.
- Ella lleva trabajando en esta empresa tantos años como yo.
- Suelta cada frasecita que te deja atónito.
- Tiene tantos deberes que no sabe por dónde empezar.

Subordinadas adverbiales causales

Expresan el **motivo** o **causa** por el que sucede la acción de la oración principal.

Por ejemplo:

El coche se salió de la carretera porque iba a gran velocidad.
O sub. adv. causal

Recordemos los conceptos de enunciación y enunciado

La **enunciación** es el conjunto de condiciones de producción de un mensaje: quién lo emite, para quién lo emite, cuándo y dónde. Estos elementos permiten interpretar el sentido último del enunciado, resultado de la actividad enunciativa.

El **enunciado** es la estructura lingüística del mensaje con el que el emisor se comunica con su interlocutor.

La oración principal puede preceder o seguir a la subordinada e indica la consecuencia, mientras que la subordinada indica la causa.

Ya que te gustan tanto los libros, te regalaré uno por tu cumpleaños.
O sub. adv. causal — CAUSA; O principal — CONSECUENCIA

El nexo más importante es la conjunción *porque*, pero también se usan otras conjunciones (*que, pues, como*) o locuciones conjuntivas (*ya que, puesto que, a causa de que, en vista de que, dado que, como quiera que*, etc.).

*Sé breve, **que** me esperan.*

*No sé cómo entró, **pues** no me fijé.*

***Como** estabas detrás de este grupo de gente, no te veía.*

*No pudo llegar puntual, **ya que** el tránsito era intenso.*

*Las pistas de esquí están cerradas **a causa de** una avalancha de nieve.*

***En vista de que** no mejoras, iremos al médico.*

***Dado que** no quieres estudiar, lo mejor es que busques un trabajo.*

***Como quiera que** nunca está de acuerdo, han decidido prescindir de su opinión.*

Recordemos que, en caso de duda, los nexos *que* y *como* introducen subordinadas causales si se pueden sustituir por la conjunción *porque*.

*Me voy a casa, **que** tengo que comer.*

*Me voy a casa **porque** tengo que comer.*

***Como** no me esperan, les voy a dar una sorpresa.*

*Les voy a dar una sorpresa **porque** no me esperan.*

El nexo *como* siempre va delante de la oración principal.

Se pueden distinguir dos clases de subordinadas causales:

- **Causales del enunciado.** Indican la causa de lo que se dice en el predicado del que dependen y realizan la función de complemento circunstancial del verbo de la oración principal.
  La calle está mojada porque ha llovido. (La calle está mojada por la lluvia).
  O sub. adv. causal; GPrep (CC de causa); O principal
- **Causales de la enunciación.** Van separadas de la oración principal mediante pausas, explican el motivo de lo que dice o piensa el hablante y modifican a un ámbito oracional más amplio que el de la oración principal, ya que no afectan al verbo de esta, sino a un verbo implícito.
  Por ejemplo:
  Pedro no está en casa, porque no contesta al teléfono.
  O principal; O sub. adv. causal

La oración subordinada no se presenta como la causa de que Pedro no esté en casa, sino como la razón por la que el hablante afirma o deduce que Pedro no está en casa. Así pues, esta oración compuesta significa, aproximadamente: *(Digo que) Pedro no está en casa porque no contesta al teléfono*. Aquí la subordinada causal **no depende del verbo** de la oración principal (*está*), sino de un verbo de lengua o juicio (*decir, afirmar, deducir, inferir...*) sobreentendido: *(Digo que) Pedro no está en casa...* Por tanto, estas subordinadas modifican a toda la oración principal.

Las oraciones causales también se pueden formar con estas estructuras sintácticas:

- ***De*** **+ (*lo*) + adjetivo o participio +** ***que*** **+** ***ser*** **o** ***estar*:**
  Se durmió de (lo) cansado que estaba.

- ***De tan / tanto, -a, -os, -as*** **+ adjetivo o sustantivo +** ***que / como*** **+ verbo:**
  De tan contento que/como estaba, empezó a dar saltos.
  No se veía nada de tanto humo que/como había.

Estas oraciones se pueden construir con formas no personales.

- **Infinitivo:** Suele llevar los nexos *por, de tanto, a fuerza de.*
  Le silbaron ***por*** *colarse en la fila.*
  Estoy cansado ***de tanto*** *andar.*
  A fuerza de *insistir, consiguió el empleo.*

- **Gerundio:**
  Viendo que no callaban, los amonestó.

- **Participio:**
  Perdido el control, el coche se estrelló contra un muro.

Las subordinadas adverbiales causales se reconocen por que pueden aparecer como respuesta al pronombre interrogativo con preposición *por qué*.

– *¿**Por qué** ha llovido?*

– *(Ha llovido)* ***Porque las calles están mojadas.***

– *¿**Por qué** dices que no está en casa?*

– *(Digo que no está en casa)* ***Porque no coge el teléfono.***

Actividad de comprobación

8. Destaca las oraciones subordinadas adverbiales y di cuáles son causales.
   - Pagarás tú la cuenta, puesto que yo no llevo dinero.
   - Como tiene poca hambre, no va a cenar.
   - Irán a la montaña de vacaciones, pues no les gusta la playa.
   - Baila como si fuera una profesional.
   - Hacía tanto calor que el asfalto se derretía.
   - Actuando así, no conseguirá nada.
   - Sabe tanto de historia como su profesor.
   - Me voy, que me esperan.

Subordinadas adverbiales finales

Expresan la **intención** o **finalidad** con que se realiza lo expresado en la oración principal.

Por ejemplo:

Te he comprado esta novela histórica para que la leas durante las vacaciones.
O sub. adv. final

Los nexos que las unen a la oración principal son: *para que, a que, que, a fin de que, con el objeto de que, con el fin de que, con la intención de que, con vistas a que,* etc.

Vino ***a que*** *le dejaras tu último CD.*

Enfoca con la linterna ese matorral, ***que*** *quiero ver lo que se ha movido.*

Ha puesto una alarma en la casa ***a fin de que*** *no le roben.*

Ha llamado ***con el objeto de que*** *lo invites a la fiesta.*

Hicieron huelga ***con el fin de que*** *les subieran el sueldo.*

Siempre lleva camisas de colores chillones ***con la intención de que*** *se fijen en él.*

Se ha preparado una buena coartada ***con vistas a que*** *lo exculpen.*

Las oraciones subordinadas adverbiales finales introducidas por estos nexos se construyen con el verbo en forma personal en subjuntivo, pero si llevan el mismo sujeto que la oración principal y van introducidas por los nexos anteriores sin la conjunción *que* se construyen con el verbo en infinitivo.

Vendió la moto ***para*** *comprarse un coche de segunda mano.*

Como ocurre con las subordinadas causales, se pueden distinguir dos clases de subordinadas finales:

- **Finales del enunciado.** Indican el propósito o la finalidad de lo que se dice en el predicado del que dependen y realizan la función de complemento circunstancial del verbo de la oración principal.
  Le dio un paquete para que se lo entregara a su padre. (Le dio un paquete para su padre).
  O principal — O sub. adv. final — GPrep (CC de finalidad)
- **Finales de la enunciación.** Van separadas de la oración principal mediante pausas y expresan la intención que persigue el emisor al emitir su enunciado.
  Para que te enteres, no he sido yo.
  O sub. adv. final — O principal

La oración subordinada no indica la finalidad del hecho de *no haber sido*, sino la intención que se persigue con la afirmación «no he sido yo». La subordinada no modifica al verbo (*he sido*) de la principal, sino a un verbo de lengua (*decir, afirmar*) sobreentendido: *Para que te enteres, (digo que) no he sido yo.* Por tanto, estas subordinadas modifican a toda la oración principal.

Actividades de comprobación

9. Completa las oraciones con una subordinada final en tu cuaderno. Utiliza cada vez un nexo diferente.

- Extiende la manta ▬.
- Lo ha pedido ▬.
- Puso la radio ▬.
- Estudia mucho ▬.
- Lo ha comprado ▬.
- Trabaja ▬.
- Se ha comprado un coche ▬.
- Come poco ▬.

Estas oraciones se reconocen por que pueden aparecer como respuesta al pronombre interrogativo con preposición *para qué*.

*–¿**Para qué** quieres estos libros?*
–(Quiero estos libros) ***Para que mi hermana pueda preparar los exámenes.***

10. Identifica las oraciones subordinadas, destaca el nexo e indica si son causales o finales.

- Puesto que desconfías de mí, búscate otro socio.
- Fue a la reunión con el fin de pedir explicaciones al presidente.
- Dame un vaso de agua, que tengo sed.
- Ve a que te curen esa herida en el hospital.
- Escríbeles una carta para decirles que iremos pronto a visitarlos.
- No vengas tarde, que esta noche tenemos invitados a cenar.

Subordinadas adverbiales ilativas

Expresan la **consecuencia** de lo dicho en la oración principal. Esta siempre precede a la subordinada e indica la causa; en cambio, la subordinada señala la consecuencia.

Por ejemplo:

Esta noche tengo que estudiar; ***por lo tanto**, no podré salir con vosotros.*

O principal CAUSA — O sub. adv. ilativa CONSECUENCIA

Las subordinadas adverbiales ilativas se unen a la oración principal por medio de conjunciones o locuciones conjuntivas: *conque, luego, por consiguiente, por (lo) tanto, pues, así (es) que,* etc.:

Vas a llegar tarde al instituto, ***conque** espabílate.*

Ha pedido disculpas, ***luego** está arrepentido.*

Se ha roto la muñeca; ***por lo tanto**, no podrá jugar el sábado al baloncesto.*

Nos avisaron de que llegarían tarde; no te preocupes, ***pues**.*

No sabe guardar un secreto, ***así que** no le cuentes nada.*

No se deben confundir las conjunciones y locuciones ilativas con los conectores del discurso que expresan consecuencia y que van entre pausas: *consecuentemente, en consecuencia, por* (lo) *tanto, por consiguiente*, etc.

Actividades de comprobación

11. Indica las subordinadas ilativas en las siguientes oraciones compuestas:

- Lo he hecho sin querer, así que no te enfades.
- Ya que no te fías de él, debes decírselo.
- Ya has estudiado bastante; vete a dormir, pues.
- Han cumplido con su palabra; por lo tanto, yo cumpliré con la mía.
- Estaba tan enfermo que no pudo asistir al examen.
- Termina pronto, que llegamos tarde.

12. Transforma las oraciones causales en ilativas.

- No te quejes porque tú eres el responsable de esta situación.
- Tendrá que desplazarse en autobús, ya que ha perdido el tren.
- No pude asistir a su cumpleaños porque estuve enfermo.

Subordinadas adverbiales condicionales

Expresan una **condición** para que se cumpla lo que se dice en la oración principal.

Por ejemplo:

Si me dejas tu bicicleta, podré llegar antes.
O sub. adv. condicional

Las oraciones subordinadas condicionales forman periodos bimembres constituidos por una oración principal, llamada **apódosis**, y una subordinada, denominada **prótasis**, que generalmente se sitúa entre pausas y en posición inicial.

Si lo ves,	*salúdalo de mi parte.*
O sub. adv. condicional prótasis	O principal apódosis

El nexo más importante es la conjunción *si*, pero también existen otras conjunciones (*como, cuando, mientras*) y locuciones conjuntivas (*a condición de que, en el caso de que, a menos que, con tal de que, en el supuesto de que, siempre que*, etc.).

Todos estos nexos pueden conmutarse por la conjunción *si*.

***Como** no hagas lo que te dicen te vas a enterar.*

***Cuando** lo dice será verdad.*

***Mientras** no moleste, el niño puede quedarse.*

*Te lo dejaré **con la condición de que** me lo devuelvas mañana.*

***En el caso de que** Raquel venga, te llamaré.*

*Hoy no pienso salir **a menos que** haya algo interesante que hacer.*

***Con tal de que** esté contento, se lo permiten todo.*

*Comeremos a base de carne, **en el supuesto de que** se haga la barbacoa.*

*Vamos a seguir adelante con el plan, **siempre que** tú estés de acuerdo.*

Todos los nexos, excepto *si*, sirven para introducir subordinadas adverbiales condicionales que se construyen siempre con el verbo en subjuntivo.

Las subordinadas introducidas por la conjunción *si* pueden construirse con el verbo en subjuntivo o en indicativo.

- Se forman con el verbo en **subjuntivo**:
  - Cuando la condición es de cumplimiento imposible. Reciben el nombre de **condicionales irreales**.

    Si hubieras venido, te habrías divertido mucho.

  - Cuando la condición es de cumplimiento posible, pero está expresada con un matiz subjetivo. Reciben el nombre de **condicionales potenciales**.

    Si parara de llover, quizá podríamos ir a entrenarnos.

- Se forman con el verbo en **indicativo** cuando la condición es de cumplimiento posible y el hablante la expresa objetivamente. Se las denomina **condicionales reales**.

  Si trabajas bien, te aceptarán.

- También se puede formular la subordinada con un verbo en imperativo + *y*.

  Invítala y verás qué contenta se pone.

- Y con verbos en formas no personales.

  De haber sabido que venías habría ido a esperarte.

  Siguiendo las indicaciones del plano, llegaremos al refugio.

  Vista en versión original, la película gana mucho.

Actividades de comprobación

13. Completa en tu cuaderno las oraciones con una subordinada adverbial condicional utilizando cada vez un nexo distinto.

- Te arrepentirás ___.
- No perderéis el partido ___.
- Os lo diré ___.
- Se lo concederán ___.
- No me llames ___.
- Os van a despedir ___.

14. Explica por qué las oraciones subordinadas condicionales, o prótasis, llevan el verbo en indicativo o en subjuntivo.

- Si hubiese sabido que esta tarde no tenías ningún plan, te habría llamado.
- Si vienes a mi casa, podrás jugar con el ordenador.
- Si el ladrón hubiese sido más cauteloso, la policía no lo habría detenido.
- Si me dejas tu compás, te estaré muy agradecido.
- Si hicieras ejercicio, adelgazarías.

15. Expresa el significado de la siguiente oración de cuatro maneras diferentes, siempre con nexos condicionales:

- El banco le concederá un préstamo con la condición de que lo devuelva dentro de un año.

Subordinadas adverbiales concesivas

Expresan un **obstáculo** o **dificultad** para que se cumpla lo expresado en la oración principal, pero no llegan a impedir la realización de esta.

Por ejemplo:

Aunque es famoso, se comporta de forma sencilla.
O sub. adv. concesiva

Las oraciones subordinadas concesivas forman periodos bimembres constituidos por una oración principal, llamada **apódosis**, y una subordinada, denominada **prótasis**, que generalmente se sitúa entre pausas y en posición inicial.

Aunque es un ladrón, está socialmente bien considerado.
O sub. adv. concesiva — prótasis; O principal — apódosis

El nexo conjuntivo más importante es *aunque*, pero también se emplean estos otros: *así*, *a pesar de que*, *aun cuando*, *si bien*, *mal que*, etc.

*No quiere reconocer sus errores **así** lo maten.*

***A pesar de que** es un tacaño, ha colaborado con un donativo en la colecta.*

***Aun cuando** ha sacado buenas notas, no está satisfecho.*

***Si bien** era uno de los sospechosos, se confirmó su inocencia.*

***Mal que** le pese, tiene que aceptarlo.*

Hay otros tipos de construcciones para la expresión de las subordinadas concesivas:

- Formas verbales repetidas:

  Haga lo que haga, siempre protesta.

  Digas lo que digas, tú eres el culpable.

  Vaya donde vaya, siempre me lo encuentro.

- Construcciones del tipo *por* + adjetivo o adverbio + *que*:

  Por listo que sea, morderá el anzuelo.

  Por más que se lo digas, no va a cambiar de opinión.

  Por mucho que lo pienses, esto no tiene lógica.

- La construcción *con* + *lo* + adjetivo o participio + *que*:

  Con lo interesante que parecía la conferencia, no me ha gustado.

Las subordinadas adverbiales concesivas se forman con el verbo en **indicativo** cuando el obstáculo se considera real.

Aunque me indicaron la dirección, me perdí.

Y con el verbo en **subjuntivo** cuando el obstáculo se considera hipotético.

Aunque haga mal tiempo mañana, iré a esquiar.

También se puede formar este tipo de subordinadas con verbos en **formas no personales**.

Con ser más guapo, no destacaba tanto como su hermano.

Aun dándoselo a precio de saldo, no lo quiere comprar.

Actividades de comprobación

16. Destaca las subordinadas adverbiales concesivas que encuentres en las siguientes oraciones:

- Aun cuando no quiera recibirme, yo iré a visitarlo.
- Siempre que discutimos sobre ese tema, terminamos enfadados.
- Aunque no estaba bien preparado, se presentó a los exámenes.
- Haga lo que haga, me criticarán igual.
- Va a una academia para que le enseñen a conducir.
- Como no atiende, cuando le preguntan no sabe qué contestar.
- Si bien no han ganado el partido, han jugado muy bien.
- Digan lo que digan, no hagas caso.

17. Reescribe en tu cuaderno las siguientes oraciones sustituyendo los espacios en blanco por nexos, e indica si las oraciones subordinadas adverbiales son causales, finales, ilativas, condicionales o concesivas. El nexo debe ser distinto cada vez.

- Te recibirá enseguida ▬ tienes un poco de paciencia.
- Aún está leyendo ▬ hay poca luz.
- Cogeré el coche ▬ hay huelga de metro.
- Aceptaré estas condiciones ▬ lo hagan los demás.
- ▬ el día es desapacible, saldremos a pasear.
- Hay restricciones de agua ▬ ha llovido poco.
- Habla bajito ▬ no se despierte.
- Fumigarán el local ▬ los insectos se multiplican.
- Hay pocas posibilidades de que me den el papel, ▬ no me hago ilusiones.

8 ACTIVIDADES DE CONSOLIDACIÓN

1. Subraya las oraciones subordinadas, destaca el nexo e indica de qué clase son.
   - Cuando lo vi por primera vez ya me causó buena impresión.
   - La defendió con tanta vehemencia como si le fuera la vida en ello.
   - Comió tantos dulces que terminó por enfermar.
   - Se esforzó hasta tal punto que terminó sin aliento.
   - Está tan guapa como la última vez que la vi.
   - Trabajaba como el que más.
   - Cantó tan bien que todos la felicitaron.
   - Hoy se ha suspendido la representación, así es que nos vamos a casa.
   - Lo conseguiré mal que te pese.
   - La asistencia de público ha sido menor que en otras ocasiones.
   - Están preocupados, pues no tienen noticias de ellos desde hace tres días.
   - De tan triste que estaba no sabía cómo consolarlo.

2. Analiza los grupos sintácticos destacados y sustitúyelos por oraciones subordinadas adverbiales que tengan la misma función. Después, di si son propias o impropias.
   - **En todo momento** ha sido muy solícito.
   - **Allí** hay doscientas cabezas de ganado.
   - El coche se estropeó **por falta de aceite**.
   - No consiguió vencer en la carrera **a pesar de sus esfuerzos**.
   - **A las seis** vendrán mis amigos a buscarme.
   - Sucedió **así**.

3. Indica qué clase de oraciones subordinadas introducen *que* y *como* en estos casos:
   - Las personas que se han colado sin pagar son muchas.
   - La cosecha ha sido tan buena como la del año pasado.
   - Como no estabas a la hora convenida, he pensado que te habías dormido.
   - Me voy a dormir, que tengo que madrugar.
   - Como se lo digas, me enfado.
   - Los trataban como si fueran seres inferiores.
   - Como no la saludaste, se disgustó.
   - Dice que no quiere problemas.

4. Indica si entre las acciones de las oraciones principales y las subordinadas existe una relación de anterioridad, de posterioridad o de simultaneidad, y luego escribe otras semejantes.
   - Cuando terminó el trabajo, se puso a descansar.
   - El perro deja de ladrar cuando oye la voz de su dueño.
   - Antes de que se entere por otros, díselo tú.
   - Apenas lo sepa, te avisaré.
   - Cuando ellos llegaron, yo ya hacía una hora que esperaba.
   - A medida que pasan los años, va adquiriendo experiencia.
   - Tan pronto como llegue el tren, nos iremos.

5. Escribe oraciones compuestas con subordinadas adverbiales de lugar que indiquen las siguientes relaciones espaciales:
   - tránsito
   - dirección
   - origen
   - procedencia
   - término
   - destino
   - permanencia

6. Distingue las oraciones subordinadas adverbiales comparativas, modales, consecutivas e ilativas. Después, indica de qué clase son las comparativas.
   - Tiene menos seso que un mosquito.
   - Le gusta más el cine que el teatro.
   - Tiene tanta vitalidad que arrolla.
   - Ya ha pasado un año; por lo tanto, el contrato del piso se tiene que renovar.
   - Es una persona tan culta que cautiva a todo el mundo.
   - Anda como si estuviera sonámbulo.

7. Convierte las oraciones subordinadas de las siguientes oraciones compuestas en causales, condicionales y concesivas:
   - La sopa está tan caliente que no puede comerse.
   - No hay entradas, así es que no podremos ver a nuestro ídolo.
   - Está enfermo; por lo tanto, mañana no vendrá.

8. Forma oraciones utilizando diferentes nexos que expresen la causa por la que te gustaría o no realizar las siguientes actividades: nadar, correr, bailar, escuchar música, leer.

   Ejemplo: *Iré a un cursillo de natación **porque quiero aprender a nadar más rápido**.*

9. Expresa la siguiente oración de cuatro maneras distintas utilizando nexos de finalidad:
   - Voy al taller para que me arreglen el coche.

10. Escribe tres ejemplos de todas las clases de subordinadas adverbiales analizadas en esta unidad.

La norma lingüística

1. Sustituye los espacios en blanco por *g* o *j*.

ori◆en	reporta◆e	vesti◆io
ti◆eras	verti◆inoso	dí◆itos
◆enerosos	baga◆e	gara◆e
vi◆ía	hospeda◆e	◆enocidio
beren◆ena	drena◆e	ferru◆inoso
ve◆ez	cole◆ir	cru◆ir
conver◆ente	dedu◆e	◆erga
reful◆ente	inflin◆ir	indul◆ente
carca◆ear	◆estación	ma◆istral
cabota◆e	conta◆ioso	contra◆imos

2. El gerundio expresa una acción simultánea o anterior a la del verbo principal. Por lo tanto, no se considera correcto dentro de la norma culta su uso para expresar una acción posterior. Sustituye los gerundios incorrectos por otra expresión apropiada.

Ejemplo:

* *Un coche y un camión colisionaron, muriendo el conductor del turismo. → Un coche y un camión colisionaron, y murió el conductor del turismo.*

- Disfruta leyendo novelas.
- Chutó fuerte introduciendo el balón en la portería.
- Entraron al cine, sentándose en la primera fila.
- Cayó en mala posición, rompiéndose el brazo.
- El ciclista alcanzó al pelotón, situándose en cabeza.
- Resbaló saliendo de la piscina.
- Los jugadores insultaron al árbitro, provocando un grave altercado.
- Yendo por la acera, se encontró con una amiga.

3. También se consideran, generalmente, incorrectos los usos del gerundio con valor de adjetivo especificativo o con valor de oración adjetiva especificativa. Sustituye el gerundio por otra expresión correcta cuando sea necesario.

Ejemplos:

* *Se necesita administrativo dominando el alemán. → Se necesita administrativo que domine el alemán.*

* *Mandaron una caja conteniendo todos los documentos. → Mandaron una caja que contenía todos los documentos.*

- Vimos a unos jóvenes haciendo deporte.
- Encontraron un maletín conteniendo dinero.
- Aún conserva la fotografía del poeta leyendo unos versos.
- Se precisan empleados sabiendo informática.
- Vio un coche corriendo mucho.
- Adoptó un cachorro descendiendo de perros de caza.

4. Corrige, si es necesario, el uso de *debe* y *debe de* en cada una de estas oraciones:

- Debes de venir a casa a las diez.
- Deberíamos evitar ser intolerantes.
- La película, posiblemente, debe empezar a las nueve.
- Cuando el bosque se quema, debemos avisar rápidamente a las autoridades.
- Nunca se debe de hablar mal de la gente.
- Deben de asistir unos doscientos invitados.
- Debe trabajar más si quiere aprobar.
- A juzgar por la cara que ponen estos políticos, los resultados electorales deben serles muy adversos.

5. Delante de nombres femeninos que empiezan por *a-* (o *ha-*) tónica, se usan los artículos masculinos *el* y *un*, pero no los demostrativos *este*, *ese* y *aquel*. De acuerdo con esta norma, escribe en tu cuaderno las siguientes frases, sustituyendo los espacios en blanco por el demostrativo apropiado. Por ejemplo, no debe decirse *este aula*, sino *esta aula*.

- ▬▬ arpa que ves ahí era de mi abuela.
- Nos detendremos en ▬▬ área de mantenimiento de allí.
- No toques ▬▬ acta.
- En aquel lugar hay una fuente de agua no potable; no bebas de ▬▬ agua.
- Corta un poco de leña con ▬▬ hacha de ahí.
- ▬▬ áncora que está a mi lado es muy pequeña.

6. El determinante *sendos, -as* significa «uno o una para cada cual de dos o más personas o cosas» y no puede confundirse con *ambos*, cuyo significado es «los dos, el uno y el otro». Reescribe las siguientes frases reemplazando los espacios en blanco por *sendos* o *ambos*, según corresponda:

Ejemplo:

Iván y Ana llevaban ***sendas*** *linternas.*

- Los tres ganadores de la carrera levantaron ▬▬ trofeos.
- María y Andrés fueron a jugar al tenis. ▬▬ llevaban zapatillas nuevas.
- Los dos ladrones salieron corriendo del banco con ▬▬ bolsas de dinero.

UNIDAD 9

Una copia de la humanidad en otro planeta

Los seres humanos no nos resignamos a desaparecer. La entrevista de Lluís Amiguet en *La Vanguardia* al director de exploración planetario de la NASA nos revela los planes de la agencia norteamericana para el siglo XXI: explorar el espacio para conocerlo, explotando científicamente planetas en los que la vida se extinguió para conocer mejor el nuestro o para acabar encontrando un lugar que colonizar, sobre todo si nuestro planeta se vuelve inhabitable, como parece que sucederá, a tenor de lo que vaticinan los científicos.

James Green, *director de exploración planetaria de la NASA*

Tengo 64 años: a los 14 miré el cosmos por un telescopio y sigo admirándolo. El presidente me encargó neutralizar Bennu. El clima cambia y puede destruir la vida: si no aprendemos a migrar a otros planetas, nos extinguiremos. Planeamos la colonia en Marte para el 2030. Colaboro con CosmoCaixa.

Estamos solos en el cosmos?
Sé que vamos a tener pruebas de vida extraterrestre durante la próxima década.

¿Dónde?
Primero en el sistema solar y, una vez la hayamos hallado en el sistema solar, la encontraremos con seguridad fuera de él. Ya habremos aprendido.

Defina «vida».
La biología extraterrestre solo considera ser vivo al que es capaz de metabolizar energía, reproducirse y evolucionar.

¿Y por qué cree que la veremos pronto?
Porque ya hemos descubierto en planetas y satélites de nuestro sistema solar varios entornos capaces de originarla y albergarla.

¿Qué necesita un planeta para ser vivo?
Agua, energía y material orgánico.

¿En qué planetas están?
Son satélites: Europa, de Júpiter, tiene un océano de agua líquida bajo la superficie helada y fuentes hidrotermales. Esas condiciones permiten vida quimiotrófica en él y la NASA envía ahora una misión a explorarlo.

Es una nueva Europa.
También esperamos descubrir vida extraterrestre en Encélado, satélite de Saturno. Hay compuestos orgánicos en los chorros hidrotermales de uno de sus océanos: indicio sorprendente que merece exploración.

¿No es mejor dedicar esos miles de millones de dólares a mejorar la vida en la Tierra?
Es que explorar otros planetas es el modo de conocer el nuestro y afrontar sus riesgos. Marte, por ejemplo, tuvo océanos, ríos, lluvias, agua –H_2O: ¡podíamos beber el agua marciana!– y vida, y no descartamos que, de algún modo, aún exista bajo su superficie.

¿Por qué Marte hoy está desierto?
Porque su clima y el de todos los planetas cambian continuamente, y a veces de forma que acaban con la vida. Lo estudiamos ahora en el de Marte para saber más del nuestro.

Un meteorito cambió el clima de la Tierra y causó la extinción de los dinosaurios.
Y, en 1911, un meteorito de 50 metros de diámetro arrasó 150 000 km^2 de la región siberiana de Tunguska; por eso, en el 2016 enviaremos robots a explorar el asteroide Bennu, de 500 metros de diámetro.

¡Ese podría destrozar medio mundo!
Por eso el presidente de EE. UU. me animó a explorarlo y estudiar si debemos destruirlo, porque observamos preocupantes cálculos de que puede impactar en la Tierra.

¿Qué hará en Bennu la misión?
Tomar muestras y comprobar si hay compuestos orgánicos. Si los hubiera, reforzarían la tesis de que la vida llegó a la Tierra en uno de esos asteroides que impactaron.

¿La vida empieza y acaba por azar?
El azar deja de serlo si descubrimos sus causas. Por eso exploramos Marte y otros planetas, para descubrir si nuestro clima también puede causar nuestra extinción. En Nueva York había glaciares hace solo 10 000 años... El clima puede cambiar muy deprisa.

¿Los humanos podemos cambiarlo?
La acción humana en la biosfera es parte de las fuerzas que lo modifican, pero los científicos planetarios sabemos que el hombre por sí solo no puede cambiar el clima.

¿Y revertir el calentamiento global?
No hay ninguna evidencia de que podamos revertirlo. Tenemos que seguir explorando otros planetas que han sufrido cambios climáticos radicales para saber cómo y hasta qué punto y a qué ritmo cambiará el nuestro.

¿Sobrevivirá la humanidad a esos cambios del clima terrestre o se extinguirá?
El único modo de evitar la extinción de la humanidad es colocar una copia en otro planeta, y esa es hoy la misión de la NASA: trabajar para que un día tengamos esa copia nuestra en otro planeta. Es la condición humana: preguntarse, descubrir, explorar, reproducirse y sobrevivir. A ella servimos.

¿Por dónde van a empezar?
Ya hemos empezado: siglos de ciencia nos preceden. ¿Se acuerda de la exploración de la luna y del primer alunizaje?

Rodaje de *Marte* (2015), la película de Ridley Scott en la que James Green colaboró como asesor.

Lo recuerdo en blanco y negro.
Yo también recuerdo que entonces creíamos que los cráteres de la Luna eran debidos a erupciones volcánicas... Y no. Hoy sabemos que se deben a impactos de meteoritos. En la Tierra, pensará usted, no ha habido tantos...

Sé de uno que cayó cerca de Vallmoll, otro en Nuevo México y he leído de otros...
... La Tierra ha sufrido más que la Luna, pero la biosfera los ha cubierto, ¡como en Tunguska! Ya le he dicho que la vida en la Tierra es más frágil de lo que queremos creer. Debemos trabajar para que la humanidad pueda sobrevivir a esos cambios inexorables.

¿Pondremos sucursal en Marte?
Este año enviaremos otra misión para medir la temperatura de su superficie con sondas a distinta profundidad y comprobar si podríamos usar el calor hidrotermal para calentar a los colonos. Acabo de asesorar a Ridley Scott en su película *Marte*, que trata precisamente de esa colonización.

¿Y si la vida fuera otra cosa?
Si quiere descubrir formas de vida radicalmente diferentes de la nuestra, en Titán hay océanos de metano...

¿Igual que el de nuestras ventosidades?
Igual. Si buscamos vida muy diversa de la nuestra, buscamos en Titán.

Lluís Amiguet. *La Vanguardia*

LECTURA Y COMENTARIO

Aspectos comunicativos o pragmáticos

1. «La Contra» es un formato de entrevista muy exitoso desde hace muchos años. ¿Qué actitud tiene el entrevistador?, ¿cómo se presenta al entrevistado?, ¿a qué tipo de receptor va dirigida la entrevista?

2. ¿Cuál es la intención comunicativa o función lingüística que predomina? ¿Y el tipo de texto dominante?

3. ¿Predomina más la información objetiva o la subjetiva-interpretativa?

Contenido

4. Enuncia el tema de la entrevista.

5. El titular original de la entrevista era una cita extraída del propio artículo: «Vamos a iniciar una copia de la humanidad en otro planeta». Propón otro título.

6. ¿Qué tiene mayor relieve, la personalidad del entrevistado, el contenido informativo o ambas cosas?

7. Redacta un breve resumen que recoja las intervenciones de James Green.

Estructura

8. Analiza la estructura del artículo y comprueba si se puede hablar de introducción, desarrollo y cierre o conclusión.

9. ¿Qué recurso tipográfico distingue las intervenciones del entrevistador de las del entrevistado?

Aspectos lingüísticos

10. A lo largo de la entrevista predomina la primera persona del plural y, en algún momento, se usa el tratamiento de cortesía: subraya ejemplos de ambos y comentad su valor expresivo.

11. Analiza las siguientes palabras desde el punto de vista del procedimiento de formación (compuestas, parasintéticas...): *extraterrestre, EE. UU., satélite, hidrotermales,* H_2O*, alunizaje*.

12. ¿Qué registro utilizan el entrevistador y el entrevistado? Observa aspectos lingüísticos como los recursos de modalización, el empleo de tecnicismos, el tratamiento de cortesía, etc.

Creación

13. En grupo, buscad información sobre un personaje del mundo de las ciencias, la cultura, etc. A partir de la información obtenida, inventad una entrevista verosímil, siguiendo el modelo de la que acabáis de leer.

9

ESCUCHAR, HABLAR, LEER Y ESCRIBIR

La prensa. Los géneros periodísticos mixtos: la crónica, la entrevista y la crítica cultural

Los géneros periodísticos

Los **géneros periodísticos** tradicionalmente se han clasificado en **informativos**, de **opinión** y **mixtos**. Los límites de esta clasificación son a menudo difusos, y se considera que las diferencias son más bien consecuencia de utilizar un estilo más informativo o más de opinión.

Los géneros periodísticos **informativos**, como la **noticia** y el **reportaje**, transmiten datos y hechos nuevos o conocidos, sin incluir opiniones ni juicios de valor. Los de **opinión** son interpretativos y transmiten un punto de vista personal o de grupo; lo son el **editorial**, el **artículo de opinión** (y sus variantes: columna, suelto, tribuna...) y las **cartas al director**. Los **mixtos** (o híbridos), como la **crónica**, la **entrevista** y la **crítica cultural**, incluyen información y opinión.

El curso pasado estudiamos los géneros informativos y de opinión. Este curso los revisaremos brevemente y veremos con más detenimiento los géneros mixtos: la crónica, la entrevista y la crítica cultural.

9

Los géneros informativos: la noticia y el reportaje

La noticia

La **noticia**, el género más característico de los medios de comunicación, es un **relato de acontecimientos** de **interés** y **actualidad**. Al ser pura información, se redacta con **objetividad** y **estilo impersonal** (tercera persona, léxico denotativo, etc.).

La noticia debe dar respuesta a las preguntas *qué, quién, cómo, dónde, cuándo* y *por qué*, aunque a veces puede faltar algún dato. El elemento más importante aparece en primer lugar para llamar la atención.

En cuanto a la **estructura**, a partir de los **titulares**, que anticipan el contenido, la noticia se organiza en dos partes: la **entrada** (o *lead*) y el **cuerpo**. La entrada o *lead* es el relato claro y escueto de la noticia; en ella aparecen los elementos de mayor interés y se redacta con autonomía para que el lector conozca lo fundamental, que puede no repetirse después. En el **cuerpo**, la información se organiza empezando por la que tiene mayor interés y va avanzando en orden de interés decreciente.

El reportaje

El **reportaje** es un relato que desarrolla una noticia dándole mayor amplitud y profundidad.

El reportaje puede tratar temas de interés muy variado, aunque no sean de actualidad. Para complementar la información de lo noticioso, se aportan otras referencias: testimonios directos, declaraciones de protagonistas, nuevos datos, descripción detallada del ambiente, información gráfica, información textual independiente de la principal, etc.

Dejando al margen los **titulares**, su estructura es básicamente la de la noticia: **entrada** y **cuerpo**, aunque en el reportaje tienen especial relieve el primer párrafo, que debe resultar atractivo para el lector, y el último, que ha de cerrar el texto de forma sugerente. La extensión es muy variable, y a veces es difícil distinguir –si no es por el estilo– una noticia desarrollada de un reportaje. En este, que va siempre firmado, predominan el texto **narrativo** y **descriptivo**, y aunque su intención es la información objetiva, el enfoque puede ser objetivo o interpretativo, y el **estilo** es **más personal** que el de la noticia.

Los géneros de opinión: el editorial y el artículo de opinión

El editorial

El **editorial** es un artículo en el que se expresa la **opinión del periódico** sobre acontecimientos o temas de actualidad. Puede incluir apelaciones al poder o a la opinión pública para que se tomen medidas con respecto a algún asunto polémico.

El **emisor** del editorial es el **periódico** (aunque lo redacte un equipo y el responsable sea el director), por eso aparece **sin firma** y siempre en un lugar fijo, junto a los créditos del periódico; la interpretación y la valoración del tema que trata dejan traslucir la ideología del medio. Combina **exposición** y **argumentación**, según predominen, respectivamente, la explicación de los hechos o el análisis y la toma de posición (más frecuentes). La estructura suele ser la clásica de estos textos: **introducción**, que plantea el tema e incluye la tesis, si es el caso; **desarrollo**, con las explicaciones o los argumentos; y **conclusión**, donde puede aparecer una breve síntesis del artículo o las conclusiones extraídas de los razonamientos, o bien se pueden plantear nuevas preguntas o abrir propuestas de reflexión o de actuación positivas. El **estilo** es **culto** y **atractivo** y predomina lo **objetivo**, aunque puede ser también interpretativo.

El artículo de opinión

El **artículo de opinión** –que incluye la **columna**, la **tribuna libre** y el **comentario**– es un artículo en el que se manifiesta el sentimiento o pensamiento de quien lo escribe sobre un tema de interés por su actualidad o por su trascendencia.

El artículo de opinión aparece **firmado** por el autor o autora. Suelen ser escritores de prestigio o articulistas que colaboran de manera ocasional en el diario, o bien especialistas en un tema (científicos, políticos, intelectuales...), cuyos puntos de vista no tienen por qué coincidir con los del medio.

Los **temas** suelen ser muy **variados** y no necesariamente de actualidad (aunque es lo usual), y el **enfoque** es **subjetivo**. Los textos son, en su mayor parte, **argumentativos** o **explicativos** (aunque caben también la **narración** y la **descripción**).

Es el género que tiene mayor libertad: la **estructura** es **libre**, pero la habitual es la tripartita que hemos visto en el punto anterior y, como en casi todos los géneros (reportaje, crónica, editorial...), el primer párrafo y el último suelen ser especialmente atractivos o sugerentes. Los escritores confieren su **propio estilo** al artículo de opinión, que tiene una larga tradición literaria: muchos de ellos, por su calidad, se consideran pequeños **ensayos** que, en ocasiones, los autores recogen y publican en forma de libro.

Actividades de comprobación

1. En grupo, seleccionad, por un lado, una noticia y un reportaje; y, por otro, un editorial y un artículo de opinión. Anotad las diferencias fundamentales entre los géneros de información y los de opinión, y comentadlas con el resto de los compañeros.

2. Leed estos dos textos periodísticos. A continuación, en parejas, realizad las actividades que siguen.

BELÉN ESTEBAN ROMPE CON SU «CAPITÁN CANALLA»

«La princesa del pueblo» acusa a su exmánager, Toño Sanchís, de estafarle un millón de euros. Él confirma la ruptura y niega la traición.

NURIA ROZAS - Bilbao

«A por ellos, oé, a por ellos, oé, a por ellos oé, oé», cantaba Toño Sanchís, voz de La Banda del Capitán Canalla, allá por el año 2006, el himno que creó para la Selección Española y con el que movilizó a todo el país. Pero, sin duda, el mayor éxito de este artista, metido a gurú del papel cuché, ha sido el de representar a Belén Esteban y catapultarla a la fama como «la princesa del pueblo». Para Sanchís, además de una gran amiga, ha sido su gallina de los huevos de oro durante los últimos diez años. Y más si se tiene en cuenta que por cada trabajo de la tertuliana, se embolsaba un 20 %. Pero Belén ha decidido irse del corral al grito de «la avaricia rompe el saco» y ha finiquitado la relación con su hombre de confianza.

El motivo no ha sido otro que la pasta. Desde hace unos meses, la colaboradora no entendía por qué le entraba tan poco dinero en su cuenta corriente y ordenó una auditoría: tras descubrir que le faltaba un millón y medio de euros, ha despedido a Sanchís. No es la única acusación de la de Paracuellos a su exagente: «Al final él era el artista y yo la representante», ha lamentado, al recordar cómo su exmánager acudió a *Sálvame Deluxe* para hablar de sus adicciones y no le dio ni un duro de los 50 000 euros que cobró.

Toño Sanchís, todavía representante de Kiko Matamoros, Terelu Campos, Rosa Benito y Jimmy Giménez-Arnau, entre otras estrellas del mundo televisivo, lo desmiente todo: «Yo no he estafado a nadie, ni he robado un millón de euros». Y por si no había culebrón para rato, la ex de Jesulín se guarda un as en la manga. «Si hablo, se cae Telecinco», ha amenazado.

<http://www.elcorreo.com/>

SE EMPEZÓ MORDIENDO AL PERRO

No sé si alguna vez volverá a parecerle el mundo al hombre pacífico un lugar medio razonable y parcialmente sereno, lleno de peligros pero en el que las atrocidades no eran lo cotidiano, aunque tampoco quizá excepción. En realidad es retórico y falso mi no saber. Sé que no, mientras tengamos televisión y nuestro criterio informativo siga siendo no ya contar cuanto ocurre, sino registrar y mostrar todas las salvajadas que ocurren, en cualquier punto del globo. Yo supongo que, desde que la prensa existe, la primera cuestión o pregunta fue: «¿Qué es noticia y qué no lo es?». Y por fuerza la inmediata respuesta hubo de ser: «Es noticia lo extraordinario, lo infrecuente, lo raro y lo anómalo», o, como se reflejaba en aquellos tiempos pioneros, «No es noticia que un perro muerda a un niño, sino que sea un niño el que muerda al perro». A partir de entonces se inició también la inversión en el orden de los motivos: si queremos salir en los papeles, tenemos que morder a perros.

Javier MARÍAS, *El País Semanal*

a) ¿Cuál de los dos textos es informativo y cuál de opinión? ¿A qué género pertenece cada uno de ellos? Razonad la respuesta.

b) Del primero, analizad el *qué*, *quién*, *dónde*, etc.; la estructura; el tono, y el registro.

c) Explicad el significado de la expresión «gurú del papel cuché» y comentad si consideráis que la noticia es propia de la prensa amarilla.

d) Señalad la intención del autor del segundo texto y comentad su enfoque del tema: ¿es objetivo o subjetivo?

e) Por último, analizad los rasgos lingüísticos utilizados –léxico, recursos retóricos...– en el texto de Javier Marías.

Los géneros periodísticos mixtos

La crónica

La **crónica** es un género periodístico **mixto** en el que se combinan elementos **informativos** e **interpretativos**, con predominio de los primeros. Su función, además de informar con detalle y amenidad, es **enmarcar** y **analizar** acontecimientos de los que el cronista es testigo directo o de los que tiene información de primera mano.

En la crónica predominan el texto **narrativo** (el transcurso del tiempo *–cronos–* es importante) y el **descriptivo**, así como el **expositivo-argumentativo**.

Se suele distinguir entre crónica **informativa**, como, por ejemplo, la de una sesión del Parlamento o el seguimiento de una catástrofe, y crónica **interpretativa** o **de opinión**, como suelen ser las de fútbol o las de un festival de cine, que dan cabida a la visión personal del autor. Por otro lado, según el tema de que trata, se habla de crónica local, cultural, política, de sucesos (o crónica negra), de sociedad, deportiva...

Las crónicas que cubren acontecimientos importantes en un lugar determinado (una guerra, una catástrofe, unos juegos olímpicos...) son redactadas por corresponsales o enviados especiales que se desplazan al lugar de la noticia. En las que cubren temas concretos, los cronistas pueden ser, además de periodistas, escritores de prestigio o especialistas en el tema. En ambos casos, el autor es testigo de los hechos que selecciona y sobre los que investiga o añade información. La crónica es un género muy apreciado en la prensa y suele contar con un lector habitual que valora el estilo ameno y el enfoque del cronista.

Este género periodístico puede confundirse con la noticia y el reportaje por su carácter informativo. Sin embargo, se diferencia de aquella porque incluye una información más ordenada y detallada, y una visión personal que no puede aparecer en la noticia. Del reportaje se distingue porque el tema de la crónica (como el de la noticia) es un acontecimiento de rigurosa actualidad, mientras que el del reportaje no tiene por qué serlo y en este se tratan los sucesos con mayor extensión y profundidad.

Actividades de comprobación

3. Leed este fragmento de una crónica y después responded las siguientes preguntas:

a) ¿Qué tipo de crónica es: informativa o interpretativa; de sucesos; política...)?

b) ¿Qué tipos de texto son los que dominan?

c) ¿Hay presencia del autor? Justificad la respuesta analizando los elementos subjetivos que encontréis (adjetivos valorativos, tono, recursos retóricos...).

La leyenda cambia de manos

Lorenzo se proclama tricampeón en una carrera épica en la que desactivó la remontada de Rossi

TONI LÓPEZ JORDÀ - Cheste

Con un rugido de rey león, en lo más alto del podio, Jorge Lorenzo acalló con la rabia y la superioridad del campeón los gritos y abucheos que le lanzaban los seguidores amarillos desde abajo, desde la pista, y desde la grada vecina, cuando estaba a punto de ser investido tricampeón de MotoGP. Acababa de aplacar la furia de Valentino Rossi en la pista remontando desde el fondo de la parrilla, y había resistido con bravura los ataques, nada amistosos, de las dos Honda. Y encima le tocaba aguantar la bronca maleducada y antideportiva de los fanáticos, que tampoco perdonaron a Márquez y a Pedrosa que no adelantasen o tirasen al balear. Qué más daba el ruido. Ya era tricampeón del mundo. Y batiendo al mito del 46 y sus artes. La leyenda, ayer, cambió de manos.

Lorenzo culminó un año fabuloso, en el que con persistencia y coraje ha recuperado 29 puntos de desventaja a Rossi, 7 en la última cita, volteando el Mundial en el último asalto –una gesta que solo antes habían logrado Nicky Hayden, ante Rossi también, en el 2006, y Wayne Rainey, en 1992–. Lo hizo en una carrera épica, intensa, sin respiro, de infarto. A pesar de que lideró la prueba de principio a fin, siempre mandando desde la salida, a Jorge le tocó sufrir en las 30 vueltas. Sobre todo, las cuatro últimas. Se le hicieron eternas, con las dos Honda en el cogote. Llegaron a pisarle los talones, a 0,2 s tuvo a Marc, pero el catalán nunca pudo meterle la rueda para intentar adelantarlo. De eso se quejaba Rossi amargamente. «A Marc lo veía como una amenaza, de estar a más de un segundo acabó enganchado... Hasta que no vi la bandera de cuadros no respiré aliviado. No sabía que estaba en la última vuelta, porque no veía bien la pizarra», descubría Jorge.

De ese modo no pudo percatarse de la remontada heroica que estaba ejecutando Valentino. Como todo el mundo esperaba, como casi todos los rivales intuían, Rossi llegó hasta las puertas del podio pese a arrancar desde la última posición. Y sin excesiva dificultad. Para empezar, se le quitó del medio un duro fajador como Cal Crutchlow, que tuvo que salir del *pit-lane*; tendría, pues, 24 motos por delante. Ya en la salida se comió 10 casillas, la clase humilde de MotoGP, escaló hasta la 16.ª posición, y cerró la primera vuelta en la 15.ª. En el segundo giro empezó a encontrarse con los Hayden, Barberá y Hernández. Pan comido. En el tercero superaba a Bradl y a Pirlo y se borraba su amigo Iannone por una caída. Ya era noveno. Después superó a Smith, y Petrucci descaradamente le dejó pasar para que alcanzase el séptimo puesto. Rossi solo encontró verdadera oposición para adelantar a los Espargaró, con Pol casi se toca y Aleix le llegó a discutir y recuperar la posición. Pero acabó pasándoles, como a Dovizioso... Ya era cuarto en la 13.ª vuelta, con 17 por delante.

Entonces comenzó su cuenta atrás para acercarse al trío de cabeza, a Lorenzo, Márquez y Pedrosa, a los que tenía muy lejos, a 13 segundos. Nunca pudo aproximarse; al contrario, se fue alejando con un ritmo inferior y acabó a casi 20 segundos, sin opciones, por lo que el italiano lo fio todo a una ayuda de las dos Honda o a una caída de cualquiera de los tres. Nada de eso ocurrió. [...]

La Vanguardia

4. Transformad la crónica anterior en una escueta noticia.

La entrevista

La **entrevista** (o reportaje de citas) es un género periodístico **mixto** que **reproduce un diálogo** entre dos o más personas, entrevistador y entrevistado, en un formato en el que se alternan preguntas y respuestas a partir de un guion previo.

El tipo de texto dominante es el **diálogo**, pero puede incorporar fragmentos de texto narrativo, argumentativo, etc. Además del **titular**, su estructura consta de dos apartados: la **presentación**, en la que se da a conocer el marco, el personaje (su edad, trayectoria vital, profesión, etc.) y el motivo de la entrevista, y los turnos **pregunta-respuesta**. Para terminar, suele añadirse un **cierre** o conclusión; por ejemplo, se hace un breve resumen o se dan las gracias al entrevistado.

Encontramos diversas variantes de la entrevista: de actualidad, testimoniales, de declaraciones, de cuestionario fijo (cuestionarios cerrados con preguntas cortas y variadas), pero, en general, se consideran tres tipos:

- **Informativa o de actualidad.** Predomina lo objetivo. Lo que interesa es la información periodística. Se suele partir de un cuestionario planificado dirigido a conocer el objetivo informativo. Si el tema es especializado, se entrevista a una autoridad en la materia.
- **De personalidad o psicológica.** Se centra en un personaje de interés. Tiende a ser más larga y suele incorporar elementos gráficos para reflejar el ambiente que rodea al entrevistado. Es muy popular porque permite a los lectores acercarse a la biografía o los puntos de vista de personajes del ámbito de la ciencia, el arte, el deporte, etc.
- **Interpretativa o de opinión.** Predomina lo subjetivo. Aunque hay elementos de las dos anteriores, la opinión del entrevistado tiene mayor cabida.

Como es un género mixto que puede alejarse de lo objetivo y acercarse a lo interpretativo, el estilo varía mucho según el tipo de entrevista.

Actividad de comprobación

5. Relee la entrevista a James Green que encabeza la unidad y responde las cuestiones que siguen:
   a) ¿Qué tipo de entrevista es? Justifica la respuesta.
   b) ¿Qué tipo de texto domina? ¿Se da algún otro?
   c) ¿Qué información aparece en la presentación?
   d) ¿Se puede decir que hay un cierre? ¿Cuál es? ¿Lo consideras apropiado?
   e) Subraya algunos elementos de modalización con los que se exprese subjetividad.

La crítica cultural

La **crítica cultural** es un género **mixto** que **informa** de un **acontecimiento cultural** de actualidad –una obra de teatro, un concierto, una película, un libro...– y lo **valora**, es decir, lo elogia o censura, total o parcialmente, con el objetivo de orientar al lector.

El texto que predomina es el **descriptivo** y el **expositivo-argumentativo**; la estructura y el estilo son libres y el enfoque puede llegar a ser muy subjetivo.

La parte informativa debe contener información objetiva sobre el acontecimiento que se analiza, información que puede aparecer en forma de ficha inicial incluyendo datos sobre el acontecimiento cultural del que se informa, como fecha, lugar, género, protagonistas, etc. La parte subjetiva –que puede ser muy personal, pero necesariamente bien argumentada– está a cargo de un especialista en la materia o el arte que se valora; por ello el lector suele ser, como en la crónica, un habitual que confía en las interpretaciones del crítico.

Aunque tradicionalmente el género se dedicaba a la cultura en general, hoy en día se ha abierto a todo tipo de temas. Así, hay crítica de libros; musical (con especialistas en diferentes géneros: ópera, jazz...); de cine; de teatro; de gastronomía; televisiva; etc. La crítica cultural es un género muy popular en prensa, revistas, medios audiovisuales y blogs, y ello hace que, en algunos casos, la calidad se resienta, sobre todo en algunos de estos últimos.

Actividad de comprobación

6. Leed esta crítica publicada en *El Periódico* y contestad las preguntas que aparecen a continuación:

a) Con relación al tema, ¿qué clase de crítica es?

b) Analizad los tipos de texto que aparecen.

c) Distinguid la parte subjetiva de la parte objetiva.

d) En la parte subjetiva, subrayad elementos modalizadores que expresen subjetividad (léxico valorativo, recursos retóricos...).

e) ¿A qué obedece el inicio abrupto que se desarrolla a través de un paralelismo (líns. 5-9)?

Fin de ciclo y motivos referenciales

Por Quim Casas

Spectre, de Sam Mendes. Estreno: 6 de noviembre. ACCIÓN. Intérpretes: Daniel Craig, Léa Seydoux, Christoph Waltz, Monica Bellucci, Ralph Fiennes. Título original: *Spectre*. Reino Unido. 148 minutos

Sean Connery duró lo adecuado, seis filmes. Roger Moore acabó autoparodiándose en siete. Timothy Dalton duró poco, afortunadamente, tan solo dos películas. Pierce Brosnan aceptó ser James Bond en cuatro y el ciclo de Daniel Craig se termina con la misma cifra. El primer 007 rubio y de ojos azules ha sabido imponer su estilo, más adusto y fornido, menos cínico, y ahora que estaba en la plenitud, parece que abandona la saga con una película que se apunta a la moda de la referencialidad: motivos, personajes y situaciones (la pelea en el tren que recuerda, más espectacular pero menos tensa, a la de Connery y Robert Shaw en la fundacional *Agente 007 contra el Dr. No*) de otros títulos se dan cita aquí con cierta lógica narrativa.

Pero Sam Mendes fracasa allí donde triunfó en *Skyfall*, su anterior aportación a la estética y ética jamesbondiana. *Spectre* es emocionalmente demasiado rígida y sus apuntes dramáticos se espesan más de la cuenta. Tampoco las secuencias de acción están bien resueltas, Christoph Waltz y Léa Seydoux no pasarán a la historia como el mejor villano y chica Bond de la serie, y el visto / no visto de Monica Bellucci es indigno, pero Ralph Fiennes borda un M distinto y honesto. Se sigue respetando escrupulosamente el itinerario internacional (Austria, Roma, Londres y Tánger son aquí los escenarios) y se toma de nuevo el Martini mezclado, no agitado. Todo está ahí, bien visible sobre la pulida superficie, pero falla algo. Es como si el ciclo Bond se hubiera averiado. Una avería leve, pero que deja rastro pese a escenas tan brillantes como la reunión de la organización criminal en un castillo o el agitado plano-secuencia del inicio.

ACTIVIDADES DE CONSOLIDACIÓN

1. En grupo, buscad tres crónicas de temas diferentes (cultural, local, deportiva, de sucesos...) en distintos periódicos. Observad y analizad los rasgos de este género en todas ellas (más información que interpretación, detallismo, amenidad, orden...) y poned en común vuestras conclusiones.

2. En grupo, realizad una entrevista a un personaje que despierte vuestro interés. Una vez hecha, publicadla en el blog de grupo que abristeis en la unidad anterior.

Tened en cuenta que debéis seleccionar cuidadosamente el tema o el personaje; documentaros bien; hacer preguntas breves y concretas; escoger entre preguntas cerradas o abiertas; etc. Tomad como referencia los modelos que aparecen en la unidad.

3. En parejas, leed este artículo y responded las siguientes preguntas:

- ¿A cuál de los géneros mixtos pertenece?
- Resumid el tema de que trata.
- ¿Por qué se añaden informaciones que, en principio, parecen no relacionadas con el tema?
- Señalad rasgos de estilo que destaquen; por ejemplo, el uso estilístico de la frase corta.

Shakespeare, guionista

Salvador Llopart - Barcelona

Shakespeare es un misterio. Se han escrito gruesos tratados sobre su vida cuando, en realidad, se sabe muy poco. Shakespeare nació en Stratford-upon-Avon en 1564, eso parece comprobado. Se instaló en Londres como hombre de teatro –fundó el Globe, donde se estrenaron sus obras– y, años después, cuando era un empresario solvente, volvió a su tierra como un señor rural. Había dejado de escribir. Murió el 23 de abril de 1616, una fecha para la historia. Lo demás es silencio.

O elucubraciones. Se duda incluso de que Shakespeare fuera Shakespeare. Se dice que fue un testaferro, un impostor, que no escribió sus obras. De lo que no se puede dudar es de esas comedias y dramas inolvidables que, desde que el Bardo las escribió (o no), nos definen. Quizá por eso, porque dicen tanto y tan bien de nosotros, porque nos conoce a la perfección, la ficción de Shakespeare sigue vigente, alimentando la ficción audiovisual. *El mundo, un escenario* (Anagrama), la nueva indagación de Jordi Balló y Xavier Pérez sobre la ficción audiovisual, explora la herencia de Shakespeare tanto en cine como en televisión. Si volviera a nacer, ¿escribiría Shakespeare para la televisión? Quizá, se afirma con alegría manifiesta. Uno lo ve más en el cine. Lo que es seguro es que la televisión, como el cine, viven de los mundos y de las formas que Shakespeare exploró. «Shakespeare es un viaje para conocer el mundo audiovisual contemporáneo», [...] dicen los autores de *La semilla inmortal* (Anagrama), libro en el que exploraban 21 asuntos básicos –tramas esenciales, se podría decir– que definen la moderna narrativa audiovisual. ¿Cuántas de ellas ha explorado Shakespeare en sus obras? Muchas; todas probablemente. [...]

Ambos señalan recursos básicos de la narrativa contemporánea –como arrancar la acción cuando la acción de la que se está hablando ya ha arrancado, en realidad; la tendencia a un protagonista coral, y el gusto por los personajes excesivos– como algo que está en Shakespeare. Sin olvidar que la violencia se erige, tanto en Shakespeare como en buena parte del audiovisual moderno, en un elemento narrativo más.

Shakespeare, como Homero, no teme a la sangre. Por el contrario, la trasciende. Tarantino quizá lo descubrió en *Tito Andrónico*, donde muere hasta el apuntador. Balló y Pérez no dicen que Shakespeare lo inventara todo; tan solo que todo lo inventado, en cuanto a dramaturgia, se intuye en Shakespeare. Y que de él se alimentan series como *Breaking Bad* o *House of Cards*. [...]

La Vanguardia

4. En grupo, seleccionad cinco críticas culturales de temas distintos (música, cine...) y distinguid en ellas información y opinión. Tomándolas como modelo, escribid dos críticas culturales de temas diversos y publicadlas en vuestro blog.

5. En parejas, leed esta entrada del blog de Andreu Buenafuente y realizad las siguientes actividades:

- ¿En qué género periodístico de los que acabamos de ver clasificaríais este texto? ¿Por qué?
- Señalad, si las veis, algunas diferencias entre este artículo digital y los que habéis leído, pertenecientes a géneros periodísticos nacidos en la prensa.
- Transformad el artículo en una noticia.
- Escribid un artículo de opinión sobre el tema que plantea el autor.

Sin wifi

Un bar de la ciudad de Barcelona ha decidido dar el primer paso: «Wifi no conectado (gente)». Es un lugar bonito, pequeño y tranquilo. Me dicen que apuestan por gente que vaya a tomar un café y hablen entre ellos, toda una temeridad (como negocio) hoy en día. Pero... ¿y si son más modernos de lo que creemos?

He leído por ahí que va cogiendo forma un movimiento que algunos califican como «el apagón digital» o «retorno a lo analógico». Dicen que hay personas que apuestan por desconectar, se dan de baja DE TODO en las redes y pasan de compartir, recomendar, etiquetar y todo eso que nos hemos inventado y que nos ocupa la mayoría de nuestro tiempo.

Personas que borran todo su historial, todas las pistas y empiezan a recuperar una «nueva individualidad», una libertad de movimiento sin estar geolocalizados. Los nuevos analógicos sencillamente usan la tecnología para currar, para sus necesidades básicas y luego «viven» las cosas como se hacía antes. Recuperan las charlas sin mirar cada tres minutos el teléfono, los paseos y viajes (sin fotos), el silencio, las comidas con los amigos, la lectura o el sencillamente no hacer nada. Unos locos, vamos.

(Nota: en el bar les preguntan si «people» es la contraseña).

Andreu Buenafuente (6 noviembre 2015)
<http://www.andreubuenafuente.com>

CONOCIMIENTO DE LA LENGUA

Las variedades dialectales del español actual

Las zonas dialectales del castellano en España

En el castellano o español actual se pueden distinguir dos grandes zonas dialectales: la **septentrional** y la **meridional**.

isoglosa: línea imaginaria que, en un atlas, delimita los puntos en que se manifiesta un mismo fenómeno lingüístico.

Aunque en el mapa el límite entre las dos zonas parece claro, lo cierto es que la frontera entre las dos áreas no lo es, ya que las distintas líneas que señalan los rasgos de una zona u otra (isoglosas) a menudo se entrecruzan.

En general, las diferencias entre los dialectos del castellano o español son suaves y no plantean demasiados problemas de comunicación.

Los dialectos o hablas septentrionales

Las hablas **septentrionales**, más conservadoras, abarcan principalmente las tierras castellanas por tradición y las que se extienden también por los territorios que habían ocupado en el pasado los dialectos históricos del latín (el aragonés y el asturleonés).

- En el **habla de las tierras castellanas por tradición**, es decir, en las que nació el castellano o que fueron castellanizadas en un primer momento, como Burgos, Valladolid, etc., encontramos una serie de rasgos dialectales. Por ejemplo:
  - **Leísmo** (**le** en función de complemento directo referido a una cosa): *Este apartamento ya* ***le*** *vimos;* **laísmo** y **loísmo** (**la** y **lo** en función de complemento indirecto): ***La*** *dije que no viniera.*
  - Pronunciación como **z** de la **d** final de palabra: *Madriz.*
  - Aparición de una **s** en la segunda persona del singular del pretérito perfecto simple: *vistes, vinistes...*
  - Uso del infinitivo para la segunda persona del plural del imperativo: *¡Traerme un regalo de París!*
- En el **castellano que se expansionó hacia el este** (La Rioja, Navarra y Aragón), lo más destacable son los rasgos aragoneses que han penetrado en el castellano hablado. He aquí algunos:
  - Entonación ascendente de la frase y tendencia a alargar la vocal final.
  - Uso de los pronombres precedidos de preposición: *con tú, con mí...*
  - Se evita el acento de las palabras esdrújulas: *pajaro, medico...*
  - Uso del sufijo diminutivo **-ico**: *pajarico.*
  - Abundante uso de la partícula *pues.*
- En el **castellano que se expansionó por el territorio leonés** (León, Zamora, Salamanca y parte de Cáceres) aparecen en los hablantes rasgos del antiguo dialecto leonés, que son más numerosos en el castellano hablado por los asturianos debido al contacto con los bables. He aquí algunos:
  - Tendencia a cerrar las vocales finales: *otru* 'otro'.
  - Diminutivos en **-ín**, **-ina**: *niñín* 'niñito', *niñina* 'niñita'.
  - Palabras específicas, como *guapo* 'bonito, hermoso', aplicadas a cosas: *Comprome un vestido guapo.*
  - Uso del pretérito perfecto simple en vez del pretérito perfecto compuesto: *Esta tarde* ***fui*** *a tu casa.*

Actividad de comprobación

1. ¿A qué área del castellano septentrional pertenecen las siguientes frases?:
   - **La** insinué que no hiciera eso.
   - Mañana iré al **medico**.
   - ¿**Vistes** la televisión ayer?
   - Ven **con mí** de paseo.
   - El **niñín** se fue con **otru**.
   - Esta mañana **llegué** de la ciudad.

Los dialectos meridionales

Los dialectos **meridionales** se caracterizan por ser más evolucionados en su pronunciación y por tener rasgos fonéticos muy marcados: es el castellano que se extendió desde Toledo hacia La Mancha, Extremadura, Murcia, Andalucía y Canarias, y el español de América.

En esta área dialectal se encuentran el **andaluz**, punto de partida del **canario** y del **español de América**, y los dialectos **extremeño** y **murciano**. Se denominan **dialectos** o **hablas de transición** el extremeño (con rasgos leoneses, castellanos y andaluces); el murciano (con rasgos aragoneses, catalanes y meridionales), y el canario (con influencias del andaluz occidental y del español de América).

Principales rasgos generales de los dialectos meridionales

- **Relajación** de **s** en posición final de sílaba y de palabra, lo cual produce que dicha consonante se pronuncie aspirada (*avihpa*), haya asimilación de la consonante siguiente (*avippa*) o se pierda la **s** (*avipa*). Cuando se pierde la **s** final de palabra, la vocal se pronuncia más abierta para indicar el plural: *ojọ* (singular), *ojǫ* (plural).
- **Confusión** de **r** y **l** en posición final de sílaba o palabra: *arta* 'alta', *cuelpo* 'cuerpo'. A veces, se pierden: *jugadó* 'jugador', ve 'ver'.
- **Relajación** o **pérdida** de las consonantes internas, sobre todo de la **d** y de la **n** intervocálicas o que van delante de **r**: *cansao* 'cansado', *vie* 'viene', *pare* 'padre'.
- **Yeísmo** o pérdida de la oposición **ll**/**y**. La *ll* se realiza como la *y* con distintas pronunciaciones: *yuvia* 'lluvia'.

El extremeño

El **extremeño** es un dialecto de transición entre el leonés (principalmente en el norte de Extremadura), el castellano y el andaluz.

El aspecto **fonético** más característico del extremeño es quizá la aspiración generalizada o la relajación de la **s** en posición final de sílaba (así, la palabra *niños* se puede pronunciar *niñoh* o *niño*); también se aspira frecuentemente la **h-** inicial en las palabras que tenían **f-** inicial latina (como *higo* o *harina*) o la **j** en palabras como *muhé* 'mujer', *vieho* 'viejo', etc. Otro fenómeno generalizado es el yeísmo. En el noroeste y el centro de Cáceres existe, en zonas rurales, un rasgo de origen leonés, en franco retroceso, que consiste en el cierre de la **-o** final en **-u** abierta y de la **-e** en **-i** abierta: *otru* 'otro', *instanti* 'instante'.

Tanto en la **morfosintaxis** como en el **léxico** se mezclan leonesismos, como el diminutivo **-ino**, **-ina** (*chiquinino*), y también se conservan palabras castellanas que se han perdido en otras hablas: *herrete* 'aguijón', *bicio* 'estiércol'...

Extremadura fue tierra fronteriza durante siglos. León repobló la parte más occidental, mientras que Castilla repobló la oriental. Más adelante, Extremadura recibió la influencia de Sevilla y Toledo, dos ciudades importantes de la zona meridional.

Como sucede con todos los dialectos, existen variaciones entre unas partes y otras de Extremadura.

El murciano

El **murciano** es un dialecto de transición entre el castellano, el aragonés y catalán, y el andaluz.

El murciano presenta un conjunto de rasgos **fonéticos** que se repiten en los dialectos meridionales, pero que no son generales en todas las tierras murcianas: aspiración de la **-s** a final de sílaba o de palabra; neutralización de **r** y **l**; tendencia a la aspiración de la **j** gráfica; el yeísmo se impone en las ciudades, aunque se mantiene la diferencia entre **ll/y** en las zonas rurales; relajamiento de las consonantes internas intervocálicas: *piazo* 'pedazo', *caeza* 'cabeza', etc. Se mantiene la diferencia entre la **s** y la **z**, excepto en la zona de Cartagena, donde existen el seseo y el ceceo, con predominio del primero. La **ch** es más mojada y tensa que la castellana. Por influencia del aragonés y del catalán se pueden oír palabras como *pescatero* 'pescadero', *cocote* 'cogote', *llengua* 'lengua', *flamarada* 'llamarada', etc.

Otros rasgos son la conservación del **sufijo diminutivo** aragonés en **-ico**, **-iquio** (*pajarico, ratiquio*) y, en el **léxico**, la presencia de formas arcaicas castellanas, arabismos y mozarabismos (*alcancía* 'hucha', *alcaucil* 'alcachofa', *zagal* 'chico, niño'), y otros términos que también se encuentran en el andaluz.

De la reconquista del reino de Murcia se ocupó el reino de Castilla, pero Jaime I de Aragón ayudó a Alfonso X (siglo XIII) a someter a los moriscos, y la presencia catalana y aragonesa fue importante en estas tierras, que también recibieron influencia valenciana por su cercanía.

El andaluz

El **andaluz** es la variedad dialectal más diferenciada del español. De ella proceden las modalidades lingüísticas de Canarias y de América.

El andaluz no es un dialecto uniforme, sino que consta de una serie de variedades más o menos próximas entre sí.

Muchos de los rasgos **fonéticos** del andaluz son comunes con el resto de los dialectos meridionales: relajación de la **-s** final de sílaba o palabra con distintos resultados (aspiración, asimilación a la consonante siguiente más inmediata, pérdida total: *pahta* 'pasta', *mimmo* 'mismo', *lo día* 'los días'); tendencia a la pérdida de la **-l**, **-r** y **-n** finales; relajación o pérdida de consonantes sonoras internas, sobre todo, de la **-d-**: (*salao* 'salado', *peaso* 'pedazo', *pare* 'padre', *mijita* 'migajita', *juar* 'jugar', *caeza* 'cabeza'); confusión de **l** y **r** (*arma* 'alma'); aumento del yeísmo (*yuvia* 'lluvia'), y pérdida de la oclusión en la pronunciación de la **ch** gráfica (*mushasho* 'muchacho').

La diversidad del dialecto andaluz es el resultado del largo proceso de reconquista de Andalucía. Desde la reconquista de Jaén, Córdoba y Sevilla, en la primera mitad del siglo XIII, hasta la toma de Granada, en 1492, pasaron dos siglos. Andalucía occidental fue repoblada por castellanoleoneses, tuvo poca tolerancia con los mudéjares y la tierra se distribuía principalmente en latifundios que estaban en poder de la aristocracia. En cambio, la oriental se repobló más tardíamente, en parte por murcianos y aragoneses; la presencia de moriscos era mayor, y las tierras se distribuyeron de forma distinta.

En el siglo XVI, Sevilla se convirtió en la capital de la emigración que se embarcaba hacia América, y sufrió cierta despoblación por la marcha de muchas personas hacia este continente.

9

Articulación de la *s*

***s* predorsal** o «sevillana»: se articula con el predorso de la lengua; esta es plenamente convexa y el ápice de la misma se coloca en los incisivos inferiores.

***s* coronal** o «cordobesa»: se articula con la lengua plana.

Áreas o zonas dialectales del andaluz

Algunos de los rasgos del dialecto andaluz hacen que se pueda dividir en áreas o zonas, distinguiendo, sobre todo, entre el andaluz oriental y el occidental.

- Desde el punto de vista **fonético**, se podrían distinguir las siguientes características:
  - Hay un área oriental, en la cual se tiende a **abrir las vocales a final de palabra** para señalar el plural ante la pérdida de la **-s** (*ojo* en vez de *ojos*), y otra occidental, donde no se produce dicha apertura.
  - Existe una zona **ceceante** y otra **seseante**; la más cercana a la costa es ceceante (principalmente el sur de Huelva; la provincia de Cádiz excepto la capital, que es seseante; la mayor parte de Sevilla y Málaga; el oeste y el sur de Granada, y parte de la costa de Almería), mientras que la zona intermedia es seseante (principalmente, la zona intermedia occidental de Huelva, el norte de la provincia de Sevilla y su capital, casi toda la provincia de Córdoba, el norte de Málaga y la zona central de Jaén); en cambio, distinguen entre **s** y **z** en la mitad norte de Córdoba, en el norte de Huelva, en el este de Granada y en la mayor parte de las provincias de Jaén y Almería.
  - Se produce la **articulación predorsal o coronal** de la **s** frente a la pronunciación con la punta de la lengua del castellano no andaluz. Realizan la **s** predorsal en Cádiz, Málaga, casi toda Sevilla y algunas zonas de Córdoba y Granada. Hoy se extiende por toda el área del ceceo, y reduce las zonas de la **s** coronal.
  - Aspiración de la **h-** inicial (*horno* 'horno') y la **j-** gráfica (*oho* 'ojo'); en la parte más **oriental** (Almería, nordeste de Granada y Jaén) aspiran la **j-**, mientras que en la **occidental** se aspira la **h-** inicial procedente de **f-** latina.

- Desde el punto de vista **morfológico**, en algunas zonas del dialecto occidental (Huelva, Sevilla, Cádiz y casi toda Málaga) se produce un reajuste en la conjugación de las personas gramaticales de los verbos: desaparición de **vosotros/as** y sustitución por **ustedes**, sin que ello su-

ponga un trato de respeto, y concordancia del verbo en tercera persona del plural: *ustedes entran* 'vosotros entráis'.

- En el **léxico** existen influencias diversas: leonesismos en la parte occidental; portuguesismos en Huelva; aragonesismos en Jaén, en Granada y en Almería, y arcaísmos castellanos, arabismos semejantes a los de las otras hablas castellanas, léxico propio, léxico común con el resto del castellano y léxico que coincide con el español de América. También en el léxico se producen diferencias entre el área oriental y la occidental para referirse a un mismo objeto: *panocha/mazorca* 'fruto con los granos de maíz'; *candela/lumbre* 'lumbre, fuego'.

El canario

El **dialecto canario** es una variedad lingüística que presenta casi los mismos rasgos que el andaluz. Las diferencias más significativas se encuentran en el léxico, por la presencia de guanchismos y portuguesismos.

- El canario presenta muchos de los rasgos **fonéticos** andaluces: seseo con **s** predorsal de tipo andaluz (*sinco* 'cinco'); aspiración, asimilación a la consonante inmediata o pérdida de la **s** final, igual que otras consonantes finales (*cohta* 'costa', *sei litroh* 'seis litros', *ihla* o *il·la* 'isla'); aspiración de la **j** gráfica (*debaho* 'debajo'); neutralización de **l** y **r** finales –implosivas– (*arquiler* 'alquiler'); yeísmo en las ciudades (Gran Canaria y Santa Cruz de Tenerife): *yama* 'llama'. La pronunciación de la **ch** es casi sonora en lugar de sorda. Un hablante peninsular la percibe casi como **y**: *muŷo* 'mucho'.

- En la **morfología**, como en el andaluz, se ha perdido el uso de **vosotros/as** en favor de **ustedes** con el verbo en tercera persona. Otra característica es el uso del pretérito perfecto simple en vez del compuesto (*¿te caíste?* por *¿te has caído?*). Como en Andalucía y América, no existe leísmo, es decir, se conserva la distinción entre **le** y **lo**. Finalmente, se personaliza el impersonal *haber* (*habían muchas personas* por *había muchas personas*).

Españoles y portugueses se disputaron las islas Canarias, si bien quedaron definitivamente incorporadas al reino de Castilla en el siglo XV. Los repobladores de estas islas procedían básicamente de puertos andaluces y portugueses. Los nativos, que hablaban el guanche, perdieron pronto su lengua y se castellanizaron. Por otra parte, Canarias siempre ha dado numerosos emigrantes a diversos países de ultramar, por ello las Islas Afortunadas han sido históricamente un puente con América.

- En el **léxico** se encuentran portuguesismos (*millo* 'maíz', *cañoto* 'zurdo'); americanismos (*papa* 'patata', *guagua* 'autobús'); guanchismos (*gofio* 'harina de maíz preparada', *baifa* 'cabra'), y alguna otra palabra castellana ya no utilizada en la Península (*destocarse* 'descubrirse').

Actividades de comprobación

2. Indica si los siguientes enunciados son verdaderos (V) o falsos (F):

a) En el dialecto murciano hay influencias aragonesas y catalanas.

b) En el dialecto extremeño hay influencias leonesas.

c) El leísmo es un fenómeno lingüístico que se da en todos los dialectos meridionales.

d) En el dialecto canario existen muchos portuguesismos.

e) El dialecto andaluz es muy uniforme.

f) En el canario y el andaluz occidental se produce un reajuste de las personas gramaticales de los verbos sustituyendo *vosotros/as* por *ustedes* con el verbo en tercera persona del plural.

3. Consulta los mapas y la información que se te ha dado, y describe las zonas del seseo.

4. Anota los dialectalismos meridionales que encuentres en este texto:

> Guardó silencio la concurrencia y declamó la tarasca: ¡Buena noche, querío público, buena noche y bienvenío a La Taberna de Mañué, el tablao má distinguío de lo sinco continente! Chifló la concurrencia y siguió diciendo la tarasca con voz gutural y temblorosa: Me llaman la Fresca y como vai a vé, soy artista del cante y del baile españó. Pero ante de empesá mi actuasión quiero desiro que estoy mú felí, pero que mú felí de aztuá de nuevo ante este mi querío público de Barselona, que tanto quiero y tanto me quiere, a mi regreso de una gira triunfá por lo mejore teatro de varieté de Londre, Parí y Bueno Aire.
>
> Eduardo MENDOZA, *Una comedia ligera*

El español de América

Las variedades geográficas que adopta el español en América dependen de factores sociales, culturales y étnicos, así como del sustrato de cada región a la cual llegó el español.

La implantación del español en América siguió una lenta evolución de siglos y llegó a su máxima extensión en el siglo XVIII, como lengua de la Administración, la cultura y la Iglesia. Concretamente, algunos de los factores que contribuyeron a la aparición de las variedades geográficas del español de América fueron los siguientes:

- **La procedencia de las colonizaciones.** El castellano de finales del siglo XV y principios del XVI que llegó a tierras americanas todavía no tenía un sistema lingüístico fijo y, en este sentido, la distinta procedencia regional de las colonizaciones representó un papel importante en la aparición de las diferentes variedades geográficas del español de América. Por ejemplo, la adopción del seseo en América se debió a la influencia de los andaluces, ya que muchos de los colonos que fueron a tierras americanas lo eran, y además quienes procedían de otras regiones españolas tenían que esperar largo tiempo en Sevilla antes de embarcarse, con lo que se habituaban al dialecto andaluz.

- **La influencia del sustrato indígena.** Las primeras colonizaciones tuvieron que enfrentarse a la existencia de más de cien familias de lenguas indígenas (algunas de las cuales todavía perviven hoy en día: quechua, guaraní, náhuatl, zapoteco...), con culturas muy avanzadas y arraigadas, como la maya, la azteca, la inca, la araucana, la guaraní, etc. Este hecho representó un factor decisivo en la configuración del español de América. Por ejemplo, parece claro el influjo del sustrato indígena en la entonación y en el léxico.

- Los **distintos modelos de lengua** que tomaron los países de América una vez conseguida la independencia, en el siglo XIX.

Principales rasgos del español de América

- **Fónicos.** Muchos rasgos coinciden con los de los dialectos meridionales hispánicos, sobre todo el andaluz:
  - El **seseo**. El español de América cuenta con un fonema menos, ya que la **c** ante **e**, **i**, y la **z** se pronuncian como **s**: *rasón* 'razón', *senisa* 'ceniza'.
  - El **yeísmo**. Es la pronunciación de **ll** como **y**: *cabayo*.
  - La **aspiración o pérdida** de la **s** a final de sílaba o palabra: *mohca* 'mosca'.
  - La **confusión** de **r** y **l** a final de sílaba o de palabra: *arma* 'alma', *pielna* 'pierna'.

- **Morfosintácticos.** Los fenómenos más generales son los siguientes:
  - El rasgo principal es el **voseo**, es decir, el uso de **vos** como segunda persona del singular en vez de **tú**. Las formas verbales del voseo son diferentes según las regiones: *vos cantás* o *vos cantas* 'tú cantas'.
  - El uso de **ustedes** en lugar de **vosotros**: *ustedes cantan* 'vosotros cantáis'.
  - El empleo del **pretérito perfecto simple** en vez del perfecto compuesto: *salió* 'ha salido'.
  - El uso frecuente de **diminutivos**: *ahorita, adiosito*.
  - La **adverbialización del adjetivo**: *canta bello, viste lindo*.

- **Léxicos.** Son uno de los aspectos que mejor reflejan la variación dialectal del español de América.
  - El empleo de **palabras arcaicas**: *lindo* 'bonito', *pollera* 'falda', *prometer* 'asegurar'.
  - La utilización de **voces indígenas**: *cancha* 'terreno llano'; *papa* 'tubérculo comestible'; *jícara* 'vasija originalmente de calabaza'; *cuate* 'mellizo'; *pulquería* 'lugar donde se vende pulque'; *pololo* 'persona que mantiene con otra una relación afectiva menos formal que el noviazgo'; *guacal* 'especie de cesta'.
  - El uso de **neologismos** por derivación, como *limpiada* 'limpieza', o de **préstamos extranjeros**, como *carro* (del inglés *car*) 'coche', *usina* (del francés *usine*) 'fábrica'.

Áreas del español de América

Las clasificaciones basadas en rasgos fonéticos, morfológicos, léxicos o en el sustrato indígena para describir las áreas dialectales del español hablado en América han sido muchas, pero ninguna de ellas se puede considerar definitiva.

Una de las clasificaciones más aceptadas es la que divide el español de América en **tierras altas** y **tierras bajas**, según fueran sus colonizadores de procedencia castellana o andaluza, respectivamente.

- En las **tierras altas** predomina un vocalismo débil y hay una tendencia a la pérdida de las vocales internas: *cafsito* 'cafesito', *exprimento* 'experimento'.
- En las **tierras bajas** destaca la relajación de las consonantes, como sucede en los dialectos meridionales hispánicos: *pejcao* 'pescado', *lo fóforo* 'los fósforos', *el deo* 'el dedo', *hefe* 'jefe', *velde* 'verde', *borsa* 'bolsa'.

Otra clasificación, basada en el **léxico urbano**, es la que divide el español de América en distintas zonas: **norte** (México, Panamá); **andina** (Santafé de Bogotá, Quito, Caracas, Lima); del **cono sur** (Santiago, Montevideo, Buenos Aires y Tucumán), y del **mar Caribe** (La Habana y San Juan de Puerto Rico).

El judeoespañol o sefardí

El **judeoespañol o sefardí** es el dialecto que procede de los judíos expulsados de España, en 1492, por los Reyes Católicos.

Se caracteriza por su **arcaísmo**, ya que conserva rasgos de la lengua castellana del siglo XV: *só* 'soy', *quitalde* 'quitadle', *agora* 'ahora'.

Actualmente está en decadencia porque hay pocas personas que lo mantengan como primera lengua y son muy escasas las que lo tienen como segunda.

Actividades de comprobación

5. Comparad los rasgos fónicos del español meridional y del español de América, y comprobad si es cierto lo que se afirma en este texto:

> Siempre nos encontramos con el mismo hecho fundamental: todo lo que se da como elemento fraccionador del castellano en América lo es también del español de la Península. No hay un solo rasgo importante del español de América que no tenga su origen en España, que no sea prolongación de tendencias reales o virtuales del español peninsular. [...] El castellano general de América es una prolongación del que se hablaba en España en el siglo XVI –fundamentalmente el de Castilla y Andalucía, no tan diferenciadas entonces como hoy– y que tuvo su primera etapa de aclimatación, o de nivelación, en las Antillas, desde donde partió en gran parte la conquista y colonización del continente.
>
> Ángel ROSENBLAT, *Nuestra lengua en ambos mundos*

6. Leed el siguiente texto y debatid lo que en él se propone:

> La lengua española goza de una gran unidad, casi nadie lo pone en duda. Dos hispanohablantes de cualquiera de los países que tienen este idioma como oficial y que acaben de conocerse se entenderán sin problema, a pesar de que de vez en cuando surjan en su diálogo tres tipos de palabras conflictivas (en muy diferente grado):
>
> 1. Las que uno de los dos no reconoce como parte de su léxico pero entiende perfectamente, sobre todo porque es capaz de deducir sus cromosomas: un español no se bañará en una «pileta», pero sabrá a qué se refiere su interlocutor argentino cuando le proponga nadar un rato en ella.
> 2. Aquellas otras que se desconocen por completo: ¿qué querrá decir un mexicano que se refiere a su achichincle? (ayudante de poca monta).
> 3. Los términos que se conocen pero no significan lo mismo en según qué sitio (huiremos del verbo que surge de inmediato, pero podemos hablar de la «polla» –*apuesta*– o de la «cola» –*trasero*–; o recordar que cuando un venezolano «exige» algo, solo está rogándolo encarecidamente).
>
> En cualquier caso, se trata de pequeñísimas dificultades que se suelen superar con el contexto. De todas formas, ¿no estaría bien elaborar un *Diccionario internacional de la lengua española* que contuviese todas las palabras del español general (las que entiende cualquier hablante) y además el término más común o mayoritario en los distintos países y, aparte, los casos en que se dan divergencias entre ellos? ¿Y podría llamarse *Diccionario del español universal*?
>
> Álex GRIJELMO, «Todas las voces del español». *El País Semanal*

ACTIVIDADES DE CONSOLIDACIÓN

1. ¿A qué área dialectal pertenecen los siguientes rasgos?:

- Seseo.
- Diminutivo en *-ico*.
- Aspiración de la *s* en final de sílaba.
- Pérdida de la *d* intervocálica.
- Uso del diminutivo *-ino*, *-ina*.
- Confusión de *r* y *l* a final de sílaba y de palabra.

2. Comenta los rasgos del andaluz que aparecen en este cuarteto del poema *La carbonerilla quemada*, de Juan Ramón Jiménez:

«Mare, me jeché arena zobre la quemaúra.
Te yamé, te yamé dejde er camino... ¡Nunca
ejtubo ejto tan zolo! Laj yama me comían,
mare, yo te yamaba, ¡y tú nunca benía!»

3. Estos dos textos recogidos por Manuel Alvar contienen distintos rasgos de los dialectos meridionales. Anótalos y di cuáles son comunes a ambos.

Andaluz

Enpesamo que ya'htá l'arina molía; pué se siehne; s'echa la cantidá d'arina que sea en l'artesa, la que se baya'masá. Se l'echa la liúda y la sá y el agua; se rebuerbe y s'echa amasá con loh puño. Dehpué d'amasá se bá cortando a pedaso p'aser pan y se ba tendiendo en er tablero y se tapa con un tendío, si er tiempo ehtá frío.

Canario

Se ordeña la baca en una lata de sinco o sei litroh; se cuela la lechye y se echya el cuaho dentro de la lechye y se mehcla para que la lechye se cuahe. Cuando la lechye se cuaha se áse un panal que se yama cuahada. Luego se le quita el suero, que le desimo; luego la cuahada se pone en una empleita y en una quesera. La quesera e como una tabla debaho pa qu'ehcurra el suero y en el arco de lata que e la empleita se yena de cuahada y s'aprieta un poco y se tapa con una tablita y se pone sá. Y ya ehtá el queso echyo.

4. En grupos, buscad información sobre el número de lenguas amerindias que subsisten y la pujanza de algunas de ellas.

5. Consulta el mapa del voseo (página 195), así como otras fuentes de información, e indica un país en el que el voseo sea general y otro en el que predomine el tuteo.

6. Señala los rasgos dialectales que aparecen en los siguientes textos de dos escritores hispanoamericanos:

–¿Y eso? Tú tienes cara de gustarte el baile. [...]
–¿Sí? Si tú supiera que de chiquita etaba loca por el baile. Pero ahora, no sé.
–De chiquita no se vale. [...]
–Mira que utede son raro.
–¿Quién es ustedes?
–Tú y tu amigo ese, Cué.
–¿Por qué?
–Porque sí. Son raro. Dicen cosa rara. Hacen la mima raresa. Son igualitos, raros los do. Y hablan y hablan y hablan. Tanta habladera ¿paqué?

Guillermo Cabrera Infante, *Tres tristes tigres*

–Bueno, un ratito que acomodo esto... y yo me hago un té de manzanilla que me muero de los nervios que tengo, y vos te comés una patita de pollo, o no, son las cinco no más... Mejor, un té conmigo, y unas galletitas que aquí tengo, de las más digestivas, las «Express», que me las daban de chico cuando estaba enfermo. Cuando no existían las «Criollitas».

Manuel Puig, *El beso de la mujer araña*

7. Lee el siguiente texto, extraído de la obra *El español de América*, de Rafael Lapesa, y resume las características del vocabulario americano:

El léxico general americano abunda en palabras y acepciones que en España pertenecen solo al lenguaje literario o han desaparecido. Característico es el uso de *lindo*, como en el español peninsular del siglo XVII, en lugar de *bonito* o de *hermoso*. Propias del Siglo de Oro y olvidadas o decadentes en España son *bravo* 'irritado', *liviano* 'ligero', *pollera* 'falda', *recordar* 'despertar', *esculcar* 'registrar, escudriñar', *aguaitar* 'vigilar, acechar', *escobilla* 'cepillo', *barrial* 'barrizal', *vidriera* 'escaparate' (v. § 985 n. 91), *prolijo* 'minucioso, esmerado', *retar* 'reprender, reñir', *afligir* 'preocupar, inquietar' y muchas más. Como era de esperar, abundan los andalucismos: entre otros *amarrar* 'atar', *calderetero* 'calderero', *frangollón* 'el que hace las cosas deprisa y mal', *guiso* 'guisado', *juma* y *jumera* 'borrachera', *limosnero* 'pordiosero', *ñoña* 'excremento', *panteón* 'cementerio'. También es importante la contribución canaria, sobre todo en los países del Caribe: *atacarse* 'sentirse afectado por un dolor o enfermedad', *ensopar* 'mojar, dejar hecho una sopa', *botarate* 'manirroto, despilfarrador', *cerrero* 'tosco, inculto, retraído', *parejero* 'el que se toma confianzas indebidas', *mordida* 'mordisco' y otros muchos. Gran cantidad de voces americanas proceden del Oeste peninsular: leonesismos seguros son *andancio, carozo, fierro, furnia, lamber, peje, piquinino*; galleguismos o lusismos son, *bosta, cardumen, laja*; muy probables occidentalismos, *botar* 'arrojar', *soturno* (ambos existentes en Canarias), *fundo, buraco, pararse* 'estar de pie', etc. No debe sorprender la importancia de esta contribución léxica occidental: el contingente de los extremeños, leoneses y asturianos que pasaron a América hasta 1579 fue el segundo en número, casi dos tercios del de andaluces y muy superior al de castellanos viejos, vascos y navarros juntos; téngase en cuenta además que casi el 80 % de andaluces procedía de Sevilla, Huelva, Cádiz y sus provincias, adonde llegan, a través de Extremadura, muchos leonesismos, y que leonesismos y lusismos abundan en el léxico canario.

La norma lingüística

1. Copia las siguientes palabras sustituyendo los espacios en blanco por *s* o *x*:

e◆pacio	e◆tranjero	e◆perta
é◆tasis	e◆trambótico	e◆tremo
e◆tracción	e◆plorar	e◆plicación
e◆cavadora	e◆plendor	e◆tremecer
e◆citación	e◆pósito	e◆trafalario
e◆propiar	e◆tricto	e◆ceder

2. Escribe de nuevo las siguientes frases utilizando la preposición o locución que consideres correcta de las que figuran entre paréntesis:

- Estoy ahorrando dinero ____ (*de cara a/para*) las vacaciones de verano.
- Bajaré ____ (*por/en*) el ascensor.
- Fue a la fuente ____ (*a por/por*) agua.
- ____ (*desde/bajo*) mi punto de vista, los vecinos protestan con fundamento.
- No te preocupes: ____ (*dentro de/en*) dos horas estaremos en Londres.
- El comportamiento de esta alumna ____ (*hacia/frente a*) sus compañeros resulta poco solidario.
- El púgil venció ____ (*a los/por*) puntos.
- Te enviaré un correo electrónico ____ (*a/con*) la mayor brevedad.
- Se le retiró el carné de conducir ____ (*bajo/según*) el artículo cuarto del Código de Circulación.
- No se lo han dicho a nadie, ____ (*a excepción de/a excepción hecha de*) sus familiares.

3. Reescribe las siguientes frases sustituyendo los espacios en blanco por alguno de estos verbos que significan «pedir», sin repetir ninguno:

> suplicar, invocar, invitar, instar, reclamar, implorar, postular

- El presidente ____ a todos a continuar trabajando en favor de la institución.
- Estaba dispuesta incluso a ____ ayuda a los demás porque no podía salir adelante.
- El sacerdote ____ la ayuda de Dios en sus plegarias.
- Los voluntarios de la Cruz Roja ____ por las calles de la ciudad.
- Nuestra asociación ____ una mayor atención y más medios económicos.
- El vigilante ____ amablemente a dos personas ebrias a salir de la discoteca.
- El ladrón, al verse atrapado por la policía, ____ que no le dispararan.

4. Reescribe las siguientes frases completándolas con la expresión correcta o más adecuada de cada pareja:

a la mayor brevedad / con la mayor brevedad
a lo que veo / por lo que veo
de poco / por poco
de escondidas / a escondidas
desde mi punto de vista / bajo mi punto de vista
ni de mucho / ni con mucho

- ____ no cogemos el tren.
- ____ ya has tomado una decisión.
- Son muy tímidos, siempre se ven ____.
- Piden que respondamos a su carta ____.
- ____ es más cómodo viajar en avión.
- Esta película ____ es tan buena como la que vimos la semana pasada.

5. Completa las siguientes frases con los adverbios *atrás*, *adelante* y *adonde*, que indican movimiento, y *detrás*, *delante* y *donde*, que indican situación:

- El lugar ____ vamos tiene unos paisajes maravillosos.
- Un señor muy alto se había sentado ____ de mí y no me dejaba ver bien la película.
- Todos juntos se colocaron en la parte de ____ del autobús para poder cantar y contar chistes.
- El sitio ____ hemos quedado está cerca de aquí.
- Su actitud frente a la vida era mirar hacia ____.
- Asustada por las amenazas, dio unos pasos ____.

6. Corrige las locuciones incorrectas de las siguientes oraciones:

- Te lo dejaré por tal de que me lo devuelvas mañana.
- Siempre actúa de acuerdo a las más nobles intenciones.
- Dado a que no quieres venir, regalaré la entrada a otro compañero.
- Dice que no te llamará por menos que tú le pidas disculpas.
- De mi parte no hay ningún inconveniente en que vengas con nosotros.

UNIDAD 10

El plató de la política

¿Qué relación se da entre televisión y política en la compleja era de Internet? Los medios huyen del aburrimiento de los discursos políticos y, en busca de la mayor audiencia posible, crean «atractivos» productos audiovisuales con los políticos. A su vez, los políticos se someten dócilmente a las exigencias de esos programas porque la aparición en pantalla produce votos. Lo inquietante del asunto es que en la despiadada lucha por la audiencia se acaba imponiendo la banalización, es decir, el triunfo de lo simple o superficial, porque las audiencias, como tales, reaccionan impulsivamente.

La política –para muchas personas– es aburrida, pero nuestros políticos no lo parecen tanto. La presencia de candidatos en programas de máxima audiencia televisiva, donde lo que interesa no es tanto la propuesta política sino la personalidad de quien la propone, es un fenómeno extraordinario. Y de éxito. El *like* 'me gusta' de Facebook ha colonizado el debate político. Es la metáfora del momento. De la razón al espectáculo. Del *confío en ti*, al *me gustas*. El desplazamiento de las ideas a las emociones, de las propuestas a los gestos, del programa político a las intimidades personales está funcionando. Parece que conviene tanto a los líderes que se someten a la política reducida a un plató como a los conductores y propietarios de las cadenas. Las audiencias (su búsqueda, su conquista y su fidelización) son el reto competitivo de las televisiones. Y el político convertido en mero personaje es materia prima para la programación. De la competencia política a la audiencia televisiva. Dime tu *share* y te diré tu crédito.

La atención es el bien escaso en nuestra sociedad. La política –con su liturgia pugilística– es abducida por los programadores televisivos que buscan el placer audiovisual del golpe verbal como poderoso atractivo magnético para retener a los públicos. Gritar sustituye a razonar. Interrumpir a dialogar. Simplificar a argumentar. Esta banalización, que convierte la información y el debate políticos en entretenimiento consumible, obliga inevitablemente al espectáculo. Las exigencias televisivas de brevedad, contundencia, simplicidad, rivalidad... y la obsesión por dejar al adversario fuera de combate permiten que los líderes que manejen bien esas habilidades tengan una gran oportunidad de notoriedad y singularidad. Se trata de tener ideas, pero, sobre todo, técnica televisiva para la contienda en la tertulia. La preparación, formación y entrenamiento de estas condiciones se convierte en un elemento competitivo imprescindible.

Ahora hemos descubierto el nuevo filón asociado a un cambio escénico revelador, en el que la postura es el indicador de referencia. Perdemos verticalidad. De las sillas de las entrevistas serias, a las butacas de las tertulias ruidosas. Ahora estamos en la fase sofá íntimo, cómplice y juguetón. Ya conocemos sus cocinas. Pronto tendremos al entrevistador o entrevistadora en la cama. Nada nos dará más morbo y placer. Al tiempo.

Las nuevas habilidades escénicas (bailar, cantar, hacer reír) se combinan con las deportivas, las actividades de riesgo o la conducción temeraria. Se trata de mostrar unas competencias nuevas, en donde el político queda a merced del conductor televisivo y este de su audiencia multipantalla. Esta, insaciable y ávida de espectáculo, quiere reírse

de aquel a quien a casi siempre debe soportar o a quien debe resignarse. El político, en este contexto, se ve sometido a una yincana de platós, ocurrencias y anécdotas que convierten lo accesorio en definitorio. Y lo escénico en esencial.

El fenómeno de la multipantalla (ver televisión con otros dispositivos e interactuar en las redes sociales con ellos) hace que los programadores trabajen con el concepto de audiencia social como un elemento clave a la hora de escoger temas, protagonistas y enfoques. La retroalimentación entre platós y redes es total. El público forma parte del espectáculo en forma de *trending topic*, *hashtags*, menciones, *me gusta*, *retuits* o *replays*. En el libro reciente *Los medios después de Internet*, José Luis Orihuela hace una exploración de los múltiples caminos y desafíos que Internet ha planteado a los medios de comunicación de masas. El impacto de Twitter, el valor visual de la información, las nuevas relaciones con la audiencia en las redes sociales, la aparición de las empresas tecnológicas como nuevos jugadores, así como los desafíos en la formación de comunicadores son algunos de los retos nuevos que están cambiando nuestra manera de consumir contenidos. Ahora nosotros damos las noticias en conversaciones multilaterales que medimos en impactos y métricas.

El imparable y extraordinario éxito del contenido audiovisual, sea en su versión de uso (cada día se ven cientos de millones de horas de vídeos y se generan miles de millones de reproducciones de vídeos en YouTube) o en su versión de consumo, no deja lugar a dudas: pensamos lo que vemos. Consumimos televisión en todas las pantallas disponibles: del salón al baño. Del plasma al móvil. El consumo se ha vuelto individual y en red. Autónomo y conectado. Con auriculares y pulgares para compartir en comunidades.

Este escenario complejo tiende a la banalización y sobreexposición de nuestros líderes y candidatos. El concurso (en directo o por entregas), y no el discurso, es el formato ganador. Pero también es una oportunidad para descubrir aspectos decisivos en la definición del voto, especialmente el del elector indeciso. El carácter y el temperamento de los políticos en estos platós... miden el valor de sus ideas. La vida personal y familiar refleja maneras de vivir que se perciben como anticipo de maneras de gobernar. Y las aficiones, intereses e intimidades muestran aspectos clave para los votantes. Queremos ser convencidos. Pero deseamos más ser seducidos.

En esta sociedad de corazones digitales, la política debe competir en emociones. Para los que las desprecian, desde la superioridad ideológica o la pulcritud política, una advertencia de fondo: pensamos lo que sentimos. Nuestro cerebro es así de vulnerable. Esta sobredosis de sonrisas seductoras muestra algo más profundo que la agresiva lucha por el voto de unos gladiadores a los que les exigimos más y más. Es un reflejo de cómo somos: nos hemos convertido en una sociedad de audiencias más que de conciencias. Las urnas se llenan de votos individuales. Pero los votos se llenan de emociones compartidas. Somos una persona, un voto; pero también somos una persona, una audiencia.

Antoni Gutiérrez-Rubí,
«Tramoyas y tramas». *El País*

LECTURA Y COMENTARIO

Aspectos comunicativos o pragmáticos

1. El texto es un artículo de un periódico generalista. Identifica los elementos del proceso de comunicación en el momento en que se publicó: emisor, receptor, código, mensaje, canal, referencia o contexto.
   - En el caso del texto incluido en este libro, ¿qué elementos del proceso comunicativo varían?
2. ¿Qué tipo de texto predomina: narrativo, expositivo, descriptivo, argumentativo, retórico...?

Contenido

3. Resume en dos o tres líneas el primer párrafo. Comprueba si en él aparecen los temas esenciales del texto.
4. Comenta cómo aparece reflejada «la audiencia» en la frase de inicio de los dos primeros párrafos.
5. Según argumenta el texto, ¿esta visión de la masa social o la audiencia condiciona o justifica de algún modo la proliferación de esos programas?
6. ¿Qué tipo de personaje triunfa en esos espacios televisivos, según la explicación del segundo párrafo?
7. Los estudios sobre la influencia de los medios revelan que la «comunicación emocional» es más efectiva o convincente que la comunicación racional, tanto en la política como en la publicidad. ¿Refleja el tema del texto esta opinión?

Estructura

8. Señala las partes del texto y propón un subtítulo para cada una.
9. Elige la frase que consideres que recoge mejor la conclusión del texto.
   - «El carácter y el temperamento de los políticos en estos platós... miden el valor de sus ideas».
   - «En esta sociedad de corazones digitales, la política debe competir en emociones [...]: pensamos lo que sentimos».
   - «Nos hemos convertido en una sociedad de audiencias más que de conciencias».

Aspectos lingüísticos

10. En el mundo de la tecnología digital se han impuesto numerosos tecnicismos, la mayoría anglicismos. Señala algunos de los que aparecen e investiga si están aceptados por la RAE.
11. El texto tiene un estilo ágil. Para lograrlo se emplean numerosos recursos expresivos. Señala los que aparecen en el fragmento comprendido entre las líneas 7 y 14.

Creación

12. En grupos, comentad los temas que se plantean en el texto: ¿es inevitable que para llegar a grandes audiencias la televisión produzca espacios banales?; ¿creéis que los votos dependen más de la habilidad televisiva de un político que del programa o discurso de un partido?; ¿consideráis que las audiencias son tan manipulables como las presenta el texto?; etc.
    - Redactad un breve informe con vuestras conclusiones.
    - Leed los diferentes informes al resto del grupo y comentad aquellos aspectos que consideréis más interesantes.

ESCUCHAR, HABLAR, LEER Y ESCRIBIR

Los medios de comunicación audiovisual

La radio

La **radio** es un medio de telecomunicación social que **transmite sonidos a distancia**. Es el primer medio de comunicación que aplicó la **electrónica** a la comunicación de masas.

La función de la radio es **informar** –lo que, en un sentido amplio, incluye también valorar la información– y **entretener**; además, la radio se utiliza también como **medio educativo**, e incluso se ha destacado la importancia de su función de *compañía* para muchos oyentes. Su ventaja respecto a los otros medios es que permite al oyente escuchar mientras realiza otra actividad, como conducir, pasear, hacer tareas del hogar, etc.

El lenguaje y los géneros radiofónicos

La radio utiliza como código básico la **lengua oral** –a través de la que se codifica la información–, con el complemento de la **música**, los **efectos sonoros** (ruido de ambiente, efectos especiales...) y el **silencio** empleado de forma significativa.

La **lengua oral** alcanza su máxima expresividad en la radio. Por ello, es esencial que el *periodista radiofónico* controle su voz (vocalización, tono, timbre, intensidad, entonación, velocidad y pausas), pues la voz transmite un mensaje emocional junto con el verbal. Al dirigirse a un público amplio y variado, el texto radiofónico (como el televisivo) emplea mensajes claros, sencillos y breves.

EL LENGUAJE RADIOFÓNICO

- lengua oral
- música
- efectos sonoros
- silencios significativos

La **música** en la radio tiene varias funciones: identificar, a través de la *sintonía*, el programa o la emisora; atraer al receptor poco atento (función *fática*); separar o introducir las secciones de un programa o la publicidad; suplir problemas en las conexiones, en el uso de la lengua oral, etc.; ambientar espacios dramáticos. También forma parte del contenido de un gran número de programas: de hecho, existen emisoras que dedican toda su programación a la música.

Los **efectos sonoros** también se usan con varios fines: para ambientar los programas, como signo convencional que refuerza los contenidos (aplausos, risas, silbidos...) y combinados con el **silencio** para crear expectación, tensión, etc.

Los **géneros** radiofónicos, como los de la prensa escrita, se agrupan en **informativos** (que incluyen los de **opinión**) y de **entretenimiento**. Estos géneros se combinan en numerosos programas.

- Los **informativos** emiten **noticias** en diversos formatos: el **informativo** diario o noticiario, que se transmite a horas fijas con información nacional, internacional y especializada (deportes, meteorología, tráfico...); el **boletín informativo**, de duración menor y que suele emitirse cada hora, y el **avance** (o *flash*), que interrumpe la programación habitual con noticias urgentes. Además, están las **retransmisiones en directo**, eficaces por su inmediatez, y los géneros del periodismo escrito adaptados a este medio: el **reportaje**, la **crónica**, la **entrevista**, la **rueda de prensa**..., así como los géneros de opinión pluripersonales: la **tertulia** y el **debate**, que gestiona un moderador.

- Los géneros de **entretenimiento** van desde la divulgación cultural hasta la estricta diversión: dramáticos (*radionovelas*), musicales, deportivos, de humor, concursos, etc.

Debate	Tertulia
Especialistas en un tema defienden puntos de vista distintos o contrarios.	**Tertulianos** –no especialistas– comentan asuntos que va proponiendo el moderador-presentador.

Por último, el **magacín** combina información y entretenimiento en un largo programa gestionado por las intervenciones del conductor –que suele ser una *estrella* del medio– y que incluye géneros diversos: entrevistas, tertulias, noticias, breves reportajes o intervenciones de los oyentes.

A todos ellos hay que añadir la **publicidad**, que suele ocupar un importante porcentaje de la programación.

Actividades de comprobación

1. En parejas, poned dos ejemplos de tertulias y dos de debates. Comprobad las características de estos géneros en los ejemplos propuestos.

2. Por equipos, analizad la programación de dos emisoras de radio generalistas y calculad los porcentajes de programas informativos y de entretenimiento que emiten.

La televisión

La televisión es un medio de **telecomunicación** social que **transmite imagen y sonido a distancia**. Es un medio muy poderoso por su capacidad de **influencia** y **persuasión**.

La fuerza de la televisión se basa en diversos factores. Por una parte, su atractivo mensaje audiovisual produce una *ilusión de realidad*; a ello se añade la continua oferta de programas diferentes que llegan hasta el hogar, donde se recibe en una situación relajada y, a veces, poco atenta. Por otra parte, su consumo por una mayoría de personas de todas las clases sociales *uniformiza* comportamientos y gustos de sociedades muy distintas, y crea así mitos, modas, costumbres, hábitos de consumo, etc., comunes. Para muchas personas, ocupa la mayor parte de su tiempo libre, frente a otras opciones como la lectura, el cine, las actividades al aire libre... e incluso las relaciones sociales. Por último, el mensaje de la televisión democratiza la cultura porque facilita a todos el acceso a la información, aunque también fomenta la pasividad en el espectador y su manipulación.

La aparición de la televisión constituye un hito en la historia de la cultura, solo comparable a la innovación que ha supuesto Internet. A ello se añaden los continuos avances tecnológicos que combinan televisión e **Internet**, como la **televisión en línea** (*online*), que produce y transmite comunicación audiovisual a través de la red. También las aplicaciones de ordenadores, tabletas y teléfonos inteligentes permiten acceder a la televisión «a la carta», así como visionar películas o series desde cualquier lugar y en cualquier momento.

Parece que el futuro de la televisión reside en la **televisión por IP**, esto es, la televisión distribuida por **Internet**, que ofrece una programación general para toda la audiencia y también contenidos específicos seleccionados por los propios usuarios en el momento y en el formato que deseen. Esa capacidad de adaptarse a la audiencia es la ventaja de la televisión en línea. En la actualidad, la televisión por IP es la que más ha crecido y ya supera a la televisión por cable.

10

LENGUAJE TELEVISIVO

- Códigos verbales:
  - lengua oral
  - lengua escrita
- Códigos no verbales:
  - icónicos: imagen en movimiento
  - sonoros: música, efectos sonoros

El lenguaje y los géneros televisivos

La televisión utiliza un lenguaje heterogéneo, compuesto por **códigos verbales** y **no verbales**. Todos ellos se complementan y crean globalmente el mensaje televisivo.

Entre los códigos verbales, la televisión emplea la **lengua oral** y **escrita** (esta en menor medida); entre los no verbales, los **icónicos** (la **imagen en movimiento**: color, luz, encuadre, planos, movimiento de cámaras...) y los **sonoros** (la **música** y los **efectos sonoros**).

Los **géneros televisivos** se suelen agrupar en tres *macrogéneros* que, a su vez, pueden combinarse: **informativos** (que incluyen **información** y **opinión**), **de entretenimiento** (ficción y espectáculo) y **educativos** (que contribuyen a la formación, sean informativos o de entretenimiento).

Los géneros televisivos proceden de la evolución de los que se dan en la prensa, la radio, el cine y el teatro, adaptados a las características técnicas y espectaculares de la televisión. Además, hay que añadir la **publicidad**, con una presencia considerable en las cadenas privadas.

- **Informativos.** Destacan los **telediarios**, los **documentales** y las **retransmisiones en directo**. Los **telediarios** incluyen noticias, reportajes y crónicas; los **documentales** son informativos no diarios que profundizan en las noticias. Las **retransmisiones en directo** informan sobre acontecimientos cuyo final desconocemos (acontecimientos deportivos, elecciones...) o dan noticias importantes que generan expectación (políticas, sociales...).

- **De entretenimiento.** Pertenecen a este macrogénero los concursos, los programas musicales, los programas deportivos, los dibujos animados y los géneros de ficción: películas y series.

- **Educativos.** Lo son los **documentales** (sobre naturaleza, antropología...) y los debates sobre temas culturales y científicos. Ambos cumplen una importante función de divulgación científica y cultural, uno de los aspectos más positivos del medio televisivo.

Con frecuencia, los programas televisivos incluyen varios géneros. Por ejemplo, las **entrevistas**, las **tertulias** y los **docudramas** (que ofrecen contenidos informativos en formato de ficción) oscilan entre la información y el entretenimiento, y pueden ser educativos al mismo tiempo.

A menudo, las televisiones generalistas proponen programas que exigen poco esfuerzo intelectual y que resultan agradables a los sentidos, es decir, que están dirigidos a lo **emotivo**. Hoy en día hay una competencia feroz entre las cadenas, que intentan captar la audiencia mediante *estímulos sensacionalistas*, tanto en la forma como en el contenido.

Otras características de la radio y la televisión

La radio y la televisión se pueden clasificar según su **titularidad** y según su **contenido**:

- Según su **titularidad**, la radio y la televisión pueden ser **públicas**, si las gestiona y financia un organismo público (central, autonómico, regional o municipal) que las controla, y **privadas**, si las gestiona una empresa privada, previa autorización del gobierno, en cuyo caso los objetivos son comerciales y no están sujetas a control político.

- Según el **contenido**, las hay **generalistas**, que incluyen programas de todos los géneros, y **especializadas** (o temáticas), centradas en un tema: deportes, música, cine clásico, etc.

RADIO Y TELEVISIÓN

- Por su titularidad:
  - pública
  - privada
- Por sus contenidos:
  - generalista
  - especializada o temática

La radio y la televisión funcionan sobre tres ejes: la **programación**, la **producción** y el **control de audiencia**.

La **programación** decide qué programas se emitirán, a qué horas y en qué días; su objetivo es conseguir la máxima audiencia. La **producción** es el proceso completo de realización de un programa. El **control de audiencia**, en un mercado audiovisual saturado, se ha convertido en la base de la *toma de decisiones* sobre la programación, ya que la publicidad exige datos fiables para invertir donde le es más rentable o, lo que es lo mismo, donde hay más audiencia.

Relacionados con el control de audiencia están los conceptos de **índice de audiencia** (el total de audiencia potencial disponible); **cobertura** (el área desde la que se puede captar una cadena), y sobre todo, el *share* (o cuota de pantalla), que indica el porcentaje de espectadores que conectan con un programa en un momento determinado. Las empresas anunciantes reciben diariamente los datos de audiencia y deciden colocar sus anuncios según los índices; un punto más o menos en los índices de audiencia equivale a millones de euros.

EJES DE LA RADIO Y LA TELEVISIÓN

- programación
- producción
- control de audiencia

Dado que la radio y la televisión se dirigen a un amplio público, la **lengua** utilizada debe ser **clara** y **correcta**. El **estilo varía en función de los géneros** y del tipo de **audiencia** que se supone que tiene cada programa. Así, en los informativos priman la claridad léxica y las frases sencillas; en los magacines cabe el registro coloquial, y en algunos programas de divulgación puede darse una lengua culta y especializada.

Actividades de comprobación

3. En grupos, buscad información sobre las audiencias de radio y televisión.

- Clasificad los cinco programas con mayor audiencia según su género.
- Realizad una puesta en común entre los distintos grupos y comentad las razones que explican el éxito de algunos programas.

Actividades de comprobación

4. Resume en tres o cuatro líneas el siguiente texto, fragmento del texto con el que se abre la unidad, y propón un título que recoja el tema.

> Las audiencias (su búsqueda, su conquista y su fidelización) son el reto competitivo de las televisiones. [...] La atención es el bien escaso en nuestra sociedad. La política –con su liturgia pugilística– es abducida por los programadores televisivos que buscan el placer audiovisual del golpe verbal como poderoso atractivo magnético para retener a los públicos. Gritar sustituye a razonar. Interrumpir a dialogar. Simplificar a argumentar. Esta banalización, que convierte la información y el debate políticos en entretenimiento consumible, obliga inevitablemente al espectáculo.
>
> Antonio Gutiérrez-Rubí,
> «Tramoyas y tramas». *El País*

AUDIENCIA

- **índice de audiencia**: audiencia potencial.
- **cobertura**: área geográfica que cubre una cadena.
- ***share***: porcentaje de espectadores que conectan con un programa en un determinado momento.

Internet

Internet es un poderoso **canal de comunicación digital** a través del cual se pueden difundir gráficos, imágenes en movimiento y sonido a una audiencia fabulosa. Además, permite múltiples formas de **producción**, **transmisión**, **recepción** y **almacenamiento de contenidos**. Es un nuevo medio producto de la digitalización, en el que convergen **medios de comunicación**, **telecomunicaciones** y **tecnologías de la información**.

Internet es más que un nuevo soporte, es una nueva forma de transmitir información sea cual sea el soporte que se utilice (cable, ondas, satélite o telefonía móvil). Con Internet la información cada vez llega a más personas de cualquier lugar del planeta. Incluso ha afectado a la vida de los individuos, al modificar actividades como la televisión, la lectura de periódicos o la comercialización de música.

Como **medio de comunicación audiovisual**, Internet **difunde**:

- Los **mensajes de otros medios** de comunicación convencionales (prensa, radio o televisión), ya sea simultáneamente o en diferido. Una faceta interesante de Internet es que funciona como **archivo de información** accesible, gracias a los contenidos que se han «volcado» en la Red, es decir, los programas de radio y televisión que previamente se han difundido por sus canales convencionales (ondas, cable, etc.).
- **Productos digitales creados específicamente para la red**: periodismo escrito, radios y televisiones digitales. En esta faceta, Internet actúa como **medio de comunicación autónomo**. Es el auténtico **periodismo digital**, que a través de Internet crea y difunde la información por un ciberespacio que incluye redes sociales y aplicaciones móviles, y en el que el usuario puede acceder a datos abiertos (*open data* en inglés: datos disponibles para todo el mundo, que particulares u organismos han «volcado» en la red).

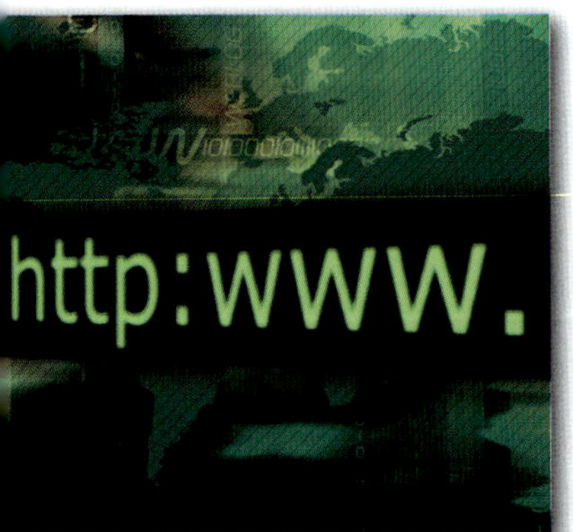

Los rasgos que diferencian a la comunicación digital de los medios tradicionales son los siguientes:

- La **información se actualiza constantemente** y se puede acceder a ella en cualquier momento y desde cualquier lugar, a través de diversos dispositivos: teléfono inteligente, tableta, ordenador o televisión (es el fenómeno denominado *multipantalla*).

- Algunas **redes sociales**, como Twitter o Facebook, posibilitan seguir y comentar los acontecimientos en el momento en que suceden, en interacción con periodistas y otros usuarios. Eso permite adelantar nuevas noticias, aunque esa celeridad, en ocasiones, puede estar reñida con la verificación previa de los hechos y de las fuentes. Las redes sociales influyen en los medios, y eso abre nuevas perspectivas a la comunicación. Por ejemplo, aquellos asuntos (políticos, deportivos, artísticos, etc.) que más veces aparecen repetidos en un momento concreto en Twitter se consideran *trending topic* ('tema del momento'). Para los programas de radio o televisión, conseguir ser «tema del momento» es un éxito, ya que eso refleja su audiencia (y su capacidad de influencia). No obstante, también hay que recordar que tras las grandes redes sociales hay unas empresas que presionan a los gobiernos para lograr beneficios comerciando con nuestros datos y nuestras preferencias.

Mark Zuckerberg, el creador y fundador de Facebook.

- La comunicación es **multimedia** porque integra diversos medios: audio, vídeo y texto.

- Incluye **hipertexto** con **enlaces** que permiten al receptor ampliar la información.

- Es **interactiva**, porque los usuarios pueden aportar sus comentarios.

En términos generales, los medios digitales mantienen los **géneros** tradicionales del periodismo: **informativos** (noticias, reportajes); de **opinión** (editoriales, artículos y blogs); de **entretenimiento** (películas, series, concursos, música), y géneros **mixtos** (tertulias, crónicas), así como la **publicidad**. Los géneros de **entretenimiento** (cine, vídeos y series) son los que experimentan mayor crecimiento.

La publicidad en los medios de comunicación audiovisual

La **publicidad** a través de los medios audiovisuales puede llegar a un **público masivo**. El peso de la publicidad es cada vez mayor en los medios de comunicación audiovisual, sobre todo en la televisión y en Internet.

La publicidad constituye una fuente de ingresos sustancial para los medios audiovisuales, donde aparecen **todos los tipos de publicidad**: comercial, institucional y política; anuncios directos e indirectos, y también publicidad no explícita (encubierta y subliminal). Sin embargo, existen ciertas restricciones. Por ejemplo, se ha prohibido la publicidad comercial en algunos medios públicos (televisión y radio) y hay una legislación que la regula en otros medios, aunque las cadenas televisivas y radiofónicas no siempre la cumplen.

Las empresas publicitarias invierten sobre todo en televisión (en los canales de mayor audiencia) y, después, en Internet. Al mismo tiempo, en la red han ido proliferando los bloqueadores de publicidad (*ad-blockers*), que evitan la publicidad digital. Mientras en la radio y la televisión tradicional la publicidad interrumpe la programación, en la televisión por IP no hay anuncios en medio de un programa, pero en Internet los anunciantes pueden dirigirse de manera muy precisa a un determinado público porque se registran las preferencias de los usuarios de la red, como ocurre en los servicios de plataformas de contenido «bajo demanda» y de pago, que llegan por Internet. La publicidad selectiva se está generalizando de forma progresiva. Las técnicas estadísticas permiten distinguir diversos grupos diferenciados por sus estilos de vida y valores sociales. A ellos se dirigen la mayoría de los anunciantes, con el convencimiento de que los **productos se asocian a estilos de vida** y a determinadas **formas de sociabilidad** (una marca de coche, una bebida, una colonia, etc.).

Mientras que en la radio la publicidad solo puede ser sonora, los medios como la televisión e Internet han generado una cultura visual muy sofisticada. En su publicidad, la comunicación visual tiene un peso mayor que la comunicación verbal, debido a que **la imagen comunica sensaciones** o **emociones** (como la belleza o la felicidad) con mayor velocidad, eficacia y verosimilitud.

Géneros publicitarios en los medios audiovisuales

- **Publicidad radiofónica.** En la radio se distinguen varios géneros, como la **cuña**, un anuncio de menos de un minuto, pregrabado y autónomo en contenido respecto a los programas en los que se inserta; el **comunicado**, un mensaje publicitario enviado por el anunciante para ser leído por el locutor textualmente; el **patrocinio** de una empresa publicitaria que subvenciona un programa a cambio de que se divulgue su producto, y finalmente, el **publirreportaje**, un anuncio pregrabado con la apariencia de un reportaje informativo, de entre uno y cinco minutos de duración y con entrevistas o encuestas.

- **Publicidad televisiva.** La televisión, por su gran **audiencia**, es el mejor medio para anunciar productos de **consumo masivo**. Al combinar **imagen**, **sonido y movimiento**, adquiere una credibilidad imposible de conseguir en otros formatos. Debido al **elevado coste** de emisión, el anuncio televisivo debe comunicar su mensaje en el **mínimo tiempo posible**. Por ello, más que dar a conocer las características del producto, suele presentar **pequeños** relatos que sugieren **estilos de vida y sensaciones asociadas al objeto anunciado**. En la publicidad televisiva se distinguen varios **géneros**, la mayoría similares a los radiofónicos: el anuncio (o *spot*, de 20 o 25 segundos de duración, como la cuña radiofónica), es un producto pregrabado que se emite entre programas o en medio de programas. Es la pieza publicitaria más característica de nuestra época y la más influyente. Algunos anuncios son vanguardistas por su innovación técnica y muchos de ellos retratan los estereotipos sociales del momento; también, como en la radio, se dan el **comunicado**, el **patrocinio** y el **publirreportaje**, y además, también se recurre a las **sobreimpresiones** en pantalla de la marca y al **emplazamiento** (que consiste en situar productos en el plató de una serie o un programa). Finalmente, en televisión se puede ver **publicidad estática**, sobre todo en retransmisiones deportivas.

Géneros publicitarios radiofónicos	Géneros publicitarios televisivos
• cuña • comunicado • patrocinio • publirreportaje	• *spot* • comunicado • patrocinio • publirreportaje • sobreimpresiones • emplazamiento del producto • publicidad estática

- **Publicidad en Internet.** Por su propia naturaleza, Internet combina **todos los tipos de publicidad** que se dan en los otros medios, con la ventaja de que su realización **resulta más barata y eficaz**. Además, se puede acceder a los anuncios al instante, en el momento en que interese conocer ofertas de cualquier producto. La publicidad en Internet se presenta sobre todo mediante el **sitio web** de la marca, que suele incluir elementos variados: logos, texto informativo, imágenes, audio, vídeos y enlaces diversos. También es habitual que en cualquier web haya anuncios estáticos que enlacen con el sitio web del anunciante.

Actividad de comprobación

5. Lee el siguiente relato y responde las cuestiones que se plantean al final del texto:

Devoradores de vida

–¡Vaya, los anuncios! Ahora que le estaba cogiendo gusto a la película...

–Para eso lo hacen, para que tragues minutos de anuncios.

–Pues no pienso verlos. Ven a meter los cacharros en el lavaplatos.

–Puedes ahorrarte los anuncios, de todos modos consiguen que nos quedemos en vez de irnos a dormir, que mañana trabajamos...

–Bueno, pero paso de anuncios. Venga, ayúdame con los cacharros.

–Pasas de los anuncios, pero en realidad lo que se cobran es tu tiempo. Como hemos picado el anzuelo, como nos tienen enganchados para saber cómo continúa, pues juegan con nosotros como el pescador con el pez. Y estamos aquí en vez de irnos a cama.

–¿Y qué quieres, que me quede a ver los anuncios?

–Hoy no los verás, otros días sí. Pero lo importante es que nos tienen pillados, se alimentan de nuestro tiempo. Le regalamos parte del tiempo de nuestras vidas a la televisión. Y el canal de pago es lo mismo, vemos menos anuncios, pero le dedicamos horas.

–... Entonces es mejor pasar de la televisión y usar más Internet. Y ya.

–No te escapas así como así. En Internet puedes buscar lo que quieras, tú decides lo que deseas buscar y ver, pero también le estás dando tu tiempo. Cuando nos hayamos muerto habremos dedicado días, semanas y meses de vida a Internet.

–¿Y qué? Dedico ese tiempo a comunicarme con quien quiero, a informarme de lo que quiero...

–Antes no había Internet y también vivíamos. No nos damos cuenta, pero se comen nuestro tiempo, devoran nuestras vidas.

–Para, no te lances. ¿No exageras un poquito?

–Piénsalo. La televisión, Internet... Somos nosotros, las personas, quienes les damos la vida. Sin nosotros, los espectadores o quienes nos conectamos a la red, eso estaría muerto, vacío. Calcula las horas a la semana que les dedicas. ¡Se alimentan de nosotros, nos chupan la vida! Como Drácula, son vampiros.

–... Vale, zombie, pero se van a acabar los anuncios y empieza la película. Levántate de ahí y ayúdame con los cacharros, que te conozco.

Suso de TORO

a) Según se desprende del texto, ¿qué opinión le merece al autor la publicidad?

b) Explica por qué es coherente el título con el relato y propón un nuevo título que recoja el sentido del texto.

c) ¿Cuál es tu opinión sobre la publicidad? Exponla en unas cinco líneas.

d) Leed vuestros textos al grupo y comentadlos.

ACTIVIDADES DE CONSOLIDACIÓN

1. En grupo, elegid un tema de actualidad que genere polémica. Buscad en la prensa algunos artículos que hablen de ello con diversos enfoques y, basándoos en ellos, grabad algún programa de radio o de televisión (informativos o de debate) relativo al tema.

➤ Comunicad los resultados en una exposición oral de unos 2 minutos.

2. En grupo, simulad un informativo radiofónico o televisivo –que podéis presentar grabado–. Cada miembro del grupo se encargará de una sección: información, cultura, deportes, meteorología, etc. Cada noticia debe tener una duración de entre 30 segundos y 1 minuto (por escrito: de 85 a 170 palabras).

3. Lee este texto y responde las preguntas que se plantean:

Los beneficios de Disney crecen por los ingresos de sus cadenas de cable

Los Ángeles. Walt Disney Co anunció el jueves un incremento en sus beneficios trimestrales, que superó los pronósticos de Wall Street gracias a que sus cadenas de televisión por cable, entre ellas ESPN, registraron más ingresos por publicidad y obtuvieron más ingresos de los distribuidores de televisión de pago. [...]

La compañía también dijo que perdió suscriptores en algunas de sus cadenas de cable pero ganó clientes en la señal SEC Network lanzada el año pasado.

[...] Las compañías de televisión por cable como Disney han resultado golpeadas por la tendencia de los consumidores a alejarse de los medios televisivos tradicionales e inclinarse por las plataformas de contenidos en línea.

Público

a) Analiza la relación entre cine y televisión que refleja la noticia.

b) ¿Qué tipo de televisiones se mencionan?

c) Indica de qué clase son los canales de Disney atendiendo a su titularidad y su financiación.

d) ¿A qué publico se dirigen estos canales? ¿Crees que influyen sobre su audiencia?

e) Recopila información sobre la empresa. ¿Cuál era su producto inicial y qué productos ofrece en la actualidad?

4. En grupos de tres o cuatro personas, cread una buena programación televisiva semanal. Decidid primero qué tipo de televisión representáis (pública o privada, generalista o especializada) y pensad también en el alcance de vuestra emisora. En la programación se deben tener en cuenta esos datos para que la oferta sea adecuada a una determinada audiencia.

➤ Comparad y comentad las propuestas y planteaos qué programaciones son factibles y, al mismo tiempo, atractivas.

5. Resume el siguiente texto y responde con argumentos la cuestión que plantea:

El ecosistema de la televisión ha cambiado. Con la multiplicación de los canales y la competencia feroz por la audiencia, se necesita más para enganchar al público. «Pero ¿qué meter en *prime time*? ¿Lo que te va a dar más audiencia o lo más interesante?», se pregunta el periodista Juan Ramón Lucas. «No sé si una tertulia sosegada en horario de máxima audiencia tendría éxito. En otras televisiones, como la francesa o la alemana, emiten tertulias culturales en ese horario y son muy seguidas. Aquí no creo que ningún programador se atreviera a hacerlo. Debería ser una función de la televisión pública, dar un impulso de calidad», añade.

Natalia Marcos, «Tertulias: y el *show* continúa...»
El País

6. Apunta tres anuncios televisivos que te gusten y justifica esa selección. A continuación, comprueba con tus compañeros si hay coincidencias en vuestras selecciones y en vuestros razonamientos.

7. Uno de los anuncios más valorados es el que hizo Apple en homenaje a una novela de ciencia ficción ya clásica: *1984*, de Orwell. Por parejas, buscad el resumen de la novela en Internet y, después, visionad el anuncio en YouTube (*Apple 1984 spanish*). Comentad la relación entre la novela y el anuncio, y sugerid las razones del éxito del anuncio.

8. En equipos de cuatro o cinco personas, programad un anuncio televisivo. Debéis elegir el producto y tener en cuenta los siguientes factores:

- Destinatarios.
- Sonido: banda sonora, sonido ambiente, locución.
- Imagen: encuadres, movimientos de cámara, iluminación.
- Decorado.
- Personajes.
- Texto: eslogan, logotipo; tipo de texto; estructura.
- Recursos expresivos (verbales e icónicos): metáforas, recursos humorísticos...
- Valores que transmite: seguridad, seducción, confort, solidaridad...

CONOCIMIENTO DE LA LENGUA

Lenguas en contacto. Difusión del español en el mundo

La diversidad de lenguas del mundo y su clasificación

No existe un acuerdo sobre el número total de lenguas que se hablan en el mundo; se calcula que existen entre 6 000 y 6 500.

El hecho de que no se conozca el número exacto de lenguas del mundo se debe a varios factores: aún hoy se descubren lenguas en África central o en la cuenca del Amazonas; algunas lenguas desaparecen porque quienes las hablaban ya no las emplean; la distinción entre lengua y dialecto, que es clara en la mayoría de los casos, en otros resulta discutible; existen grupos que no tienen un nombre específico para su lengua y utilizan un nombre común como «nuestra lengua» (así, en África, el vocablo *bantú* significa 'personas'); en otros casos, una misma lengua recibe varios nombres, etc.

Se emplea la metáfora *familia* o *árbol familiar* para explicar las relaciones históricas de las lenguas.

Hay dos formas principales de clasificar las lenguas: la **tipológica**, basada en las semejanzas formales entre las distintas lenguas, y la **genética**, que se fundamenta en el supuesto de que las lenguas poseen una conexión histórica y provienen de un tronco común. Esta última clasificación es la más empleada, y se basa en el estudio de las relaciones históricas que hay entre las distintas lenguas a partir de la agrupación de estas en **familias**. Así, lenguas aparentemente tan distintas como el polaco, el español, el ruso y el inglés pertenecen a la misma familia lingüística: el indoeuropeo. Una familia lingüística muy grande puede tener distintas ramas lingüísticas; dos o más lenguas de una misma familia con un grado mayor de parentesco entre sí constituyen una **rama**. Por ejemplo, la familia indoeuropea contiene las siguientes ramas: albana, armenia, baltoeslava, céltica, germánica, griega, indoirania e itálica, además de dos ya desaparecidas (la anatolia y la tocaria). A su vez, de una de las principales lenguas de la rama itálica, el latín, se derivan las lenguas románicas: español, francés, italiano, rumano, portugués, catalán, gallego, provenzal, retorrománico y sardo.

Se llaman lenguas **aisladas** aquellas que no tienen una relación histórica conocida con ninguna otra. Es el caso del íbero, el vasco, el tarasco, el coreano, el japonés, etc.

A continuación, se presentan algunas lenguas que pertenecen a ciertas familias lingüísticas de los distintos continentes.

Europa y Asia

Entre las familias europeas y asiáticas destaca la **familia indoeuropea**.

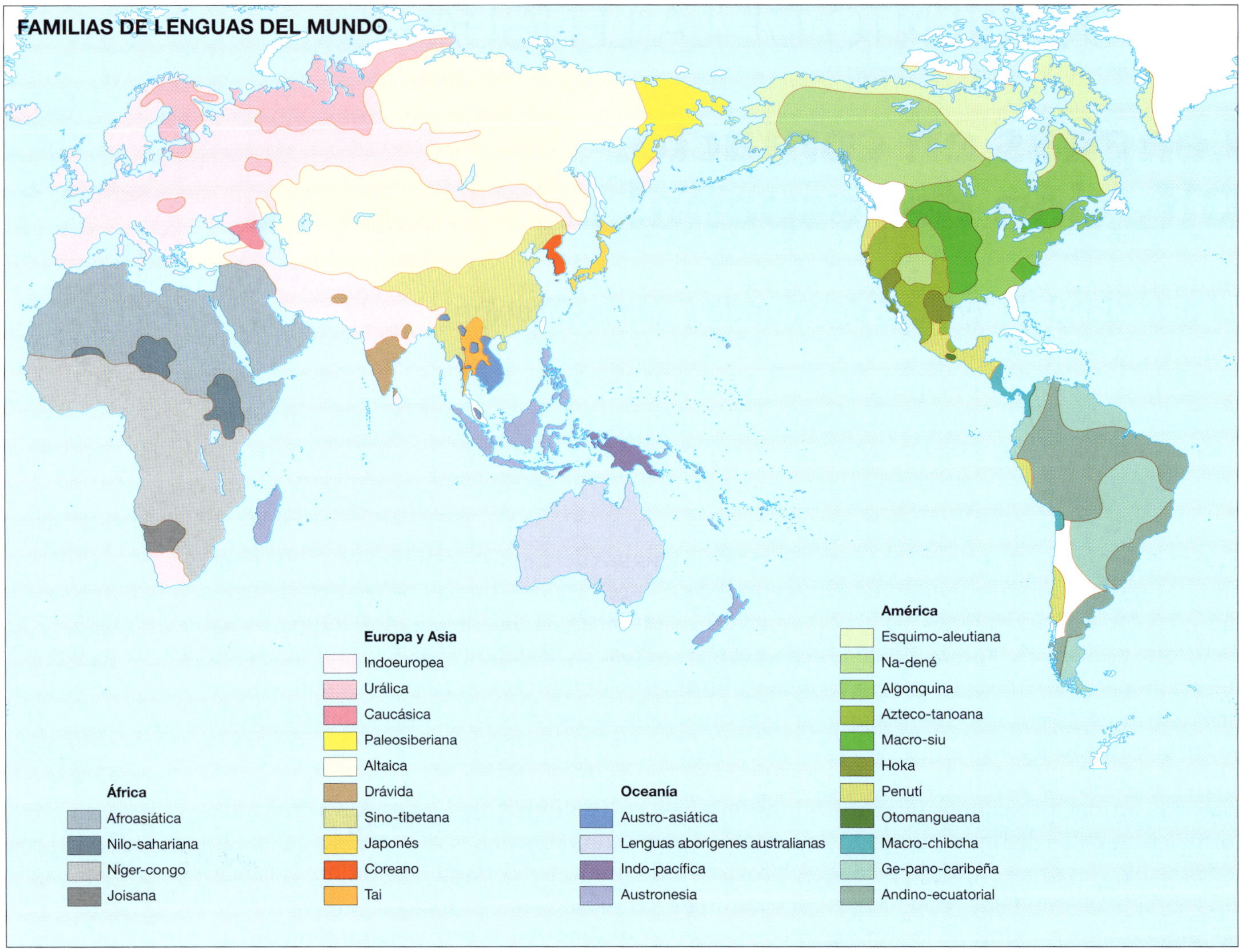

La indoeuropea es la mayor familia de lenguas del mundo. Actualmente, más de mil quinientos millones de personas hablan lenguas indoeuropeas. La familia indoeuropea comprende las siguientes lenguas: el albanés; el armenio; el griego; el latín, del cual provienen las lenguas románicas, nombradas anteriormente; las lenguas germánicas, como el inglés, el alemán, el holandés, el danés, el sueco, etc.; las lenguas baltoeslavas, como el lituano, el ruso, el polaco, el checo, el búlgaro, etc.; las lenguas indoiranias, como el persa; las lenguas celtas, como el bretón, el galés, etc.

En Asia cabe destacar la **familia sino-tibetana**.

Más de mil millones de personas emplean lenguas de esta familia. Las más importantes son el chino, el birmano y el tibetano. El chino, que cuenta con mayor número de hablantes que ninguna otra lengua del mundo (más de mil millones), consta de ocho dialectos principales que son tan diferentes entre sí como el italiano o el francés lo son del español. Pero la mayoría de los chinos hablan el chino mandarín, que es la variedad de Pekín, escogida como norma para proporcionar un modelo único de comunicación en toda China.

África

Es el continente con más lenguas, unas mil trescientas, con más de cuatrocientos millones de hablantes.

Entre las familias de lenguas africanas merecen especial atención:

- La **familia níger-congo**. Es la familia más numerosa y se distribuye por casi todo el continente al sur del desierto del Sáhara, con unas mil lenguas. Entre las lenguas más destacadas, se pueden nombrar el suajili, el congo y el ruanda (lenguas *bantúes*); el yoruba, el ibo y el acano (del grupo *cua*), y el fulaní (del grupo *atlántico occidental*).
- La **familia afroasiática** o **camito-semítica**. La principal lengua es el árabe.

El suajili se habla principalmente en Kenia y en Tanzania. En la imagen, tienda de libros sobre el Islam en árabe o suajili.

América

Aparte de las familias lingüísticas de Estados Unidos y Canadá, existen numerosos grupos y familias de lenguas en Latinoamérica.

El principal puente lingüístico entre América del Norte y del Sur lo forma el grupo **penutí**, cuya lengua más destacable es el maya; otro grupo que se extiende de norte a sur es el grupo **azteca-tanoano**, cuya lengua principal es el azteca o nahua. Ya en América del Sur, cabe nombrar, entre otros, el grupo **andino-ecuatorial**, cuyas lenguas principales son el aimara, el quechua y el guaraní, y el grupo **ge-pano-caribeño**.

Oceanía

En Oceanía, entre otras, destaca la **familia austronesia** o **malayo-polinesia**.

Abarca desde Madagascar hasta las islas más orientales, y desde Taiwán y Hawái hasta Nueva Zelanda. Entre las diversas lenguas que forman esta familia, destacamos el tagalo, la lengua indígena más importante de Filipinas.

El deseo de una lengua universal

La existencia de tantas lenguas en el mundo es una barrera para la comunicación internacional. Por esta razón, se ha intentado buscar una lengua universal que elimine las fronteras lingüísticas entre los diferentes países y culturas.

Una de las maneras de salvar la barrera del idioma consiste en usar una **lengua artificial**, creada expresamente para facilitar la comunicación internacional. Entre las muchas lenguas artificiales que se han creado, cabe destacar el **esperanto**, que inventó a finales del siglo XIX Ludwik Lejzer Zamenhof, un oftalmólogo y lingüista polaco.

El lingüista Ludwick Lejzer Zamenhof, creador del esperanto.

Otra forma de superar las fronteras lingüísticas es emplear una lengua natural como **lengua internacional**. Ya en la Edad Media y en el Renacimiento, se utilizó el latín como lengua cultural, y el francés se usó como lengua de la diplomacia desde el siglo XVII hasta el XX. Actualmente, el inglés es la lengua internacional de comunicación más utilizada. Muchos factores contribuyen a la difusión internacional de una lengua, pero los principales son de orden político, militar, económico y religioso.

También hay quienes piensan que la mejor forma de atenuar las barreras lingüísticas consiste en promover la enseñanza y el aprendizaje de lenguas extranjeras.

Actividades de comprobación

1. Di a qué familia y a qué rama pertenecen las siguientes lenguas: inglés, español, ruso y galés.
2. Anota a qué familia pertenecen el guaraní, el nahua, el suajili y el chino.
3. Di qué tres lenguas de entre las siguientes son aisladas: armenio, vasco, persa, coreano, yoruba, quechua, japonés. Una de ellas se habla en Europa y las dos restantes, en Asia.

Fenómenos de contacto de lenguas

En el mundo contemporáneo, es una realidad habitual el hecho de que dos o más lenguas estén en contacto por razones políticas, culturales, económicas, etc.

TIPOS DE INFLUENCIA ENTRE LENGUAS

- sustrato
- superestrato
- adstrato

Como resultado de ello, la mayoría de los países viven en una situación en la que coexisten varias lenguas, es decir, en una situación de **plurilingüismo** o **multilingüismo**; eso significa que hay más lenguas que estados. Si dividimos el número de lenguas por el número de estados, veremos que hay más de veinte lenguas por cada uno. Por ejemplo, en Filipinas funcionan como lenguas oficiales el filipino, de base tagala, y el inglés, pero además se usan el español, el árabe y alrededor de setenta y cinco lenguas más. En realidad, casi no hay ningún país que sea completamente **monolingüe**, es decir, que posea una única lengua. Así, incluso en países donde se reconoce una sola lengua oficial existen grupos que emplean otras; en Estados Unidos, por ejemplo, importantes sectores de la población hablan de forma habitual otras lenguas distintas del inglés: español, alemán, italiano, etc.

Las lenguas en contacto pueden convivir, pero el contacto de lenguas a veces también puede ocasionar conflictos lingüísticos, interferencias o incluso la sustitución de una lengua por otra o la aparición de nuevas lenguas. Puede suceder que lenguas perdidas, como las lenguas de la península Ibérica anteriores a la conquista romana, influyan sobre otra que se ha impuesto (**sustrato**). Además, puede darse el caso de que la lengua de un grupo humano que conquista un territorio no llegue a sustituir la lengua del territorio conquistado pero influya sobre ella (**superestrato**), como pasó con las invasiones germánicas de la península Ibérica. Finalmente, también puede suceder que haya un influjo recíproco entre dos lenguas vecinas (**adstrato**), como ha ocurrido a lo largo de la historia entre el castellano y el catalán, el gallego y el vasco. Así pues, el contacto entre lenguas puede dar lugar a diversos fenómenos lingüísticos, de los cuales vamos a analizar los siguientes: el bilingüismo, la diglosia, la normalización lingüística, la aparición de lenguas francas, las lenguas sabires (o *pidgin*) y las lenguas criollas.

Bilingüismo

Se producen situaciones en las que, por causas de diversa índole, dos o más lenguas coexisten en una comunidad de individuos.

Sin embargo, el concepto de bilingüismo resulta difícil de definir porque este fenómeno se puede dar en diversos grados y puede afectar a más o menos personas. Los estudios sobre bilingüismo suelen distinguir entre **bilingüismo individual**, que afecta a los individuos, y **bilingüismo social**, que afecta a las comunidades y a los individuos como miembros de esas comunidades.

CLASES DE BILINGÜISMO
- individual
- social

- En sentido estricto, el **bilingüismo individual** se da en aquellas personas que, además de su primera lengua, poseen otra en la que tienen una competencia semejante, y son capaces de utilizar una u otra con eficacia en cualquier situación. No obstante, las personas que dominan perfectamente ambas lenguas son una excepción. La mayoría de los bilingües no tienen la misma competencia lingüística en las dos lenguas. Normalmente, una de ellas predomina sobre la otra, la interfiere o, simplemente, es la lengua preferida en la mayoría de las circunstancias, mientras que la otra solo se emplea de forma irregular. Así pues, el grado de dominio lingüístico varía según los hablantes y las situaciones, y solo una minoría se aproxima al ideal teórico de un dominio perfecto y equilibrado de las dos lenguas. La mayoría de las personas se alejan de ese ideal, e incluso algunas muestran una competencia muy limitada en la segunda lengua.

- Existe **bilingüismo social** cuando en una comunidad se hablan dos lenguas, o bien cuando todos sus componentes o una parte de ellos son bilingües. Se pueden distinguir diversas situaciones de bilingüismo social. Puede darse el caso de que cada una de las lenguas la hable un grupo diferente, es decir, que existan dos grupos monolingües que al yuxtaponerse formen una comunidad bilingüe; o que todos los hablantes de la comunidad sean bilingües, o bien que coexistan un grupo monolingüe dominante y otro bilingüe minoritario, etc. De todos modos, el bilingüismo social suele ser desequilibrado y muy a menudo conlleva un conflicto lingüístico.

En Egipto, el árabe normativo o clásico es la variedad alta o A. Calle de El Cairo.

Diglosia

Situación de contacto de lenguas en la que una tiene un estatus sociopolítico inferior.

El término *diglosia* se creó para hacer referencia a la situación de aquellas comunidades lingüísticas en las que los hablantes **emplean dos o más variedades del mismo idioma para fines o con funciones diferentes**: una «variedad alta», llamada A, y una «variedad baja», llamada B. Por ejemplo, en Egipto, el árabe normativo o clásico es la variedad alta o A, y el árabe egipcio popular, la variedad baja o B.

Más tarde, este término se ha aplicado también a las comunidades bilingües en las que se reparten los usos y las funciones sociales de las lenguas en contacto. La situación de diglosia se produce cuando **existe una desigualdad funcional entre las dos lenguas**. Una de ellas (la lengua A) se destina al ámbito formal (literatura, educación, medios de comunicación, etc.), y la otra (la lengua B), al ámbito más familiar o coloquial. A esta desigualdad de funciones contribuyen factores sociopolíticos (grupo dominante - grupo dominado); culturales (cultura predominante - cultura limitada); lingüísticos (difusión de la lengua, número de hablantes, etc.), y afectivos. Por ejemplo, en Argelia las personas mayores siguen utilizando el francés para el uso formal, escrito y culto, mientras que emplean el árabe de cada zona para el uso coloquial o familiar.

Las lenguas y los procesos de normalización lingüística

Escolares de Zamboanga montados en un bicitaxi. En esta región de Filipinas se usa el chabacano, que es una lengua criolla basada en el español con influencia del tagalo y el cebuano.

Se entiende por **normalización lingüística** el proceso sociocultural que consiste en conseguir que una lengua sea utilizada en todos los ámbitos de uso en la sociedad, es decir, que tenga plena normalidad lingüística.

Tradicionalmente, el término *normalización* designaba el conjunto de decisiones que establecían las normas internas de una lengua: gramática, léxico, normas ortográficas, etc. Sin embargo, en la actualidad se distingue entre **normalización** y **codificación lingüística** o **normativización**.

La **normalización** se propone hacer «normal» el uso de una lengua que en una época determinada fue dejada de lado por la presencia de otra más fuerte, y pretende generalizar su uso en **todos los ámbitos** y en **todas las funciones** de la vida social: en la administración, en la enseñanza, en la política, en casa, en la calle, etc. Para ello, se requiere la voluntad política, social y cultural de los miembros de la comunidad lingüística. Así, en las comunidades autónomas de España con lengua propia, actualmente se promulgan leyes que pretenden la normalización de esas lenguas en todos los ámbitos de la vida social, después de que durante el franquismo esas lenguas fueran prohibidas y excluidas de la enseñanza, la administración y la vida pública en general.

En el proceso de normalización lingüística, es importante la **codificación lingüística** o **normativización** (la regulación ortográfica, léxica y gramatical) para que la lengua pueda utilizarse para todas las funciones que hasta ese momento estaban reservadas a la lengua dominante.

El proceso de normalización lingüística es la única vía para que las lenguas minorizadas (lenguas dominadas por otra) no sean sustituidas por la lengua dominante.

Lenguas francas, lenguas sabires o *pidgin* y lenguas criollas

Una **lengua franca** o *lingua franca* es aquella que se emplea en distintos lugares como vehículo de comunicación entre hablantes que **no la tienen como lengua materna**.

El suajili, por ejemplo, es una lengua bantú africana hablada por cuatro millones de personas que la tienen como lengua materna, y por treinta millones que no la tienen como lengua materna pero la emplean para comunicarse.

Una **lengua sabir**, también denominada con la palabra inglesa *pidgin* o *lengua mixta*, es aquella que se ha desarrollado entre personas que no poseen la misma lengua, pero que necesitan comunicarse entre sí por razones comerciales o de otro tipo.

Las lenguas sabires son un reflejo del colonialismo; por eso, la mayoría de ellas se basan en lenguas europeas: inglés, francés, español, holandés y portugués. Las lenguas sabires **no acostumbran a sobrevivir durante mucho tiempo** y mueren cuando desaparece la causa que las impulsó o cuando una de las comunidades aprende la lengua de la otra. Por ejemplo, el sabir de Vietnam, basado en el inglés hablado en ese país entre los hablantes de la zona y los militares americanos, desapareció cuando terminó la guerra.

Una **lengua criolla** es un sabir que se ha convertido en la lengua materna de una comunidad.

Así pues, los sabires y las lenguas criollas son dos etapas de un único proceso de desarrollo lingüístico. Por ejemplo, el chabacano es una lengua criolla basada en el español con influencia del tagalo y el cebuano que se usa en Zamboanga (Filipinas).

Actividades de comprobación

4. Debatid en clase lo que dice la pedagoga canadiense Elisabeth Coelho, especialista en educación multicultural y plurilingüe, en el siguiente fragmento de una entrevista que le hace en el diario *La Vanguardia* el periodista Lluís Amiguet:

> **P.** Los idiomas exigen más esfuerzo.
>
> **R.** Los niños bilingües tienen mejor desarrollo cognitivo: aprenden mejor. Es una de las conclusiones del informe *Positively Plurilingual*. Muchos padres ya lo saben en Canadá y educan a sus hijos en una lengua diferente de la materna. Muchos padres anglohablantes envían a sus hijos a escuelas francesas.
>
> **P.** Aquí también es habitual... si pagas.
>
> **R.** El bilingüismo exige un esfuerzo que, al parecer, es positivo para nuestras mentes.
>
> **P.** ¿Y si el idioma materno es el urdu?
>
> **R.** El Gobierno canadiense invierte cantidades ingentes en que cada niño pueda mantener la lengua materna y estar orgulloso de ella: sea urdu o suajili. Tenemos un programa educativo muy popular que permite a niños seguir estudiando también en esta lengua.
>
> **P.** Eso sí que es esfuerzo.
>
> **R.** ¡Vale la pena! Se trata de ofrecer tu identidad a la comunidad de acogida y no de negarte. Esa suma de identidades enriquece a Canadá más que cualquier pureza.
>
> **P.** Toda pureza es una mezcla olvidada.
>
> **R.** ¿Por qué renunciar a ninguna lengua? ¡Son riqueza! Todas servirán mañana a la economía y la sociedad de Canadá.

5. Nombra tres casos de comunidades en que se den situaciones de bilingüismo social.

6. Explica la diferencia entre normalización y codificación lingüística o normativización.

7. Averigua los territorios donde se hablan los siguientes criollos hispánicos: papiamento y palenquero.

El bilingüismo y la normalización lingüística en España

España es uno de los **países plurilingües** de Europa, ya que en su territorio se hablan cuatro lenguas oficiales: el castellano, el catalán, el gallego y el vasco, y otras lenguas o variedades no reconocidas como oficiales: el bable, el aragonés y el aranés.

La población que vive en comunidades con lengua propia oficial distinta del castellano es aproximadamente de dieciséis millones de habitantes, es decir, el 40 % de la población de España.

Esta realidad se recoge en el artículo 3 de la Constitución de 1978 de la siguiente manera:

1. El castellano es la lengua española del Estado. Todos los españoles tienen el deber de conocerla y el derecho a usarla.
2. Las demás lenguas españolas serán también oficiales en las respectivas Comunidades Autónomas de acuerdo con sus Estatutos.
3. La riqueza de las distintas modalidades lingüísticas de España es un patrimonio cultural que será objeto de especial respeto y protección.

Por otra parte, con la estructuración de España en comunidades autónomas, en los estatutos de autonomía de determinadas comunidades con lengua propia (Cataluña, Baleares, Comunidad Valenciana, Galicia, País Vasco y Navarra), figuran una serie de disposiciones referentes a la lengua, que, si bien se formulan de forma diferente en cada uno, coinciden en lo sustancial: el nombre de la lengua (catalán, gallego, etc.) y su calificación de **lengua propia**; su condición de **lengua oficial** junto al castellano; el **derecho** de todos los miembros de la comunidad a conocer y a utilizar la lengua propia, y el derecho a la **no discriminación** por razones de lengua.

Además, en las comunidades autónomas con lengua propia se han emprendido procesos de **normalización lingüística** por medio de leyes que desarrollan los artículos de los estatutos correspondientes referidos a las lenguas propias. Asimismo, se han puesto en marcha acciones destinadas a lograr la recuperación de las lenguas en situación de desigualdad respecto a la lengua castellana, para conseguir su equiparación efectiva con esta y garantizar el **uso normal** y **oficial** de ambos idiomas en condiciones de igualdad.

El castellano en los territorios bilingües

La lengua castellana se difundió por territorios donde existían ya otras lenguas peninsulares.

En el contacto de estas con aquella se producen **interferencias** lingüísticas, es decir, desviaciones respecto a las normas de cualquiera de las dos lenguas. Dichas interferencias pueden ser fonéticas, gramaticales o léxicas. También se producen **préstamos** y calcos lingüísticos. A continuación, se presentan las características del castellano hablado en las comunidades donde se emplean el catalán, el gallego y el vasco, así como ejemplos de influencias de estas lenguas.

Características del castellano hablado en territorios de **lengua catalana**:

- Mayor abertura de las vocales tónicas y neutralización de las átonas, que se hacen coincidir con las realizaciones normales de las vocales catalanas en esas posiciones.
- Sonorización de la **s** entre vocales o al final de palabra, cuando se une a la vocal que inicia la palabra siguiente: [*coza*], [*loz elefantes*].
- Se dan calcos del catalán, como *hacer tarde* 'llegar tarde' o *sacarse el abrigo* 'quitarse el abrigo'.
- Uso de expresiones de obligación como *no cal que vengas* 'no es necesario que vengas' o *tiene de trabajar* 'tiene que trabajar'.
- Empleo del artículo ante nombre propio: *el Jorge* 'Jorge', *la María* 'María', etc.
- Uso del verbo *haber* en plural en las oraciones impersonales: *hubieron muchos errores* 'hubo muchos errores', *habían demasiados periodistas* 'había demasiados periodistas', etc. Estas construcciones también se emplean en Canarias e Hispanoamérica.
- Préstamos léxicos del catalán, como *enchegar* (de *engegar* 'poner en marcha'), *paleta* 'albañil', *plegar* 'terminar de trabajar', etc.

Rasgos del castellano hablado en territorios de **lengua gallega**:

- En la entonación, las vocales que van antes del acento se articulan lentamente, mientras que las que van detrás se articulan de forma rápida. Por otra parte, se eleva mucho el tono al principio de un enunciado y se deja caer rápidamente al final, lo cual produce una melodía característica.
- Las vocales átonas se cierran y también las vocales finales, de manera que la **o** se pronuncia como [u] y la **e** como [i]. En los diptongos **ué** y **ié**, se abre en exceso la **e**.
- Se reducen los grupos cultos como **ct**, **pt** y **gn** en **t** y **n**: *ato* 'acto' o 'apto', *manífico* 'magnífico'.

- Se usa el pretérito perfecto simple con el valor del pretérito perfecto compuesto: *no vino hoy* 'no ha venido hoy'.
- Diminutivo en **-iño**: *pobriño, despaciño*...
- Préstamos léxicos del gallego como *cacharela* 'hoguera', *empetar* 'ahorrar', *nuevo* 'joven', etc.

Tabla de menú en una taberna vasca escrita en euskera y en castellano.

Características del castellano hablado en territorios de **lengua vasca**:

- En la entonación, las vocales resultan menos relajadas de lo habitual.
- Sustitución del pretérito imperfecto de subjuntivo por el condicional: *ojalá llovería* 'ojalá lloviera'.
- Préstamos del vasco como *agur* 'adiós', *aitá* 'padre', *zurito* 'vaso pequeño de cerveza', etc.

Actividad de comprobación

8. Leed el siguiente fragmento de un artículo de la lingüista Violeta Demonte publicado en el diario *El País* y, a partir de la opinión de la autora, dad vuestro punto de vista sobre los distintos aspectos que se plantean:

> *Normalizar*, obvio es, quiere decir *convertir en normal* y para que dos cosas parecidas sean normales (en este caso dos lenguas) tienen que tener similares condiciones de uso. La normalización lingüística es imprescindible cuando hay fuertes diferencias dialectales o situaciones de diglosia; la definición de esa tarea aparece en cualquier manual elemental de sociolingüística.
>
> Por otra parte, el modelo de inicio de la escolarización en la lengua materna para llegar desde allí al bilingüismo real no solo está recogido en algunos Estatutos españoles desde la II República, sino que es un modelo bastante general en los países plurilingües que tienen políticas lingüísticas explícitas y bien concebidas. Parece ocioso recordar que prácticamente todos los países del mundo son plurilingües, pero en la mayoría de ellos, lamentablemente, no se institucionaliza un modelo de coexistencia de lenguas, sino que una lengua (por lo general una de las grandes, y poderosa política y culturalmente) se erige como dueña «natural» del espacio lingüístico, lo que genera la reducción en el uso y ulterior desaparición de las lenguas minoritarias. Este hecho preocupa mucho a los lingüistas de hoy: la Linguistic Society of America tiene una sección propia sobre «lenguas en peligro de extinción» para llamar la atención sobre este asunto. Ciertamente existen lingüistas antiecológicos [...] que defienden los modelos de apogeo de las grandes lenguas y juzgan inevitable la minorización de las pequeñas. Conviene decir que esos lingüistas no son mayoría entre quienes estudiamos el lenguaje humano.
>
> Los expertos distinguen tres tipos de estados bilingües: aquellos con bilingüismo de alcance estatal, como Canadá, donde el inglés y el francés son oficiales en todo el Estado; los que contienen *estados regionales unilingües* y conforman de esta manera el Estado bilingüe, el caso de Bélgica; y el tipo español de bilingüismos por territorios. El primer modelo es muy caro; el segundo aísla a las comunidades e invita a la fragmentación; el tercero es reconocido como el más favorable a la coexistencia y el más enriquecedor para los hablantes, pues, como sabemos, ser bilingüe es cognitivamente muy ventajoso.

Difusión del español actual

El **español** o **castellano**, además de ser la **lengua oficial** en España, lo es también en la mayor parte de los países de América y en Guinea Ecuatorial.

Los países en los que el español es la **lengua oficial**, ordenados según su población total y según el porcentaje de hablantes nativos, son: México, Colombia, España, Argentina, Perú, Venezuela, Chile, Ecuador, Guatemala, Cuba, República Dominicana, Bolivia, Honduras, Paraguay, El Salvador, Nicaragua, Costa Rica, Puerto Rico, Panamá, Uruguay y Guinea Ecuatorial.

Pero los hispanohablantes de países donde el **español no es lengua oficial** son muchos más. Entre estos países, cabe destacar **Estados Unidos**, donde el español es el segundo idioma más hablado. Conviene recordar que la comunidad hispana de este país ronda los 53 millones de personas. De ellos, casi 41 millones tienen como lengua materna el español y a los casi 12 millones restantes se les supone una competencia limitada de esta lengua. Según algunas estimaciones, en el año 2050 Estados Unidos será el primer país hispanohablante del mundo.

El **español se usa, además, en muchos otros países**, tanto por parte de grupos que lo tienen como lengua materna como de grupos que tienen una competencia limitada de esta lengua: Andorra, Australia, Belice, Brasil, Canadá, Filipinas, Israel, Sáhara Occidental, Unión Europea, etc.

El número de personas que tienen el español como primera lengua es de alrededor de **470 millones**. Es la **segunda lengua materna del mundo** en número de hablantes, tras el chino mandarín, y también la segunda si se tiene en cuenta el cómputo global de hablantes (nativos + personas con competencia limitada + estudiantes de español). El análisis de la evolución demográfica de las cinco lenguas más habladas del mundo (chino mandarín, español, inglés, hindi y árabe) refleja que, en términos relativos, la proporción de hablantes de chino e inglés desciende por razones de demografía mundial y, por el contrario, aumenta la proporción de hablantes de árabe, hindi y español.

No obstante, a la hora de valorar la importancia internacional de una lengua, el **número de hablantes no es el único factor** que hay que considerar. También es un dato significativo el **número de países que la tienen como lengua oficial o cooficial**, la **potencialidad económica** de esos países, su **uso en organismos internacionales** y el **número de personas** que la estudian como segunda lengua. En este sentido, el **inglés** es el idioma que cumple todos los requisitos para ser considerado **lengua internacional**, ya que, además, es el más estudiado como lengua extranjera, seguido del francés y del español.

El **español** es **lengua oficial** en las Naciones Unidas, la Unión Europea y otros organismos internacionales. Además, la demanda de enseñanza del español como segunda lengua ha crecido muchísimo en Estados Unidos, Brasil, Japón y los países de la Unión Europea, entre otros.

Estudiantes de la Universidad de Manila, Filipinas, en febrero de 2014.

Actividad de comprobación

9. Comentad en clase el siguiente artículo del *Diccionario panhispánico de dudas* (DPD):

> ESPAÑOL. Para designar la lengua común de España y de muchas naciones de América, y que también se habla como propia en otras partes del mundo, son válidos los términos *castellano* y *español*. La polémica sobre cuál de estas denominaciones resulta más apropiada está hoy superada. El término *español* resulta más recomendable por carecer de ambigüedad, ya que se refiere de modo unívoco a la lengua que hablan hoy cerca de cuatrocientos millones de personas. Asimismo, es la denominación que se utiliza internacionalmente (*Spanish*, *espagnol*, *Spanisch*, *spagnolo*, etc.). Aun siendo también sinónimo de *español*, resulta preferible reservar el término *castellano* para referirse al dialecto románico nacido en el Reino de Castilla durante la Edad Media, o al dialecto del español que se habla actualmente en esta región. En España, se usa asimismo el nombre *castellano* cuando se alude a la lengua común del Estado en relación con las otras lenguas cooficiales en sus respectivos territorios autónomos, como el catalán, el gallego o el vasco.

El español en Internet

El **español** es la **tercera lengua** más empleada en Internet.

El **español** es la **tercera lengua** más usada en la red tras el inglés y el chino. Su uso ha aumentado de forma espectacular durante el siglo XXI gracias, principalmente, a la incorporación a la red de usuarios latinoamericanos. En cambio, el inglés ha moderado su crecimiento.

Por ejemplo, si se analizan las dos principales redes sociales del mundo, Facebook y Twitter, se puede observar que el español es la segunda lengua más usada. Así, en Facebook, después del inglés, el español ocupa la **segunda posición**, a gran distancia del portugués y del francés, que ocupan, respectivamente, las posiciones tercera y cuarta. En Twitter, el español también ocupa el segundo lugar. No obstante, si se tiene en cuenta la lengua usada en los mensajes que se envían a través de este canal, el español ocupa la tercera posición, por detrás del japonés, lo que demuestra un menor uso de esta red social en el ámbito hispanohablante en comparación con los hablantes de japonés.

Otro ejemplo es el uso del español en la *Wikipedia*. De las 286 lenguas en las que actualmente se divulga esta enciclopedia, el **español ocupa la décima posición** por número de artículos escritos, todavía por detrás de lenguas como el alemán, el francés, el italiano, el ruso, y otras más minoritarias. Sin embargo, si se toma en consideración el número de visitas por hora que registra la *Wikipedia* en las distintas lenguas, el español ocupa la segunda posición.

El lugar que ocupa el español en la clasificación varía mucho si se tienen en cuenta las lenguas que se utilizan para **transmitir los contenidos** de las páginas de Internet. En este sentido, el **inglés ocupa el primer lugar**, seguido a gran distancia por el ruso, el alemán, el japonés y el español. Esta distancia respecto al inglés pone de manifiesto el **escaso empleo del español como lengua internacional** en Internet. Por el contrario, el inglés se sitúa como la auténtica lengua franca de la red. En el caso concreto de la Unión Europea, aparte de la lengua materna de los usuarios, el español es la cuarta lengua que más utilizan estos después del inglés, el francés y el alemán para acceder a contenidos de Internet.

Actividad de comprobación

10. Lee la siguiente opinión de Francisco Rico, extraída del artículo *Entre el papel y la red*, y haz un comentario crítico. Después, junto con tus compañeros de clase contrastad y debatid vuestras opiniones.

> No sería ningún disparate opinar que los diccionarios en el formato tradicional de los libros son cosa del pasado. En los días de Internet, Google y las *Wikipedia*, de los *e-books* y los USB de memoria casi inagotable, ¿vale la pena ir a buscar una determinada información en un volumen en papel? ¿No es más ventajoso teclear una palabra y dejar que los rastreadores de la web hagan su trabajo? Sí y no.
>
> El problema de Internet, el gran atolladero, consiste en que ahí está todo, bueno, malo o quién sabe, y todo revuelto, todo sin filtrar. Por haber demasiado, es con frecuencia como si no hubiera nada: uno salta de un lado a otro y acaba con la misma perplejidad del comienzo. Para no quedar atrapado en la red, hay que poseer el criterio y el conocimiento firmes que precisamente son lo que suele faltarnos cuando recurrimos a un instrumento de consulta. Internet es admirable, pero no fiable: es peligroso navegar en un barco sin capitán. En las dudas, se requiere el discernimiento de una autoridad, la garantía de una firma. Pocas más seguras que María Moliner y Joan Coromines.

Características específicas del español en la red

El **español** que se utiliza en la red **no es distinto del que se emplea para comunicarse y relacionarse** en sociedad, pero las **características de los dispositivos digitales**, así como de las **herramientas de comunicación** y de **relación** que ofrecen, condicionan en parte su uso.

Como hemos comprobado anteriormente, millones de personas emplean el español diariamente para leer y escribir a través de la red y, como es natural, ello ha afectado también al uso que se hace de la lengua en este ámbito a causa de su **adaptación a las características de los nuevos soportes digitales** (ordenadores, tabletas, teléfonos inteligentes...) y a sus **herramientas de**

comunicación y de **relación**: páginas web, correos electrónicos, redes sociales, blogs, chats, mensajería instantánea, etc. He aquí algunas de las características de los textos escritos en estos soportes y canales, que afectan tanto a la lectura como a la escritura, así como algunos consejos sobre el uso que debe hacerse de la lengua en este medio:

- **Proliferación de neologismos y extranjerismos.** El constante y rápido incremento de dispositivos y herramientas de comunicación creados o fabricados en el ámbito anglosajón ha ocasionado también el aumento de **anglicismos**, que resultan difíciles de adaptar por la velocidad con la que aparecen. La RAE ha recogido o adaptado préstamos como *chip*, *byte*, *escáner*, etc., pero, muy a menudo, en los chats, los foros, las redes sociales, las aplicaciones de mensajería instantánea... –que requieren una respuesta rápida–, es frecuente encontrar palabras escritas en inglés o con su grafía fonética: *spoiler*, *cool*, *love*, *plis*, *zenkiu*, *post*, etc. Lo más recomendable **es evitar el uso excesivo de extranjerismos**, sobre todo si existe una palabra en español para designar la realidad a la que nos referimos.

- **Creación de un español internacional o neutro.** El fenómeno de la **globalización** en las comunicaciones y en las relaciones facilita el constante intercambio comunicativo entre hablantes de las diferentes variedades del español de España y de América, pero las palabras o expresiones no siempre coinciden. Por ejemplo, en España se dice *ordenador*, *teléfono móvil* y *comida basura*; en cambio, en América se usan las voces *computadora*, *celular* y *comida chatarra*, respectivamente. La red hace que las diversas variedades geográficas del español se disuelvan en parte y ha propiciado un acercamiento creciente entre ellas. Además, cuando los fabricantes de *software* traducen o crean nuevas aplicaciones y programas, emplean un español internacional o neutro para facilitar la comprensión entre los hablantes de diferentes países que usan el español. Incluso es frecuente que los mismos usuarios contribuyan a esta labor en las redes sociales, evitando términos que tengan connotaciones o significados distintos según se usen en España o en América, en busca de un vocabulario común que permita una mejor comunicación. Así pues, cuando escribimos en la red y la audiencia puede ser internacional, **debemos evitar el uso de palabras o expresiones locales** que puedan no ser entendidas o ser malinterpretadas por otros hablantes.

- **Empleo de emoticonos y otros sistemas de signos.** El fenómeno de la **globalización** en las comunicaciones y relaciones también afecta al uso de signos diversos, principalmente los emoticonos y los *emojis*, a los que se recurre para expresar emociones o sentimientos difíciles de transmitir a través de la lengua escrita, sobre todo en la mensajería instantánea (WhatsApp, SMS...). No obstante, conviene recordar que la **interpretación de los emoticonos puede ser distinta según las culturas** y, por lo tanto, no significan lo mismo para todos. Por ejemplo, para expresar felicidad en la cultura occidental se emplea :-), mientras que en Asia, para expresar esta misma emoción se usa (^_^). Es también habitual en la red emplear otros signos o caracteres, como, por ejemplo, **números y otros signos matemáticos** (*salu2* 'saludos', *ade+* 'además', *x lo –* 'por lo menos') o bien **repetición de signos o letras** con valor enfático (*qué???, eeeh!!!*).

- **Brevedad y lenguaje informal.** La **brevedad** y el uso del **lenguaje informal**, propio de la **conversación hablada**, son dos de las características de la comunicación en Internet. Pantallas pequeñas y restricciones en cuanto al número de caracteres condicionan de alguna manera la escritura. Así, en los teléfonos móviles o en los teléfonos inteligentes de pantalla pequeña, la escritura casi telegráfica es muy habitual: uso de **abreviaturas** como *pq* (*porque*), *msj* (*mensaje*), *sbdo* (*sábado*); **eliminación de los signos de interrogación o exclamación iniciales** (*vienes mañana?*); **desaparición de tildes, signos de puntuación** y, en consecuencia, de las **mayúsculas** (*se q fuiste a la fiesta mandame foto*); uso de **siglas y acrónimos** (QTL '¿qué tal?', *nasnoches* 'buenas noches'); uso de **onomatopeyas** (*¡zas!, ¡guau!*) y de **interjecciones** (*¡bah!, ¡ejem!*), etc.

  Esta economía en el lenguaje y el acercamiento del lenguaje oral y el escrito no significan siempre ignorancia o empobrecimiento del idioma, sino una **adaptación de la escritura** a estos nuevos canales. No obstante, **deben evitarse estos recursos cuando escribimos en canales** que requieren un **registro más formal**. No emplearemos el mismo lenguaje si escribimos un correo electrónico a nuestro jefe por razones profesionales que si nos dirigimos a un amigo o amiga. Así pues, **conviene usar un estilo más o menos formal o informal según escribamos para una gran audiencia** –caso en el que deberemos cuidar las palabras que elijamos– o estemos en una **conversación privada**, en la que el lenguaje oral y el escrito a veces se confunden.

- **Hipertexto como base de lectura y de escritura.** La escritura tradicional de los libros es lineal; en cambio, la de los textos de Internet se basa en el **hipertexto**, es decir, en la organización de los contenidos según **distintos niveles de profundidad**, añadiendo en cada nivel nueva información a través de los enlaces: palabras que, cuando se pulsan, abren nuevas ventanas. Por tanto, se aconseja **escribir textos breves** segmentando los contenidos en diferentes niveles y uniéndolos por medio de enlaces. Por otra parte, la lectura en pantalla cansa más que la lectura en papel y, por ello, conviene aligerar el contenido. Además, el **lector de Internet tiende a escanear las páginas**, en vez de leerlas palabra por palabra, y el hipertexto ayuda a ello.

En suma, Internet ya forma parte de nuestra vida cotidiana y el **lenguaje que se emplea** en la red no debe ser distinto, en general, del que usamos para comunicarnos y relacionarnos en sociedad. Sin embargo, tal como se ha comprobado, hay que ser conscientes de que la comunicación a través de Internet presenta algunas características que deben tenerse en cuenta. Por ello, es aconsejable conocer las particularidades de **cada herramienta de comunicación empleada en Internet y del destinatario del texto, y, en función de ello, usar el lenguaje y el tono apropiados**.

Actividades de comprobación

11. Aportad ejemplos de anglicismos y de lenguaje abreviado y coloquial que se empleen en Internet y, a continuación, debatid si la lengua usada en la red empobrece o deteriora el idioma.

12. Buscad emoticonos y *emojis* que signifiquen algo distinto según las culturas.

ACTIVIDADES DE CONSOLIDACIÓN

1. Di si son verdaderos o falsos los siguientes enunciados:

a) El bilingüismo social se produce en las sociedades en las que se hablan dos lenguas.

b) Dos lenguas pueden coexistir en una comunidad de individuos sin que haya bilingües.

c) Lengua internacional es lo mismo que lengua franca.

d) Una lengua internacional como el inglés puede ser lengua franca en una sociedad bilingüe.

e) Las leyes de normalización lingüística de las comunidades autónomas con lengua propia coinciden en reconocer como cooficiales el castellano y la lengua de la comunidad en cuestión.

2. Lee el siguiente texto de Ralph Fasold y, en grupo, buscad ejemplos de países plurilingües en los que se hayan dado los cuatro fenómenos propuestos por el autor:

Históricamente se pueden distinguir cuatro elementos que han originado estados plurilingües: la migración, el «imperialismo» (económico, colonización, anexión), el federalismo y los fenómenos de las zonas fronterizas. Un determinado estado puede convertirse en plurilingüe por las consecuencias de más de uno de esos elementos y no resulta siempre fácil decidir cuál ha originado un caso determinado.

Ralph Fasold, *La sociolingüística de la sociedad*

3. Leed los siguientes textos y haced un debate sobre su contenido:

Los miembros de los grupos sin prestigio social o de minorías lingüísticas parecen ser perfectamente conscientes del hecho de que ciertas lenguas, las lenguas sin prestigio o lenguas minoritarias, no resultan útiles para conseguir movilidad social ascendente. Por lo tanto, el español en Norteamérica, el francés en Canadá, el árabe marroquí en Marruecos o el quechua en Perú no están asociados con la preparación académica, el éxito económico, etc. Que los hablantes de lenguas minoritarias muestren en muchos aspectos una actitud negativa hacia su propia lengua no implica que no la tengan en consideración. La lengua puede valorarse por razones sociales, subjetivas o afectivas, especialmente en el caso de hablantes de las generaciones jóvenes en contextos de emigración o por personas que se sientan orgullosas de su cultura minoritaria. Esta forma de *lealtad lingüística* refleja las estrechas relaciones existentes entre la lengua y la identidad social de los grupos etnolingüísticos. Sin embargo, no existe una relación directa entre identidad y lengua. Una identidad étnica, cultural o social diferenciada no siempre va unida a una lengua diferenciada, mientras que sí existen grupos con distintas lenguas que poseen identidades fuertemente interrelacionadas. Además, ni las lenguas ni las identidades son globalidades monolíticas, sino que son claramente diferentes, heterogéneas y variables. Esto provoca que su relación en situaciones específicas sea aún más complicada.

R. Apple y P. Muysken, *Bilingüismo y contacto de lenguas*

Internet es un escaparate de opiniones de todo tipo, incluido el uso de un lenguaje más o menos adecuado. Sin ir más lejos, cualquiera se habrá llevado las manos a la cabeza al comprobar en Twitter la ortografía de un personaje popular.

Ya sea con amigos y familiares en una red cerrada como Facebook o al comentar la última entrada de un blog con una identidad real y no con un seudónimo, hay que prestar atención al lenguaje. Cada huella que se deja en la red dice algo sobre el autor y por eso es importante saber emplear el lenguaje con propiedad en cada situación.

Dicho esto, tampoco hay que ser inflexibles en su aplicación: si el escenario cambia, el usuario se ha de adaptar a sus nuevas características. Como señala el experto Xosé Castro, el mensaje está al servicio del destinatario y el usuario debe conocer el medio en el que se desenvuelve y adaptarse a él, ya se trate de Twitter o de un blog. [...]

A pesar de que es necesaria la adaptación a cada canal, hay que saber cuidar el registro personal en cada uno de ellos. Si, por ejemplo, se desea transmitir una imagen de seriedad en un correo electrónico pero se cometen faltas de ortografía, ¿cómo no se va a resentir la credibilidad?

Markus Steen,
«El lenguaje como marcador cultural». *Fundéu*
<www.fundeu.es>

La norma lingüística

1. Copia las siguientes palabras sustituyendo los espacios en blanco por *i*, *ll* o *y*:

hu◆ais	papi◆a	desma◆ar	ba◆eta
ca◆e	le◆eron	ma◆a	o◆as
cami◆a	influ◆ente	caba◆ete	rosqui◆a
tra◆ecto	va◆áis	laca◆o	◆egua
ha◆aron	fo◆eto	hu◆eron	◆acer
lenti◆a	fo◆ón	fa◆a	ho◆o

2. Indica dónde colocarías signos de interrogación, comillas y raya en el siguiente texto:

Yo por entonces entendía poco de gobernar una embarcación, así que dependía enteramente de las habilidades náuticas de mi amigo. El viento, además, había aumentado de repente, y salíamos deprisa del abrigo de tierra aunque me dio vergüenza mostrarme alarmado, y durante casi media hora mantuve un decidido silencio. Como antes, tardó casi un minuto en contestar, o atender a mi sugerencia. Después dijo por fin: después volveremos; hay tiempo de sobra. Me esperaba esta respuesta; pero algo en el tono de sus palabras me sobresaltó. Le miré otra vez con atención. Tenía los labios lívidos, y las rodillas le temblaban tan visiblemente que parecía que no podía tenerse en pie. Por el amor de Dios, Augustus exclamé, ahora asustado de verdad, te encuentras bien Qué te pasa Qué vas a hacer Pasarme tartamudeó aparentando la mayor sorpresa, al tiempo que soltaba la caña y caía de bruces al interior de la barca. Pasarme No me pasa nada; volvemos a casa, n-n-no lo ves De pronto comprendía la verdad. Corrí hacia él y lo levanté. Estaba borracho, estaba como una cuba; ya no era capaz de hablar, ni de ver, ni de sostenerse. Tenía los ojos vidriosos; y al soltarlo, completamente desesperado, cayó rodando como un tronco en el agua del fondo, de donde lo había levantado.

Edgar Allan Poe,
Las aventuras de Arthur Gordon Pym

3. El leísmo consiste en el empleo de *le*, y con menor frecuencia *les*, como complemento directo en lugar de *lo*, *la*, *los*, *las*. Se admite el leísmo cuando el pronombre **le** se refiere a un nombre de persona masculino, pero no cuando se refiere a un nombre de persona femenino o a un nombre que no sea de persona. Ejemplos:

Encontró a su amigo. → ***Lo** (o **le**) encontró.*

Encontró un anillo. → ***Lo** encontró*, no **Le encontró.*

Encontró a su amiga. → ***La** encontró*, no **Le encontró.*

El laísmo y el loísmo se producen cuando *lo*, *la* se usan como complemento indirecto en vez de *le*, *les*. Ejemplos:

*A Ángela **le** dejé una nota*, no **la dejé una nota.*

*A él **le** dije que sí*, no **lo dije que sí.*

Reescribe las siguientes frases sustituyendo los espacios en blanco por el pronombre apropiado:

- A María ▬ dije que no viniera.
- Esta mañana he visto a tu amigo y ▬ he saludado.
- La policía persiguió al ladrón y ▬ detuvo.
- Ahora no puedo llamar a Sara, ▬ llamaré después.
- Como es el cumpleaños de Francisco, ▬ regalaré un balón.
- A tu primo, ▬ comenté aquel asunto.
- Ese perro no ▬ abandonaría nunca.
- Si quieres, escucha la radio, pero no ▬ pongas tan alta.

4. Los relativos *quien* y *quienes* solo se refieren a personas. Señala los usos incorrectos y corrígelos en tu cuaderno.

- El perro con quien jugaba es de mis vecinos.
- El muchacho a quien me refería antes es aquel de allí.
- Cogió el libro a quien tú sabes.
- Los delfines, sobre quienes hacemos un trabajo de investigación, pronto serán trasladados a otro acuario.
- Dieron el trabajo solo a quienes superaron las pruebas de selección.

5. *Cuyo* es un relativo que posee sentido posesivo. Indica los casos en que se emplea incorrectamente y corrígelo.

- Me encontré un perro, cuyo perro estaba abandonado.
- Leí una novela cuyo autor no es muy conocido.
- Me regalaron unos bombones, cuyos bombones contenían licor.
- Vi un sofá cuyo color me gustaba.
- Me han comprado un coche cuyo maletero es pequeño.
- Vi una película cuya protagonista era un actriz inglesa.
- Ha visto a una persona cuya fisonomía le recordaba a alguien conocido.
- No le gustó la mirada de aquella mujer, cuya mujer no conocía.

Literatura

UNIDAD 11

La literatura del siglo XX

La segunda cripta del Pombo, de Alfredo Palmero. Museo de Pontevedra. Retrato colectivo de una tertulia intelectual.

En el **siglo** XX, la sociedad europea cambia profundamente su configuración política, sus ideas y sus formas de vida. El rápido desarrollo de las ciencias y la técnica corre paralelo al crecimiento de movimientos sociales, a dos guerras mundiales, a la era nuclear y a la veloz sucesión de modas artísticas.

En el ámbito del **pensamiento**, se desarrollan tres grandes corrientes: el **existencialismo**, el **psicoanálisis** y el **marxismo**.

En el **arte**, esos movimientos tienen su correlato en las tendencias **existencial**, **experimental** y **social**. Son tendencias que adoptan formas variadas en diferentes momentos y, con frecuencia, aparecen combinadas.

En España, la Guerra Civil (1936-1939) configura dos periodos históricos y literarios.

MARCO HISTÓRICO Y CULTURAL

Periodos históricos del siglo XX

A lo largo del siglo XX, el mundo occidental experimenta una profunda transformación. Acontecimientos que marcaron su historia fueron las dos guerras mundiales, la Revolución Rusa y la guerra fría.

En torno a los acontecimientos anteriores, se establecen los siguientes periodos históricos:

- **De principios de siglo hasta la Primera Guerra Mundial (1900-1914).** Periodo de expansión económica y esplendor artístico (es la *belle époque*). Se desarrollan los **movimientos obreros**, y los intelectuales viven la «**crisis de la conciencia burguesa**».

- **La Primera Guerra Mundial (1914-1918).** Provocada por rivalidades coloniales, finaliza con la Conferencia de París (1920); con ella, la hegemonía mundial pasa de Europa a Estados Unidos. Mientras, en la Rusia de 1917 se había producido la revolución comunista.

- **El periodo de entreguerras (1920-1939).** Se inicia con la euforia económica de los **felices años veinte**. La industrialización vertiginosa crea tensiones sociales que estallan tras la gran **crisis de 1929**. En la década de 1930 nacen los **totalitarismos** y, al mismo tiempo, pierden apoyo popular las **democracias liberales**.

- **La Segunda Guerra Mundial (1939-1945).** La invasión alemana de Polonia provoca la generalización del conflicto. La intervención de Estados Unidos pone fin a la guerra con las bombas atómicas sobre Hiroshima y Nagasaki, y se inicia la era nuclear.

- **La posguerra.** Los acuerdos internacionales tras la guerra dividen el mundo occidental en dos bloques antagónicos: el comunista y el capitalista, que compiten en la carrera armamentística y espacial. Es la llamada «**guerra fría**».

En la década de 1960 se produce una distensión entre los bloques. Con el desarrollo económico y el crecimiento de las **clases medias** comienza la **sociedad de consumo**, en la que adquieren un gran poder los **medios de comunicación**. La insatisfacción por los males del consumismo la recogen los nuevos movimientos críticos, revolucionarios y «contraculturales». Ambas tendencias se manifestaron en el **Mayo del 68** francés.

La crisis energética de la década de 1970 propicia un cierto conservadurismo, el escepticismo del llamado espíritu **posmoderno**, relativista ante las ideologías políticas y las utopías.

- **El fin de los dos bloques.** El panorama político se transforma tras la desaparición del **muro de Berlín** (1989) y la unificación alemana (1990).

El final del siglo XX queda marcado por las abismales desigualdades entre el mundo industrializado y el Tercer Mundo, por los avances de las tecnologías de la información y por la globalización de la economía y los conflictos.

Panorama del pensamiento del siglo XX

En el siglo XX pueden señalarse tres grandes corrientes de pensamiento: el **existencialismo**, el **psicoanálisis** y el **marxismo**, tendencias que no se excluyen y que, a menudo, aparecen mezcladas.

- El **existencialismo** procede del pensamiento **irracionalista** y **vitalista** de finales del siglo XIX, con pensadores como Schopenhauer, Kierkegaard, Nietzsche y Bergson. **Martin Heidegger** es su máximo representante en el siglo XX. Considera que el individuo, abocado a la muerte, que le llevará a la nada, debe construir su destino aun cuando no haya valores estables; de ahí surge el sentimiento de **angustia** y **desesperación** ante la libertad y el sufrimiento.

- El **psicoanálisis** de **Sigmund Freud** descubre la existencia del **subconsciente**, fuente de los impulsos reprimidos por las normas sociales o morales. El subconsciente se manifiesta mediante símbolos cuando la razón no ejerce su control, como en los sueños. Según Freud, el comportamiento y la creación artística tienen su origen en el subconsciente.

- El **marxismo**, basado en el pensamiento de Karl Marx, pretende ser un método para interpretar el funcionamiento social desde una perspectiva materialista y científica. Considera que una sociedad se define por su **modo de producción** económico, y que evoluciona mediante la **lucha de clases**. Para el marxismo, el comunismo supone el último estadio de la evolución social, pues desaparecen la propiedad y la lucha de clases.

A finales del siglo XX, frente a las interpretaciones científicas o racionalistas, nacen otras tendencias más escépticas o relativistas: el pensamiento moderno o **posmoderno**, que admite la limitación de lo racional para interpretar globalmente el mundo.

La estética del siglo XX

A lo largo del siglo XX, se suceden rápidamente numerosas corrientes artísticas. Entre ellas se distinguen tres grandes tendencias: la existencial, la experimental y la social.

- El arte **existencial** refleja la **angustia** ante el sentido de la vida y la desesperación ante el dolor y la muerte. Se manifestó especialmente a principios de siglo y tras la Segunda Guerra Mundial. Algunos autores representativos del existencialismo son Franz Kafka, los existencialistas franceses de la década de 1950, Jean-Paul Sartre y Albert Camus, y en España, escritores de la Generación del 98 (**Unamuno, Baroja**) y de la posguerra (**D. Alonso**, **Cela**, etc.).

- El arte **experimental** se caracteriza por la voluntad de romper con todo lo anterior y por la **búsqueda de innovaciones** originales. Esta tendencia culmina en las **vanguardias** de las décadas de 1920 y 1960. La literatura experimental se desarrolla en los años veinte, en poetas (Apollinaire), novelistas (Joyce) y dramaturgos (Artaud); en la década de 1950, en el «teatro del absurdo», y a partir de 1960 y 1970, en las corrientes contraculturales. En España, el vanguardismo influyó en la **Generación del 27** y a partir de la **década de 1960**.

- El arte **social** o comprometido tiende a **denunciar los problemas sociales o políticos**. En el siglo XX se desarrolla, sobre todo, ligado al marxismo y en periodos conflictivos: durante la depresión de 1930 destacaron B. Brecht y la «Generación perdida americana»; tras la Segunda Guerra Mundial, el neorrealismo italiano y el teatro realista de los «jóvenes airados» ingleses. En los países comunistas se promueve el «realismo socialista», cuyo máximo exponente es M. Gorki. En España representan esa corriente los poetas **Miguel Hernández** y **Rafael Alberti**, así como los hispanoamericanos **César Vallejo** y **Pablo Neruda**. A partir de 1950, como veremos, otros autores hicieron literatura social.

El siglo XX en España

La guerra civil española (1936-1939) marca profundamente el siglo XX. En torno a ella se configuran los periodos históricos de la centuria:

De 1900 a la Guerra Civil (1900-1936) se suceden la Regencia de María Cristina, el reinado de Alfonso XIII, la dictadura de Primo de Rivera y la Segunda República.

Tras la Guerra Civil, se distingue entre el franquismo (1939-1976) y la democracia.

De 1900 a la Guerra Civil (1900-1936)

- La **Restauración** de la monarquía borbónica finaliza en 1902 con la regencia de María Cristina. En este periodo, España pierde las últimas colonias de ultramar: Cuba, Puerto Rico y Filipinas.

- El **reinado de Alfonso XIII (1902-1931)** está marcado por las tensiones sociales y regionales, que se intensifican desde la Primera Guerra Mundial, con los enfrentamientos entre la patronal y los sindicatos obreros, y con la guerra de Marruecos.

- La **dictadura de Primo de Rivera (1923-1930)** se inicia con un golpe de estado que suspende la Constitución y las libertades políticas. Tras las elecciones municipales de 1931, con la victoria de los partidos republicanos, se proclama la República y el rey se exilia.

- La **Segunda República (1931-1936)** es un periodo de gran inestabilidad. Desde el poder se inician profundas transformaciones, pero encuentran resistencia en los grupos conservadores y en los sectores sociales más radicalizados.

- La **Guerra Civil (1936-1939)** comienza con una rebelión militar contra el gobierno republicano y es el periodo más trágico del siglo.

Tras la Guerra Civil

- **Franquismo (1939-1975).** En este largo periodo se distinguen dos etapas:

  - Las décadas de 1940 y 1950 se definen por el clima de **posguerra** y el **aislamiento internacional**. El país tarda en recuperarse de los desastres de la guerra bajo un régimen autoritario que practica la represión política.

- A partir de la década de 1960, con el **desarrollismo económico** y la participación en organismos internacionales, se atenúan las formas dictatoriales y se inicia una cierta liberalización.

Democracia (desde 1978). Tras la **Transición** (1975-1978), en la que los grupos franquistas y antifranquistas pactan la aceptación de la monarquía, la disolución de los órganos políticos de la dictadura y la redacción de una Constitución (1978), se inician las elecciones democráticas. Ello supone la integración en Europa y en los organismos internacionales.

Construcción blanda con habichuelas hervidas. Presagio de la Guerra Civil, cuadro pintado por Salvador Dalí en 1936.

La literatura española del siglo XX

La literatura española del siglo XX se inicia con el modernismo y la Generación del 98, que son sustituidos por el novecentismo, las vanguardias y la Generación del 27.

Tras la Guerra Civil, la literatura pasa por una etapa existencial (años cuarenta), que evoluciona hacia el realismo social (años cincuenta); en las décadas de 1960 y 1970 predominan las obras experimentales y, desde los años ochenta, se recupera la literatura más tradicional, aunque las tendencias son muy variadas.

Periodos literarios

Antes de la Guerra Civil

Los escritores de fin de siglo, que giran en torno al **modernismo** y el **Grupo del 98**, abandonan los temas y las formas decimonónicos y recogen las inquietudes estéticas y existenciales de su tiempo.

El novecentismo y las vanguardias. Los novecentistas son el primer grupo europeísta y modernizador, sin titubeos casticistas o nostálgicos. Creen en el trabajo intelectual sólido y en el papel civilizador de la cultura. El rigor intelectual y el afán renovador los acerca a las corrientes europeas más modernas.

Las **vanguardias** son tendencias artísticas **experimentales** que rompen violentamente con la estética anterior y proponen un arte **radicalmente distinto y original**. En torno a la Primera Guerra Mundial (1914-1918) se sucedieron en Europa numerosos movimientos vanguardistas: cubismo, futurismo, dadaísmo, expresionismo y surrealismo.

La Generación del 27. A mitad de la década de 1920, la cultura hispánica asimila las corrientes experimentales europeas y alcanza uno de sus momentos culminantes en la denominada Edad de Plata.

Durante la Guerra Civil

En la década de 1930, la literatura tiende hacia el compromiso social, que culmina en la **literatura de guerra**. El exilio de numerosos escritores dará lugar a una abundante «literatura del exilio».

Después de la Guerra Civil

Años de la inmediata posguerra. En la **década de 1940** es claramente perceptible la ruptura con la literatura anterior, por la ausencia de numerosos escritores (fallecidos y exiliados) y por la presencia de una férrea censura. Así, en los años cuarenta conviven una literatura oficial triunfalista y otra de tono pesimista y existencial, a veces vinculada al tema religioso. Hacia la mitad de la **década de 1950**, comienza una literatura realista y testimonial, de compromiso social.

A partir de la década de 1960 nacen nuevas corrientes experimentales que buscan la renovación formal sin abandonar los temas comprometidos.

Desde la década de 1980 la literatura parece asumir un tono más ecléctico y conviven las más variadas tendencias.

SIGLO XX			
	lírica	Antonio Machado Manuel Machado Juan Ramón Jiménez Miguel de Unamuno	*Soledades, galerías y otros poemas; Campos de Castilla* *Alma* *Arias tristes; Jardines lejanos; Estío* *Andanzas y visiones españolas; Cancionero*
	teatro	Ramón del Valle-Inclán Jacinto Benavente Carlos Arniches Miguel de Unamuno Azorín	*Luces de bohemia; Martes de carnaval* *Los intereses creados* *La señorita de Trevélez* *Fedra; Soledad* *Lo invisible*
	narrativa	Ramón del Valle-Inclán Pío Baroja Miguel de Unamuno Azorín	*Sonatas; El ruedo ibérico; Tirano Banderas* *La busca; Zalacaín el aventurero; El árbol de la ciencia* *Niebla; La tía Tula; San Manuel Bueno, mártir* *La voluntad; Antonio Azorín*
	ensayo	Miguel de Unamuno Azorín	*En torno al casticismo; Del sentimiento trágico de la vida* *Castilla; Al margen de los clásicos*

Table title: LOS GÉNEROS LITERARIOS DEL MODERNISMO Y DE LA GENERACIÓN DEL 98

11/1

El modernismo y la Generación del 98: la lírica y el teatro

El modernismo

Rubén Darío.

Como otras corrientes de la época, el **modernismo** se manifiesta como una **actitud vital** de **rebeldía** y un afán de renovar todos los ámbitos de la vida y del arte.

Como **movimiento estético**, el modernismo se relaciona con el mundo de la **bohemia**, que implica un rechazo de las normas sociales y morales, la automarginación, el gusto por la provocación y, sobre todo, el desprecio de la vulgaridad y la mediocridad.

La literatura modernista cuaja sobre todo en la **lírica** y la **prosa poética**, géneros donde muestra un nuevo **lenguaje poético** y **temas románticos intimistas**.

Entre los **escritores modernistas**, destacan **Antonio Machado, Juan Ramón Jiménez**, Ramón de **Valle-Inclán**, y el nicaragüense **Rubén Darío**, el más reconocido poeta modernista.

Toda la **cultura** europea de finales del siglo XIX trasluce un clima de desorientación espiritual directamente relacionado con el naciente **existencialismo**; es el malestar de la llamada «**crisis de la conciencia europea de fin de siglo**».

En España, esa inquietud se manifiesta a través del **modernismo** y la **Generación del 98**, corrientes que comparten rasgos entre sí y con otros movimientos europeos de fin de siglo. Así, en el pensamiento revelan la huella del vitalismo de Nietzsche, del existencialismo de Kierkegaard y del pesimismo de Schopenhauer; y en el arte, reciben el influjo del impresionismo, del simbolismo y de escritores como Tolstoi, Dostoyevski, Ibsen o Maeterlinck.

En la cultura de lengua castellana, el **modernismo** se expresó principalmente a través de la **literatura** y se caracteriza por:

El modernismo abarca todas las artes, desde la arquitectura hasta las artes decorativas (mobiliario, vidrieras, ilustraciones…). Arriba, medallón modernista de marquetería, de Gaspar Homar. Abajo, *La caricia*, de Fernand Khnopff, obra que ilustra la estética de la poesía simbolista.

- La diversidad de **influencias**:
  - De los **románticos**, especialmente Bécquer y Rosalía de Castro, procede la actitud de rechazo de la realidad; el individualismo y el subjetivismo, y la preferencia por ambientes decadentes y temas existenciales.
  - De la **poesía francesa**, parnasianismo y simbolismo, hereda el gusto por la perfección formal, el uso de símbolos sugerentes y la identificación entre los sentimientos y el paisaje exterior.
  - Del **modernismo americano**, especialmente de **Rubén Darío**, recoge la brillantez y sensualidad.
- Los **temas** de raíz romántica:
  - El **rechazo** y el **desarraigo del presente**, que se resuelve mediante la **evasión** o el **intimismo**.
  - Las **preocupaciones existenciales**: la angustia y el anhelo de aniquilar la conciencia, que producen dolor y sufrimiento.
- El **estilo** modernista supuso una profunda **renovación** de la **métrica** (uso de versos y estrofas poco usuales: dodecasílabos, alejandrinos, combinaciones de pie quebrado, verso libre…), del **lenguaje** y de los **recursos expresivos**.

En conjunto, la literatura es muy **sensorial**; la musicalidad, el cromatismo y la plasticidad se logran a través de procedimientos variados.

- Mediante recursos fónicos: se experimenta con la distribución de los acentos, las rimas internas, aliteraciones, anáforas, paralelismos…
- El léxico se enriquece con palabras cultas, exóticas o sugerentes y con una abundante adjetivación.
- Los recursos más característicos del modernismo son los **símbolos** sugerentes y la **sinestesia**, que mezcla diversas referencias sensoriales.

- Los **géneros** preferidos por los modernistas son la **lírica** y la **prosa poética**.
- Los **escritores** modernistas más relevantes fueron los ya señalados Antonio Machado, Juan Ramón Jiménez, Valle-Inclán y Rubén Darío, y también Manuel Machado, Salvador Rueda y Francisco Villaespesa.

El Grupo del 98 o la Generación del 98

La denominación **Generación del 98** alude a un grupo de escritores que, en su juventud, expresaron su profundo **desagrado** ante la sociedad de la Restauración y proclamaron la **necesidad de una regeneración social**, **cultural** y **estética**.

Se inspiran en pensadores reformistas más que en literatos. Parten de la actitud crítica y evolucionan hasta centrarse en la **reflexión sobre la sociedad española**, y, para entender el «alma» de España, se interesan por los orígenes históricos y literarios de **Castilla**.

Al mismo tiempo, reflejan el **pesimismo existencial** y el **subjetivismo** característico de la época (crisis del positivismo).

El género preferido del grupo es el **ensayo**, y les preocupa lograr un **estilo personal**, alejado de la afectación y el casticismo.

En la actualidad, se suele incluir en el Grupo del 98 a **Unamuno**, **Azorín**, **Baroja** y **Maeztu**. Más polémica resulta la adscripción de Antonio Machado y Valle-Inclán.

Antonio Machado, José Ortega y Gasset, Gregorio Marañón y Ramón Pérez de Ayala, intelectuales de la Generación del 98.

El nombre **Generación del 98** se divulga hacia 1913, a partir de unos artículos del escritor Azorín y del pensador Ortega y Gasset. Con esa denominación se referían a unos jóvenes escritores críticos con la sociedad y el arte de su tiempo. Esos autores son Miguel de Unamuno, Pío Baroja, Ramiro de Maeztu, Rubén Darío, Ramón M.ª del Valle-Inclán, Jacinto Benavente y el propio Azorín.

Sin embargo, a partir de 1905, los componentes del grupo siguieron evoluciones bastante dispares y, en general, **se alejaron de sus orígenes reformadores y radicales**. Aunque el nombre **Generación del 98** hizo fortuna, la existencia de una generación literaria, en sentido estricto, ha sido discutida e incluso negada por críticos y por escritores desde el primer momento. Entre otras razones, por las trayectorias dispares de sus componentes. De ahí que se haya propuesto la denominación **Grupo del 98**.

La relación entre **modernismo** y **Generación del 98** ha originado una variada bibliografía. Algunos estudiosos defienden la oposición entre ambos movimientos, otros niegan que exista una Generación del 98 diferenciada del modernismo y, finalmente, hay quienes apuntan matices intermedios.

Los **rasgos** que caracterizan al Grupo del 98 son los siguientes:

- Los **antecedentes** del grupo, por su actitud crítica ante el presente, se encuentran en pensadores más que en corrientes literarias: los ilustrados, Larra, los **liberales reformistas o regeneracionistas** de finales del siglo XIX (Joaquín Costa y Ángel Ganivet) y los krausistas.

- En cuanto a la **trayectoria**, uno de los rasgos del grupo es la **evolución** desde **posturas juveniles radicales** (anarquizantes en Baroja, Azorín y Maeztu, y socialista en Unamuno) hacia **posiciones conservadoras en su madurez**, espiritualistas o nostálgicas: el idealismo en Unamuno, el escepticismo en Baroja, el conservadurismo en Azorín y el autoritarismo en Maeztu.

- La **actitud ética** inicial, de denuncia social, es un rasgo característico del grupo, y que diferencia a estos autores de los modernistas. La preocupación por los **problemas sociales** y **culturales** les conduce a la **reflexión sobre la sociedad española**. De ahí provienen las abundantes descripciones y críticas de los pueblos, las gentes y la forma de vida hispánica.

La pérdida de las últimas colonias españolas de Cuba, Puerto Rico y Filipinas fue uno de los temas recurrentes de la Generación del 98, al tiempo que representaba en España la actitud pesimista de la intelectualidad europea de finales del siglo XIX. En la ilustración, tropas españolas durante la guerra de Cuba.

- El **tema de España** surge cuando pretenden entender qué define el país, su identidad, es decir, qué es España. Unamuno es quien plantea el tema en términos idealistas, habla del **alma** de España y la busca en **Castilla**, en su **paisaje**, en sus **mitos** y en sus **orígenes históricos y literarios**. Eso explica el interés y la revalorización de la primitiva literatura castellana, del paisaje castellano y de la identificación entre Castilla y España, que se convierte en un tema característico del grupo.

- La **crisis de fin de siglo** se refleja en las preocupaciones **existenciales** que plantea el grupo: el sentimiento de **angustia**, su desconfianza en la razón y la inclinación hacia el **subjetivismo**. El tema de la **voluntad** y la **abulia** se repite en los autores del grupo y en los modernistas.

- La **estética del Grupo del 98** se inclina hacia la **sencillez**, a veces muy cuidada. Rechazan la retórica ampulosa y el tono casticista, y persiguen una expresión **personal**, lo que da lugar a estilos muy diversos.

- El **género** más empleado es el **ensayo**, que trata sobre temas muy variados: historia, literatura, religión... (Unamuno, Maeztu y Azorín). También destaca la renovación de la **novela** (Baroja, Unamuno, Azorín).

Miguel de Unamuno.

LA LÍRICA

La poesía de la primera generación del siglo XX

La lírica alcanza uno de sus momentos culminantes con el **modernismo** de **Antonio Machado** y de **Juan Ramón Jiménez**, los poetas más valorados junto a **Rubén Darío**.

El modernismo significa una profunda **renovación estética** que influye en el **estilo** y los **temas** de toda la poesía de la época, y su auge se prolonga hasta 1915.

También crearon una lírica modernista valiosa Salvador Rueda, Francisco Villaespesa, Manuel Machado y Eduardo Marquina.

A partir de 1915, agotado el modernismo, la lírica busca nuevos rumbos que marcarán principalmente Juan Ramón Jiménez y la Generación del 27.

Otros poetas importantes de principios del siglo XX fueron Valle-Inclán y Unamuno, quienes, como veremos más adelante, destacan en el teatro y en la novela respectivamente.

Antonio Machado (1875-1939)

La obra de Antonio Machado supone la **culminación de la lírica** de principios de siglo.

Su trayectoria refleja la evolución de la poesía del momento, que va del **modernismo simbolista** a la búsqueda de nuevas formas expresivas, y su estilo se caracteriza por la **sencillez**.

Además, su **figura intelectual** ejerce una profunda influencia en escritores de las décadas de 1950 y 1960, por su poesía crítica y su actitud comprometida durante la guerra.

Arriba, retrato de Antonio Machado, por Álvaro Delgado Ramos. «Ni un seductor Mañara, ni un Bradomín he sido [...] y, más que un hombre al uso que sabe su doctrina, / soy, en el buen sentido de la palabra, bueno».

Vida

Nació en Sevilla, en el seno de una familia culta y liberal (su abuelo era krausista y su padre, un notable folclorista). A los ocho años de edad se trasladó a Madrid y estudió en el instituto-escuela de la Institución Libre de Enseñanza krausista. Vivió una juventud bohemia a la sombra de su hermano Manuel, más conocido, simpático y sociable, y realizó algunos viajes a París. En 1907 empezó a trabajar de profesor de francés en el Instituto de Soria; allí se enamoró y se casó con Leonor Izquierdo, quien enfermó y murió al poco tiempo, en el año 1912. Machado se fue a Baeza (Jaén), y más tarde se trasladó a Segovia y a Madrid. Durante la guerra, manifestó su apoyo a la República. Al final de la contienda, huyó con los numerosos refugiados republicanos y murió en el exilio, en Colliure. En sus últimos años, Machado vivió un nuevo amor con la poeta Pilar Valderrama, que aparece en su poesía con el nombre de Guiomar.

Obra

Antonio Machado escribió poesía, prosa y teatro, pero destaca como poeta. En su trayectoria se distinguen tres etapas:

- La **primera etapa**, con *Soledades* (1903), obra ampliada en *Soledades, galerías y otros poemas* (1907), se inscribe en el **modernismo simbolista**. Este suma la raíz romántica (Bécquer y Rosalía de Castro) y el simbolismo francés de Verlaine, sugerente y evocador, sin la brillantez formal de Rubén o los parnasianos.

Es una lírica profundamente **intimista**; el poeta transmite sus sentimientos de tristeza y hastío, y llora el vacío de su presente mediante numerosos **símbolos**: la melancolía de las tardes otoñales, los viejos parques, las plazoletas y callejuelas de las viejas ciudades.

Machado **dialoga** consigo mismo o interpreta los mensajes de la naturaleza, como los románticos; es un **poeta-médium**, capaz de entender el lenguaje de las fuentes o del viento. Recorre sus *galerías del alma* buceando en sus recuerdos, en un ambiente a veces fantasmal de clara influencia **romántica**.

El **tema** recurrente es el **tiempo**, su transcurrir implacable, la nostalgia del pasado, y la confusión entre el presente y el pasado mediante los recuerdos.

El **estilo**, dentro del simbolismo, es **sencillo** y de una **sensorialidad** poco estridente, evocador, de musicalidad suave y cromatismo apagado y simbólico. La métrica es variada, aunque predominan las formas flexibles (silvas) y populares (romances, cuartetas, redondillas, endechas...).

La **segunda etapa** se inicia con *Campos de Castilla* (1912). A partir de 1907, con su llegada a Soria, Machado comienza un periodo **menos intimista** y **más historicista**, en el que el **paisaje soriano** cobra un gran protagonismo. Se señalan entonces coincidencias con el Grupo del 98, ya que comparte las preocupaciones ideológicas y elimina los elementos más esteticistas.

En general, es una poesía más **descriptiva**, que refleja un **paisaje real** (*Campos de Soria*, *Orillas del Duero*) y en la que, como ocurre con el Grupo del 98, la identificación entre Soria-Castilla y España se da habitualmente. En algunos poemas **líricos** también se produce la **identificación** entre el **paisaje** y el **alma** del poeta; otras veces, el paisaje provoca una **reflexión histórica** y **crítica** sobre la **decadencia** del presente y sobre el gran pecado hispánico, la **envidia** o el **cainismo**, constante histórica que muestra la imposibilidad de convivir de las *dos Españas*. En general, son poemas **reflexivos** y de estilo más retórico, pues aparecen palabras arcaicas o de tono épico que aluden al **pasado guerrero** de Castilla.

Antonio Machado y su esposa, Leonor Izquierdo, en la fotografía de bodas.

Poesías completas (1917) amplía *Campos de Castilla*. Incluye el «**ciclo Leonor**», composiciones que recuerdan a la esposa muerta, y poesías de **tema andaluz**, en las que desarrolla una **crítica** social en tono **irónico**.

En la **última etapa** publicó *Nuevas canciones* (1924), una obra que defraudó por su carácter irregular. El aspecto más interesante reside en los *Proverbios y cantares*, composiciones a modo de sentencias o de canción popular con los temas constantes del autor: el relativismo, el tiempo, la búsqueda de Dios, la vida como un camino, la crítica sobre el país... De su última época son también las *Canciones a Guiomar*, poemas amorosos, y las *Poesías de guerra*.

Actividades

Soledades

LXVIII

Llamó a mi corazón, un claro día,
con un perfume de jazmín, el viento.
–A cambio de este aroma,
todo el aroma de tus rosas quiero.
–No tengo rosas; flores
en mi jardín no hay ya; todas han muerto.
Me llevaré los llantos de las fuentes,
las hojas amarillas y los mustios pétalos.
Y el viento huyó... Mi corazón sangraba...
Alma, ¿qué has hecho de tu pobre huerto?

Campos de Castilla

Campos de Soria

VII

¡Colinas plateadas,
grises alcores, cárdenas roquedas
por donde traza el Duero
su curva de ballesta
en torno a Soria, oscuros encinares,
ariscos pedregales, calvas sierras,
caminos blancos y álamos del río,
tardes de Soria, mística y guerrera,
hoy siento por vosotros, en el fondo
del corazón, tristeza,
tristeza que es amor! ¡Campos de Soria
donde parece que las rocas sueñan,
conmigo vais! ¡Colinas plateadas,
grises alcores, cárdenas roquedas!...

Proverbios

IV

Nuestras horas son minutos
cuando esperamos saber,
y siglos cuando sabemos
lo que se puede aprender.

X

La envidia de la virtud
hizo a Caín criminal.
¡Gloria a Caín! Hoy el vicio
es lo que se envidia más.

XXI

Ayer soñé que veía
a Dios y que a Dios hablaba;
y soñé que Dios me oía...
Después soñé que soñaba.

XXIV

De diez cabezas, nueve
embisten y una piensa.
Nunca extrañéis que un bruto
se descuerne luchando por la idea.

L

—Nuestro español bosteza.
¿Es hambre? ¿Sueño? ¿Hastío?
Doctor, ¿tendrá el estómago vacío?
—El vacío es más bien en la cabeza.

Aula en la que Antonio Machado fue maestro, en el instituto de Soria que ahora lleva su nombre.

1. Realizad una lectura expresiva de los poemas.
2. Señala las partes en que se puede dividir el primer poema.
   - ¿Aparece el diálogo?
   - Relaciónalo con la poesía machadiana.
3. Observa las connotaciones positivas que aparecen en los cuatro primeros versos.
   - Compáralas con las connotaciones de los cuatro últimos versos.
   - ¿Qué trayectoria sigue el poema?
4. Teniendo en cuenta que este poema es de la época simbolista, contesta las siguientes cuestiones:
   - Explica el significado de «flores / en mi jardín no hay ya; todas han muerto».
   - ¿Qué tipo de sensación transmite el poema? ¿Puede calificarse de poema intimista?
5. Observa que en el segundo poema aparece una descripción de un paisaje real, externo al poeta.
   - Señala la parte más descriptiva.
   - ¿A qué época corresponde el poema?
6. Cuando Machado dice «Soria, mística y guerrera», ¿está describiendo o está interpretando el paisaje y la historia?
7. Señala la parte en la que el poeta expresa sus sentimientos.
   - ¿Recuerdan en algo el tono de la primera etapa?
8. Los *Proverbios* tienen un tono sentencioso y, en general, son composiciones muy breves.
   - Indica qué temas aparecen en los proverbios anteriores.
   - ¿Hay alguno intimista?
   - ¿Recogen temas que Machado ha tratado en otras épocas?

EL TEATRO

El teatro de principios del siglo XX

En el primer tercio de siglo **triunfan** varios tipos de teatro: la **alta comedia**, el **teatro poético** y el **teatro cómico-costumbrista**. Todos ellos son variantes del teatro comercial, realista o histórico, alejado de las nuevas corrientes dramáticas que en Europa se desarrollaban con gran vigor: Ibsen, Chejov, Pirandello, etc.

Junto al teatro de gran éxito, se escribieron **obras renovadoras** que no consiguieron el favor del público, por lo que quedaron reducidas a círculos minoritarios. Entre los escritores que experimentan nuevas formas dramáticas, en la línea del teatro europeo, se encuentran **Unamuno**, **Azorín** y, sobre todo, **Valle-Inclán**.

- La **alta comedia** o «comedia burguesa» es un género que se caracteriza por presentar temas de actualidad con una **leve crítica** y suave ironía, y que se expresa de **forma elegante** y **distinguida**. El autor de mayor éxito fue **Jacinto Benavente** (*Los intereses creados*), que sobresale por la **naturalidad de los diálogos**.

- El **teatro poético**, que en origen era el teatro **modernista**, deriva hacia unas obras inspiradas en el **drama romántico histórico**. Destacan Eduardo Marquina (*El rey trovador*) y los hermanos Machado, que escribieron conjuntamente dramas históricos (*Desdichas de la fortuna*) y populares (*La Lola se va a los puertos*).

- El **teatro costumbrista** recrea ambientes **pintorescos**, con tipos **populares** y graciosos que emplean un lenguaje **casticista**. Los costumbristas más sobresalientes fueron Carlos Arniches (*La señorita de Trevélez*) y los hermanos Serafín y Joaquín Álvarez Quintero (*El genio alegre*).

Otro tipo de teatro **humorístico** de éxito fue el de Pedro Muñoz Seca, creador del **astracán**, un estilo que basa su comicidad en las situaciones disparatadas y en los diálogos absurdos (*La venganza de don Mendo*).

Carlos Arniches.

Ramón del Valle-Inclán (1866-1936)

Valle-Inclán escribió **poesía**, **novela y teatro**, y siempre se mantuvo lejos del realismo.

Evoluciona desde el estilo **modernista**, embellecedor de la realidad, hacia el **esperpento**, una estética deformadora y desgarrada que se relaciona con el expresionismo, la vanguardia que presenta la realidad caricaturizada, ya que exagera los aspectos más estridentes y expresivos. El **esperpento** supuso una **renovación dramática** excepcional, al incorporar la esencia del teatro moderno **antirrealista**.

Vida

Ramón M.ª del Valle-Inclán nació en Villanueva de Arosa (Pontevedra) y murió en Santiago de Compostela poco antes de que empezara la Guerra Civil. Tuvo una vida bohemia y aventurera, que él mismo adornaba difundiendo numerosas anécdotas pintorescas –reales o ficticias–. Su figura responde al modelo de **bohemio** que cultiva lo extravagante, original y excéntrico.

Abandonó los estudios de derecho para trasladarse a Madrid y después a México, donde trabajó de periodista y se alistó en el ejército. Tras su vuelta, vivió intensamente la vida bohemia del Madrid de 1900 y fue profesor de estética en la Escuela de Bellas Artes. Participó en numerosas actividades culturales y políticas; por sus protestas contra Primo de Rivera fue encarcelado en 1929. Durante la República fue miembro del Consejo Nacional de Cultura, presidente del Ateneo de Madrid y director de la Academia Española en Roma.

Don Ramón M.ª del Valle-Inclán es uno de los más notables representantes de la literatura española del siglo XX.

La narrativa y la poesía

- La **novela** de Valle-Inclán parte de la estética **modernista** con las *Sonatas* (*Sonata de Otoño, Sonata de Estío, Sonata de Primavera* y *Sonata de Invierno*), un modelo de la **prosa modernista** española. Narran las aventuras sentimentales del Marqués de Bradomín, un don Juan «feo, católico y sentimental».

La etapa intermedia está representada por la trilogía *La guerra carlista*, **novela histórica** que se desarrolla en una **Galicia mítica**.

Culmina en el **esperpento**, con *El ruedo ibérico* (compuesto por *La corte de los milagros* y *¡Viva mi dueño!*). Por su contenido, es una **novela histórica**; por su estética, un **esperpento**, una feroz caricatura de la corte isabelina. En la misma línea se encuentra *Tirano Banderas*, sobre un despótico caudillo sudamericano.

- La **poesía** se halla reunida en *Claves líricas*, trilogía compuesta por *Aromas de leyenda*, *El pasajero* y *La pipa de kif*. Los primeros libros son modernistas, mientras que el último muestra la estética esperpéntica.

El teatro

Como en los otros géneros, la primera obra teatral de Valle-Inclán, *El marqués de Bradomín*, es **modernista**.

El periodo intermedio agrupa un teatro **mítico**, que presenta una Galicia rural atemporal y unos personajes arrastrados por grandes pasiones (*Comedias bárbaras* y *Divinas palabras*), y las **farsas**, recogidas en el *Tablado de marionetas para educación de príncipes*.

La última etapa, dentro de la estética del **esperpento**, concentra sus mejores obras: *Luces de bohemia*, la trilogía *Martes de Carnaval* (*Los cuernos de don Friolera*, *Las galas del difunto* y *La hija del capitán*) y el *Retablo de la avaricia, la lujuria* y *la muerte*. Supone una **nueva estética** basada en la **distorsión**, que mezcla rasgos **trágicos y grotescos**. Valle-Inclán muestra la realidad hispánica más allá de las apariencias, un mundo trágico-grotesco que no merece ser reflejado en una tragedia porque no tiene la dignidad del mundo clásico. Un país triste pero sin grandeza, y también grotesco, pero sin alegría, con los *héroes bufos* o los *fantoches trágicos*. Según Valle-Inclán, el **esperpento** ya lo habían inventado Goya y Quevedo; es la **imagen deformada** que nos devuelven los **espejos cóncavos**. Busca una perspectiva distanciada que supere la risa y el dolor, y que impida la identificación sentimental del público con la obra.

Además de renovar la estética, el esperpento refleja una **actitud** profundamente **crítica**, en una época, los años veinte, en la que los noventayochistas habían abandonado las posturas radicales de su juventud.

COMENTARIO *Esperpento de Los cuernos de don Friolera*, de Ramón del Valle-Inclán

La obra es una caricatura de los dramas de honor. El fragmento recoge el comienzo, la conversación entre dos intelectuales, don Manolito y don Estrafalario. Hablan sobre estética después de haber visto un cuadro de gusto popular.

Don Estrafalario. [...] Mi estética es una superación del dolor y de la risa, como deben ser las conversaciones de los muertos, al contarse historias de los vivos.

Don Manolito. ¿Y por qué sospecha usted que sea así el recordar de los muertos?

Don Estrafalario. Porque ya son inmortales. Todo nuestro arte nace de saber que un día pasaremos. Ese saber iguala a los hombres mucho más que la Revolución Francesa.

Don Manolito. ¡Usted, don Estrafalario, quiere ser como Dios!

Don Estrafalario. Yo quisiera ver este mundo con la perspectiva de la otra ribera. Soy como aquel mi pariente que usted conoció, y que una vez, al preguntarle el cacique qué deseaba ser, contestó: «Yo, difunto».

(En el corral de la posada, y al cobijo del corredor, se ha juntado un corro de feriantes. Bajo la capa parda de un viejo ladino revelan sus bultos los muñecos de un teatro rudimentario y popular. El bululú[1] *teclea un aire de fandango en su desvencijada zanfoña, y el acólito*[2]*, rapaz lleno de malicias, se le esconde bajo la capa, para mover los muñecos. Comienza la representación.)*

[El bululú representa una breve farsa, una caricatura de un drama de honor.]

Don Manolito. Parece teatro napolitano.

Don Estrafalario. Pudiera acaso ser latino. Indudablemente la comprensión de este humor y esta moral no es de tradición castellana. Es portuguesa y cántabra, y tal vez de la montaña de Cataluña. Las otras regiones, literariamente, no saben nada de estas burlas de cornudos, y este donoso buen sentido, tan contrario al honor teatral y africano de Castilla. Ese tabanque de muñecos sobre la espalda de un viejo prosero, para mí, es más sugestivo que todo el retórico teatro español. Y no digo esto por amor a las formas populares de la literatura... ¡Ahí están las abominables coplas de Joselito[3]!

Don Manolito. A usted le gustan las del Espartero[4]. [...]

Don Estrafalario. Esas coplas de toreros, asesinos y ladrones, son periodismo ramplón.

Don Manolito. Usted, con ser tan sabio, las juzga por lectura, y de ahí no pasa. ¡Pero cuando se cantan con acompañamiento de guitarra, adquieren una gran emoción! No me negará usted que el romance de ciego, hiperbólico, truculento y sanguinario, es una forma popular.

Don Estrafalario. Una forma popular judaica, como el honor calderoniano. La crueldad y el dogmatismo del drama español solamente se encuentra en la Biblia. La crueldad sespiriana es magnífica, porque es ciega, con la grandeza de las fuerzas naturales. Shakespeare es violento, pero no dogmático. La crueldad española tiene toda la bárbara liturgia de los Autos de Fe. Es fría y antipática. Nada más lejos de la furia ciega de los elementos que Torquemada: es una furia escolástica. Si nuestro teatro tuviese el temblor de las fiestas de toros, sería magnífico. Si hubiese sabido transportar esa violencia estética, sería un teatro heroico como la *Ilíada*. A falta de eso, tiene toda la antipatía de los códigos, desde la Constitución a la Gramática.

Don Manolito. Porque usted es anarquista. [...] Usted no es filósofo, y no tiene derecho a responderme con pedanterías. Usted no es más que hereje, como don Miguel de Unamuno.

Don Estrafalario. ¡A Dios gracias! Pero alguna vez hay que ser pedante. El compadre Fidel es superior a Yago. Yago, cuando desata aquel conflicto de celos, quiere vengarse, mientras que ese otro tuno, espíritu mucho más cultivado, solo trata de divertirse a costa de don Friolera. Shakespeare rima con el latido de su corazón, el corazón de Otelo: se desdobla en los celos del Moro; creador y criatura son del mismo barro humano. En tanto ese Bululú, ni un solo momento deja de considerarse superior, por naturaleza, a los muñecos de su tabanque. Tiene una dignidad demiúrgica[5].

1. **bululú:** cómico que representa él solo una obra, fingiendo la voz de los personajes.
2. **acólito:** ayudante, compinche.
3. **Joselito:** torero muy popular.
4. **Espartero:** militar y político.
5. **demiúrgica:** propia de Dios.

Localización

1. Elabora un esquema del teatro de la época y sitúa la obra de Valle-Inclán.

2. Clasifica el *Esperpento de Los cuernos de don Friolera* en la etapa que le corresponde.

Análisis del contenido y de la expresión

3. Resume qué piensa don Estrafalario de la literatura popular.

4. Revisa la información sobre el esperpento y deduce con qué personaje se identifica Valle-Inclán.

5. ¿Qué dice Valle-Inclán del teatro español del Siglo de Oro?

6. Relaciona las ideas y el tono del texto con la personalidad de su autor.

7. Señala qué tipo de lenguaje usa Valle-Inclán en la acotación sobre el bululú.

Valoración y creación

8. ¿Crees que una caricatura puede mostrar la realidad con mayor fidelidad que un retrato realista? Argumenta tu respuesta.

9. En grupos de dos o tres personas, buscad ilustraciones de arte expresionista y señalad las semejanzas con el esperpento.

Valle-Inclán rodeado de tertulianos de La Cacharrería del Ateneo de Madrid, 1930. Al margen, caricatura del autor realizada por José M.ª Casanovas.

GUÍA DE LECTURA

Luces de bohemia, de Valle-Inclán

Introducción

La obra *Luces de bohemia* apareció en el año 1920, y en 1924 se publicó con tres escenas nuevas, la II, la VI y la XI. Valle-Inclán se inspiró en la figura de su amigo Alejandro Sawa, escritor modernista que, como el protagonista Max Estrella, vivió intensamente la bohemia y murió pobre, loco y ciego en 1909. En la obra, Max realiza un recorrido nocturno que muestra una sociedad cruel, violenta, injusta y absurda, donde no tiene cabida la dignidad humana. Pero la grandeza trágica está ausente de ese mundo, y por eso Valle-Inclán lo deforma mediante los espejos cóncavos.

Tema

Luces de bohemia presenta una **visión corrosiva de España**, considerada una *deformación grotesca de la civilización europea*. Del pasado se alude a la Inquisición, a la leyenda negra, a Felipe II... En relación con el presente, se acumulan referencias a sucesos ocurridos entre 1898 y 1924, un periodo de convulsiones sociales violentamente reprimidas. Al mismo tiempo, es una **reflexión** sobre la **literatura** y una afirmación del **compromiso** del escritor.

Estructura

La obra respeta la unidad clásica de tiempo y, aunque no hay unidad espacial (15 escenas en 13 ambientes diferentes), en conjunto muestra el espacio único de la ciudad. Cohesionan la obra la pareja protagonista y diferentes motivos, como la necesidad de **dinero**, la historia del **preso**, las alusiones a la **muerte**, etc. La estructura de la obra es simétrica:

- Una **presentación-planteamiento**: la escena I, que se sitúa en la casa de Max.
- El **nudo** de la obra: el «viaje» o peregrinación por el Madrid nocturno (escenas II-XI). A su vez, ese conjunto se divide en dos bloques simétricos (escenas II-VI y VII-XI), que culminan en dos escenas de clímax trágico añadidas en la edición de 1924.
- El **desenlace** (escena XII): Max define el esperpento ante su casa.
- Una especie de **epílogo** (escenas XIII, XIV y XV).

Personajes

La obra presenta más de cincuenta personajes, algunos inspirados en **personas de la época**. En conjunto, están **vistos desde arriba**, como fantoches o muñecos despersonalizados; es decir, deformados por la visión esperpéntica. Son *payasos trágicos* o *héroes bufos*, aunque a veces surgen momentos dignos en el protagonista y en algún otro personaje. Solo **se salvan** totalmente de la degradación el *anarquista catalán* y la *madre* (escenas VI y XI). Valle-Inclán caracteriza individualmente a Max y a don Latino; junto a ellos encontramos grupos sin individualizar: modernistas, tenderos, tipos marginales, policías, etc.

Estética

Valle-Inclán deforma la realidad mediante **procedimientos** que afectan al **lenguaje** y a la **acción**:

- Alude a lo **chabacano** con referencias **épicas** o **mitológicas** (por ejemplo, el paseo de las prostitutas) y rebaja los ambientes ***altos*** con imágenes de **vulgaridad**.
- La **degradación de los personajes** proviene a menudo de la animalización (Latino-perro, Rubén-cerdo), la cosificación o la muñequización (peleles, fantoches...).
- Interrumpe la acción con detalles que **contrastan lo trágico y lo grotesco** (aspectos bufos en la muerte y en el velatorio de Max, o algunos comentarios en la escena de la *madre trágica*).
- El **habla** caracteriza a los personajes: la pedantería de algunos intelectuales, el registro administrativo de los funcionarios, el lenguaje popular lleno de vulgarismos y eufemismos, etc.
- Las **acotaciones** que presentan ambientes y personajes constituyen uno de los logros de la estética esperpéntica. Son concentradas, rápidas y plásticas, y abunda la frase nominal.

Nota previa. Al estudiar la obra, conviene hacer un resumen de cada escena. También es aconsejable ir anotando diversos aspectos: cómo se presenta a Max y a don Latino en las acotaciones, a qué sucesos históricos se alude, las reflexiones que aparecen sobre la cultura y sobre España, u otros motivos que se juzguen interesantes.

Estudio de la obra. Cuestiones

Localización

1. Elabora un esquema del teatro de la época y sitúa la obra de Valle-Inclán.

2. Repasa qué es el esperpento y los movimientos artísticos con los que se relaciona.

Escena I

3. Recoge en el resumen la solución que propone el protagonista al problema económico familiar (ese elemento cobra sentido al final).

4. Apunta qué rasgos de Max Estrella aparecen en las acotaciones (observa el contraste entre los que aluden al mundo clásico-trágico y los elementos grotescos que aparecen en la escena).

5. Señala qué caracteriza a don Latino en su presentación (en la acotación), por la variedad de registros en el habla, y por lo que dice de él Claudinita.

6. Indica rasgos característicos del habla de Claudinita y de Madama Collet.

Escena II (añadida en 1924)

7. Incluye en el resumen la aparición del preso maniatado, pues tendrá continuidad en las siguientes escenas.

8. Analiza las acotaciones sobre Zaratustra, ya que justifican que se haya relacionado el esperpento con el cubismo y el expresionismo. Identifica algunos procedimientos deformadores de la realidad: estilo nominal, animalización, muñequización...

9. Anota la aparición de animales-personajes que contrasta con la de personajes animalizados.

10. Don Latino se alía con el librero para engañar a Max. ¿Qué rasgo moral de Latino manifiesta esa actuación?

11. Anota las ideas de Max sobre España e Inglaterra. Compáralas con las de Zaratustra (recuerda que es un comerciante y que representa a este grupo social).

12. Mientras los intelectuales hablan, unos policías llevan a un hombre maniatado. Ese fondo de violencia y represión es constante en toda la obra. Observa que tras ese rasgo de tono trágico aparece el grito del *Pelón*. ¿Qué procedimiento típico del esperpento se emplea aquí?

Escena III

El billete de lotería tiene diversas funciones en la obra: es la única esperanza de subsistencia de Max, quien, para comprarlo, empeña su capa y luego pasará frío. El billete justifica que se dirija hacia el siguiente escenario y volverá a aparecer en la última escena.

13. El subproletariado madrileño usa un habla popular. Señala algunos vulgarismos y casticismos.

14. La escena se cierra con un tumulto callejero. Anota las diferentes reacciones y comprueba si son representativas del grupo social al que pertenece un personaje, por ejemplo las de Enriqueta y Manolo frente a la del tabernero.

Escena IV

15. Analiza cómo aparecen los *epígonos* del modernismo, es decir, los modernistas tardíos, y su actitud ante diferentes temas político-culturales.

16. Anota las ideas de Max sobre el pueblo y la cultura, así como su actitud ante la autoridad.

17. Observa el contraste entre la acotación *épica* que anuncia a la policía y el nombre y el lenguaje del *équitecaballista*. Los vulgarismos que caracterizan a las fuerzas del orden se repetirán en la siguiente escena. Señala algún vulgarismo.

Escena V

18. Analiza la acotación inicial, especialmente ácida y grotesca. Serafín el Bonito da pie a la caricatura de la *España oficial*. Anota rasgos de su presentación y del carácter ridículo de su lenguaje.

19. Apunta las alusiones de Max sobre la historia de España y la descripción colectiva de los modernistas.

Escena VI (añadida en 1924)

Se interpreta que el preso puede ser el hombre maniatado de la escena II y se le identifica con el anarquista Mateo Morral, autor de un atentado contra los reyes en 1906, que se suicidó antes de caer en manos de la policía. La escena tiene un tono trágico distinto de las anteriores, solo interrumpido por las intervenciones de los guardias.

20. Anota las ideas político-sociales de Max y del anarquista, así como las alusiones históricas.

21. Observa la actitud de Max ante este personaje. Pierde la arrogancia que le caracteriza y le mira como a un igual o superior. Relaciona este rasgo con la teoría del esperpento.

Escena VII

22. Desde la acotación inicial, el ambiente de la escena contrasta violentamente con la anterior. Señala alguna metáfora grotesca.

23. Don Filiberto representa la pedantería y el periodismo sometido al poder político. Identifica alguna de las intervenciones que lo muestren.

24. Don Filiberto critica la *rebeldía* modernista. ¿Qué les recrimina? ¿Cómo reacciona Latino?

Escena VIII

25. Señala los elementos degradantes que aparecen en la acotación inicial. Analiza qué rasgos manifiesta Dieguito en su habla y en su actitud.

26. La actitud de Max es contradictoria y lúcida. Indica cómo valora su propia vida y su reacción cuando le ofrecen un sueldo ilícito.

27. ¿Cómo se presenta el ministro? ¿Y el don Latino del final de la escena?

Escena IX

28. ¿Cómo se valoran mutuamente Max y Rubén? ¿Qué ambiente evocan al final de la escena?

29. Analiza la figura de Rubén: las acotaciones, su reacción ante la estampa de Max y su actitud ante la muerte.

30. Los versos de Rubén aluden a un personaje literario de Valle-Inclán y, con algunas variantes, responden a un poema real. ¿Cómo interpretas que Rubén Darío escribiera sobre un personaje de Valle-Inclán?

Escena X

31. Califica el lenguaje de las prostitutas. ¿Qué crítica social subyace en la anécdota del puro?

32. Indica la diferencia entre Max y Latino en su relación con las prostitutas.

33. La Lunares refleja los tópicos morales y culturales de la época, y Max Estrella reacciona con ternura ante el personaje. Señala por qué la joven cree que Max es un poeta y analiza el equívoco en torno al concepto de honradez.

En esta obra, Valle-Inclán ofrece una amarga visión de España a través del pueblo de Madrid. En la imagen, *Pobreza* (hacia 1900), litografía de la artista alemana Käthe Kollwitz que plasma el dolor de la madre ante la muerte del hijo, un dolor que Valle-Inclán expresa en la escena undécima.

Escena XI

34. Señala las dos partes de esta escena. Anota cómo califica Max la voz de la madre y cómo reacciona ante la muerte del preso.

35. Recuerda que es una escena añadida en 1924. ¿Qué semejanzas ofrecen el preso y la madre?

36. Analiza las reacciones de la gente ante la intervención de la madre y comprueba si se corresponden con la clase social que representan. ¿Con quiénes coinciden Max y don Latino?

37. ¿Cómo califica Max ese mundo? ¿A qué alude? ¿Ve alguna salida?

Escena XII

38. Max define el esperpento. Analiza el fragmento, pues supone una definición de esta estética.

39. Señala el contraste de elementos trágicos y cómicos en la agonía de Max.

40. Anota la actitud de Latino respecto a la cartera, que es un motivo que se resuelve al final.

Escena XIII

41. Se vuelve al espacio inicial. Se mezcla lo trágico y lo grotesco: el dolor de la muerte junto a detalles bufos que rompen el ambiente. Señala alguno de ellos.

42. El lenguaje ofrece un retrato de cada personaje. ¿Qué rasgo moral muestra Latino cuando se apropia de las palabras que Max dirigió a Rubén? Analiza el lenguaje de Soulinake y de la portera.

Escena XIV

La acotación inicial nos introduce en un ambiente literario, por las referencias (el Parnaso, *Hamlet*) y por los personajes que dialogan: Rubén Darío y Bradomín.

43. La reflexión sobre el país y su literatura, ¿coincide con la teoría del esperpento de la escena XII?

Escena última

Observa que la obra se cierra con el ambiente de la escena III, uno de los más degradados que aparecen a lo largo de todo el libro.

44. ¿Hay coherencia entre lo que dice y lo que hace don Latino? ¿Qué rasgo moral revela esa actitud?

45. Analiza la reacción de los personajes cuando descubren el dinero de don Latino.

46. La noticia de la periodista paraliza los movimientos e introduce un tema que une esta escena con la primera, ¿cuál es ese tema?

47. El contraste entre la noticia trágica y las intervenciones de don Latino y el borracho que cierran el libro es brutal. Analiza si ese final responde a la estética del esperpento.

Propuestas de trabajo

Las siguientes propuestas son adecuadas para el trabajo en grupo (de dos o tres personas), pues se refieren al análisis o estudio de algunos aspectos de interés de la obra. Asimismo, el resultado del trabajo puede plantearse como una breve exposición oral en la que el grupo informe al resto de la clase.

- Buscad información sobre los sucesos históricos a los que alude el libro. Analizad qué efecto consigue Valle-Inclán al acumularlos en el tiempo y qué faceta de la historia resalta.
- Estudio de Max Estrella. Retrato, rasgos psicológicos, ideas culturales y políticas, y actitud ante otros personajes. Consultad la biografía de Alejandro Sawa y comprobad los datos biográficos que coinciden con los de Max.
- Análisis de la pareja protagonista. Contrastes y diferencias en numerosas ocasiones. Antecedentes literarios de la pareja itinerante.
- La sociedad española a través de *Luces de bohemia*. Elaborad un mapa conceptual que recoja los estamentos sociales y culturales que aparecen en la obra y su caracterización.
- Comparad la versión de 1920 y 1924. ¿Qué personajes y temas añade la segunda? ¿Acentúa lo trágico o lo grotesco? Comentad la actitud y las reflexiones de Max ante los nuevos personajes.
- El lenguaje en *Luces de bohemia*: diferencias según los grupos sociales y culturales; diversidad de registros en algunos personajes, como la pareja protagonista.
- Estudio de las acotaciones: su función en la obra; recursos del esperpento usados en ellas; relación con las vanguardias de la época, y dificultades que plantean para una representación.

A pesar de la dificultad que supone reproducir en imágenes la estética esperpéntica, se han hecho versiones cinematográficas de *Luces de bohemia*, como la de Miguel Ángel Díez, con guion de Mario Camus, de 1985. José Luis García Sánchez ha dirigido versiones cinematográficas de otras obras de Valle-Inclán, como *Divinas palabras* (1987) y *Tirano Banderas* (1993). Su visionado puede resultar provechoso para comprender la estética y el mundo valleinclanesco.

Se ha relacionado la estética esperpéntica con la pintura expresionista alemana.

- En grupos de tres o cuatro personas, buscad información e imágenes de esta tendencia vanguardista, cuyos principales artistas fueron: Ernst Ludwig Kirchner, Max Beckmann, Ludwig Meidner, Emil Nolde, Oscar Kokoschka, Sutin, Wassili Kandinsky, Franz Marc, Alexei von Jawlensky y Paul Klee.
- Relacionad alguna escena de *Luces de bohemia* con alguna de las pinturas.
- Imitando la estética expresionista, cread un cómic sobre algunas escenas de la obra de Valle-Inclán.

El modernismo y la Generación del 98: la novela y el ensayo

LA NOVELA Y EL ENSAYO

La **narrativa** más innovadora de principios del siglo XX procede del **modernismo**, por parte de **Valle-Inclán**, y de los noventayochistas **Baroja**, **Unamuno** y **Azorín**.

Sin embargo, la novela que gozó de un público más amplio fue la **novela realista** y **naturalista**, heredera de la narrativa del siglo XIX. En esta línea se inscribe la obra de **Blasco Ibáñez**, quien alcanzó gran éxito con su novela naturalista de tono social.

El **ensayo**, especialmente el periodístico, fue muy cultivado por autores del **Grupo del 98**, como **Unamuno** y **Azorín**. Con ellos, el género ensayístico alcanza un periodo brillante.

Miguel de Unamuno (1864-1936)

Unamuno fue una personalidad conocida y prestigiosa, un intelectual activo y polémico que vivió intensamente las preocupaciones de su tiempo y las propagó a través de su obra.
Toda su literatura refleja una fuerte personalidad y gira en torno a sus **preocupaciones regeneracionistas** o **existenciales**. Por ello, es una literatura en la que predominan las **ideas**, reflexiva o filosófica, cuyo objetivo es provocar la **reflexión** del lector mediante un **estilo vehemente**, **ágil** y muy **expresivo**.
Aunque su obra abarca todos los géneros, en su época fue conocido, sobre todo, por sus **ensayos** y artículos periodísticos.

Miguel de Unamuno.

Vida

Nació en Bilbao, y en 1891 entró como profesor de griego en la Universidad de Salamanca, de la que posteriormente fue rector entre 1901 y 1924.

Durante la dictadura de Primo de Rivera fue desterrado a Fuerteventura, y desde allí huyó a Francia. Cuando regresó, tras la muerte del dictador, fue nombrado rector vitalicio de la universidad salmantina y, durante la República, miembro de la Asamblea Constituyente y presidente del Consejo Nacional de Educación Pública. Pero su constante actitud crítica le llevó a adoptar posturas contradictorias en sus últimos años. La política republicana le decepcionó y, en 1936, acogió en su universidad a los mandos franquistas cuando se sublevaron. Pero en el mismo acto de acogida, Unamuno se enfrentó a los militares, y el altercado le costó un arresto domiciliario. En esa situación le llegó la muerte: en plena Guerra Civil, prisionero de los franquistas y repudiado por los republicanos.

Obra

Unamuno cultivó todos los géneros: la poesía, el teatro, la novela y el ensayo. Pero, por encima de los géneros, sus escritos ofrecen una gran **unidad**, por la repetición de unos **temas** y por su **estilo** tan personal.

Los **temas** revelan su trayectoria vital: una primera etapa juvenil en la que dominan las preocupaciones **regeneracionistas**, y la evolución hacia el tema existencial-religioso en su madurez. El **estilo** persigue la **expresividad**, por ello es de tono apasionado, vivo y directo, con numerosas exclamaciones, interrogaciones y paradojas.

Teatro y poesía

- Unamuno crea un **teatro filosófico** que recuerda la **tragedia** clásica. Plantea los temas existenciales que le obsesionan de forma directa, reduciendo al mínimo la trama y los personajes, en dramas como *Fedra*, *La esfinge*, *Soledad*...

Unamuno, considerado la personalidad más vigorosa de la Generación del 98, defendió con ardor su postura religiosa antirracionalista y su sentimiento trágico de la existencia.

- La **lírica** unamuniana trata dos grandes temas: su reacción ante el **paisaje** y sus **preocupaciones existenciales** (sobre todo las religiosas). Como en otros géneros, emplea un estilo intenso y al margen de las modas. De su amplia obra poética, destacan: *Poesías*, *Rosario de sonetos líricos* y *Romancero del destierro*.

Novela

La novela de Unamuno recoge exclusivamente los temas que le preocupan y **elimina** todo lo que no es esencial en el relato. Por ello, es una novela densa, filosófica, esquemática y profundamente apasionada; una ***nivola***, según el autor.

La **depuración** de elementos produce hallazgos renovadores; por ejemplo, **suprime** las alusiones al **paisaje** y a las **circunstancias** que rodean a los personajes. Estos, a su vez, manifiestan su **conflicto existencial** a través de extensos **diálogos** o incluso del **monólogo interior** en alguna obra, como en *Niebla*. Otras novelas interesantes son *Paz en la guerra*, *Amor y pedagogía*, *La tía Tula* y *San Manuel Bueno, mártir*.

Ensayo

Unamuno es uno de los ensayistas más interesantes del momento. Se expresa siempre en un **tono vehemente**, pues presenta sus pensamientos como vivencias desgarradoras.

Predominan dos temas: la reflexión sobre **España** y las preocupaciones **existenciales**.

- El **tema de España** aparece en sus libros de viajes (*Por tierras de Portugal y España*) y en ensayos de tono más reflexivo. En su primera etapa regeneracionista, Unamuno critica la realidad española, y apuesta por la **europeización** y el progreso (*En torno al casticismo*). Posteriormente, evoluciona hacia una postura **espiritualista**, abandona la fe en el progreso, considera la religiosidad como un valor del pueblo hispano y pasa a defender la **españolización de Europa**.

El **tema existencial** lo plantea en ensayos como *Del sentimiento trágico de la vida*; desarrolla el conflicto entre el «ansia de inmortalidad», que apoya la religión, y la razón, que parece oponerse a ese deseo. Ante ese conflicto, propone mantener la pugna entre razón y fe, en una actitud *agónica,* en la línea de Kierkegaard, quien tanta influencia ejerció sobre él. El autor desarrolla este mismo tema en *La agonía del cristianismo*.

Actividades

En torno al casticismo

En este ensayo de 1895, Unamuno sostiene que el atraso del país deriva de la escasa incidencia que tuvo la Ilustración. Frente a la España castiza, que es la que dirige e impone su interpretación histórica, Unamuno propone interesarse por la **intrahistoria**, es decir, la historia del pueblo anónimo que ha quedado oculta tras el casticismo triunfante.

La Inquisición fue un instrumento de aislamiento, de proteccionismo casticista, de excluyente individuación de la casta. Impidió que brotara aquí la riquísima floración de los países reformados, donde brotaban y rebrotaban sectas y más sectas, diferenciándose en opulentísima multiformidad. Así es que levanta hoy aquí su cabeza calva y seca la vieja encina podada.

A despecho de aduanas de toda clase, fue cumpliéndose la europeización de España, siglo tras siglo, pero muy trabajosamente y muy de superficie y cáscara.

[...] Fue grande el alma castellana cuando se abrió a los cuatro vientos y se derramó por el mundo; luego cerró sus valvas y aún no hemos despertado. Mientras fue la casta fecunda no se conoció como tal en sus diferencias; su ruina empezó el día en que gritando: «¡Mi yo, que me arrancan mi yo!», se quiso encerrar en sí.

¿Está todo moribundo? No, el porvenir de la sociedad española espera dentro de nuestra sociedad histórica, en la intrahistoria, en el pueblo desconocido, y no surgirá potente hasta que le despierten vientos o ventarrones del ambiente europeo.

San Manuel Bueno, mártir

Desarrolla el conflicto entre la razón y la fe en forma novelada. Relata la historia agónica de un sacerdote incrédulo que actúa como si tuviera fe, con la esperanza de salvar a los otros y, así, salvarse a sí mismo.

–¿La verdad? La verdad, Lázaro, es acaso algo terrible, algo intolerable, algo mortal; la gente sencilla no podría vivir con ella. [...] Yo estoy para hacer vivir a las almas de mis feligreses, para hacerlos felices, para hacerles que se sueñen inmortales y no para matarles. Lo que aquí hace falta es que vivan sanamente, que vivan en unanimidad de sentido, y con la verdad, con mi verdad, no vivirían. Que vivan. Y esto hace la Iglesia, hacerles vivir. ¿Religión verdadera? Todas las religiones son verdaderas en cuanto hacen vivir espiritualmente a los pueblos que las profesan, en cuanto les consuelan de haber tenido que nacer para morir, y para cada pueblo la religión más verdadera es la suya, la que le ha hecho. ¿Y la mía? La mía es consolarme en consolar a los demás, aunque el consuelo que les doy no sea el mío.

[...] hay, Ángela, dos clases de hombres peligrosos y nocivos: los que convencidos de la vida de ultratumba, de la resurrección de la carne, atormentan, como inquisidores que son, a los demás para que, despreciando esta vida como transitoria, se ganen la otra, y los que no creyendo más que en este [...] esperan no sé qué sociedad futura y se esfuerzan en negarle al pueblo el consuelo de creer en otro...

–De modo que...

–De modo que hay que hacer que vivan de la ilusión.

1. Resume las ideas del primer texto. ¿Responde a un tema habitual en Unamuno?
2. ¿La *europeización* está vista como algo positivo o como algo negativo?
3. Resume las principales ideas del segundo texto. ¿A qué etapa de Unamuno responden?
4. Comprueba algunos rasgos característicos de la novela unamuniana en el fragmento de *San Manuel Bueno, mártir.*

José Martínez Ruiz, *Azorín* (1873-1967)

Azorín se inicia en la literatura en la corriente **regeneracionista**, muy crítica con respecto a la realidad social y cultural. En su juventud, junto a Baroja y Maeztu, formó parte del grupo intelectual que fue decisivo para constituir la **Generación del 98**. Posteriormente, su evolución le lleva a crear una obra fundamentalmente **esteticista** y **existencial**.

Como escritor, se caracteriza por crear un **estilo personal**, sencillo, preciso y evocador, y por la importancia que adquieren en su obra el **tema del tiempo** y el **paisaje**.

Vida

José Martínez Ruiz tomó como seudónimo *Azorín*, el apellido del protagonista de sus primeras novelas. Nació en Monóvar (Alicante), estudió derecho en Valencia y dedicó toda su vida al periodismo y a la literatura.

José Martínez Ruiz, *Azorín*.

En su juventud mantuvo una actitud radical cercana al anarquismo; junto a Baroja y Maeztu, con los que formó el grupo de *Los tres*, firmó manifiestos muy radicales. Más tarde evolucionó hacia posturas conservadoras y tradicionalistas. Fue diputado del partido conservador y subsecretario de Instrucción Pública y Bellas Artes. En 1924 fue nombrado académico de la lengua. Durante la Guerra Civil vivió en París. Cuando acabó la contienda, regresó a España.

Obra

La obra de Azorín abarca el **ensayo**, la **novela** y el **teatro**, y toda ella gira en torno al **tema del tiempo**, su fluir constante, la fugacidad y, a la vez, la permanencia de paisajes y sentimientos.

El escritor **evoca** la realidad fugitiva en un tono **triste** y **nostálgico**, y realiza abundantes **descripciones** paisajísticas, fundamentalmente de Castilla. En ellas refleja las correspondencias entre el paisaje y el estado anímico del escritor, en general melancólico. Ese rasgo, común a modernistas y noventayochistas, acentúa el **lirismo** de la descripción.

El **estilo** de Azorín es un modelo de **precisión** y **claridad**; con **frases breves** yuxtapuestas o unidas por puntos. El **detallismo** de las descripciones produce la **impresión de lentitud**. El **léxico** es muy **rico** e incorpora **arcaísmos**. La búsqueda de un **estilo propio** es una preocupación central de Azorín y, bajo su aparente sencillez, se descubre un estilo muy cuidado.

Teatro

Azorín pretendió una renovación teatral antinaturalista. Escribió un teatro subjetivo y abierto al inconsciente, cercano al **vanguardismo**, con obras como *Old Spain*, *Comedia del arte* y la trilogía *Lo invisible*.

Novela

En la novela de Azorín casi no existe argumento, y la narración se reduce a la **descripción** de **sensaciones** y de **ambientes**. Las descripciones son de estilo **impresionista**, es decir, se yuxtaponen elementos sin enlaces, lo cual proporciona un tono fragmentario a las narraciones. Destacan *La voluntad*, *Antonio Azorín* y *Las confesiones de un pequeño filósofo*, conjunto de base autobiográfica protagonizadas por Antonio Azorín, un álter ego ('otro yo') del autor.

Portada de *Juventud*, revista dirigida por Pío Baroja y Azorín en los años 1901 y 1902.

Ensayo

En los ensayos culminan los rasgos más característicos de Azorín: la obsesión por el **tiempo**, la correspondencia entre el **paisaje** y su estado de ánimo, la **melancolía** y las **descripciones** minuciosas y detallistas. Predominan dos temas: el **paisaje** y la **crítica literaria**.

- Los ensayos sobre **paisajes** españoles reflejan la evolución ideológica del autor. En los primeros, *Alma castellana* y *Andalucía trágica*, **critica** aspectos sociales y políticos de la **realidad** española, mientras que en los posteriores, como *Castilla*, muestra su preocupación por la **tradición cultural** española. Azorín suele revivir el pasado de aquello que describe, las ciudades, sus personajes históricos y literarios, y también la vida cotidiana de las gentes humildes y anónimas.

- Los ensayos de **crítica literaria** ofrecen su visión subjetiva de la literatura española. Son interesantes aquellos que reinterpretan a los clásicos: *Clásicos y modernos* y *Al margen de los clásicos*. En esos ensayos, Azorín divulga el concepto de Generación del 98, a la que caracteriza por su actitud crítica y su preocupación por España.

Actividades

Los pueblos, de Azorín

La muerte de un amigo: Sarrió

19/6/1915. Sarrió ha muerto esta tarde, después de una larga y dolorosa agonía.

Cuando yo he abierto y he leído este pequeño telegrama, he sentido una de las más hondas, de las más grandes emociones de mi vida. No sé cómo empezar este artículo, ni lo que decir. Yo cierro los ojos y veo una casa vetusta[1] en una ancha plaza silenciosa, solitaria; en medio hay una fuente que murmura día y noche; a un lado, una iglesia hace destacar en el cielo azul sus dos achatadas torres. Y las golondrinas pasan raudas, trinando. Y el viejo reloj lanza de cuando en cuando unas vibraciones largas, sonoras.

Todo pasa; los seres queridos desaparecen de nuestro lado; una estela de amor y de melancolía queda en nuestro espíritu. En este pueblo y en esta casa vivía Sarrió. Él era alto y recio; él tenía un bigote pequeño y una mosca[2]; él llevaba un chaleco de ancho escote, con los tres primeros botones siempre desabrochados; [...].

–Azorín, ¿quiere usted que demos un paseo?

–Vamos a dar un paseo, Sarrió.

Y los dos nos marchábamos a la huerta. [...] Sarrió y yo caminábamos durante el crepúsculo vespertino, en los veranos, entre los verdes tablares[3] de hortalizas. [...] Y un reposo profundo sedante, misterioso, algo como el alma amorosa de la Naturaleza, se escapaba del campo.

–Azorín, ¿quiere usted que volvamos al pueblo?

–Volvamos al pueblo, Sarrió.

Y cuando recorríamos, ya dentro del pueblo, las callejuelas; cuando entrábamos en la ancha plaza, oíamos unas canciones a media voz, melodiosas, dulces, cortadas de cuando en cuando por unas risas alocadas, argentinas. Pepita, Carmen, Lola –las hijas de Sarrió– se paseaban por la plaza; con ellas estaban sus amigas; caminaban a menudos pasos, lentas, de dos en dos, de tres en tres, cogidas por la cintura, con la cabeza suavemente echada hacia atrás. [...]

Y pasaba el verano; en la huerta, los nogales, las higueras y los almendros dejaban caer sus hojas amarillas, que arrastraba el viento por los caminos; a veces, durante un día, durante dos, una lluvia menuda, persistente, monótona, ponía una cortina gris en el horizonte. [...] Y en este silencio, en esta monotonía abrumadora, unas notas lentas, lejanas, suaves, amorosas, de un piano, venían a acariciar nuestro espíritu y lo llevaban y traían por las regiones del ensueño. Este piano lo tocaba Pepita; Pepita era la mayor de las hijas de Sarrió.

Ya os he hablado de ellas este verano. Cuando yo estuve en casa de Sarrió, yo supe que Carmen se había casado, que Lola se había casado también y que Pepita había muerto. Pepita, en los días de otoño, cuando las hojas caen, cuando el cielo está ceniciento, tocaba en el piano *La prière des bardes*, o *La marcha fúnebre de una muñeca*, o la sinfonía de *El Barbero*. ¿Qué afinidad profunda, secreta, había entre esta muchacha blanca, rubia, de ojos azules, pensativos, y estas notas tristes del piano, y estos días melancólicos de otoño? Yo ya no veré más a Pepita. Todo pasa; los seres queridos desaparecen de nuestro lado; una estela de amor y de melancolía queda en nuestro espíritu.

---

1. **vetusta:** antigua.
2. **mosca:** perilla, barba pequeña.
3. **tablares:** faja de tierra labrada.

5. El texto es una *evocación* de unos personajes y de su entorno.

6. Señala algunos fragmentos descriptivos y analiza si estas descripciones responden al estilo de Azorín.
   - Indica si aparece el tema del tiempo. En caso afirmativo, anota qué expresiones son las que aportan la visión temporal.

7. Las evocaciones y descripciones de Azorín suelen tener un tono melancólico.
   - ¿Qué elementos contribuyen a dar el tono sentimental al fragmento?

8. Analiza el estilo de Azorín en el texto. Ten en cuenta el tipo de frases, los enlaces y conectores, el léxico...

Pío Baroja (1872-1956)

Retrato de Baroja (detalle), obra de Ramón Casas. Hombre apasionado y de aspecto desdichado, que hizo del dolor uno de los temas fundamentales de su obra, Baroja utilizó siempre un estilo claro y ágil para realizar una crítica feroz del mundo en el que le tocó vivir.

Baroja es el escritor que mejor encarna el **pesimismo** de la época. De joven se identificó con un anarquismo sentimental, y fue evolucionando hacia el desengaño y el escepticismo, que se acentuaron con el paso de los años.

Escribió numerosas novelas y también cuentos, memorias y algunos ensayos. Pero destaca como el **novelista** más importante del momento, especialmente brillante en el **retrato** de personajes, en la **descripción** de ambientes y en los **diálogos**.

Vida

Nació en San Sebastián, en el seno de una familia liberal. Estudió medicina, pero pronto abandonó la práctica médica, y en 1895 se trasladó a Madrid. Allí se relacionó con Azorín y Maeztu, con quienes formó el ya mencionado grupo de *Los tres*. A partir de entonces se dedicó al periodismo y la literatura, aunque también tanteó la política. Fue elegido miembro de la Real Academia durante la República. Al comienzo de la Guerra Civil, huyó a Francia. Más tarde volvió a España y mantuvo una vida aislada y sedentaria.

De carácter crítico, crispado y sincero, siempre manifestó su disgusto ante la política, la moral y la injusticia social. Al mismo tiempo, fue una persona tímida y sentimental que se interesó por la vida de los humildes, los asociales y marginados. Era un intelectual que despreciaba el intelectualismo y admiraba los caracteres activos, enérgicos y vitalistas. Su evolución ideológica mantuvo siempre una visión pesimista y amarga.

Obra

Baroja fue sobre todo novelista, aunque también escribió cuentos y ensayo.

Concibe la **novela** como el género que **puede incluir** todos los **otros géneros**: la reflexión filosófica, la aventura, la descripción, *todo absolutamente*. Según Baroja, la vida es superior a la literatura, y por eso la escritura debe supeditarse a la vida y reflejarla con el **estilo** más **claro y directo** posible. De ahí que en sus novelas se muestre un **amplio panorama social**, con numerosos personajes, ambientes, reflexiones y anécdotas. Pero, en conjunto, la realidad que recoge Baroja suele estar impregnada de su **pesimismo**.

- Los **personajes** barojianos suelen ser seres asociales o rebeldes. En conjunto, responden a dos tipos de personajes: por una parte, los hombres de **acción** que luchan para escapar de la mediocridad cotidiana; por otra, los personajes desorientados y **abúlicos** que son incapaces de actuar. En general, unos y otros acaban fracasando.

- En los **ambientes**, predominan los suburbiales, la vida de los humildes y sus problemas sociales, políticos y económicos.

- El **estilo** barojiano se caracteriza por la sencillez; recoge la **lengua viva** y emplea un lenguaje **antirretórico**, a veces descuidado, de frase y párrafo breves, y de tono ágil y espontáneo. Consigue una narración rápida, unas descripciones expresivas y un diálogo verosímil y vivo.

Novelas

Baroja clasificó su obra en trilogías, aunque, a veces, las novelas de una trilogía guardan poca relación entre sí. Las más destacadas son las siguientes:

- *La lucha por la vida*, formada por *La busca*, *Mala hierba* y *Aurora roja*. Se sitúa en Madrid, en zonas suburbiales, y presenta personajes marginales y obreros que se salvan cuando adquieren conciencia social.

- La trilogía *Tierra vasca* reúne *La casa de Aizgorri*, *El mayorazgo de Labraz* y *Zalacaín el aventurero*, y sitúa la acción en el País Vasco.

- En la línea de **novela de aventuras** se encuentran *Las inquietudes de Santi Andía* y las *Memorias de un hombre de acción*, 22 novelas en torno a Eugenio Aviraneta, conspirador y aventurero de principios del siglo XIX.

- *La raza*, compuesta por *La dama errante*, *La ciudad de la niebla* y *El árbol de la ciencia*, es una trilogía con poca unidad. *El árbol de la ciencia*, una de las novelas más interesantes de Baroja, presenta sus inquietudes existenciales a través del protagonista, que es un álter ego del autor.

Edición en la Biblioteca Teide con ilustraciones de José M.ª Casanovas.

COMENTARIO *La busca*, de Pío Baroja

Manuel y Roberto bajaron por el paseo de los Pontones y siguieron en dirección del puente de Toledo. El estudiante no dijo nada, y Manuel quiso preguntarle.

El día estaba seco, polvoriento. El viento sur, sofocante, echaba bocanadas de calor y de arena; algunos relámpagos iluminaban las nubes; se oía el sonar lejano de los truenos; el campo amarilleaba cubierto de polvo.

Por el puente de Toledo pasaba una procesión de mendigos y mendigas, a cuál más desastrados y sucios. Salía gente, para formar aquella procesión del harapo, de las Cambroneras y de las Injurias; llegaban del paseo Imperial y de los Ocho Hilos; y ya, en filas apretadas, entraban por el puente de Toledo y seguían por el camino alto de San Isidro a detenerse ante una casa roja.

–Esto debe ser la Doctrina –dijo Roberto a Manuel señalándole un edificio, que tenía un patio con una figura de Cristo en medio.

Se acercaron los dos a la verja. Era aquello un cónclave de mendigos, un conciliábulo de Corte de los Milagros. Las mujeres ocupaban casi todo el patio; en un extremo, cerca de una capilla, se amontonaban los hombres; no se veían más que caras hinchadas, de estúpida apariencia, narices inflamadas y bocas torcidas; viejas gordas y pesadas como ballenas melancólicas; vejezuelas esqueléticas de boca hundida y nariz de ave rapaz; mendigos vergonzantes con la barba verrugosa, llena de pelos, y la mirada entre irónica y huraña; mujeres jóvenes, flacas y extenuadas, desmelenadas y negras; y todas, viejas y jóvenes, envueltas en trajes raídos, remendados, zurcidos, vueltos a remendar hasta no dejar una pulgada sin su remiendo. Los mantones, verdes, de color de aceituna, y el traje triste del ciudadano alternaban con los refajos de bayeta, amarillos y rojos, de las campesinas.

Roberto paseó mirando con atención el interior del patio. Manuel le seguía indiferente.

Entre los mendigos, un gran número lo formaban los ciegos; había lisiados, cojos, mancos; unos hieráticos, silenciosos y graves; otros, movedizos. Se mezclaban las anguarinas pardas con las americanas raídas y las blusas sucias. Algunos andrajosos llevaban a la espalda sacos y morrales negros; otros, enormes cachiporras en la mano; un negrazo, con la cara tatuada a rayas profundas, esclavo, sin duda, en otra época, envuelto en harapos, se apoyaba en la pared con una indiferencia digna; por entre hombres y mujeres correteaban los chiquillos descalzos y los perros escuálidos; y todo aquel montón de mendigos, revuelto, agitado, palpitante, bullía como una gusanera.

–Vamos –dijo Roberto–, no está aquí ninguna de las que busco. ¿Te has fijado? –añadió–. ¡Qué pocas caras humanas hay entre los hombres! En estos miserables no se lee más que la suspicacia, la ruindad, la mala intención, como en los ricos no se advierte más que la solemnidad, la gravedad, la pedantería. Es curioso, ¿verdad? Todos los gatos tienen cara de gatos, todos los bueyes tienen cara de bueyes; en cambio, la mayoría de los hombres no tienen cara de hombres.

Localización

1. Relaciona a Pío Baroja con los escritores del momento teniendo en cuenta:

- los rasgos que comparte con los noventayochistas;
- las características personales.

2. *La busca* es una novela que pertenece a la trilogía *La lucha por la vida*. ¿Qué tema trata?

Análisis del contenido y de la expresión

3. Escribe un resumen del texto.

4. El fragmento de *La busca* muestra el gusto de Baroja por la descripción de ambientes y de tipos marginales. ¿Qué visión de los pobres da Roberto?

5. Observa el estilo barojiano. Califícalo con algunos adjetivos que hagan referencia al registro léxico y al ritmo de la frase.

Valoración y creación

6. Por parejas:

- Indicad qué tipo de ambiente muestra el texto.
- Comentad oralmente las diferentes respuestas.
- ¿Con qué rasgo psicológico del autor puede relacionarse?

7. Busca ilustraciones del Madrid de 1900 en Internet y elige las tres que te parezcan más barojianas.

- El hermano de Pío Baroja, Ricardo, fue un excelente dibujante y pintor. Busca en Internet algunas de sus obras y elige aquellas que consideres más adecuadas para ilustrar el texto anterior.

8. Toma como modelo el texto de *La busca* y escribe una descripción de un ambiente pobre que hayas observado (unas quince o veinte líneas). Intenta imitar el estilo barojiano.

LOS GÉNEROS LITERARIOS DEL NOVECENTISMO Y LAS VANGUARDIAS

SIGLO XX	lírica	Juan Ramón Jiménez Ramón Gómez de la Serna	*Diario de un poeta recién casado* *Greguerías*
	narrativa	Gabriel Miró Ramón Pérez de Ayala	*El obispo leproso* *Troteras y danzaderas; Tigre Juan*
	ensayo y periodismo	José Ortega y Gasset Eugenio d'Ors	*La rebelión de las masas; La deshumanización del arte* *Glosario*

Novecentismo y vanguardias

El novecentismo

El **novecentismo** surge hacia 1910, cuando un grupo de jóvenes intelectuales liberales manifiesta su rechazo hacia el tono visceral y subjetivo de sus mayores y hacia el arte del siglo XIX. Su objetivo es **modernizar** la sociedad mediante la exigencia intelectual aplicada al pensamiento y al arte. Representan esta corriente los mencionados Ortega y Gasset, Gregorio Marañón y Pérez de Ayala.

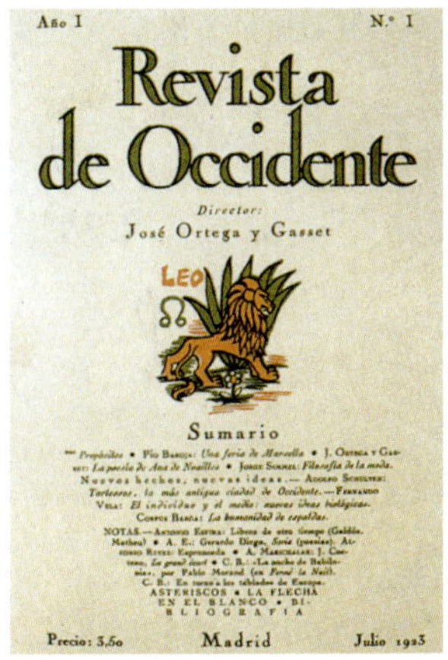

Portada del primer número de la *Revista de Occidente* (1923), fundada por Ortega y Gasset; fue la publicación de mayor influencia en la cultura española de su tiempo. La modernidad de su formato y de su tipografía eran el reflejo del talante intelectual e ideológico que intentaba transmitir el novecentismo.

Entre 1910 y 1936 se produce el relevo de modernistas y noventayochistas. En ese periodo se suceden y coexisten diversos movimientos –el **novecentismo**, las **vanguardias** y la **Generación del 27**– que coinciden en su afán de modernizar el pensamiento y el arte.

A los novecentistas se les denomina también **Generación del 14** porque sus componentes adquieren su madurez en torno a la Primera Guerra Mundial.

Otros intelectuales que se encuentran muy cercanos al novecentismo son los ensayistas Américo Castro, Salvador de Madariaga y Claudio Sánchez Albornoz, el político e intelectual Manuel Azaña y los literatos **Juan Ramón Jiménez** y Gabriel Miró. En Cataluña, el inspirador del *noucentisme* fue el escritor Eugenio D'Ors.

El novecentismo declina en la década de 1930, cuando las circunstancias históricas exigieron una actitud más comprometida.

Las **características del novecentismo** son las siguientes:

- **Intelectualismo.** Defienden la racionalidad y el rigor intelectual. Suelen tener una **sólida formación** y su pulcritud contrasta con la generación anterior: autodidacta, bohemia, irracionalista y existencial.

Europeísmo. Propugnan la **modernización intelectual** del país y su vinculación a la **cultura europea**. Por ello, critican el tradicionalismo y las ambigüedades casticistas, al tiempo que plantean la reflexión sobre la sociedad española desde una perspectiva serena y racional.

Presencia en la vida cultural y política. Aprovechan los resortes del poder (prensa, instituciones y política) para influir en la sociedad y confían en la labor dinamizadora de las **minorías cultas**: la alta cultura, la investigación científica y el **arte minoritario**.

Ideal universalista. Muestran su preferencia por la **cultura urbana**, que se opone al ruralismo noventayochista y al localismo decimonónico.

Esteticismo. La obra artística se concibe como un objeto autosuficiente y bello: el **arte puro**, alejado del sentimentalismo y del realismo, porque son *impurezas* que contaminan lo estético. Tienden hacia un arte sereno y claro, inspirado en los **modelos clásicos**. De ahí surge la defensa del distanciamiento entre el arte y la vida; Eugenio D'Ors concibe el arte como un puro juego, algo cercano a lo que Ortega denomina la *deshumanización del arte*.

Preocupación formal. Se admira el rigor intelectual de la **obra bien hecha** en todos los ámbitos (la investigación científica o la literatura), y el arte **minoritario** e **intelectual**.

Detalle del cuadro *Apollinaire y sus amigos* (1909), obra de Marie Laurencin.

La literatura novecentista

Los novecentistas defienden una literatura **deshumanizada** e **intelectual**, es decir, **depurada** en la forma y en los contenidos. Emplean un lenguaje **selectivo**, **moderno** y **eficaz**, y evitan el **realismo** y el **sentimentalismo**.

Los **géneros** más cultivados son el **ensayo** (José Ortega y Gasset) y la **poesía** (Juan Ramón Jiménez).

El ideal literario novecentista de la «obra bien hecha» se concreta en una literatura depurada en el estilo y en los temas, contraria al exaltado sentimentalismo. En este sentido, D'Ors propone abandonar la vehemencia (lo dionisíaco) y orientarse hacia la **serenidad clásica** (lo *apolíneo*).

El **estilo** novecentista muestra una acusada **preocupación formal**: huye de lo fácil y descuidado, y tiende a un lenguaje culto y minoritario.

Los novecentistas favorecieron la penetración de las vanguardias por su defensa del **arte deshumanizado e intelectual**.

El ensayo y el periodismo

Con el novecentismo culmina un periodo de gran **desarrollo del ensayo**.

En este género predominan los **planteamientos reflexivos** y el **tono objetivo**, y desaparece la vehemencia y el subjetivismo.

Tratan **temas** muy **variados** (científicos, históricos, políticos y estéticos) y, con frecuencia, publican los ensayos como colaboraciones periodísticas, por ejemplo, José Ortega y Gasset y Eugenio D'Ors.

En sus ensayos sobre el arte y la novela, Ortega realiza un examen de la narrativa de vanguardia de su época y del arte en general, al tiempo que intenta describir su idea de la literatura como un intento de crear una realidad independiente, que no se limite a imitar o reproducir la que nos rodea.

José Ortega y Gasset (1883-1955). Es considerado el inspirador del grupo. A través de sus escritos y de numerosas conferencias, difundió las nuevas corrientes del pensamiento europeo. Fue profesor universitario de metafísica. En 1913 fundó la Liga de Educación Política Española y, más tarde, diversas publicaciones, como la *Revista de Occidente*, que acoge las aportaciones artísticas y filosóficas más renovadoras. Inicialmente apoyó la República, pero luego, decepcionado, se distanció de la política. Exiliado durante la Guerra Civil, volvió a Madrid en 1945 y ejerció su magisterio en diferentes instituciones privadas, ya que no se le reconoció su cátedra.

Escribió sobre todo **ensayos** de tema **filosófico**, pero su influencia cultural se debe a los que tratan sobre **España** y sobre **estética**.

En sus reflexiones sobre **España** denuncia el aislamiento del país y se declara **europeísta** convencido. En la *España invertebrada* y *La rebelión de las masas* apunta la necesidad de una minoría selecta o **aristocracia intelectual** que impida cualquier tendencia disgregadora, ya sea territorial o de clase.

En cuanto a la **estética**, destacan *La deshumanización del arte* e *Ideas sobre la novela*, ambas de 1925. La primera es un análisis del **arte nuevo**, pero se convirtió en una justificación teórica de las vanguardias y ejerció una gran influencia en la **Generación del 27**. Para Ortega, el arte nuevo se caracteriza por ser *original*, *minoritario*, *antirromántico* y *antirrealista*, *deshumanizado* e *intranscendente*. En *Ideas sobre la novela* plantea el agotamiento de la novela realista y la aparición de un público selecto que exige una narrativa intelectual y **deshumanizada**, que reduzca la anécdota y la acción en beneficio de las ideas y la experimentación.

Eugenio D'Ors (1881-1954). Como Ortega, fue un **agitador cultural** que influyó en la aceptación de las nuevas corrientes intelectuales y artísticas. Acuñó el término *novecentismo*, que contraponía a la sensibilidad ochocentista, y, desde los diarios de Barcelona y más tarde desde los de Madrid, predicó la **doctrina de la inteligencia**.

Con el seudónimo de *Xenius* publicó, en catalán, la **novela** *La Ben Plantada*, cuya protagonista encarna el ideal clásico mediterráneo. Como periodista, fue muy conocido por las *Glosas*, breves artículos que responden a la mentalidad educadora novecentista. Parten de un hecho cultural o político de actualidad para deducir una lección filosófica; es lo que llamaba *pasar de la anécdota a la categoría*. Sus libros sobre arte reflejan tanto una sólida **formación humanística** como su pasión por lo **clásico** y lo **moderno**.

La novela

Los narradores novecentistas **abandonan la novela realista** y **experimentan** nuevos caminos a través del lirismo, del humor o del intelectualismo. Gabriel Miró se decantó por una novela sensual, de gran brillantez formal; Wenceslao Fernández Flórez inició la narrativa humorística, y Ramón Pérez de Ayala y Benjamín Jarnés crearon una novela *intelectual*.

Gabriel Miró empezó con narraciones decadentes modernistas (*Las cerezas del cementerio*). Más tarde evolucionó hacia una novela que reduce al mínimo la acción y se demora en la descripción de **sensaciones** y **ambientes** (*Nuestro padre san Daniel* y *El obispo leproso*).

Ramón Pérez de Ayala comenzó con novelas autobiográficas, al estilo de los noventayochistas (*Troteras* y *danzaderas*). Posteriormente tendió a una narrativa **intelectual**, donde casi no hay acción, los personajes tienen carácter simbólico y abundan las digresiones ensayísticas, como en *Tigre Juan* y *El curandero de su honra*.

La poesía

La lírica novecentista representa el fin del modernismo; rechaza lo romántico y sentimental y aspira a una **perfección** que sea fruto de la **inteligencia**. La labor de **selección** de temas y de lenguaje culmina en la **poesía pura** de Juan Ramón Jiménez.

Otros poetas, como por ejemplo Ramón de Basterra, Mauricio Bacarisse, Juan José Domenchina y José Moreno Villa, experimentaron formas **vanguardistas** y allanaron el camino a la Generación del 27.

Mención aparte merece León Felipe, contrario al arte deshumanizado y poeta apasionado que, tras la guerra, se convirtió en una de las grandes voces del exilio con obras como *Español del éxodo y del llanto*.

Juan Ramón Jiménez (1881-1958)

Juan Ramón Jiménez con su **poesía pura** realiza una revolución estética: acaba con cualquier influencia anterior y crea un **nuevo lenguaje poético**.
La **poesía pura** es producto de la inteligencia; una lírica **intelectual** y **esencial** que resulta de la eliminación de todos los elementos que no son estéticos (formales, sentimentales, anecdóticos...).

Juan Ramón Jiménez junto a su esposa, Zenobia Camprubí.

Vida

Nació en Moguer (Huelva), paisaje muy ligado a su obra. En 1900 hizo su primer viaje a Madrid, donde Rubén Darío y Villaespesa lo acogieron al considerarlo el nuevo poeta modernista. Con la muerte de su padre cayó en su primera crisis, que le llevó a diversos sanatorios. En 1911 pasó a la Residencia de Estudiantes de la Institución Libre de Enseñanza; en 1916 se casó con Zenobia Camprubí, cuya presencia se refleja en el nuevo tono de su poesía.

Al comenzar la guerra, Juan Ramón Jiménez manifestó su apoyo a la República y se exilió a América. Desde 1951 vivió en Puerto Rico, donde recibió el premio Nobel en 1956, el mismo año en que murió su esposa. En ese país murió el poeta dos años después.

Obra

Juan Ramón Jiménez es una figura fundamental para el desarrollo de la lírica del siglo XX. Fue contemporáneo de Antonio Machado y de Unamuno, pero su obra le convierte en el **nexo** entre la primera generación del siglo (**modernistas** y **Grupo del 98**) y la **Generación del 27**, que lo acogerá como maestro al orientarse hacia la poesía pura.

Consagró su vida a la poesía, que identifica con la belleza y con la verdad. La creación poética le permite alcanzar sus anhelos de **belleza**, **eternidad** y **conocimiento**, pues la poesía eterniza la belleza y permite el conocimiento. Como los románticos y simbolistas, recoge la idea del poeta médium, que tiene la capacidad de percibir más allá de las apariencias. Pero en su caso, la **palabra poética** no proviene de la inspiración, sino que se consigue tras una ardua labor de la **inteligencia**, que **desvela la esencia** del mundo y de las cosas. En ese sentido, combina el **esteticismo** y el **ansia de eternidad**, de ahí el tono exaltado de sus poemas.

Su obra es un continuo **diálogo con la belleza**, tema obsesivo que le lleva a declarar: «Yo tengo escondida en mi casa, por su gusto y por el mío, a la Poesía, como a una mujer hermosa; y nuestra relación es la de los apasionados».

Algunas dedicatorias como «A la minoría, siempre», o «A la inmensa minoría», revelan el **anhelo de una perfección** que solo puede ser apreciada por las elites cultivadas, un rasgo característico del novecentismo.

Retrato de Juan Ramón Jiménez, pintado por Sorolla, que se conserva en su casa museo en Moguer. El poeta supo superar el agotamiento de los gustos modernistas y dar un nuevo impulso a la lírica española.

Trayectoria

En 1918, Juan Ramón Jiménez escribió un conocido poema sobre su evolución poética. Aunque ofrece una visión incompleta, pues solo habla de sus primeras épocas, se recoge a continuación porque ofrece una descripción muy plástica de las etapas iniciales, así como de la relación apasionada que el poeta mantiene con la poesía.

Vino, primero pura,
vestida de inocencia.
Y la amé como un niño.

Luego se fue vistiendo
de no sé qué ropajes.
Y la fui odiando, sin saberlo.

Llegó a ser una reina,
fastuosa de tesoros...
¡Qué iracundia de yel y sin sentido!

... Mas se fue desnudando.
Y yo le sonreía.

Se quedó con la túnica
de su inocencia antigua.
Creí de nuevo en ella.

Y se quitó la túnica,
y apareció desnuda toda...
¡Oh pasión de mi vida, poesía
desnuda, mía para siempre!

Como puede verse, el poema distingue cuatro estadios: *poesía pura-inocente* (inicios becquerianos), los *ropajes fastuosos* (complicación modernista), el comienzo de depuración ornamental y, finalmente, la *poesía desnuda*.

Años más tarde, el poeta clasificó su obra en **tres épocas**: **sensitiva** (que corresponde a la que describe en las primeras estrofas), **intelectual** (la poesía desnuda-pura del final del poema) y **suficiente** (poesía posterior a la composición del poema).

▶ **Etapa sensitiva** o **modernista** (desde los inicios hasta 1915). *Rimas, Arias tristes* y *Jardines lejanos* reflejan el influjo de Bécquer y de los simbolistas por el intimismo, la sencillez, la suave musicalidad y el tono melancólico. Hacia 1908 se intensifica la sensualidad modernista: «llegó a ser una reina, / fastuosa de tesoros».

▶ **Etapa intelectual** o de **poesía pura** (1916-1936). Su objetivo es desnudar el lenguaje de ornamentos y **plasmar lo esencial**. Abandona el sentimentalismo y toda herencia anterior, y pasa a utilizar un lenguaje estándar y moderno, junto con el verso libre. En conjunto, tiende a una mayor sencillez expresiva, a una **depuración del estilo**. Sin embargo, resulta una poesía difícil, **abstracta** y **metafísica** porque el poeta, que anhela la esencia de las cosas, se mueve en el terreno de las ideas. La raíz **intelectual** de esa poesía se revela cuando el poeta apela a la inteligencia como musa inspiradora: «¡Intelijencia, dame / el nombre exacto de las cosas!».

En esta etapa destaca el *Diario de un poeta recién casado*, de 1916, escrito durante el viaje en barco a Nueva York con motivo de su matrimonio, así como *Eternidades, Piedra y cielo, Poesía, Belleza* y *La estación total*, culminación del periodo.

▶ **Etapa suficiente** o **verdadera**, escrita en el exilio a partir de 1936. Destaca *En el otro costado*, siete libros que incluyen el poema en prosa «Espacio», cercano al surrealismo. Expresa el sentimiento de **fusión con la naturaleza** de **forma más fluida y colorista**. En 1949 publicó *Animal de fondo* y *Dios deseado y deseante*, donde culmina el tono de éxtasis místico. Al final de su vida, en *Ríos que se van*, de 1951, trata el tema del amor y la muerte.

El borriquillo Platero es, sin duda, el personaje por el que se recordará a Juan Ramón Jiménez. En la ilustración, un dibujo del capítulo de *Platero y yo* titulado «El tío de las vistas».

Poesía tradicional y prosa

Juan Ramón Jiménez combinaba la experimentación con la poesía neopopular, **romances** sobre todo, de tono humano y social. El aprecio que el poeta sentía por estas composiciones explica que las incluyera en sus diferentes *Antolojías*.

Asimismo, escribió prosa muy variada, pues establecía una distinción absoluta entre los géneros: cartas, críticas, etc. Destaca la **prosa poética** de ***Platero y yo*** y la **prosa crítica** de *Retratos*, moderna, directa, sin arcaísmos ni neologismos.

Actividades

Juan Ramón Jiménez

El viaje definitivo

...Y yo me iré. Y se quedarán los pájaros
cantando;
y se quedará mi huerto, con su verde árbol,
y con su pozo blanco.

Todas las tardes, el cielo será azul y plácido;
y tocarán, como esta tarde están tocando,
las campanas del campanario.

Se morirán aquellos que me amaron;
y el pueblo se hará nuevo cada año;
y en el rincón aquel de mi huerto florido y encalado,
mi espíritu errará nostáljico...

Y yo me iré; y estaré solo, sin hogar, sin árbol
verde, sin pozo blanco,
sin cielo azul y plácido...
Y se quedarán los pájaros cantando.

Poemas agrestes (1910-1911)

«Intelijencia, dame...»

¡Intelijencia, dame
el nombre exacto de las cosas!

Que mi palabra sea
la cosa misma,
creada por mi alma nuevamente.
Que por mí vayan todos,
los que no las conocen, a las cosas;
que por mí vayan todos
los que ya las olvidan, a las cosas;
que por mí vayan todos
los mismos que las aman, a las cosas...
¡Intelijencia, dame
el nombre exacto, y tuyo,
y suyo, y mío, de las cosas!

Eternidades (1918)

El otoñado

Estoy completo de naturaleza,
en plena tarde de áurea madurez,
alto viento en lo verde traspasado.
Rico fruto recóndito, contengo
lo grande elemental en mí (la tierra,
el fuego, el agua, el aire), el infinito.

Chorreo luz: doro el lugar oscuro,
trasmino olor: la sombra huele a dios,
emano son: lo amplio es honda música,
filtro sabor: la mole bebe mi alma,
deleito el tacto de la soledad.

Soy tesoro supremo, desasido,
con densa redondez de limpio iris,
del seno de la acción. Y lo soy todo.
Lo todo que es el colmo de la nada,
el todo que se basta y que es servido
de lo que todavía es ambición.

La estación total (1946)

1. Indica cómo trata el tema de la muerte en el primer poema.

2. Señala las partes en que podemos dividir el poema según el contenido.

3. Al ser un poema de la primera etapa, recoge la influencia simbolista. Analiza rasgos simbolistas de los siguientes elementos:
   - El valor metafórico de las palabras.
   - La tendencia a la sensorialidad.
   - El tipo de sentimiento que destila el poema.

4. El segundo poema, «Intelijencia, dame...», trata otro tema característico del autor: la poesía.
   - ¿A quién se dirige el autor para pedir el don de la palabra poética?
   - ¿Qué es la poesía para el autor? ¿Cuál es la función del poeta respecto a los demás seres humanos?

5. Elige, entre los siguientes adjetivos, los que te parezcan adecuados para calificar el lenguaje del poema «Intelijencia, dame...»: *sencillo*, *cultista*, *abstracto*, *barroco*, *retórico*, *intelectual*, *sentimental*, *popular*.

6. Observa las palabras que más veces se repiten en la composición.
   - Si el poema ofrece alguna dificultad, ¿se debe al lenguaje o al tema?

7. Resume el poema *El otoñado*. ¿Qué sentimientos expresa?

8. Señala los paralelismos de la segunda estrofa.

9. Analiza algunos rasgos sensoriales.
   - ¿Son abundantes en el poema?
   - ¿Se combinan con un planteamiento intelectual?

Las vanguardias

En torno a la Primera Guerra Mundial (1914-1918) se sucedieron numerosos movimientos vanguardistas: cubismo, futurismo, dadaísmo, expresionismo y surrealismo, que triunfaron en los *felices años veinte*. Su objetivo era crear un **arte completamente nuevo y original**, y, para lograrlo, experimentaron nuevas formas.

Cartel de Marcel Janco para un *happening* organizado por Tristan Tzara, quien leerá su obra y el Manifiesto Dadá, el 23 de julio de 1918.

Los movimientos vanguardistas se presentaron como corrientes alternativas juveniles **rupturistas**, **provocadoras** y voluntariamente **minoritarias**; así queda recogido en los abundantes *manifiestos* en que declaran sus intenciones.

Algunas vanguardias dejaron una profunda huella en el arte posterior; sin embargo, otras fueron muy efímeras. Su mayor logro fue imponer la **libertad total del artista**, herencia que ha beneficiado todo el arte posterior.

Entre las numerosas vanguardias, destacan las siguientes:

- El **futurismo** aparece en 1909, con el manifiesto del italiano **Marinetti**. En él declara su **antirromanticismo**, así como su inclinación por un arte que rompa con todas las reglas y que cante el **mundo moderno**, es decir, las máquinas, la velocidad, las fábricas, el peligro, el deporte y la guerra. En Rusia, el impulsor del futurismo fue el excelso poeta **Maiakovski**.

- El **cubismo** literario surge hacia 1913, con **Guillaume Apollinaire**. Como en pintura, presenta una **imagen descompuesta** de forma geométrica, y acumula y superpone **diferentes perspectivas**. Triunfó con los **caligramas** y ***collages***.

- El **dadaísmo** fue fundado por **Tristan Tzara** en 1916. Reivindica el **mundo infantil** anterior a toda lógica, lúdico, ingenuo, espontáneo, divertido, imaginativo y gratuito, al margen de preocupaciones sociales o morales. Propone liberar la **fantasía** y recuperar el **lenguaje incoherente**. Fue un movimiento fugaz, pero abrió el camino hacia el surrealismo.

- El **surrealismo** se basa en las teorías sobre el **subconsciente** de Freud. Fue la vanguardia más tardía (de la década de 1920); se formó en París, en torno al poeta **André Breton**. Según los surrealistas, el arte surge del subconsciente, libre de la vigilancia de la razón. Para ello, recurren a la **escritura automática** y aspiran a captar el **mundo de los sueños** (que denominan **clima onírico**), donde el subconsciente se manifiesta a través de imágenes. El surrealismo enriqueció el lenguaje con **metáforas ilógicas** sugestivas y recuperó la emoción y lo pasional.

Los movimientos vanguardistas en España

Las vanguardias que alcanzaron mayor desarrollo en España fueron el **creacionismo** y el **surrealismo**, ambas nacidas en París. Como vanguardia autóctona apareció el **ultraísmo**.

Las vanguardias españolas suelen presentar mezcladas influencias de diversas vanguardias europeas.

Los movimientos vanguardistas se difundieron rápidamente en España, gracias a las **tertulias**, como la del Café Pombo; a **revistas** como *La Gaceta Literaria* y la *Revista de Occidente*, atentas a cualquier novedad, y a la labor de algunas figuras como **Ramón Gómez de la Serna**, precursor y promotor de las vanguardias, y el poeta chileno **Vicente Huidobro**.

«La emoción debe nacer de la sola virtud creatiz. Hacer un poema como la Naturaleza hace un árbol.» *Retrato de Vicente Huidobro*, obra del pintor cubista Juan Gris.

El final de las vanguardias se produjo en la década de 1930, cuando numerosos vanguardistas se inclinaron hacia una poesía comprometida y humana, por ejemplo Rafael Alberti. La guerra y el exilio acentuaron la tendencia a la poesía ética o social.

En el vanguardismo español se distinguen dos **periodos**:

Nacimiento y auge del vanguardismo (1908-1925). Las primeras manifestaciones vanguardistas aparecieron hacia 1908, con R. Gómez de la Serna. Hacia 1918 proliferaron los *ismos*, los manifiestos y las revistas efímeras, y triunfaron el **ultraísmo** y el **creacionismo**, que recogieron el tono lúdico y vital de los dadaístas, así como la adoración por las máquinas y la velocidad de los futuristas. En ese momento se valoraba el arte *deshumanizado*.

- **El creacionismo.** Lo difundió **Vicente Huidobro**, poeta chileno que llegó a España en 1918, procedente de París. Defiende la capacidad creadora de las imágenes, pues la poesía *es creación* y cada poema es un mundo creado mediante **imágenes yuxtapuestas**. En el marco de esa estética, **Gerardo Diego** escribió *Imagen*.

- **El ultraísmo.** Fue introducido por Guillermo de Torre, uno de los poetas y teóricos más activos del momento. Según el *Manifiesto Ultra*, de 1919, la literatura se basa en la **metáfora**, pues pretende captar la realidad mediante **percepciones fragmentarias** y con **imágenes ilógicas**. En realidad, el ultraísmo mezcla influencias cubistas, dadaístas y futuristas. Tuvo un momento brillante, pero pasó rápidamente.

Surrealismo y rehumanización (1926-1936). La influencia surrealista inició la *rehumanización*, pues recoge las **emociones**, la **angustia** y la **rebeldía** ante la sociedad moderna. Fue el movimiento más fructífero e influyente en la Generación del 27. Su huella se refleja en la libertad imaginativa y formal, y, sobre todo, en las nuevas **imágenes irracionales**, sin significado lógico, pero muy emotivas.

Ramón Gómez de la Serna (1888-1963)

Fue la **figura central del vanguardismo** por su incesante actividad en los primeros años de las vanguardias. Lo más conocido de su obra son las *Greguerías*, pequeñas composiciones que su autor definió como la suma de **humorismo y metáfora**.

Portada de la edición de las *Greguerías*, de Ramón Gómez de la Serna, que se conserva en la Fundación Gerardo Diego, en Santander.

Su actitud vital respondía al modelo vanguardista, marginal y provocador, que le llevó a pronunciar conferencias montado sobre un elefante o a celebrar un banquete en un quirófano.

Entre 1908 y 1912, dirigió la revista *Prometeo*, en la que aparecieron los primeros manifiestos vanguardistas; escribió cuentos, novelas y teatro vanguardista, pero lo más interesante son sus *Greguerías*.

Ramón Gómez de la Serna.

La *greguería* se basa en una metáfora audaz, inesperada, insólita y humorística, es decir, breves e ingeniosas asociaciones que transforman la realidad. Las greguerías responden al momento de **revalorización de la metáfora** y de la **intrascendencia del arte**, ya que son juegos de ingenio originales y antisentimentales, que no pretenden plantear temas trascendentes o comprometidos como, por ejemplo, «El platillo es el sol de la orquesta» o «Las gaviotas nacen de los pañuelos que dicen ¡adiós!, en los puertos». Algunas son líricas, otras son juegos conceptuales, frases ingeniosas y chistes. Según Gómez de la Serna, «la greguería no debe parecerse a nada de lo ya dicho y no debe haber en ella sentimentalismo».

Las *Greguerías* influyeron en las metáforas de los poetas del 27; por ejemplo, en Salinas, cuando dedica un poema a una bombilla (35 *bujías*), mediante las metáforas, la convierte en «musa dócil del poeta, artificial princesa, amada eléctrica en su claro castillo de cristal».

Actividades

***Greguerías*, de Ramón Gómez de la Serna**

Gómez de la Serna fotografiado en una trapería. Fue uno de los primeros escritores españoles en quienes se advierte el paso hacia las orientaciones llamadas «de vanguardia». A la derecha, uno de sus dibujos para su libro *El circo* (1916).

El desierto se peina con el peine del viento; la playa con peine de agua.

Las libélulas llevan en vez de alas velos de novia.

Las golondrinas entrecomillan el cielo.

Las espigas son langostinos vegetales.

Las narices son los enchufes de las personas.

Las pasas parecen uvas octogenarias.

Lo peor del golpe en la cabeza es la burla del chichón.

Los mejillones son las almejas de luto.

De la nieve caída en los lagos nacen los cisnes.

Los nudistas llevan en la mano un diario por si llega una visita.

10. Comprueba si la definición de *Greguería = metáfora + humorismo* es aplicable a los ejemplos anteriores.

11. Señala en qué greguerías predomina lo humorístico y en cuáles el aspecto lírico.

12. Apunta algún rasgo de la literatura vanguardista que aparece en las *Greguerías*.

13. Por el tono y los temas de las *Greguerías*, ¿con qué vanguardias se pueden relacionar?

14. Inventa alguna greguería humorística y alguna poética, al modo de las de Gómez de la Serna.

COMENTARIO

Caligrama de Gerardo Diego

Cronos (1920)

Y de mi corazón
una
a
una
van
cayendo
todas
las hojas.

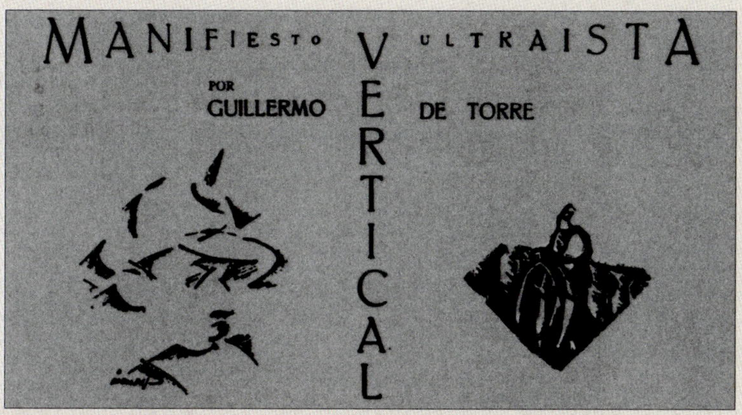

Fragmento del *Manifiesto ultraísta,* de Guillermo de Torre.

Caligrama de Guillermo de Torre

Hélices (1921)

SINOPSIS

Estratos subcutáneos de las praderas celestes

Franjas sidéreas de las entrañas telúricas

Albatros en las jarcias

Velívolos del horizonte

¿Cómo hallar la clave energética?

El Orbe renaciente trepida ascensional

Hangar sideral

Las cumbres destrenzan sus senderos

Las llanuras brincan invisibles

A
N
T
E
N
A
S

Alguien enciende
el reóforo plenisolar

Y hay un espasmo terráqueo
de afirmación occidental

Localización

1. Guillaume Apollinaire popularizó la disposición de los poemas en forma de caligrama.

- Revisa la unidad y sitúa a este autor dentro de la vanguardia europea a la que se le adscribe.

2. ¿A qué periodo de las vanguardias hispánicas pertenecen estos poemas?

3. Busca información sobre Gerardo Diego y Guillermo de Torre.

- Comprueba si se inscriben en alguna vanguardia determinada y si evolucionaron hacia una poesía más humana.

Análisis del contenido y de la expresión

4. ¿Cuál de las dos composiciones te parece más vanguardista? Recuerda que las vanguardias pretenden la originalidad y la ruptura total respecto al arte anterior en temas y formas.

5. Si el arte deshumanizado se entiende como un arte que no debe explicar anécdotas ni reflejar contenidos humanos, ¿cuál de las dos composiciones responde mejor a la deshumanización del arte?

Valoración y creación

6. Comprueba la distancia abismal que existe entre la primera generación del siglo (modernistas y noventayochistas) y los vanguardistas. Los primeros, a través de la literatura, expresaban sus preocupaciones políticas, morales, estéticas, filosóficas o históricas, mientras que los vanguardistas reducen la obra a un chispazo de ingenio expresado de forma original.

- ¿Qué postura te parece más interesante? Razona tu respuesta en una redacción de unas 10 líneas.
- Leed al resto del grupo las diversas respuestas y comentad los aspectos que os parezcan interesantes.

7. Por parejas, acceded a las siguientes direcciones electrónicas sobre caligramas, en las que se da información y se pueden observar muestras interesantes:

http://www.materialesdelengua.org/LITERATURA/PROPUESTAS_LECTURA/VANGUARDIAS/caligramas/calig

- Escoged el caligrama que os parezca más interesante.
- Inventad un caligrama. Buscad la originalidad tanto en la forma como en el contenido.

LOS GÉNEROS LITERARIOS DE LA GENERACIÓN DEL 27			
SIGLO XX	lírica	Pedro Salinas	*La voz a ti debida; Razón de amor*
		Jorge Guillén	*Aire nuestro: Cántico, Clamor, Homenaje*
		Gerardo Diego	*Manual de espumas; Soria*
		Federico García Lorca	*Romancero gitano; Poeta en Nueva York*
		Rafael Alberti	*Marinero en tierra; Sobre los ángeles*
		Luis Cernuda	*La realidad y el deseo*
		Vicente Aleixandre	*La destrucción o el amor; Sombra del paraíso*
		Dámaso Alonso	*Poemillas de la ciudad; Hijos de la ira*
		Miguel Hernández (poeta de transición)	*El rayo que no cesa; Cancionero y romancero de ausencias*
	teatro	F. García Lorca	*Yerma; La casa de Bernarda Alba*

11/4

La Generación del 27

Características de la Generación del 27

El nombre Generación del 27 alude al año en que se celebró el homenaje a Góngora, con la participación de casi todos los poetas del grupo.

Los poetas mencionados, a pesar de su fuerte personalidad, forman una **generación** o **grupo poético** porque, desde el principio, mostraron **inquietudes y gustos comunes** que les diferenciaban de los otros escritores del momento. Los **rasgos** que los cohesionan afectan tanto a lo biográfico como a las ideas y a la estética:

- Tienen **edades similares**: Salinas, el mayor, nació en 1891 y Cernuda, el menor, en 1902. Tienen una **gran cultura** literaria y curiosidad intelectual, y su **origen familiar acomodado** les permite su dedicación a la poesía.

- En conjunto, mantuvieron actitudes **liberales en política** y durante la Guerra Civil apoyaron a la República.

- Trabaron **amistad** entre ellos, sobre todo en Madrid, en la **Residencia de Estudiantes** de la Institución Libre de Enseñanza krausista. Fue un lugar de amistad y de formación cultural, pues en ella se ofrecieron numerosas conferencias, conciertos, etc. Allí estuvieron, entre otros, Juan Ramón Jiménez, el pintor Dalí y el cineasta Luis Buñuel.

- Participaron en **acontecimientos culturales**, como la celebración del tercer **centenario de Góngora**, en diciembre de 1927, en Sevilla. También colaboraron en las mismas **revistas** (*La Gaceta Literaria, Revista de Occidente*...).

- Todos comparten su afán de **modernizar la poesía**; así se recoge en la *Antología* (1931) de Gerardo Diego, donde expusieron su estética. Además, reconocen como **maestros** a **Juan Ramón Jiménez** y a **Ortega**.

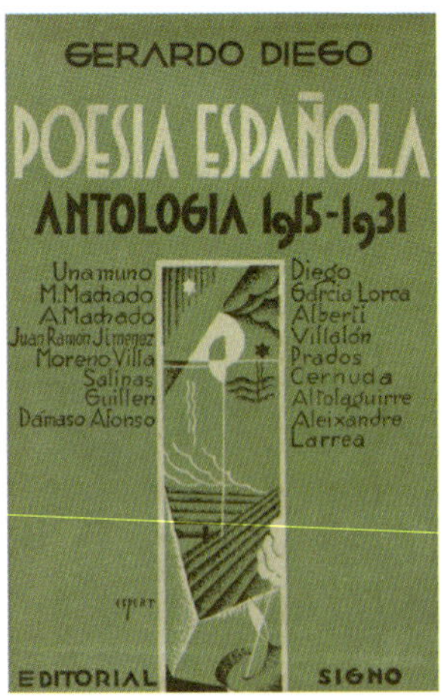

Portada de la *Antología* (1931) de Gerardo Diego. En este libro los poetas del 27 expusieron su estética.

Fotografía del grupo de poetas que, en 1927, con motivo de la conmemoración del tercer centenario de Luis de Góngora, se reunieron en el Ateneo de Sevilla. Esta fecha dio nombre a una nueva generación, la Generación del 27.

- Crearon un **lenguaje generacional**, a pesar de las variantes personales. Así, todos conceden importancia al estilo, cultivan la **metáfora** y consideran la **poesía** en su vertiente **estética**; es decir, como manifestación autosuficiente e intrascendente, no como medio de expresión de problemas morales, sociales o biográficos.

- Comparten su **admiración por lo clásico y lo moderno**. Ese equilibrio entre lo nuevo y lo antiguo es la característica más original del grupo y la que le confiere un tono compacto.

Síntesis de tradición y vanguardia

El Grupo del 27 se caracteriza por combinar lo **tradicional** y lo **renovador**, el gusto por lo **popular** y lo **culto**, el interés por la **literatura hispánica** y por las **literaturas europeas**.

Los poetas del grupo, además de conocer la poesía clásica española y las nuevas corrientes europeas, **asimilan esas influencias** en creaciones profundamente personales y diferentes. Por ejemplo, tanto Aleixandre como Lorca y Cernuda asimilan el surrealismo y la tradición hispánica, pero sus creaciones son inconfundibles.

- De la **literatura tradicional** valoran tanto lo **culto** como lo **popular**. En parte, este hecho se explica por la sólida formación literaria de muchos de los componentes del grupo.

  - Entre los **clásicos** cultos, prefieren a Manrique, Garcilaso, Fray Luis, San Juan de la Cruz, Quevedo, Lope y, sobre todo, **Góngora**, el maestro en el arte de la **metáfora**.

  - De la literatura **popular**, aprecian el *Cancionero*, el *Romancero* y las cancioncillas tradicionales de Gil Vicente, Lope o Góngora. Lorca, Alberti y Gerardo Diego muestran la influencia de la tradición popular.

  - En cuanto a la poesía más **cercana**, muestran interés por Bécquer, Rubén Darío y, sobre todo, **Juan Ramón Jiménez**.

- De las **vanguardias** se toma lo novedoso, lo original y provocador, el juego de ingenio y la ruptura humorística. También deriva de ellas la total libertad en la métrica, la puntuación, los temas y el uso de imágenes ilógicas. En general, en las primeras publicaciones se encuentran rasgos dadaístas y futuristas (Gerardo Diego, Alberti y Salinas), que coinciden con las características del arte nuevo, que Ortega había señalado en *La deshumanización del arte*: afán de originalidad, hermetismo, autosuficiencia del arte, predominio de la metáfora, surrealismo, intrascendencia, antirrealismo, etc.

Federico García Lorca fotografiado en el Patio de los Arrayanes, en la Alhambra de Granada, en 1927. Él y muchos otros poetas del 27 encontraron mucho material poético en la literatura popular.

Trayectoria

Arriba, homenaje del pintor Juan Gris a Góngora y portada de la revista *Litoral*. Abajo, foto de los principales integrantes de la generación del 27 junto al torero Ignacio Sánchez Mejías (en el centro, con sombrero): Salinas, Guillén, Bergamín, Gerardo Diego, Aleixandre, Lorca y Dámaso Alonso.

En la evolución del grupo se pueden distinguir **tres periodos**:
- el juvenil, de poesía *deshumanizada;*
- el de madurez, de lírica *humanizada* bajo la influencia del **surrealismo**,
- la etapa **posterior a la Guerra Civil**, muy diferente en cada poeta.

A pesar de las diferencias individuales entre los componentes del grupo, en casi todos ellos se distinguen los **tres periodos**, que vinieron impuestos por las condiciones históricas que marcaron profundamente sus vidas:

Etapa inicial, hasta 1927. Se impone el ideal de **poesía pura** de Juan Ramón Jiménez y la influencia **vanguardista**; es el momento del arte *deshumanizado*. Al mismo tiempo, coexiste con una poesía neopopular (Lorca, Alberti y Gerardo Diego).

De 1928 a la Guerra Civil. Con la **influencia surrealista** comienza la *rehumanización* de la lírica que expresa la angustia, la rebeldía del poeta y los problemas sociales. La revista de Pablo Neruda y Vicente Aleixandre, *Caballo verde para la poesía*, recoge esa lírica *humanizada*. En los años de la Segunda República y la Guerra Civil, la poesía social alcanza su auge, con Rafael Alberti y Miguel Hernández, poeta más joven que no pertenece al grupo.

Tras la Guerra Civil. Puede considerarse deshecho el grupo, aunque mantuvieron la amistad y crearon obras importantes. La guerra provoca el asesinato de Lorca y el exilio de Salinas, Guillén, Alberti y Cernuda, quienes tratan en numerosas ocasiones el **tema del exilio**. En España, Dámaso Alonso, Vicente Aleixandre y Gerardo Diego se convierten en el punto de partida de la poesía de posguerra. En conjunto, la poesía tras la Guerra Civil refleja **angustia existencial** y **preocupaciones éticas y sociales**.

Aportaciones poéticas de la Generación del 27

Al margen de la variedad de cada autor, todos contribuyeron a la renovación poética con dos elementos comunes: consideran que la **imagen** es la esencia del poema y experimentan **innovaciones métricas**.

La **imagen** –o la metáfora– se convierte en la base expresiva de la poesía. Ello explica la admiración por Góngora y por las vanguardias. Como ellas, crean imágenes en las que no existe una relación lógica entre el término real y el poético: es la *imagen irracional*.

En la **métrica**, quedan definitivamente incorporados el **verso libre** y el **versículo**, cuyo precedente en solitario había sido Juan Ramón Jiménez. También combinan las estrofas tradicionales con un lenguaje moderno: Lorca y Gerardo Diego componen sonetos y romances magistrales, y Guillén, décimas perfectas, al mismo tiempo que todos ellos usan el verso libre.

LOS POETAS DE LA GENERACIÓN DEL 27

Pedro Salinas (1891-1951)

Salinas escribe una poesía **intelectual**, concebida como un **diálogo** que el poeta entabla con el mundo o con la amada. Ese diálogo le permite acceder a la **esencia** de las cosas, más allá de los accidentes externos.

Su **estilo** es **antirretórico**; el lenguaje es familiar, moderno y cotidiano; las imágenes, sencillas, y el ritmo, ligero, con versos cortos, sin rima o asonantados.

Vida

Nació en Madrid y, a partir de 1918, fue profesor de literatura en la Universidad de Sevilla. En 1932 fundó la revista *Índice literario*, y entre 1933 y 1936 fue secretario de la Universidad Internacional de Santander. Cuando empezó la Guerra Civil se encontraba en Estados Unidos como profesor visitante. Allí permaneció hasta su muerte.

Sobre estas líneas, retrato de Pedro Salinas. Abajo, el poeta a su llegada a Santo Domingo.

Obra

En la **trayectoria** de Salinas se distinguen tres épocas:

- La **primera etapa** es de influencia **vanguardista**, con *Presagios*, *Seguro azar* y *Fábula y signo*.

- En la **segunda etapa** predomina el **tema amoroso**, con *La voz a ti debida*, *Razón de amor* y *Largo lamento*, que le convierten en el gran **poeta amoroso** del grupo.

El **amor** aparece como una fuerza prodigiosa que ordena y **da sentido al mundo**. Es la correspondencia entre lo **más esencial y auténtico** de los enamorados, el **tú** y el **yo**, más allá de lo superficial o anecdótico representado en lo social. El **lenguaje** es **conceptual** y denso, pues matiza mediante paradojas, juegos de ideas, etc. Es un conceptismo interior.

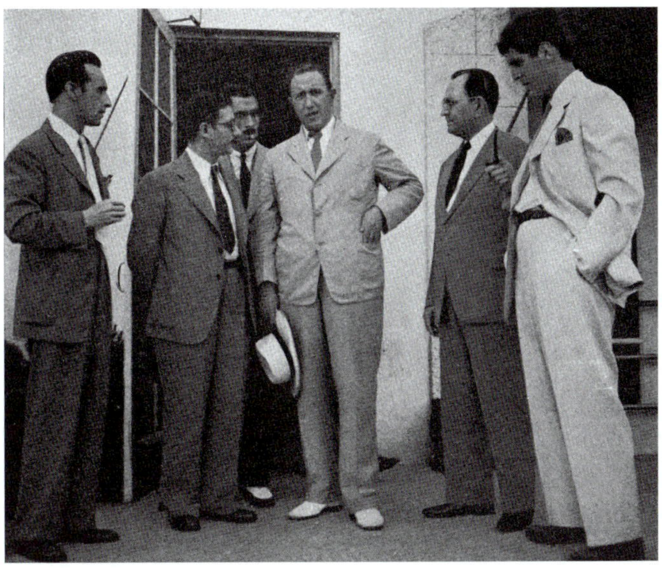

- La **tercera etapa** se corresponde con las obras escritas en el **exilio**. *El contemplado* es un diálogo con el mar de Puerto Rico. *Todo más claro* muestra su desagrado por una sociedad deshumanizada, y en él combina el tono trágico y el humorístico. En *Confianza*, vuelve al optimismo tras el desaliento.

Escribió también un teatro vanguardista, relatos y numerosos ensayos sobre literatura.

Actividades

***La voz a ti debida*, de Pedro Salinas**

Para vivir no quiero
islas, palacios, torres.
¡Qué alegría más alta:
vivir en los pronombres!

Quítate ya los trajes,
las señas, los retratos;
yo no te quiero así,
disfrazada de otra,
hija siempre de algo.
Te quiero pura, libre,
irreductible: tú.
Sé que cuando te llame
entre todas las gentes
del mundo,
solo tú serás tú.
Y cuando me preguntes
quién es el que te llama,
el que te quiere suya,
enterraré los nombres,
los rótulos, la historia.
Iré rompiendo todo
lo que encima me echaron
desde antes de nacer.

Y vuelto ya al anónimo
eterno del desnudo,
de la piedra, del mundo,
te diré:
«Yo te quiero, soy yo».

1. Señala las partes en que puede dividirse el poema.
2. Analiza qué quiere decir Salinas con «vivir en los pronombres» (verso 4). ¿Lo explica en el poema?
3. Identifica el campo semántico que se relaciona con los pronombres. ¿Qué elementos obstaculizan llegar al *tú* y al *yo*?
4. ¿Por qué se dice que Salinas hace una poesía intelectual?

Jorge Guillén (1893-1984)

«He sufrido. No importa. / Ni amargura ni queja. / Entre salud y amor / Gire y zumbe el planeta». Jorge Guillén, fotografiado en 1955.

En su primera etapa, con *Cántico*, es el máximo representante de la **poesía pura**; es una obra **optimista** que expresa el gozo de la existencia.

A partir de *Clamor*, escrita en el exilio, su poesía cambia profundamente: refleja el mundo moderno con **pesimismo**, con un estilo más **sencillo**.

Vida

Nació en Valladolid. Ejerció de profesor de literatura en las universidades de Murcia, Oxford y Sevilla. La Guerra Civil le sorprendió en esta ciudad y fue encarcelado, pero en 1938 logró salir hacia Estados Unidos, donde permaneció durante muchos años como profesor de literatura.

Obra

En la **trayectoria** de Guillén se distinguen tres etapas:

- La **primera**, representada en *Cántico*, recoge su obra desde 1928 hasta 1950. A diferencia de sus compañeros, Guillén mantuvo durante treinta años una sorprendente unidad de estilo y de temas. Por su estilo, la poesía de *Cántico* es **deshumanizada** e **intelectual**, que supedita lo emocional a lo artístico, en la línea de J. R. Jiménez y, sobre todo, del poeta francés Paul Valery. Por su tono, refleja una actitud **vital** y **optimista**, el placer de observar el mundo y de sentirse vivo: «Ser nada más. Y basta / es la absoluta dicha... El mundo está bien hecho».

El **estilo** es muy **elaborado** y resulta **difícil por la densidad**. El poeta se inclina por los **nombres abstractos** y expresa su dicha mediante **exclamaciones**. En general, renuncia a la musicalidad y al sentimentalismo. Se ha relacionado esta tendencia con el **cubismo**, pues presenta la realidad y sus emociones de forma **estilizada**. Combina un lenguaje **intelectualizado** y **moderno** con **estrofas clásicas**, sobre todo, décimas.

- En la **segunda etapa** escribe *Clamor*, que consta de *Maremágnum*, *Que van a dar a la mar* y *A la altura de las circunstancias*. Supone un cambio intenso porque aparece la **protesta contra el caos y la destrucción**: la guerra, el dolor, la amenaza atómica, etc., con un lenguaje más coloquial.

- En la **tercera etapa**, con *Homenaje*, **atenúa el tono pesimista**; habla de lecturas y escritores, de ciudades y de la amistad con sus compañeros de generación. En 1968 edita *Cántico*, *Clamor* y *Homenaje* con el título de *Aire nuestro*.

Actividades

***Cántico*, de Jorge Guillén**

Las doce en el reloj

Dije: ¡Todo ya pleno!
Un álamo vibró.
Las hojas plateadas
sonaron con amor.
Los verdes eran grises,
el amor era sol.
Entonces, mediodía,
un pájaro sumió
su cantar en el viento
con tal adoración
que se sintió cantada
bajo el viento la flor
crecida entre las mieses,
más altas. Era yo,
centro en aquel instante
de tanto alrededor,
quien lo veía todo
completo para un dios.
Dije: Todo, completo.
¡Las doce en el reloj!

5. Indica el tema. ¿Responde a la temática de *Cántico*? ¿En qué versos se sintetiza el tema?
6. ¿Cuál es la actitud del poeta ante el mundo? ¿En qué parte del poema lo expresa?
7. Señala otros rasgos de *Cántico* que aparecen en la composición (ten en cuenta el lenguaje y la forma).

Gerardo Diego (1896-1987)

Lo que caracteriza a Gerardo Diego es la maestría con que **combina estilos** muy **variados**: lo **vanguardista** y lo **clásico**, lo **culto** y lo **popular**, las **formas tradicionales** (sonetos, romance) junto al **verso libre**.

Gerardo Diego fue galardonado con el premio Cervantes en 1979.

Vida

Nació en Santander y pronto se sintió atraído por las vanguardias, sobre todo por el creacionismo. En 1925 ganó el Premio Nacional de Literatura con *Versos humanos*.

Colaboró activamente en el ambiente literario de su generación: en el homenaje a Góngora, como director de la revista *Carmen* y con su *Antología*, que se convirtió casi en un manifiesto de la nueva poesía. En los años de posguerra mantuvo una intensa actividad periodística y crítica; en 1948 ingresó en la Real Academia.

Obra

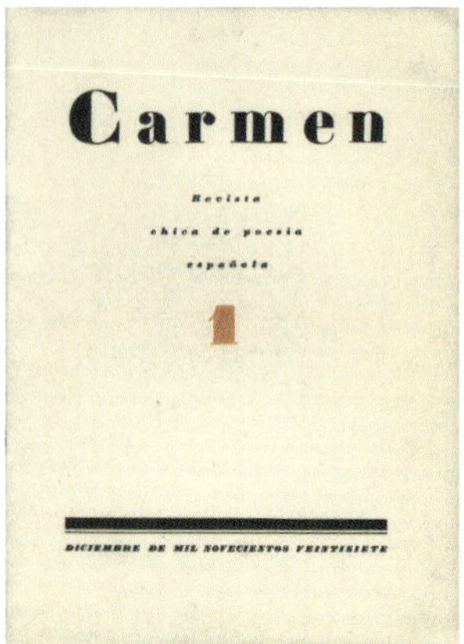

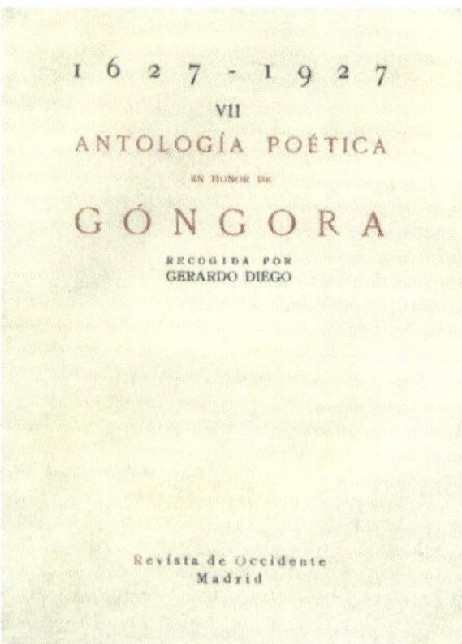

Gerardo Diego colaboró activamente en el ambiente literario de su generación: la revista *Carmen* y la edición del homenaje a Góngora son dos claras muestras de ello.

En una misma época, Gerardo Diego compuso tanto libros en la más clara línea vanguardista como obras de tono grave y claro contenido humano; a veces, incluso aúna estos rasgos en un único poema.

Los **temas** suelen centrarse en su **mundo próximo**, sus emociones, experiencias y recuerdos. También trata el tema **religioso**, poco cultivado en su época.

- La **obra vanguardista** se inscribe en el **creacionismo** con libros como *Imagen* y *Manual de espumas*. Une lo tradicional y el creacionismo en *Fábula de Equis y Zeda*, que recoge el entusiasmo gongorino de 1927, y en *Poemas adrede*, libros que para muchos críticos es lo más interesante de su producción.

- La **obra tradicional** es muy variada en temas y formas. Emplea sonetos, canciones y romances, y dominan las composiciones amorosas, religiosas o paisajísticas. Destaca *El romancero de la novia*, *Soria*, *Versos humanos*, *Versos divinos*, *Ángeles de Compostela* y *Alondra de verdad*, considerada su obra maestra, donde el soneto alcanza una extraordinaria perfección.

Actividades

***Soria*, de Gerardo Diego**

Romance del Duero

Río Duero, río Duero
nadie a acompañarte baja,
nadie se detiene a oír
tu eterna estrofa de agua.

Indiferente o cobarde,
la ciudad vuelve la espalda.
No quiere ver en tu espejo
su muralla desdentada.

Tú, viejo Duero, sonríes
entre tus barbas de plata,
moliendo con tus romances
las cosechas mal logradas.

Y entre los santos de piedra
y los álamos de magia
pasas llevando en tus ondas
palabras de amor, palabras.

Quién pudiera como tú,
a la vez quieto y en marcha,
cantar siempre el mismo verso,
pero con distinta agua.

Río Duero, río Duero,
nadie a estar contigo baja,
ya nadie quiere atender
tu eterna estrofa olvidada,

sino los enamorados
que preguntan por sus almas
y siembran en tus espumas
palabras de amor, palabras.

8. El *Romance del Duero* responde a la vertiente tradicional de Gerardo Diego. Comprueba la estrofa. ¿Qué tradición representa?

9. Indica a qué rasgo característico de la Generación del 27 responde el uso del romance.

10. Resume el poema.

11. ¿Recuerdas qué poeta ha cantado a Soria y a los álamos del río Duero?

Federico García Lorca (1898-1936)

Lorca es un excelente **poeta** y **dramaturgo**. Su obra presenta unos **temas** constantes: el **amor**, la **frustración** y el **destino trágico**, y abundan los seres marginados, abocados al dolor, a la soledad y a la muerte. Su **estilo** es personal y brillante, con **imágenes** plásticas y sugerentes.

Durante la Segunda República, García Lorca dirigió la compañía teatral La Barraca, con la que recorrió muchos lugares de la Península, en su propósito de acercar el arte al pueblo.

Vida

Nació en Fuentevaqueros (Granada). De 1919 a 1928 estuvo en la Residencia de Estudiantes, donde entabló amistad con el pintor Dalí y el cineasta Luis Buñuel. En 1932 dirigió el teatro universitario La Barraca, que llevó por pueblos y ciudades obras del teatro clásico. Fue un defensor de la República, pese a su escasa afición a la política. Al comenzar la Guerra Civil, se fue a Granada y a los pocos días los sublevados lo fusilaron.

Obra

- La **poesía** de Lorca es **dramática** en el doble sentido de la palabra, es decir, es **teatral** y **trágica**. Por un lado, es teatral porque el poeta a menudo se expresa a través de **personajes**, como en el teatro; por otro, es trágica porque refleja **fatalismo**, pues presenta al ser humano en lucha contra un destino adverso. Junto al tema del **destino trágico**, aparecen la **frustración** y el **deseo imposible**, presentes en composiciones intimistas como *Poeta en Nueva York* o encarnados en personajes como, por ejemplo, los gitanos del *Romancero gitano*.

- El **teatro** de Lorca es un **teatro poético** que presenta una realidad estilizada. En general, bajo diversos argumentos, plantea un **único tema**: el **enfrentamiento** entre el **individuo** y su **entorno**. El individuo encarna el anhelo de libertad, de sueño, fantasía y amor; el entorno es el símbolo del poder represor social, y a menudo es representado por la madre, los vecinos o el ambiente. Del conflicto entre el individuo y lo social surge el drama, resuelto casi siempre con la destrucción del individuo y sus sueños. Obras destacables son las piezas vanguardistas: *Así que pasen cinco años* y *El público*, y los dramas de tono trágico *Bodas de sangre*, *Yerma* y *La casa de Bernarda Alba*.

Federico en 1919. Un año antes, el poeta había publicado un primer libro en prosa titulado *Impresiones y paisajes*. Tanto este como sus primeros poemas presentan influencias románticas y del modernismo de Juan Ramón Jiménez y Antonio Machado.

En la **trayectoria** poética de Lorca se distinguen dos etapas:

- La **primera etapa** se extiende hasta 1928, y se caracteriza porque **funde** lo **popular** y lo **culto**, la **tradición** y la **modernidad**, en *Libro de poemas*, *Canciones*, *El poema del cante jondo* y el *Romancero gitano*. En este último, Lorca exalta la dignidad del pueblo gitano marginado y abocado a un destino fatal. Ofrece la visión de una Andalucía trágica y mítica mediante un estilo que combina la **tradición** (el argumento, la estrofa...) y la **renovación** (metáforas irracionales, simbolismo y tipos pasionales y trágicos).

- La **segunda etapa** recoge la **influencia surrealista**, que se manifiesta en las audaces imágenes irracionales, en la actitud de rebeldía y protesta, así como en el predominio del verso libre y el versículo. *Poeta en Nueva York* refleja la experiencia de Lorca durante el curso 1929-1930, en que coinciden una crisis del poeta y el *crack* económico de 1929. La ciudad aparece como símbolo de la civilización materialista y mecanizada; un mundo que destruye lo humano, la libertad y el contacto con la naturaleza y con las personas. El libro **combina** el **testimonio** de «la esclavitud del hombre y máquina» con el tema **intimista** de la frustración del poeta.

De sus últimos años son *Llanto por Ignacio Sánchez Mejías*, una excelente elegía, *Seis poemas gallegos*, *Diván del Tamarit* y *Sonetos del amor oscuro*.

Actividades

Federico García Lorca

Canción del jinete

Córdoba.
Lejana y sola.

Jaca negra, luna grande,
y aceitunas en mi alforja.
Aunque sepa los caminos
yo nunca llegaré a Córdoba.

Por el llano, por el viento,
jaca negra, luna roja.
La muerte me está mirando
desde las torres de Córdoba.

¡Ay qué camino tan largo!
¡Ay mi jaca valerosa!
¡Ay que la muerte me espera,
antes de llegar a Córdoba!

Córdoba.
Lejana y sola.

Canciones

Vuelta de paseo

Asesinado por el cielo.
Entre las formas que van hacia la sierpe
y las formas que buscan el cristal,
dejaré crecer mis cabellos.

Con el árbol de muñones que no canta
y el niño con el blanco rostro de huevo.

Con los animalitos de cabeza rota
y el agua harapienta de los pies secos.

Con todo lo que tiene cansancio sordomundo
y mariposa ahogada en el tintero.

Tropezando con mi rostro distinto de cada día.
¡Asesinado por el cielo!

Poeta en Nueva York

12. Realizad una lectura expresiva de los poemas.

13. Comprobad si la *Canción del jinete* puede considerarse una poesía dramática en el doble sentido de la palabra.

    ▶ Según la estructura métrica y el ritmo, ¿con qué tradición literaria se relaciona?

14. ¿Qué temas característicos de Lorca aparecen en este poema?

15. Observa el estilo y, sobre todo, las imágenes de *Vuelta de paseo*:

    ▶ ¿Pueden entenderse lógicamente las imágenes? ¿Qué sensaciones nos transmiten? ¿Qué elementos contribuyen a transmitirlas?

    ▶ A pesar de la novedad del lenguaje y de las imágenes, se mantienen algunos recursos expresivos tradicionales. Señala alguno de ellos.

16. ¿Se expresa el poeta en primera persona? ¿Es habitual en Lorca esta opción?

17. Se han realizado películas interesantes sobre la vida y obra de Lorca: *Lorca, muerte de un poeta* (1987), de Juan Antonio Bardem, interesante recreación de la biografía del poeta; y adaptaciones de sus obras teatrales, como *Proceso a Mariana Pineda* (1984), de Rafael Moreno Alba, *La casa de Bernarda Alba* (1987), de Mario Camus y *La novia* (2015), de Paula Ortiz, basada en *Bodas de sangre*. Todas son recomendables para completar el estudio del autor.

Rafael Alberti y María Teresa León con Federico García Lorca en Toledo en 1932.

Rafael Alberti (1902-1999)

Alberti se caracteriza por la **variedad** de temas y estilos, por el **dominio de la técnica** y por su **fecundidad**, rasgos que comparte con Gerardo Diego. Al mismo tiempo, se le relaciona con Lorca porque aúna lo **tradicional** (culto y popular) y lo **vanguardista**.

Vida

Nació en Puerto de Santa María (Cádiz). En 1917 se trasladó a Madrid y abandonó los estudios por la pintura. En 1925 recibió el Premio Nacional por su *Marinero en tierra*. Conoció a Lorca, Dalí y Buñuel, frecuentó la Residencia de Estudiantes y participó en el homenaje a Góngora. En 1931 se afilió al Partido Comunista y puso su pluma al servicio de la política; fundó revistas como *Octubre* y *El mono azul*, y durante la Guerra Civil fue secretario de la Alianza de Intelectuales Antifascistas. Se exilió en Buenos Aires y en Roma, y en 1977 volvió a España.

Obra

Alberti cultivó la poesía, la prosa y el teatro. En su **poesía** se distinguen cuatro etapas:

- **Poesía neopopular.** Comprende *Marinero en tierra, La amante* y *El alba del alhelí*. En ellos recrea las formas de la lírica popular: estilo nominal, paralelismos, expresividad (exclamaciones, diminutivos) y sencillez léxica.

- **Vanguardismo.** Esta etapa está representada por *Cal y canto, Sobre los ángeles* y *Yo era un tonto y lo que he visto me ha hecho dos tontos*, un homenaje a diversos artistas del cine mudo: Charlot, Buster Keaton, Harold Lloyd, etc.

- **Poesía comprometida**. Con la obra *Con los zapatos puestos tengo que morir*, de 1930, comienza una poesía revolucionaria, combativa, que denuncia la injusticia y la represión. En esta misma línea se encuentran *Un fantasma recorre Europa* y *Madrid, capital de la gloria*.

- **Poesía del exilio.** Aunque continúa la poesía política, en general vuelve a la actitud lírica en la que predomina el **tema del exilio**, con *Pleamar, Ora marítima* y *Canciones y baladas del Paraná*. Otros libros recogen temas muy diferentes, como *A la pintura* y *Roma, peligro para caminantes*.

Dedicatoria de Alberti con un dibujo del propio poeta.

De su **prosa** destaca el libro de memorias *La arboleda perdida* (1949 y 1987).

Como dramaturgo escribió **teatro político** (*Noche de guerra en el Museo del Prado*), **vanguardista** (*El hombre deshabitado*) y **poético** (*El adefesio*).

Actividades

Rafael Alberti

El mar. La mar.
El mar. ¡Solo la mar!

¿Por qué me trajiste, padre,
a la ciudad?

¿Por qué me desenterraste
del mar?

En sueños, la marejada
me tira del corazón.
Se lo quisiera llevar.

Padre, ¿por qué me trajiste
acá?

Marinero en tierra

El cuerpo deshabitado

Yo te arrojé de mi cuerpo,
yo, con un carbón ardiendo.

–Vete.

Madrugada.
La luz, muerta en las esquinas
y en las casas.
Los hombres y las mujeres
ya no estaban.

–Vete.

Quedó mi cuerpo vacío,
negro saco, a la ventana.

Se fue.

Se fue, doblando las calles.
Mi cuerpo anduvo, sin nadie.

Sobre los ángeles

18. ¿Qué sentimiento expresa el primer poema?

19. Señala algunos rasgos característicos de la lírica popular que aparecen en este poema.

20. Observa que el segundo poema, *El cuerpo deshabitado*, responde a una estética muy diferente. El poeta transmite unas vivencias a través de imágenes ilógicas y extrañas.

- Señala qué sensación general transmite el poema.
- Apunta algunas expresiones que consideres que son eficaces para crear esas sensaciones.

21. ¿A qué obra de Lorca se parece *Sobre los ángeles*?

Luis Cernuda (1902-1963)

La poesía de Cernuda es siempre **intimista** y de tono **romántico**. Plantea la imposibilidad de conciliar los anhelos personales –el deseo– con la realidad. Ese es el **tema** que da el título a toda su poesía, *La realidad y el deseo*.

Vida

Luis Cernuda fue alumno de Pedro Salinas en la Universidad de Sevilla, su ciudad natal. Más tarde vivió en Madrid, y en Toulouse (1928-1929), como lector universitario. Durante la Guerra Civil manifestó su apoyo a la causa republicana. Desde 1938 hasta su muerte vivió exiliado, ejerciendo de profesor, en Inglaterra y Estados Unidos, y más tarde en México.

Luis Cernuda, dibujo de Gregorio Prieto.

Obra

En la **trayectoria** de Cernuda se distinguen cuatro etapas:

- **Inicios**. Sus primeras obras se caracterizan por dos tipos de poesía: la **poesía pura**, en *Perfil del aire*, y la **poesía clasicista**, en *Égloga, elegía y oda*.

- **Tras su estancia en Francia (1928-1929).** Aparece la **influencia surrealista** en *Un río, un amor*, que se atenúa en *Los placeres prohibidos*, uno de sus mejores libros junto a *Donde habite el olvido* e *Invocaciones*. Cernuda plantea el enfrentamiento entre sus aspiraciones y su existencia, que desemboca en el sentimiento de **soledad**, en la **nostalgia por un mundo diferente** y en el **anhelo de belleza** y, sobre todo, de amor. Buena parte de su poesía trata el tema amoroso. El estilo, en esta etapa, acentúa la **depuración de imágenes** y la expresión densa y emotiva. Se inclina por un **lenguaje hablado**, de **tono coloquial**, que esconde una enorme capacidad de sugerencia.

- **Durante la Guerra Civil.** En 1937 empezó a escribir *Las nubes*, obra que terminaría en el exilio en 1940.

- **En el exilio.** Compuso una poesía en la que se acentúa el **tema de la soledad**, que aparece mezclado con el **tema del desterrado**. La **depuración** alcanza su cima en *Como quien espera el alba, Vivir sin estar viviendo, Con las horas contadas* y *Desolación de la Quimera*, títulos que reflejan su intimismo y su actitud romántica.

Federico García Lorca, Luis Cernuda y Vicente Aleixandre posan juntos antes de que la Guerra Civil truncara sus vidas: Federico fue asesinado al principio de la contienda; Cernuda se exilió y vivió en varios países y Aleixandre permaneció en España.

Actividades

Donde habite el olvido, de Luis Cernuda

Donde habite el olvido,
en los vastos jardines sin aurora;
donde yo solo sea
memoria de una piedra sepultada entre ortigas
sobre la cual el viento escapa a sus insomnios.

Donde mi nombre deje
al cuerpo que designa en brazos de los siglos,
donde el deseo no exista.

En esa gran región donde el amor, ángel terrible,
no esconda como acero
en mi pecho su ala,
sonriendo lleno de gracia aérea mientras crece el tormento.

Allá donde termine este afán que exige un dueño a imagen suya,
sometiendo a otra vida su vida,
sin más horizonte que otros ojos frente a frente.

Donde penas y dichas no sean más que nombres,
cielo y tierra nativos en torno de un recuerdo;
donde al fin quede libre sin saberlo yo mismo,
disuelto en niebla, ausencia,
ausencia leve como carne de niño.

Allá, allá lejos;
donde habite el olvido.

Fotografía de Luis Cernuda tomada hacia 1928.

22. ¿Qué sentimiento expresa Cernuda? ¿Con qué se identifica el olvido en el poema? ¿Qué pretende dejar atrás el poeta?

23. Analiza la forma externa del poema y las imágenes. ¿Responden a la tradición o al arte nuevo?

24. «Donde habite el olvido» es un verso de Bécquer. Cernuda está haciendo un homenaje al poeta, con quien comparte tema amoroso y tono romántico. Aquí, como en la Rima LXVI de Bécquer, está presente la idea del poeta proscrito.

▶ Busca la Rima de Bécquer, compara las imágenes de ambos poemas y señala algunas semejanzas.

25. ¿Crees que este poema responde a una lírica *intimista* y *romántica*? Justifica tu respuesta.

Vicente Aleixandre (1898-1984)

Para Aleixandre, la poesía es el medio de conectarse con el universo y con los seres humanos. Prevalece, así, la **voluntad de comunicar** por encima del anhelo de belleza. Su **estilo** se caracteriza por la **riqueza de imágenes** surrealistas y por el uso del **verso libre**.

Vicente Aleixandre.

Vida

Nació en Sevilla, pero su infancia transcurrió en Málaga, *ciudad del paraíso* en su poesía. En 1909 se trasladó a Madrid, residencia habitual del poeta desde entonces. En 1933 obtuvo el Premio Nacional de Poesía por *La destrucción o el amor*. Su permanencia en España tras la Guerra Civil fue un estímulo esencial para las nuevas generaciones de posguerra. En 1977, el premio Nobel coronó su trayectoria poética y personal.

Obra

Para Vicente Aleixandre, la poesía es el medio de conectarse con el universo y con los seres humanos. Prevalece así la **voluntad de comunicar** por encima del anhelo de belleza.

En la **trayectoria** poética de Aleixandre se distinguen tres etapas:

- **Etapa inicial.** Se inscribe, con *Ámbito*, en la **poesía pura** cercana a la línea de Salinas y Guillén.

- **Etapa surrealista.** Revela un **pesimismo** radical; el poeta reflexiona sobre el dolor y la angustia del ser humano, y **aspira a fundirse con el cosmos** para hacerse insensible. En esta etapa destacan *Espadas como labios* y *Nacimiento último*. *La destrucción o el amor* es un canto a la **naturaleza** y al **amor**, el sentimiento que rompe la radical soledad del ser humano y le permite fundirse con el ser amado y con el universo. Influido por el **surrealismo**, su estilo incorpora numerosas **imágenes** que aluden al cosmos y la naturaleza, así como el **verso libre**, cercano al amplio **versículo**.

  Sombra del paraíso, publicado en la posguerra más inmediata (1944), canta la nostalgia de un edén; recuerda o imagina un paraíso al margen del dolor y de la muerte. El pesimismo se traduce en versos como «¡Humano: nunca nazcas!». Según Cernuda, «el surrealismo francés obtiene con Aleixandre en España lo que no obtuvo en su tierra de origen: un gran poeta».

- **Etapa humanista.** *Historia del corazón* (1945) señala una evolución, pues se centra en el **ser humano** y en la **comunidad**, al igual que *En un vasto dominio*, poesía de **testimonio**, humana y ética.

Actividades

La destrucción o el amor, de Vicente Aleixandre

Unidad en ella

Cuerpo feliz que fluye entre mis manos,
rostro amado donde contemplo el mundo,
donde graciosos pájaros se copian fugitivos,
volando a la región donde nada se olvida.

Tu forma externa, diamante o rubí duro,
brillo de un sol que entre mis manos deslumbra,
cráter que me convoca con su música íntima,
con esa indescifrable llamada de tus dientes.

Muero porque me arrojo, porque quiero morir,
porque quiero vivir en el fuego, porque este aire [de fuera
no es mío, sino el caliente aliento
que si me acerco quema y dora mis labios desde [un fondo.

Deja, deja que mire, teñido del amor,
enrojecido el rostro por tu purpúrea vida,
deja que mire el hondo clamor de tus entrañas
donde muero y renuncio a vivir para siempre.

Quiero amor o la muerte, quiero morir del todo,
quiero ser tú, tu sangre, esa lava rugiente
que regando encerrada bellos miembros extremos
siente así los hermosos límites de la vida.

Este beso en tus labios como una lenta espina,
como un mar que voló hecho un espejo,
como el brillo de un ala,
es todavía unas manos, un repasar de tu crujiente pelo,
un crepitar de la luz vengadora,
luz o espada mortal que sobre mi cuello amenaza,
pero que nunca podrá destruir la unidad de este mundo.

26. Relaciona el título *Unidad en ella* con el concepto de amor en Aleixandre.

27. Señala con qué relaciona el cuerpo y rostro de la amada en la primera estrofa.

28. Explica el significado de los fragmentos comprendidos entre los versos 9 y 12, y 17 y 20. A partir de ahí, interpreta el significado unívoco de la conjunción *o* del título *La destrucción o el amor*.

29. Anota algunas imágenes que justifiquen que Aleixandre sea considerado un poeta surrealista.

Dámaso Alonso (1898-1990)

Dámaso Alonso.

La **poesía** de Dámaso Alonso parte de la estética de la Generación del 27, pero evoluciona hacia una poesía **existencial** que **culmina en la posguerra**, con *Hijos de la ira* (1944). Esta obra le convertirá en el poeta más representativo del momento.

Vida

Nació en Madrid y fue profesor de literatura española en diversas universidades alemanas, inglesas y estadounidenses. Tras la Guerra Civil, como Aleixandre, permaneció en España, en lo que denominaba un *exilio interior*; ambos hicieron de puente entre los nuevos poetas y la brillante generación anterior. De 1968 a 1982 fue director de la Real Academia Española y, en 1978, obtuvo el premio Cervantes.

Obra

Dámaso Alonso se dedicó tanto a la poesía como a la crítica literaria. De 1927 es su obra sobre *La lengua poética de Góngora*, en consonancia con los intereses de su generación. A partir de ese momento, su labor como crítico fue incesante y fecunda.

La **poesía** de Dámaso Alonso nace en la estética de la Generación del 27, en libros como *Poemillas de la ciudad* (1921) y *El viento y el verso* (1925), de tono neopopular.

Su segunda etapa, de tono **existencial**, culmina en *Hijos de la ira* (1944), obra esencial en el desierto poético de posguerra. El mismo autor reconoció que aborrecía el esteticismo y que «hoy es solo el hombre lo que me interesa... llegar a él [...] por caminos de belleza o a zarpazos».

Actividades

***Hijos de la ira*, de Dámaso Alonso**

Monstruos

Todos los días rezo esta oración
al levantarme:

Oh Dios,
no me atormente más.
Dime qué significan
estos espantos que me rodean.
Cercado estoy de monstruos
que mudamente me preguntan,
igual, igual que yo les interrogo a ellos.
Que tal vez te preguntan,
lo mismo que yo en vano perturbo
el silencio de tu invariable noche
con mi desgarradora interrogación.

Bajo la penumbra de las estrellas
y bajo la terrible tiniebla de la luz solar,
me acechan ojos enemigos,
formas grotescas me vigilan,
colores hirientes lazos me están tendiendo:
¡son monstruos,
estoy cercado de monstruos!

No me devoran.
Devoran mi reposo anhelado,
me hacen ser una angustia que se desarrolla a sí misma,
me hacen hombre,
monstruo entre monstruos.

No, ninguno tan horrible
como este Dámaso frenético,
como este amarillo ciempiés que hacia ti clama
con todos sus tentáculos enloquecidos,
como esta bestia inmediata,
transfundida en una angustia fluyente;
no ninguno tan monstruoso
como esta alimaña que brama hacia ti,
como esta desgarrada incógnita
que ahora te increpa con gemidos articulados,
que ahora te dice:
«Oh dios,
no me atormente más,
dime qué significan estos monstruos que me rodean
y este espanto íntimo que hacia ti gime en la noche».

30. Resume el poema y justifica que este tipo de poesía se califique de existencial.

31. Señala la parte en la que el poeta habla de sí mismo en tercera persona. El citarse a sí mismo por el nombre es habitual en Dámaso Alonso. Analiza cómo aparece caracterizado en este poema.

32. El ambiente *tremendista* se crea con las imágenes desgarradas y desagradables. Identifica alguna de ellas.

33. Analiza la forma externa del poema. ¿Con qué poetas y corrientes se relaciona?

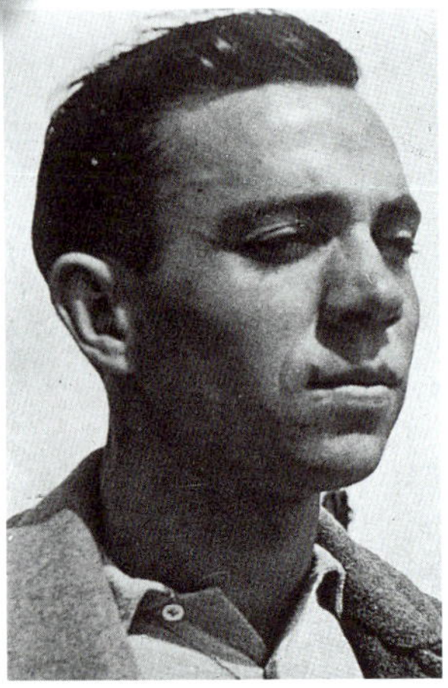

Miguel Hernández (1910-1942), un poeta de transición

La poesía de Miguel Hernández se caracteriza por la **riqueza metafórica** y el **tono apasionado**, emotivo y cálido.

Combina lo **popular** con lo **culto**, y su trayectoria refleja la evolución de la lírica de aquellos años, de la **deshumanización** al **compromiso social**.

Buena parte de la obra de Miguel Hernández habla de las dolorosas experiencias de la guerra y de la cárcel. Arriba, retrato del poeta. Abajo, en un homenaje a su amigo Ramón Sijé.

Vida

Nació en el seno de una humilde familia de Orihuela, por lo que abandonó pronto los estudios para trabajar de pastor. Se trasladó a Madrid, donde conoció a Pablo Neruda, quien influyó en su concepción comprometida de la poesía. En la Guerra Civil se alistó como voluntario, y participó en tareas culturales y de propaganda en los frentes. Al final de su vida se acumularon una serie de acontecimientos dramáticos que aparecen con insistencia en su poesía: su primer hijo murió con un año; cayó prisionero en 1938 y fue condenado a muerte. Murió de tuberculosis, a los treinta y dos años, en el penal de Alicante.

Obra

Miguel Hernández es un poeta de **transición**. Dámaso Alonso le considera un **epígono del 27**, es decir, uno de los últimos representantes del grupo, pues su obra inicial se inscribe en el gongorismo y el surrealismo; otros críticos le incluyen en la **Generación del 36**, que alcanza su plenitud tras la guerra.

En su obra se distinguen periodos claramente diferenciados:

- La **primera etapa** refleja la admiración por **Góngora**, con deslumbrantes metáforas (*Perito en lunas*).

- La **etapa de madurez** se inicia con *El rayo que no cesa*, de 1936, donde aparecen sus temas constantes: **amor**, **vida** y **muerte**. Predominan los **sonetos** clásicos, que obligan al poeta a sintetizar el tema y a **concentrar** su desbordado **apasionamiento**. Al final del libro aparece una de las mejores composiciones del autor, la «Elegía a Ramón Sijé».

En esa misma época escribió las odas a Vicente Aleixandre y a Pablo Neruda, que muestran la influencia surrealista y la vuelta a la poesía humanizada y comprometida.

- La **etapa de poesía** social abarca la obra escrita durante la Guerra Civil. Miguel Hernández pretende ser la voz del pueblo, de los pobres como él, por lo que decide hacerse eco de sus desdichas y cantar sus gestas épicas en *Viento del pueblo* y *El hombre acecha*. En esa época escribió también teatro de tema político.

- La **poesía última**, escrita casi toda en la cárcel, está recogida en *Cancionero y romancero de ausencias*, compuesto entre 1937 y 1941. El poeta **lamenta la ausencia** de la mujer y el hijo, así como la falta de libertad, en poemas que recuerdan la **lírica tradicional**. El **estilo** es **sencillo** y **concentrado**, de lenguaje sugerente y de estructuras muy rítmicas (metros cortos, paralelismos y estribillos, repeticiones, etc.). La temática **amor-vida-muerte** se repite obsesivamente. De esta época son las *Nanas de la cebolla,* dedicadas al hijo que ve crecer desde la cárcel.

Actividades

Miguel Hernández

Aceituneros

Andaluces de Jaén,
aceituneros altivos,
decidme en el alma: ¿quién,
quién levantó los olivos?

No los levantó la nada,
ni el dinero, ni el señor,
sino la tierra callada,
el trabajo y el sudor.

Unidos al agua pura
y a los planetas unidos,
los tres dieron la hermosura
de los troncos retorcidos. [...]

Andaluces de Jaén,
aceituneros altivos,
decidme en el alma: ¿quién
amamantó los olivos?

Vuestra sangre, vuestra vida,
no la del explotador
que se enriqueció en la herida
generosa del sudor. [...]

¡Cuántos siglos de aceituna,
los pies y las manos presos,
sol a sol y luna a luna,
pesan sobre vuestros huesos!

Andaluces de Jaén,
aceituneros altivos,
pregunta mi alma: ¿de quién,
de quién son estos olivos?

Jaén, levántate brava
sobre tus piedras lunares,
no vayas a ser esclava
con todos tus olivares. [...]

Viento del pueblo

Llegó con tres heridas

Llegó con tres heridas:
la del amor,
la de la muerte,
la de la vida.

Con tres heridas viene:
la de la vida,
la del amor,
la de la muerte.

Con tres heridas yo:
la de la vida,
la de la muerte,
la del amor.

Cancionero y romancero de ausencias

El cantautor Paco Ibáñez.

34. Resume el poema *Aceituneros*.

35. Señala las partes en que puede dividirse por su contenido.

36. ¿Qué función crees que desempeña este tipo de poesía?

37. Señala algunos recursos estilísticos de este poema.

38. Indica el tema del segundo poema. ¿Responde al tono del libro *Cancionero y romancero de ausencias*?

39. ¿Cuál es el rasgo más característico de la forma externa?

40. El primer poema ha sido musicado y cantado por Paco Ibáñez. Si tenéis la oportunidad de escucharlo, comentad la versión del cantante (si os parece que la música y el ritmo potencian la expresividad del poema, la selección que hace, etc.).

COMENTARIO «¡Qué gran víspera del mundo!», de Pedro Salinas

¡Qué gran víspera el mundo!
No había nada hecho.
Ni materia, ni números,
ni astros, ni siglos, nada.
El carbón no era negro
ni la rosa era tierna.
Nada era nada, aún.
¡Qué inocencia creer
que fue el pasado de otros
y en otro tiempo, ya
irrevocable, siempre!
No, el pasado era nuestro:
no tenía ni nombre.
Podíamos llamarlo
a nuestro gusto: estrella,
colibrí, teorema,
en vez de así, «pasado»;
quitarle su veneno.
Un gran viento soplaba
hacia nosotros minas,
continentes, motores.
¿Minas de qué? Vacías.
Estaban aguardando
nuestro primer deseo,
para ser en seguida
de cobre, de amapolas.
Las ciudades, los puertos
flotaban sobre el mundo,
sin sitio todavía:
esperaban que tú
les dijeses: «Aquí»,
para lanzar los barcos,
las máquinas, las fiestas.
Máquinas impacientes
de sin destino, aún;
porque harían la luz
si tú se lo mandabas,
o las noches de otoño
si las querías tú.
Los verbos, indecisos,
te miraban los ojos
como los perros fieles,
trémulos. Tu mandato
iba a marcarles ya
sus rumbos, sus acciones.
¿Subir? Se estremecía
su energía ignorante.
¿Sería ir hacia arriba
«subir»? ¿E ir hacia dónde
sería «descender»?
Con mensajes a antípodas,
a luceros, tu orden
iba a darles conciencia
súbita de su ser,
de volar o arrastrarse.
El gran mundo vacío,
sin empleo, delante
de ti estaba: su impulso
se lo darías tú.
Y junto a ti, vacante,
por nacer, anheloso,
con los ojos cerrados,
preparado ya el cuerpo
para el dolor y el beso,
con la sangre en su sitio,
yo, esperando
–ay, si no me mirabas–
a que tú me quisieses
y me dijeras: «Ya».

La voz a ti debida

Localización

1. Señala qué tipo de poesía representa Pedro Salinas en la Generación del 27.

2. Sitúa *La voz a ti debida* en la etapa a la que corresponde y señala qué tema predomina en ella.

Análisis del contenido y de la expresión

3. Tras realizar una atenta lectura del poema, resume las principales ideas.

4. ¿Es representativo de la poesía de Salinas esta forma de entender el amor? ¿Aparece la palabra *amor* en algún momento? ¿Hay algún sinónimo?

5. Señala las partes del poema.

6. ¿Crees que el verso 1 recoge el sentido de todo el poema?

7. Observa los pronombres que se refieren a los enamorados (*nosotros, tú-te-ti, yo*) y la desproporción existente entre el *tú* y el *yo*. ¿Cómo la explicas? ¿Puede relacionarse con el título del libro?

8. ¿Qué cualidad atribuye Salinas al *tú*? ¿Cómo aparece representado el *yo*? Subraya los atributos que preceden al *yo* (verso 66).

9. Analiza la métrica del poema. ¿Qué tipo de versos predomina? ¿Es característico de Salinas?

Valoración y creación

10. En grupos de dos o tres personas, sustituid los sustantivos de los versos 3-4, 15-16, 20-21 y 33-34. Procurad mantener el ritmo y crear sugerencias.

11. Redactad en prosa y con nuevas imágenes los versos que se refieren al *yo* (versos 60-65).

12. Puede ser interesante escuchar en Internet, en el sitio web *http://www.leerescuchando.com/*, poemas de los autores estudiados en esta unidad. La audición, a su vez, proporciona un modelo de lectura para leer nuevos poemas.

GUÍA DE LECTURA

Romancero gitano, de Federico García Lorca

El *Romancero gitano*, escrito entre 1924 y 1927, se publicó en 1928 con un éxito rotundo. Lorca se convirtió en el poeta más popular de su tiempo, pero también recibió algunas críticas desde los círculos vanguardistas por el tradicionalismo de la obra. El éxito del libro llevó a la identificación de Lorca con el mundo gitano; eso molestaba profundamente al autor, quien llegó a declarar que no tocaría jamás el tema gitano, que solo era un tema poético.

Lo original del *Romancero gitano* es el hecho de estilizar la realidad gitana y crear un **mundo mítico**, con raíces históricas y culturales antiguas: precristianas, bíblicas, del mundo romano, de las culturas judía y musulmana. Las asociaciones míticas alejan el libro del costumbrismo o del tipismo folclórico, pues se desvanece el mundo real y aparece el **mundo atemporal y misterioso de los sueños**, donde conviven santos, vírgenes, reyertas, sexo, espera y muerte. En conjunto, los 18 romances muestran un **mundo gitano legendario**, abocado a un **destino trágico**, al dolor, la pena y la muerte, que se constituye en el tema del libro. Los **personajes** y la **naturaleza** adquieren un **carácter simbólico**. Así, los gitanos encarnan la autenticidad, los sentimientos pasionales y la sabiduría natural ligada a la tierra; frente a ellos aparecen unos antagonistas, en general, representantes de la civilización. El precedente del *Romancero* es el *Poema del cante jondo*, escrito con anterioridad, en el que Lorca comienza a crear su universo poético andaluz: la Andalucía del llanto, el misterio, el dolor, el amor y la muerte; un mundo sensual de olivares, viento, luna y caballistas, circunscrito a Córdoba, Sevilla y, sobre todo, Granada.

El *Romancero gitano* sintetiza lo **popular** y lo **culto**, la **tradición** y la **novedad**. Por una parte, responde a la corriente neopopular en la que se inscribe la poesía de Alberti y Gerardo Diego, así como la música de Falla, Albéniz o Granados. Por otra parte, la novedad de las imágenes, muchas de ellas irracionales, relacionan el *Romancero gitano* con el interés por Góngora y con las nuevas corrientes vanguardistas. A pesar de las diferencias entre los distintos romances lorquianos, en conjunto, mantienen numerosos rasgos del *Romancero viejo* tradicional. Por ejemplo, son composiciones lírico-narrativas, los diálogos confieren un tono dramático al poema, el significado es fragmentario y misterioso, y adquieren un tono épico en algunas escenas.

«Romance de la luna, luna»

Presenta procedimientos y símbolos muy habituales en el libro: la personificación de los elementos de la naturaleza, en este caso la luna; la asociación de los gitanos con la forja de metales (de ahí la reiteración de fraguas, yunques, martillos...); la piel de

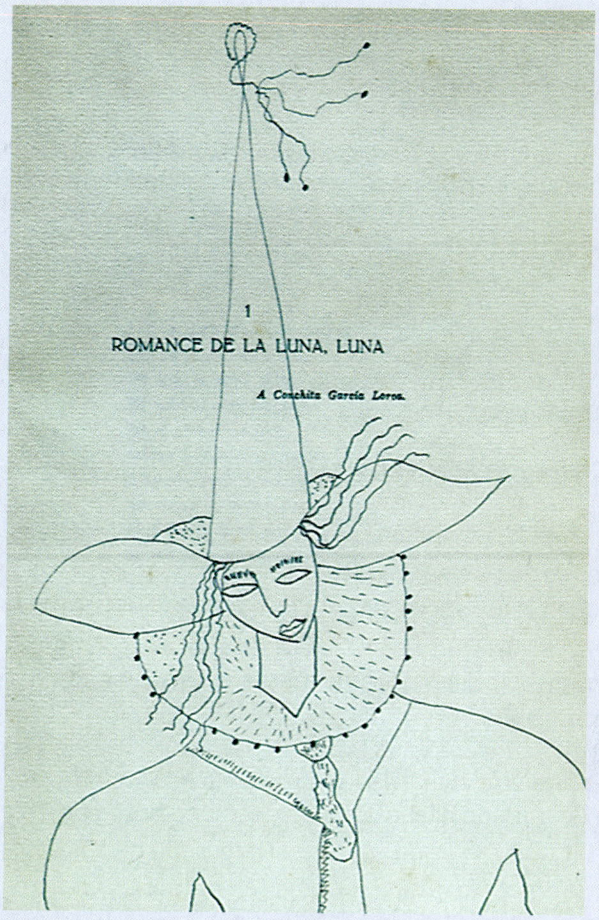

los gitanos es de bronce; el caballista, el olivar, etc. La presentación antropomórfica de la luna tiene una larga tradición en culturas precristianas. Lorca recoge en este poema el símbolo luna-mujer-muerte, que repite en otras composiciones (por ejemplo, en *Bodas de sangre*).

1. Distingue las partes narrativas de la dialogada.

2. Señala qué función desempeña la luna en el poema.

3. ¿Cuál es el tema del poema?

4. Anota alguno de los rasgos característicos de los romances que aparecen en este poema.

5. Los versos 21 y 22 muestran una de las metáforas más celebradas de Lorca. Observa que, además, es una aliteración que contribuye a la musicalidad y al ritmo del poema. Comenta la metáfora y la aliteración.

«Preciosa y el aire»

El nombre de la protagonista recuerda *La gitanilla*, de Cervantes. Lorca dijo de este poema que era un mito creado por él y, en efecto, recuerda algunos episodios mitológicos.

6. Resume el poema.

7. Diferencia las partes narrativas de las dialogadas. ¿Quiénes dialogan?

8. Analiza el personaje del viento y su simbolismo.

9. Anota algunas metáforas del poema.

«Reyerta»

10. Resume el poema.

11. Explica por qué puede calificarse de fragmentario este romance.

12. Los versos 29 y 30 tienen un aire irónico y, al mismo tiempo, relacionan la reyerta con las endémicas luchas intestinas hispánicas.

▶ Observa las diferencias de tono emotivo entre las tres partes del poema.

13. Analiza si la intensidad emotiva está relacionada con la aparición del mundo gitano o con la del mundo exterior.

«Romance sonámbulo»

14. Resume el poema y señala el tema.

15. Analiza a qué tiempo aluden las diferentes partes del poema.

16. ¿Qué versos funcionan como estribillo?

17. Diversos estudios señalan la relación verde-muerte que Lorca emplea con frecuencia. Apunta expresiones en las que aparece ese color.

18. Indica alguna de las características de los romances que aparecen en esta composición.

«La monja gitana»

19. Resume el romance.

20. ¿Qué conflicto plantea el poema?

«La casada infiel»

Este romance es el más anecdótico y simple del libro, y el que alcanzó mayor éxito. Lorca dijo de este poema: «Es popular hasta la desesperación y [...] lo considero lo más primario, lo más halagador de sensualidades y lo menos andaluz».

21. Resume el poema.

22. ¿Quién es el narrador? ¿Es lo habitual en el libro?

«Romance de la pena negra»

Se considera uno de los poemas más representativos del libro, ya que expresa de forma magistral el sentimiento de la pena.

23. Resume el poema.

24. Señala las partes de la composición.

25. Indica las partes narrativas y las dialogadas.

26. Comenta el tema del poema y apunta algunas imágenes con las que se expresa.

«San Miguel» (Granada), «San Rafael» (Córdoba), «San Gabriel» (Sevilla)

Forman un tríptico por su temática, aunque de tono y estilo son bastante diferentes. En el primero, Lorca aclara que se refiere a

Dibujo de Lorca para el «Romance de la pena negra».

una romería a la ermita de San Miguel, en la cumbre del Sacro Monte. Observa que el tema religioso aparece como punto de partida, para después reflexionar sobre el comportamiento social de los granadinos que acuden a la romería.

27. Señala las partes del romance «San Miguel».

28. Analiza cómo es vista la figura del santo.

29. El romance «San Rafael» es uno de los más herméticos del libro. Se interpreta que Córdoba se ve desde el puente romano, en la doble imagen que ofrecen la realidad y las aguas del río.

▶ Señala algunas imágenes del poema.

30. El romance «San Gabriel» contrasta con el tono general del libro, pues es el único que recoge la dicha de la mujer, en este caso, cuando se sabe encinta.

▶ Anota algunas expresiones que muestran rasgos de la religiosidad popular, como la familiaridad en el trato de la Virgen con el Arcángel.

«Prendimiento de Antoñito el Camborio en el camino de Sevilla»

31. El protagonista es un modelo de la estética de los gitanos de Lorca. Señala qué rasgos le caracterizan.

32. Indica las partes del poema.

33. ¿De qué se acusa al protagonista en los versos 29-38?

34. Señala algunas de las imágenes del poema, muy representativas de la plasticidad lorquiana.

«Muerte de Antoñito el Camborio»

35. Resume el poema.

36. Distingue las partes narrativas de las dialogadas. ¿Quiénes dialogan?

37. Anota algunas de las expresiones que aportan un tono trágico al poema.

«Muerto de amor»

Es uno de los romances más herméticos. Narra la agonía y muerte de un enamorado que parece ver su propia muerte antes de dictar su última voluntad.

38. Lee el poema y señala algunos rasgos temáticos y estilísticos representativos del *Romancero gitano*.

Ejemplar del *Primer romancero gitano* dedicado por su autor a Adriano del Valle, en Sevilla, en 1935.

«El emplazado»

Se basa en la historia de Fernando IV el Emplazado, rey castellano que mandó arrojar desde una peña a dos nobles de la Orden de Calatrava porque lo acusaban de haber participado en la muerte de su valido. Según la leyenda, los nobles emplazaron al rey para que se presentara ante el tribunal de Dios a los treinta días, y así ocurrió, pues el rey murió al cumplirse el plazo. Este tema quedó recogido en el *Romancero viejo* y, al mismo tiempo, se relaciona con una amplia tradición literaria sobre premoniciones de muerte. El personaje del Amargo también aparece en el *Poema del cante jondo*.

39. Lee atentamente el poema y señala cuál sería el orden lógico de las partes.

40. La presencia abrumadora de la muerte se manifiesta en numerosas imágenes. Señala algunas.

41. ¿Quién asume el papel de antagonista en este romance?

42. Indica algunos rasgos típicos del *Romancero gitano* que aparecen en esta composición.

«Romance de la Guardia Civil española»

Representa el ataque y la destrucción de la ciudad gitana por la Guardia Civil en una noche de Navidad.

43. La Guardia Civil asume el papel de antagonista del romance. Su descripción inicial se basa en imágenes metonímicas. Anota algunas de estas imágenes y señala a qué campos semánticos hacen referencia.

44. La ciudad gitana en fiesta es la protagonista positiva; a los gitanos se suman, además, los personajes religiosos y otros históricos. Comenta cómo son vistos los personajes religiosos y relaciónalo con algún otro romance.

45. Señala algunas imágenes de tono épico que aparecen hacia el final del poema.

46. ¿Cómo interpretas los cuatro últimos versos?

Tres romances históricos: «Martirio de Santa Olalla», «Burla de don Pedro a caballo» y «Thamar y Amnón»

El primer romance se refiere al martirio que la gitana santa Olalla (santa Eulalia) de Mérida sufrió durante el reinado de Diocleciano (siglo IV). La elección del tema responde a la voluntad lorquiana de dotar al mundo gitano de aspectos míticos y legendarios.

47. Resume el poema y señala las referencias a lo romano.

▶ El romance «Burla de don Pedro a caballo» es un poema enigmático. Algunos críticos lo interpretan como una reelaboración de *El caballero de Olmedo*, otros creen que alude a Pedro el Cruel, o bien a san Pedro. Se basa en romances tradicionales.

48. Tras realizar una lectura atenta, señala rasgos característicos de Lorca que aparecen en el poema.

▶ El romance de «Thamar y Amnón» es el único de tema bíblico del libro, que también tuvo difusión oral a través del romance popular de *Altas Mares* (Thamar). Relata la violación de Thamar por su hermano Amnón; la originalidad del romance lorquiano reside en la inclusión de elementos gitanos.

49. Resume el romance.

Propuestas de trabajo

Las siguientes propuestas de actividades pueden realizarse en grupos de tres o cuatro personas. Suponen una labor de **recopilación** de citas sobre los temas que se proponen para su posterior **clasificación** y **estudio**.

TEMAS:

▶ La **visión del mundo gitano** en el *Romancero* de Lorca. Procedimientos de estilización (del mundo en general: la Andalucía del *Romancero*, la naturaleza, los personajes, los temas y símbolos...).

▶ **Los personajes** del *Romancero*. Las mujeres y hombres, su descripción física; los sentimientos que expresan, sus actividades y comportamiento... Imágenes que emplea Lorca en la caracterización física y psicológica de sus personajes.

▶ **La presencia de la muerte** en el *Romancero gitano*. Expresiones e imágenes que aparecen en el libro en relación con el tema de la muerte.

▶ **La frustración y el destino trágico** como tema que recorre casi todo el libro. Sus variantes en los distintos poemas.

▶ **La plasticidad** de los romances de Lorca: selección de imágenes plásticas y sensoriales, cromatismo, musicalidad, imágenes que hacen referencia a la naturaleza, imágenes que expresan sentimientos, imágenes sinestésicas, etc. Valor simbólico o connotativo de las imágenes.

- A través de Internet, buscad imágenes de pintura surrealista de la época para «ilustrar» algunos romances de Lorca. La primera exposición surrealista se realizó en 1925, en París, con la participación entre otros de Jean Arp, Giorgio de Chirico, Max Ernst, Picasso, Joan Miró. A ellos se adhirieron Yves Tanguy, René Magritte, Salvador Dalí y Alberto Giacometti.
- Revisad también los dibujos que hizo Lorca en *http://www.geocities.com/hispanofanaticos/lorca_dibujos*. A partir de ellos y del resultado del ejercicio anterior, cread una pintura o dibujo surrealista para ilustrar el romance que más os haya gustado.

LOS GÉNEROS LITERARIOS DE POSGUERRA			
SIGLO XX	lírica	Dámaso Alonso	*Hijos de la ira*
		Vicente Aleixandre	*Sombra del paraíso*
		José Luis Hidalgo	*Raíz; Los muertos*
		Blas de Otero	*Pido la paz y la palabra*
		Grabiel Celaya	*Cantos íberos*
		José Hierro	*Tierra sin nosotros*
	narrativa	Camilo José Cela	*La familia de Pascual Duarte; La colmena*
		Carmen Laforet	*Nada*
		Ana M.ª Matute	*Pequeño teatro*
		Ignacio Aldecoa	*El fulgor y la sangre*
		Rafael Sánchez Ferlosio	*El Jarama*
		Carmen Martín Gaite	*Entre visillos*
	teatro	Antonio Buero Vallejo	*Historia de una escalera*
		Enrique Jardiel Poncela	*Eloísa está debajo de un almendro*
		Alejandro Casona	*La dama del alba*
		Alfonso Sastre	*Escuadra hacia la muerte*

La literatura de posguerra (de 1940 a 1960)

LA LÍRICA

En la **década de 1940**, tras la guerra, se manifiestan dos grandes tendencias poéticas:

- La poesía **arraigada**, **neoclasicista** o «garcilasista» de algunos poetas de la Generación del 36, que representan la poesía «oficial».
- La poesía **desarraigada** o **existencial**, de tono trágico y expresión sencilla, en la que destacan Dámaso Alonso y Vicente Aleixandre (de la Generación del 27).

Panorama de la lírica tras la Guerra Civil

Al acabar la contienda, las ausencias en el panorama poético son especialmente significativas:

- Unamuno y García Lorca **murieron** en 1936; Antonio Machado, en 1939, y Miguel Hernández, poco después, en 1942, en presidio.

- Se **exiliaron** Juan Ramón Jiménez, Pedro Salinas, Jorge Guillén, Rafael Alberti, Luis Cernuda, León Felipe, etc. En el destierro crean una buena parte de su obra y, a menudo, tratan el tema del exilio.

Pedro Salinas y Luis Cernuda en 1948.

Este dibujo de Antonio Saura podría expresar muy bien la tensión y el desarraigo que subyacía en las palabras de una literatura presa de las ataduras de un poder dictatorial, impuesto por la fuerza a los hombres y las mujeres de nuestro país.

Permanecieron en España algunos integrantes de la **Generación del 27**, como Dámaso Alonso, Vicente Aleixandre y Gerardo Diego, que escriben obras fundamentales en la posguerra. Junto a ellos se encuentra la **Generación del 36**, un grupo de poetas que comenzaron a escribir en los años treinta y que en 1939 estaban en plena madurez. Algunos de sus componentes se convierten en los máximos representantes de la poesía del momento.

La poesía de los años cuarenta. La Generación de 1936

Componen la Generación del 36 los poetas nacidos entre 1909 y 1922, formados en una época de especial florecimiento poético, que se extiende desde principios de siglo (Rubén Darío, Machado, Juan Ramón Jiménez) hasta el brillante Grupo del 27. Por su edad, vivieron la guerra en plena juventud, y la mayoría luchó en uno u otro bando, de ahí que también sean llamados *generación escindida*.

Tras la guerra, se distinguen dos corrientes poéticas: la **poesía arraigada** y la **poesía existencial o desarraigada**.

La poesía arraigada

La lírica de la **Generación del 36**, recogida en las revistas *Escorial* y *Garcilaso*, es la más representativa de la poesía **arraigada**, es decir, aquella que crece y se nutre sin angustia en un mundo que consideran armónico y ordenado. Sus componentes, que se llamaban a sí mismos *Juventud creadora*, aspiran a la serenidad clásica renacentista o *garcilasista* pero frecuentemente adquieren un tono frío y academicista. Valoran las **formas clásicas**, como el **soneto**, y tratan el tema **amoroso**, **religioso** y **patriótico**. Representan esta línea Luis Rosales, Dionisio Ridruejo, Luis Felipe Vivanco, Leopoldo Panero y Rafael Morales, poetas que, en general, evolucionarán hacia una poesía intimista y familiar.

La poesía existencial o desarraigada

Dámaso Alonso fue quien acuñó el término y lo explicó de la siguiente manera: los poetas desarraigados son como el árbol cuyas raíces han sido arrancadas de la tierra y que sufre al no tener sustento. Su lírica, de **tono trágico existencial**, manifiesta el disgusto, la angustia y la desesperación del ser humano ante un **mundo caótico**. El **tema religioso** adquiere un tono existencial en las abundantes preguntas que el poeta formula a Dios sobre el sentido del sufrimiento humano. En ocasiones, en esta poesía subyace un tono **social** cuando expresa el sufrimiento colectivo.

Cinco poetas montañeses, óleo de Gerardo Alvear y Aguirre, donde aparecen Gerardo Diego y José Hierro junto con otros poetas.

La poesía **desarraigada** aparece hacia **1944** con *Hijos de la ira*, de **Dámaso Alonso**, y con tres revistas: *Espadaña* (1944-1950), publicada en León; *Corcel* (1943), en Valencia, y *Proel* (1944), en Santander. También se publica en 1944 *Sombra del Paraíso*, de **Vicente Aleixandre**, de tono menos desgarrado, pero de concepción existencial.

El **estilo** de la poesía desarraigada se basa en un lenguaje directo, coloquial, duro, **apasionado** y con imágenes tremendistas, en clara oposición a la estética serena y armónica del *garcilasismo*. Emplean el **versículo** de tono prosaico, aunque el soneto perdura en algunos poetas.

Representan esta tendencia Dámaso Alonso, Victoriano Crémer, Eugenio García de Nora, Ángela Figuera, Carlos Bousoño, José Luis Hidalgo y, en cierta medida, José M.ª Valverde y José Hierro.

Actividades

***Canción de cuna para dormir a un preso*, de José Hierro**

La gaviota sobre el pinar.
(La mar resuena).
Se acerca el sueño. Dormirás,
soñarás, aunque no lo quieras.
La gaviota sobre el pinar
goteado todo de estrellas.
Duerme. Ya tienes en tus manos
el azul de la noche inmensa.
No hay más que sombra. Arriba,
[luna.
Peter Pan por las alamedas.
Sobre ciervos de lomo verde
la niña ciega.
Ya tú eres hombre, ya te duermes,
mi amigo, ea...
Duerme, mi amigo. Vuela un
[cuervo
sobre la luna, y la degüella.
La mar está cerca de ti,
muerde tus piernas.
No es verdad que tú seas hombre;
eres un niño que no sueña.
No es verdad que tú hayas sufrido:
son cuentos tristes que te cuentan.
Duerme. La sombra toda es tuya,
mi amigo, ea...
Eres un niño que está serio.
Perdió la risa y no la encuentra.
Será que habrá caído al mar,
la habrá comido una ballena.
Duerme, mi amigo, que te acunen
campanillas y panderetas,
flautas de caña de son vago
amanecidas en la niebla.
No es verdad que te pese el alma.
El alma es aire y humo y seda.
La noche es vasta. Tiene espacios
para volar por donde quieras,
para llegar al alba y ver
las aguas frías que despiertan,
las rocas grises, como el casco
que tú llevabas a la guerra.
La noche es amplia, duerme,
amigo,
mi amigo, ea...
La noche es bella, está desnuda,
no tiene límites ni rejas.
No es verdad que tú hayas sufrido,
son cuentos tristes que te cuentan.
Tú eres un niño que está triste,
eres un niño que no sueña.
Y la gaviota está esperando
para venir cuando te duermas.
Duerme, ya tienes en tus manos
el azul de la noche inmensa.
Duerme, mi amigo...
Ya se duerme
mi amigo, ea...

Tierra sin nosotros

1. Resume las principales ideas del poema.
2. Indica qué tipo de elementos se asocian con el sueño.
3. Algunas expresiones aluden a la figura del preso. ¿Qué informaciones sobre él se puede deducir del texto? ¿Qué actitud manifiesta el poeta hacia el preso?
4. ¿Consideras que es una poesía *arraigada* o *desarraigada*? Justifica tu respuesta.

La poesía social de los años cincuenta

En torno a 1950, la poesía existencial evoluciona hacia la **poesía social**: se pasa de expresar la angustia individual a manifestar la solidaridad con los demás, y para llegar a un **público mayoritario**, se emplea un estilo **sencillo**. Poetas representativos de esta corriente son Blas de Otero y Gabriel Celaya.

Blas de Otero.

En 1955 se publicaron dos libros que marcan la nueva poesía: *Pido la paz y la palabra*, de **Blas de Otero**, y *Cantos íberos*, de **Gabriel Celaya**. Ambas obras abandonan el tono existencial y proponen una lírica que sea testimonio de la realidad, que recoja los problemas del ser humano en su entorno. Es una literatura de **urgencias**, y se considera un **instrumento** para transformar la sociedad mediante la **denuncia** de la **injusticia** y la **solidaridad** con los oprimidos. Sus antece-

Gabriel Celaya.

dentes se encuentran en la poesía humanizada de los años treinta (Alberti, M. Hernández y Neruda).

Los **temas** que trata la poesía social son los que afectan a la **colectividad**: la **injusticia** y la **solidaridad**; también se recupera el **tema de España** en reflexiones políticas sobre la sociedad hispánica.

El **estilo** es **sencillo**, cercano al lenguaje **coloquial**, a veces **prosaico** y muy **expresivo**, pues pretende llegar a la **inmensa mayoría**. El lenguaje se supedita al contenido, que es el eje del poema.

El **auge** de la poesía social se produjo entre **1955** y **1960**, época de enorme difusión, ya que se incorporaron numerosos poetas e, incluso, cantantes.

Los poetas sociales más destacados fueron **Blas de Otero** y **Gabriel Celaya**; ambos se habían dado a conocer en la revista *Espadaña*, en la que publicaron una poesía existencial. Otros poetas se incorporaron a la poesía social procedentes de la lírica existencial de los años cuarenta; es el caso de Crémer, García de Nora, Figuera, Ramón de Garciasol, Leopoldo de Luis, etc. La influencia de la poesía social se proyecta en poetas más jóvenes, como José Agustín Goytisolo.

Actividades

***Cantos íberos*, de Gabriel Celaya**

España en marcha

Nosotros somos quien somos.
¡Basta de historia y de cuentos!
¡Allá los muertos! Que entierren como Dios manda a sus muertos.

Ni vivimos del pasado,
ni damos cuerda al recuerdo.
Somos, turbia y fresca, un agua que atropella sus comienzos.

Somos el ser que se crece.
Somos un río derecho.
Somos el golpe temible de un corazón no resuelto.

Somos bárbaros, sencillos.
Somos a muerte lo íbero
que aún nunca logró mostrarse puro, entero y verdadero.

De cuanto fue nos nutrimos,
transformándonos crecemos
y así somos quienes somos golpe a golpe y muerto a muerto.

¡A la calle!, que ya es hora
de pasearnos a cuerpo
y mostrar que, pues vivimos, anunciamos algo nuevo.

No reniego de mi origen
pero digo que seremos
mucho más que lo sabido, los factores de un comienzo.

Españoles con futuro
y españoles que, por serlo,
aunque encarnan lo pasado no pueden darlo por bueno.

Recuerdo nuestros errores
con mala saña y buen viento.
Ira y luz, padre de España, vuelvo a arrancarte del sueño.

Vuelvo a decirte quién eres.
Vuelvo a pensarte, suspenso.
Vuelvo a luchar como importa y a empezar por lo que empiezo.

No quiero justificarte
como haría un leguleyo.
Quisiera ser un poeta y escribir tu primer verso.

España mía, combate
que atormentas mis adentros,
para salvarme y salvarte, con amor te deletreo.

5. Anota las ideas que van apareciendo en el poema.

6. Observa que el poema comienza con un *nosotros*. Relaciona esta expresión con la poesía social, su objetivo, el papel del poeta, etc.

7. Indica los versos que incitan a salir a la calle, que tienen el tono de una consigna sociopolítica.
   ¿Qué representa el *nosotros*?, y, según el poema, ¿qué define a los *otros*?

8. Sería interesante escuchar y comentar, si se tiene acceso a ella, la versión musicada de este poema hecha por Paco Ibáñez, que fue conocida en los años sesenta.

LA NARRATIVA

La novela de la década de 1940

En la inmediata posguerra se cultivan tres tipos de novela: la ideológica o política, la novela realista clásica y, finalmente, la humorística.

Pocas narraciones escapan a esas tendencias; entre ellas, destacan ***La familia de Pascual Duarte***, de Cela, y ***Nada***, de Carmen Laforet. Ambas reflejan una **visión pesimista** y **existencial**, y se convierten en el punto de partida de la nueva narrativa.

Carmen Laforet.

En la inmediata posguerra se hace evidente la ruptura de la natural evolución literaria. La novela no puede enlazar con la narrativa social de los años treinta, prohibida por el franquismo, ni parece válida la estética deshumanizada de los años veinte.

En ese panorama de desconcierto abundan tres tipos de narraciones, todas de estilo tradicional: la novela **ideológica** conservadora (*La fiel infantería*, de Rafael García Serrano); la novela **realista** clásica (*Mariona Rebull*, de Ignacio Agustí; *Los cipreses creen en Dios*, de José María Gironella), y la novela **humorística**, que tuvo un amplio público con autores como Wenceslao y Darío Fernández Flórez.

En la **década de 1940**, las novelas que se alejan de esas tendencias y marcan el inicio de una nueva narrativa son casos aislados: **Camilo José Cela** (*La familia de Pascual Duarte*, 1942) y **Carmen Laforet** (*Nada*, 1944). Ambas obras comparten el **tono sombrío y existencial** que contrasta con el triunfalismo o la actitud evasiva, general en la narrativa de la época. A estas nuevas voces se unen poco después las de **Miguel Delibes** y **Ana M.ª Matute**, novelistas que también reflejan el desolado **mundo de la posguerra** desde una perspectiva **pesimista y existencial**; por eso abundan en sus narraciones los **personajes desorientados**, tristes y frustrados.

Laforet, Ramón J. Sender, Miguel Delibes y Dionisio Ridruejo, durante un homenaje que se tributó a Sender en Madrid.

Camilo José Cela (1916-2002)

Con la publicación de *La familia de Pascual Duarte*, Cela introdujo nuevos temas y puntos de vista en el estancado ambiente literario de posguerra.

Toda la obra de Cela refleja un profundo **pesimismo** que, a menudo, se enmascara bajo un **humor negro** muy característico del autor. En el estilo, destaca la **riqueza expresiva** y la habilidad en la **descripción de tipos y ambientes**. Su trayectoria muestra también su afán de experimentar nuevas técnicas narrativas.

Vida

Nació en Padrón (A Coruña) y empezó los estudios de medicina. Participó en la Guerra Civil, en el bando franquista. En la inmediata posguerra fue funcionario y, según explica el propio Cela, en los ratos de ocio de su trabajo funcionarial escribió *La familia de Pascual Duarte*; el éxito de esta obra le permitió dedicarse a la literatura con gran desahogo. Recibió el premio Nobel en 1989.

Obra

Cela es autor de poesía, libros de viajes, relatos breves, *diccionarios secretos* y, sobre todo, de novelas.

En general, Cela ofrece una **visión deformada** del mundo, cercana al esperpento de Valle-Inclán y, como Baroja, su obra trasluce **pesimismo**. Su actitud es la de un espectador distanciado y burlón, con un **humor negro**, amargo, desgarrado y cruel. Sin embargo, a veces manifiesta ternura por algunos seres desvalidos y adopta un tono lírico.

Su **estilo** es directo, aunque muy cuidado; incorpora el lenguaje coloquial y destaca en los retratos de personajes y en la descripción de tipos y ambientes.

En su **trayectoria** se aprecian varias épocas:

- ***La familia de Pascual Duarte*** (1942) es un relato ***tremendista*** por su truculencia; narra un cúmulo de crímenes y atrocidades, que parecen verosímiles por el tipo de protagonista (una persona disminuida intelectualmente) y por el ambiente que refleja (un mundo bárbaro y primitivo). La crudeza de la obra provocó una polémica en torno al *tremendismo* y el pesimismo existencial de Cela, que contrastaba con la narrativa triunfalista predominante. La línea existencial continúa en obras como *Pabellón de reposo*, novela más tradicional, y *Viaje a la Alcarria*, su primer libro de viajes.

- ***La colmena*** (1951) inicia la etapa de **realismo social** y de **renovación formal**. El aspecto más original de la novela es el **personaje colectivo** (salen unos trescientos personajes), la **condensación temporal** (dos días) y su carácter de **novela abierta** (sin argumento ni final). En conjunto, ofrece una **visión panorámica** del **vivir colectivo** en dos días de invierno del Madrid de 1942. Presenta una visión **pesimista** y predomina

Cela participó en la película *La colmena*, basada en su novela homónima, con un pequeño papel.

una **actitud objetiva**, ya que el autor describe desde fuera ese mundo. Se trata de una novela abierta, como la vida real; ese recurso intensifica el tema de la obra, pues refleja la **incertidumbre** de los destinos humanos. *La colmena* es una **novela social** porque es un testimonio de la insolidaridad, la impotencia y la alienación del pueblo en la posguerra; pero también es una obra **existencial** por su tremendo pesimismo y porque refleja el desamparo humano.

Evolución hacia el **experimentalismo**. A finales de los **años sesenta**, Cela intensifica la experimentación de nuevas técnicas narrativas en obras como *San Camilo 1936*, un monólogo interior esperpéntico, *Oficio de tinieblas* y *Cristo versus Arizona*.

Actividades

La colmena, de Camilo José Cela

A una señora silenciosa que suele sentarse al fondo, conforme se sube a los billares, se le murió un hijo, aún no hace un mes. El joven se llamaba Paco y estaba preparándose para Correos. Al principio dijeron que le había dado un paralís, pero después se vio que no, que lo que le dio fue la meningitis. Duró poco y además perdió el sentido en seguida. Se sabía ya todos los pueblos de León, Castilla la Vieja, Castilla la Nueva y parte de Valencia (Castellón y la mitad, sobre poco más o menos, de Alicante); fue una pena grande que se muriese. Paco había andado siempre medio malo desde una mojadura que se dio un invierno, siendo niño.

Hay personas a quienes les gusta estar atentas con los que van de luto. Aprovechan para dar consejos o pedir resignación o presencia de ánimo y lo pasan muy bien. Doña Rosa, para consolar a la madre de Paco, le suele decir que, para haberse quedado tonto, más valió que Dios se lo llevara. La madre la miraba con una sonrisa de conformidad y le decía que, bien mirado, tenía razón. La madre de Paco se llama Isabel, doña Isabel Montes, viuda de Sanz. Es una señora aún de cierto buen ver, que lleva una capita algo raída. Tiene aire de ser de buena familia. En el Café suelen respetar su silencio y solo muy de tarde en tarde alguna persona conocida, generalmente una mujer, de vuelta de los lavabos, se apoya en su mesa para preguntarle: «¿Qué? ¿Ya se va levantando ese espíritu?». Doña Isabel sonríe y no contesta casi nunca: cuando está algo más animada, levanta la cabeza, mira para la amiga y dice: «¡Qué guapetona está usted, Fulanita!». Lo más frecuente, sin embargo, es que no diga nunca nada: un gesto con la mano al despedirse y en paz. Doña Isabel sabe que es de otra clase, de otra manera de ser distinta, por lo menos.

Fotograma de la adaptación cinematográfica de *La colmena*.

9. Resume el texto (es una de las innumerables *secuencias* que componen la novela).

10. Observa cómo caracteriza Cela al personaje central. Aparentemente es una descripción objetiva; sin embargo, la perspectiva de Cela no es totalmente externa u objetiva. Señala algún fragmento en el que aparece el autor omnisciente.

11. En las dos frases que inician el segundo párrafo: «Hay personas [...] y lo pasan muy bien», ¿qué actitud adopta Cela respecto a sus personajes (y a la humanidad en general)?

12. Tomando como modelo el texto, escribe un breve retrato de un personaje.

Miguel Delibes (1920)

La narrativa de Miguel Delibes tiene un tono **ético** y humanista de base cristiana, que combina con el amor a la **naturaleza** y el rechazo a la **deshumanización**, al materialismo y al consumismo.

Su **estilo** se mantiene siempre dentro de la **sencillez**, aunque a lo largo de su extensa obra haya ido experimentando nuevas técnicas.

Vida

Nació en Valladolid, donde empezó a escribir como periodista y durante algunos años dirigió *El Norte de Castilla*. De vida y personalidad sencilla, se mantiene al margen de polémicas y modas, y ha ido construyendo una sólida obra. Su ingreso en la Real Academia, en 1974, solo significó el reconocimiento oficial de un narrador que ya era valorado por la crítica y por un amplio público.

Obra

En la obra de Delibes abundan los personajes indefensos y los ambientes humildes: los niños, los viejos, la vida del campo, la pobreza de los pueblos y del paisaje castellano. Seres y ambientes frágiles que viven en un mundo que se va deshumanizando.

A pesar de que experimentó las nuevas formas narrativas que se impusieron en los años sesenta, Delibes mantiene un estilo sencillo, pues supedita la técnica a los contenidos. Para el autor *lo importante es lo que se dice, no cómo se dice*.

Miguel Delibes. Abajo, cartel de la película *Las ratas* (1998), adaptación de la novela homónima del autor.

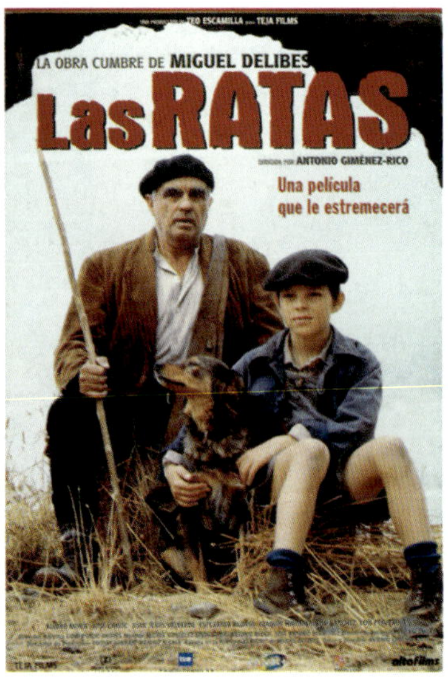

En su **trayectoria** se distinguen las siguientes etapas:

- Se inicia con *La sombra del ciprés es alargada*, premio Nadal de 1947; esta obra trata dos temas recurrentes en Delibes, la infancia y la muerte. Más conseguidas son las obras que combinan el tono crítico y elementos líricos: *El camino*, sobre la infancia y la vida del campo; *La hoja roja*, que presenta la perspectiva de un jubilado, y *Las ratas*, donde muestra la dura vida de un viejo y un niño en un pueblo castellano.

- *Cinco horas con Mario* (1966) aparece en un momento en el que están de moda las experimentaciones formales. Se considera la mejor novela de Delibes porque conjunta la preocupación **ético-social** y la **renovación formal**. Presenta la historia desordenadamente e incorpora el **monólogo interior** de un personaje, Carmen, una mujer que va recordando su vida mientras vela a su esposo muerto. Carmen representa un conservadurismo clasista, mientras que su esposo, Mario, es un intelectual con preocupaciones sociales y existenciales. De la incomprensión entre ambos personajes surge la **crítica irónica a las clases medias** provincianas.

- Posteriormente, Delibes hace una parodia de la deshumanización del individuo moderno en *Parábola del náufrago*. Más tarde recupera los temas y las formas anteriores en *El príncipe destronado*, y combina experimentalismo y denuncia en *Los santos inocentes*.

Actividades

***Las ratas*, de Miguel Delibes**

Junto al abuelo Román, el Nini aprendió a conocer las liebres; aprendió que la liebre levanta larga o se amona entre los terrones; que en los días de lluvia rehúye las cepas y los pimpollos, que si sopla norte, se acuesta al sur del monte o del majuelo y, si sur, al norte; que en las soleadas mañanas de noviembre busca la amorosa abrigada de las laderas. Aprendió a distinguir la liebre de los bajos –parda como la tierra de la cuenca–, de la del monte –roja como la tierra del monte–. Aprendió que la liebre ve lo mismo de día que de noche e, incluso, cuando duerme; aprendió a distinguir el sabor de la liebre cazada a escopeta, de el de la cazada a golpes, de el de la cazada a galgo, un sies no es incisivo y ácido a causa de la carrera. Aprendió, en fin, a descubrirlas en la cama con la misma rotundidad que si se tratara de un cuervo, y a definir, en el espeso silencio de la noche, su llamada áspera y gutural.

Pero también aprendió el niño, junto al abuelo Román, a intuir la vida en torno. En el pueblo, las gentes maldecían de la soledad y ante los nublados, la sequía o la helada negra, blasfemaban y decían: «No se puede vivir en este desierto». El Nini, el chiquillo, sabía ahora que el pueblo no era un desierto y que en cada obrada de sembrado o de baldío alentaba un centenar de seres vivos.

13. Resume el texto.

14. Observa la riqueza del léxico referido al campo y a la caza. Señala expresiones características de ese registro.

15. Relaciona el fragmento con la obra de Delibes. ¿Qué rasgos característicos aparecen?

16. El director de cine Mario Camus hizo una excelente versión de la novela *Los santos inocentes* (1984). Su visión y posterior comentario puede resultar interesante para conocer las preocupaciones y el universo literario de Delibes.

La narrativa de la década de 1950: el realismo social

En los años cincuenta, la **novela** abandona la visión existencial y recoge las nuevas **preocupaciones sociales**. Los temas reflejan los **problemas colectivos** de la época con un **estilo sencillo**, ya que se pretende llegar a un amplio público.

En el realismo social se distinguen dos tendencias: el **objetivismo** y el **realismo crítico**.

Carmen Martín Gaite, Josefina Aldecoa y Ana María Matute, tres escritoras que literariamente se mueven entre el costumbrismo, el intimismo y la fantasía.

Ya en **1951**, el **realismo social** que aparece en *La colmena* se manifiesta asimismo en *La noria*, de **Luis Romero**. Ambas obras también coinciden en presentar un amplio personaje colectivo: la de **Cela** refleja el Madrid de la posguerra, y la de Romero, la Barcelona de la época.

En **1954**, el tono crítico y testimonial alcanza su **auge**; se publican obras de **Ana M.ª Matute** (*Pequeño teatro*) y de otros jóvenes narradores que comienzan: **Ignacio Aldecoa** (*El fulgor y la sangre*), **Jesús Fernández Santos** (*Los bravos*) y **Juan Goytisolo** (*Juegos de manos*). A ellos les siguen **Rafael Sánchez Ferlosio** (*El Jarama*), **Carmen Martín Gaite** (*Entre visillos*), **Juan García Hortelano** (*Nuevas amistades*), etc.

El **tema** de la novela de los años cincuenta es la **propia sociedad española**: la dureza de la vida en el campo, las dificultades de la transformación de los campesinos en trabajadores industriales, la explotación del proletariado y la banalidad de la vida burguesa.

Portada de *El Jarama*, de Rafael Sánchez Ferlosio.

El **estilo** de la novela realista es **sencillo**, en el lenguaje y en la técnica narrativa, pues se pretende llegar a un amplio público. La técnica se supedita a los contenidos testimoniales o críticos.

Dentro del realismo social se distinguen dos corrientes: el objetivismo y el realismo crítico.

- El **objetivismo**, o realismo objetivo, presenta la realidad desde una perspectiva neutral, pues entiende la novela como un **testimonio** de la época. Sigue la teoría conductista o behaviorista, según la cual la literatura debe recoger solo las acciones y palabras de los personajes y los ambientes, como una cámara de filmar, sin explicar los pensamientos de aquellos. La novela objetivista se caracteriza por los siguientes aspectos: el **autor no aparece** en la obra; se limita la importancia del protagonista (que está descrito por sus rasgos externos), o bien aparece un **protagonista colectivo**; **se concentra el tiempo y el espacio**, y es una novela **sencilla** de **estructura y estilo**. Representan este tipo de narrativa Ignacio Aldecoa, Jesús Fernández Santos, Carmen Martín Gaite, Juan García Hortelano y, sobre todo, Rafael Sánchez Ferlosio (*El Jarama*).

- El **realismo crítico** es, a menudo, una evolución del objetivismo. Así pues, pretende **denunciar** de forma más explícita las **injusticias sociales**. El escritor asume un **compromiso** con la realidad, ya que intenta transformarla, siguiendo las teorías de Jean-Paul Sartre y del neorrealismo italiano. Apoyaban esta tendencia las editoriales Seix Barral y Destino, así como el crítico José María Castellet en *La hora del lector* (1958). Las obras del realismo crítico suelen presentar **personajes-tipo**, es decir, representativos de su clase, antes que seres individualizados. Autores destacados de esta narrativa fueron Lauro Olmo (*Ayer, 27 de Octubre*), Luis Goytisolo (*Las afueras*), Alfonso Grosso (*La zanja*) y José Manuel Caballero Bonald (*Dos días de septiembre*).

Ignacio Aldecoa.

EL TEATRO

Tendencias teatrales en los años cuarenta

En la inmediata posguerra, los géneros dominantes son la **comedia de evasión** y el **drama ideológico o político**, dos tendencias que se mantienen en el teatro posterior:

- El teatro humorístico, con Enrique Jardiel Poncela y Miguel Mihura.
- El drama ideológico, con Antonio Buero Vallejo y Alfonso Sastre.

Enrique Jardiel Poncela.

El teatro de los primeros años de posguerra es bastante pobre, sobre todo si se compara con el desarrollo que el género adquiere en otros lugares. Está marcado por la **ausencia de dramaturgos** insustituibles, como Valle-Inclán, Lorca, Muñoz Seca y Miguel Hernández, muertos en esos años, y por el exilio de Alejandro Casona y Max Aub. A ello se suman otros factores determinantes, como la **censura**, el **aislamiento cultural** y la dependencia respecto a los **intereses empresariales** (en los años cuarenta numerosas salas teatrales se convierten en cines).

En los años cuarenta triunfan en la escena dos géneros muy diferentes: la **comedia de entretenimiento** y el **drama ideológico** o político, que viene a justificar el orden establecido. En ambas corrientes triunfan Jacinto Benavente, José M.ª Pemán, Joaquín Calvo Sotelo y Juan I. Luca de Tena.

Esas corrientes marcan las dos tendencias del teatro posterior:

- El teatro humorístico, con Jardiel Poncela y Miguel Mihura.
- El drama ideológico, con Antonio Buero Vallejo y Alfonso Sastre.

El teatro humorístico

El teatro humorístico de posguerra responde a un humor intelectualizado; aprovecha las **posibilidades cómicas del lenguaje** (equívocos y juegos de palabras disparatados), y, a menudo, esconde una **visión amarga y escéptica** de la realidad.

Miguel Mihura.

El teatro cómico de posguerra surge en torno a un grupo de humoristas relacionados con la revista *La Codorniz*, publicación satírica que empleaba un humor bastante intelectualizado, con escritores como Jardiel Poncela, Miguel Mihura, Tono –A. Lara–, A. de Laiglesia, etc.

- **Enrique Jardiel Poncela** es novelista y dramaturgo reconocido desde antes de la guerra. Entre 1939 y 1949 es el único autor valioso que estrena de forma regular y con éxito. Su teatro se basa en un **humor disparatado**, irónico, antisentimental y futurista, de raíz vanguardista. Concibe el teatro como el **reino del absurdo**; encadena **situaciones inverosímiles**, con **personajes atípicos** y **diálogos humorísticos** muy **intelectualizados** que traslucen una visión **crítica** de la realidad. Pero los críticos le atacaron ferozmente por la falta de componentes psicológicos, sociales y morales. Obras destacadas son: *Cuatro corazones con freno y marcha atrás, Eloísa está debajo de un almendro, Los ladrones somos gente honrada...*

- **Miguel Mihura** escribió teatro y guiones de cine; también fundó y dirigió *La Codorniz*. En 1952 estrenó *Tres sombreros de copa*, escrita en 1932, que logró el éxito entre un público joven universitario. Su **humor** se basa en la **dislocación del lenguaje**, lejos del humor casticista dominante en los escenarios. Además, expone una **visión diferente de la sociedad**, por su simpatía hacia unos personajes libres de prejuicios y marginales, enfrentados con un mundo cursi y convencional, que representa el orden y la decencia. Los **personajes grotescos** y el **lenguaje vanguardista** relacionan a Mihura con Jardiel Poncela y con Gómez de la Serna; por otro lado, la **visión crítica** de la sociedad recuerdan el teatro del absurdo de Beckett o Ionesco. Otras obras destacadas son: *El caso de la señora estupenda* y *Maribel y la extraña familia*.

Actividades

***Tres sombreros de copa*, de Miguel Mihura**

La obra se sitúa en un hotel de una pequeña ciudad. Allí se encuentra el tímido Dionisio, a punto de casarse con Margarita, una señorita del lugar, pues «todos se casan a los 27 años». Pero irrumpen en su habitación los personajes de una compañía ambulante, entre ellos, la joven bailarina Paula y varios caballeros juerguistas de la burguesía local que vienen a celebrar una fiesta con las bailarinas. Del choque entre los dos mundos, con todos sus valores simbólicos, surge el conflicto. El matrimonio de Dionisio representa su incorporación al orden de la vida provinciana, pero también el aburrimiento y la hipocresía; la farándula es la fantasía y la libertad, pero también la explotación y el desarraigo. El joven protagonista, tras una noche mágica de ensueño y enredos, se enamora de la artista y decide incorporarse a los cómicos como malabarista, con sus *tres sombreros de copa*; pero cuando amanece, se somete al orden establecido y marcha hacia su matrimonio. Este planteamiento, que tiene cierto tono trágico, se presentaba como una comedia disparatada, antisentimental, refrescante y cómica.

([...] *Dionisio cierra las maletas, mientras silba una fea canción pasada de moda. Después se tumba sobre la cama sin quitarse el sombrero. Mira el reloj.*)

DIONISIO. Las once y cuarto. Quedan apenas nueve horas... (*Da cuerda al reloj.*) Nos debíamos haber casado esta tarde y no habernos separado esta noche ya... Esta noche sobra... Es una noche vacía. (*Cierra los ojos.*) ¡Nena! ¡Nena! ¡Margarita! (*Pausa. Y después, en la habitación de al lado, se oye un portazo y un rumor fuerte de conversación, que poco a poco va aumentando. Dionisio se incorpora.*) ¡Vamos, hombre! ¡Una bronca ahora! Vaya unas horas para reñir... *(Su vista tropieza con el espejo, en donde se ve con el sombrero de copa en la cabeza y, sentado en la cama, dice:)* Sí, ahora parece que me hace cara de apisonadora... *(Se levanta. Va hacia la mesita, donde dejó los otros dos sombreros y, nuevamente, se los prueba. Y cuando tiene uno en la cabeza y los otros dos uno en cada mano, se abre rápidamente la puerta de la izquierda y entra Paula, una maravillosa muchacha rubia, de dieciocho años, que, sin reparar en Dionisio, vuelve a cerrar de un golpe y, de cara a la puerta cerrada, habla con quien se supone ha quedado dentro. Dionisio, que la ve reflejada en el espejo, muy azorado, no cambia de actitud.)*

Paula. ¡Idiota!

Buby. *(Dentro.)* ¡Abre!

Paula. ¡No!

Buby. ¡Abre!

Paula. ¡No!

Buby. ¡Que abras!

Paula. ¡Que no!

Buby. *(Todo muy rápido.)* ¡Imbécil!

Paula. ¡Majadero!

Buby. ¡Estúpida!

Paula. ¡Cretino!

Buby. ¡Abre!

[...]

Paula. ¡No!

Buby. Está bien.

Paula. Pues está bien. *(Y se vuelve. Y al volverse, ve a Dionisio.)* ¡Oh, perdón!... Creí que no había nadie...

Dionisio. *(En su misma actitud frente al espejo.)* Sí...

Paula. Me apoyé en la puerta y se abrió... Debía de estar sin encajar del todo... Y sin llave...

Dionisio. *(Azoradísimo.)* Sí...

Paula. Por eso entré...

Dionisio. Sí...

Paula. Yo no sabía...

Dionisio. No...

Paula. Estaba riñendo con mi novio.

Dionisio. Sí...

Paula. Es un idiota...

Dionisio. Sí...

Paula. ¿Acaso le han molestado nuestros gritos?

Dionisio. No...

[...]

Paula. *(Al notar su extraña actitud con los sombreros, que le hacen parecer un malabarista.)* ¿Es usted también artista?

Dionisio. Mucho.

Paula. Como nosotros. Yo soy bailarina. Trabajo en el ballet de Buby Barton. Debutamos mañana en el Nuevo Music-Hall. ¿Acaso usted también debuta mañana en el Nuevo Music-Hall? Aún no he visto los programas. ¿Cómo se llama usted?

[...]

Dionisio. Sí. Antonini. Es muy fácil. Antonini. Con dos enes...

Paula. No recuerdo. ¿Hace usted malabares?

Dionisio. Sí. Claro. Hago malabares.

[...]

Paula. ¿Hace usted solo el número?

Dionisio. Sí. Claro. Yo hago solo el número. Como mis papás se murieron, pues claro...

Paula. ¿Sus padres también eran artistas?

Dionisio. Sí. Claro. Mi padre era comandante de Infantería. Digo, no.

Paula. ¿Era militar?

Dionisio. Sí. Era militar. Pero muy poco. Casi nada. Cuando se aburría solamente. Lo que más hacía era tragarse el sable. Le gustaba mucho tragarse su sable. Pero, claro, eso les gusta a todos...

Paula. Es verdad... Eso les gusta a todos... ¿Entonces, todos, en su familia, han sido artistas de circo?

Dionisio. Sí. Todos. Menos la abuelita. Como estaba tan vieja, no servía. Se caía siempre del caballo... Y todo el día se pasaban los dos discutiendo...

Paula. ¿El caballo y la abuelita?

Dionisio. Sí. Los dos tenían un genio terrible... Pero el caballo decía muchas más picardías...

Paula. Nosotras somos cinco. Cinco *girls*. Vamos con Buby Barton hace ya un año. Y también con nosotros viene Madame Olga, la mujer de las barbas. Su número gusta mucho. Hemos llegado esta tarde para debutar mañana. Los demás, después de cenar, se han quedado en el café que hay abajo... Esta población es tan triste... No hay adónde ir y llueve siempre... Y a mí el plan del café me aburre... Yo no soy una muchacha como las demás... Y me subí a mi cuarto para tocar un poco mi gramófono... Yo adoro la música de los gramófonos...

[...]

17. Realizad una lectura dramatizada del texto.

18. ¿Qué rasgo psicológico caracteriza a Dionisio según lo presentan las primeras acotaciones?

19. Observa las primeras réplicas que da Dionisio a Paula. ¿Añaden nuevos rasgos caracterizadores de Dionisio?

20. ¿Cómo se presenta el personaje de Paula según su comportamiento y su lenguaje?

Del drama ideológico al teatro realista social

Al igual que en los otros géneros, en el teatro de los años cuarenta aparece una corriente **existencial** que evoluciona hacia el **realismo social** en la década de 1950. Sus máximos representantes son Antonio Buero Vallejo y Alfonso Sastre.

El teatro de Buero Vallejo alcanza unidad y coherencia por su tono **ético** y por la carga de **inquietud** que **renueva y dignifica la escena**.

Antonio Buero Vallejo.

El estreno de *Historia de una escalera*, de Buero Vallejo, en 1949, y de *Escuadra hacia la muerte*, de Alfonso Sastre, en 1953, marcan el punto de partida de esta tendencia realista social, que será la **dominante en la década de 1950**.

Antonio Buero Vallejo (1916-2000)

En 1949, *Historia de una escalera* ganó el premio de teatro Lope de Vega e inició el teatro de **testimonio** y **compromiso**, que plantea los conflictos de la **sociedad de su tiempo**; es decir, muestra la **realidad de la posguerra**, pues pone en escena al **pueblo bajo** con sus problemas, mientras que, al mismo tiempo, ignora la realidad oficial.

A partir de entonces, Buero Vallejo escribió y estrenó con éxito. En su teatro predominan las **obras realistas**, de un realismo psicológico al estilo de Ibsen, pues presenta **caracteres problemáticos** en su **proyección social**. Algunas de sus mejores obras combinan el realismo y el experimentalismo (*El tragaluz*); otras son de carácter **histórico**, como *Las meninas*, sobre Velázquez; *El sueño de la razón*, centrada en Goya, o *Un soñador para un pueblo*, en torno a Esquilache. En otras piezas incluye la **fantasía** (*Irene y el tesoro*). Finalmente, escribió un teatro en torno a la **tortura** y la **culpa** (*La doble historia del doctor Valmy*). Su obra plantea problemas fundamentales del ser humano y transmite esa inquietud al espectador. La búsqueda de la verdad aparece como objetivo ineludible, por eso crea un **clima de desasosiego**, un mundo trágico, pero fundado en la **esperanza humana**.

Alfonso Sastre (1926)

Pertenece a la generación que no hizo la guerra y que se formó tras ella. Es el máximo representante del **teatro social**, paralelo a la poesía y a la novela testimonial y realista de la década de 1950. Se da a conocer como teórico en artículos de periódicos y revistas especializadas, donde defiende un teatro social, de denuncia y protesta, que sea un instrumento agitador y transformador de la realidad. En su obra domina el tema de la **opresión** y predomina el aspecto **social** sobre el individual. Títulos significativos son *Escuadra hacia la muerte*, *La mordaza*, *Guillermo Tell tiene los ojos tristes* y *La sangre y la ceniza* –o *Diálogos de Miguel Servet*.

Evolución del realismo social

A finales de los años cincuenta y en los sesenta, continúa haciéndose un teatro **crítico**. A los ya citados Buero Vallejo y A. Sastre, se añade una nueva generación: Carlos Muñiz, Lauro Olmo, Martín Recuerda, Rodríguez Méndez, Rodríguez Buded y, en parte, Antonio Gala. La mayoría mantiene el espíritu del realismo crítico, pero **se alejan de la estética realista**, ya que tienden hacia un teatro más **alegórico**, **expresionista** o de **farsa**, como veremos más adelante.

COMENTARIO *Pido la paz y la palabra*, de Blas de Otero

A la inmensa mayoría

Aquí tenéis, en canto y alma, al hombre
aquel que amó, vivió, murió por dentro
y un buen día bajó a la calle: entonces
comprendió: y rompió todos sus versos.

Así es, así fue. Salió una noche
echando espuma por los ojos, ebrio
de amor, huyendo sin saber adónde:
adonde el aire no apestase a muerto.

Tiendas de paz, brizados pabellones,
eran sus brazos, como llama al viento;
olas de sangre contra el pecho, enormes
olas de odio, ved, por todo el cuerpo.

¡Aquí! ¡Llegad! ¡Ay! Ángeles atroces
en vuelo horizontal cruzan el cielo;
horribles peces de metal recorren
las espaldas del mar, de puerto a puerto.

Yo doy todos mis versos por un hombre
en paz. Aquí tenéis, en carne y hueso,
mi última voluntad. Bilbao, a once
de abril, cincuenta y uno.

Localización

1. Repasa la información sobre la poesía social y anota sus características.

2. Podemos situar cronológicamente el poema por la información que ofrece en los dos últimos versos: en el año *cincuenta y uno*.

- ¿La poesía de Blas de Otero es representativa de esa época?

Análisis del contenido y de la expresión

3. Resume el poema.

4. Observa que el lenguaje de los últimos versos recuerda las fórmulas jurídicas, en este caso un testamento, es decir, aquel documento que recoge los deseos o las voluntades de una persona.

- ¿Cuál es el mensaje esencial de este *testamento*?

5. Comenta el título de la composición.

- ¿Qué tipo de poesía representa? Justifica tu respuesta.

6. Analiza el léxico del poema. Indica si emplea diferentes registros.

7. A pesar de la aparente sencillez, Blas de Otero emplea abundantes recursos expresivos. Señala algunos.

Valoración y creación

8. Es interesante plantear un debate o una argumentación sobre *la función social de la literatura y el arte en general* (recordad que Buero Vallejo plantea el mismo tema en *Las meninas*). ¿Hay momentos en los que es lógico que adquiera esta función?

9. Consulta en Internet estas dos direcciones sobre Blas de Otero y Antonio Buero Vallejo. Compara la información que proporcionan, la presentación y las posibilidades que ofrecen, e indica cuál te parece más útil.

http://www.materialesdelengua.org/LITERATURA/HISTORIA_LITERATURA/BLASDEOTERO/index_otero.htm

http://www.cervantesvirtual.com/bib_autor/buerovallejo/

10. Redacta un *testamento* (en verso o en prosa) que recoja tu última voluntad en el ámbito de lo colectivo y social.

LOS GÉNEROS LITERARIOS DESDE LA DÉCADA DE 1960			
SIGLO XX	lírica	Ángel González	*Palabras sobre palabra*
		Claudio Rodríguez	*Don de la ebriedad*
		José Agustín Goytisolo	*Años decisivos*
		Jaime Gil de Biedma	*Poemas póstumos*
		Francisco Brines	*Palabras a la oscuridad*
		Pere Gimferrer	*Arde el mar*
		Guillermo Carnero	*Dibujo de la muerte*
		Antonio Colinas	*Sepulcro en Tarquina*
		Luis García Montero	*El jardín extranjero*
	narrativa	Luis Martín-Santos	*Tiempo de silencio*
		Juan Goytisolo	*Señas de identidad*
		Miguel Delibes	*Cinco horas con Mario*
		Juan Marsé	*Últimas tardes con Teresa*
		Juan Benet	*Volverás a Región*
		Gonzalo Torrente Ballester	*La saga/fuga de J. B.*
		Eduardo Mendoza	*La ciudad de los prodigios*
		Javier Marías	*Corazón tan blanco*
		Antonio Muñoz Molina	*El invierno en Lisboa*
		Soledad Puértolas	*La señora Berg*
	teatro	José Martín Recuerda	*Las salvajes de Puente San Gil*
		Antonio Gala	*Los verdes campos del Edén*
		Fernando Arrabal	*Pic-nic*
		Francisco Nieva	*Coronado y el toro*
		José Sanchis Sinisterra	*¡Ay, Carmela!*
		José Luis Alonso de Santos	*Bajarse al moro*
		Fernando Fernán-Gómez	*Las bicicletas son para el verano*
		grupos	Els Joglars, Tábano, Teatro Fronterizo, Els Comediants, La Fura dels Baus...

11/6

La literatura desde la década de 1960 hasta la actualidad

LA LÍRICA

La poesía de la década de 1960: la Promoción de 1955

En los años sesenta, una nueva generación inicia una «poesía de la **experiencia**», que se desmarca de la poesía social. Escriben una lírica más **intimista** y **reflexiva** que incorpora la ironía y un cierto escepticismo, con un estilo cuidado y natural.

Los poetas que marcan la lírica de los años sesenta son los componentes de la **Generación de los Cincuenta**, también conocida como la Promoción de 1955. Son poetas nacidos entre 1925 y 1934, que vivieron la guerra en la infancia e iniciaron la edad adulta en la inmediata posguerra. Por eso se les conoce también como el *Grupo de los niños de la guerra* o la *Segunda promoción de la posguerra*.

Componen el grupo Ángel González, José Manuel Caballero Bonald, José Ángel Valente, Francisco Brines, Claudio Rodríguez, Carlos Sahagún y los poetas de la **Escuela de Barcelona**: Jaime Gil de Biedma, Carlos Barral, Alfonso Costafreda y José Agustín Goytisolo.

Algunos de los representantes de la escuela poética barcelonesa de los años cincuenta: Jaime Gil de Biedma, José Agustín Goytisolo, Carlos Barral y el crítico literario Josep Maria Castellet.

Comparten unas **características** que les diferencian de los poetas sociales.

- Predominan los **temas** que tratan sobre la **experiencia personal**, aunque no abandonan lo social; temas **intimistas** como el amor, la soledad, la amistad y los recuerdos. A menudo, el poema es una reflexión sobre una anécdota de la vida cotidiana.
- La **actitud crítica**, característica de la poesía social, se manifiesta en ellos como una **reflexión cívica** o ética, en general impregnada de escepticismo. Se alejan del tono político y aparece la expresión **irónica**, confidencial o cómplice respecto al lector.
- Tienden a **valorar la expresión poética**. Frente al prosaísmo o el tono dramático de la poesía social, emplean un **lenguaje natural** y antirretórico, pero nunca vulgar ni altisonante. Escriben una poesía más **minoritaria** que la social, porque se expresa mediante cierto **simbolismo** y con **tono irónico**. En la métrica, abandonan la rima y las estrofas clásicas, aunque abundan los endecasílabos y los versos breves de cinco y siete sílabas.

Actividades

José Agustín Goytisolo

Palabras para Julia*

Tú no puedes volver atrás
porque la vida ya te empuja
como un aullido interminable. [...]

Te sentirás acorralada
te sentirás perdida o sola
tal vez querrás no haber nacido. [...]

Entonces siempre acuérdate
de lo que un día yo escribí
pensando en ti como ahora pienso.

Un hombre solo una mujer
así tomados de uno en uno
son como polvo no son nada. [...]
Nunca te entregues ni te apartes
junto al camino nunca digas
no puedo más y aquí me quedo.

La vida es bella tú verás
como a pesar de los pesares
tendrás amor tendrás amigos. [...]

Perdóname no sé decirte
nada más pero tú comprende
que yo aún estoy en el camino.

Y siempre siempre acuérdate
de lo que un día yo escribí,
pensando en ti como ahora pienso.

* Julia es la hija del poeta.

Jaime Gil de Biedma

No volveré a ser joven

Que la vida iba en serio
uno lo empieza a comprender más
[tarde
–como todos los jóvenes, yo vine
a llevarme la vida por delante.

Dejar huella quería
y marcharme entre aplausos
–envejecer, morir, eran tan solo
las dimensiones del teatro.

Pero ha pasado el tiempo
y la verdad desagradable asoma:
envejecer, morir,
es el único argumento de la obra.

Francisco Brines

Poema

Ama a la tierra el hombre
con gran fuerza,
por una ciega ley del corazón.
Todos los hombres saben
que un día han de llorar
de amor por ella.
La ley del corazón es la ley mía,
y en esta tarde sola
miro la luz caer
en los pozos sombríos de los
huertos.
Su último vuelo las palomas
ruedan
antes de cobijarse, vienen
de descansar sobre los pinos,
de ver la mar,
y retienen sus alas al rumor
del más hermoso mar creado.
Miro los secos montes, son de
plata;
por ellos van los sueños
de mi niñez, errantes
y abatidos.
Queda solo el amor.
El de penumbra de los padres
y aquellos más oscuros que
trajimos
de países lejanos.

Trepa el muro el jazmín,
huele la casa a flor, y los caminos
ebrios están de rosas.
El tiempo, en sombra, es
insondable.
Y es el ciprés un alto arbusto
de llamas, astros y jazmines.

1. Tras leer los poemas anteriores, escribe un breve resumen de cada uno.
2. En conjunto, ¿predomina lo intimista o lo social?
   ¿Pueden considerarse estos poemas *poesía de la experiencia*?
3. ¿Cuál de estos poemas es más social?
4. ¿Se plantean temas morales en alguno de ellos?
5. Señala algunos rasgos estilísticos del grupo en las poesías anteriores.

La poesía de la década de 1970. El experimentalismo

A finales de los años sesenta surge una poesía **experimental**, vanguardista y, en ocasiones, culturalista, que acaba definitivamente con el realismo.

A los nuevos poetas, nacidos entre 1939 y 1948, se les conoce como **venecianos**, **novísimos**, **Generación del 68** y **Generación de los 70**. Las denominaciones proceden de temas poéticos (*venecianos*), de títulos de antologías (*Nueve novísimos*) o de consideraciones sociológicas o cronológicas (*Generación del 68*).

Los ***novísimos*** representan la tendencia más innovadora que reacciona contra el realismo social: Leopoldo María Panero, Ana M.ª Moix, Manuel Vázquez Montalbán, Pere Gimferrer, Guillermo

Carnero y Vicente Molina Foix. Otros poetas destacados son José M.ª Guelbenzu, José Elías, Fernando Millán, Ángel Fierro, etc.

El grupo se define por las siguientes **características**:

Los «novísimos», reunidos en el año 2001, treinta años después de que se editase una famosa antología de sus versos.

- Son poetas nacidos tras la Guerra Civil, cuya infancia transcurre en la posguerra, pero que se han **formado** en la **cultura de masas** desarrollista, con el **cine**, los **cómics**, la **música**, la **radio** y la **televisión**. Es la primera generación que supera las limitaciones del aislamiento y la censura de posguerra; están al corriente de los movimientos culturales extranjeros y tienen una sólida formación literaria. Ese **bagaje cultural** tan heterogéneo se convierte en una de las características del grupo.

- En su obra abundan las referencias culturales, tanto de la **cultura de masas** (estrellas de cine, héroes de cómics, elementos de la cultura pop, y de la novela negra...) como de la **alta cultura** literaria y artística. Eso confiere un tono **culturalista** y minoritario a la poesía. También combinan el **tono grave** con actitudes provocadoramente **frívolas**.

- Les preocupa la **renovación del estilo**. Experimentan nuevas formas expresivas **vanguardistas**, sobre todo surrealistas, y enriquecen el lenguaje poético recuperando la herencia del modernismo (incluyen elementos exóticos y alusiones a ciudades lejanas).

- Combinan **temas intimistas** (amor, erotismo, infancia) con temas **sociales** o políticos (el consumismo, la guerra del Vietnam) y los tratan con ironía, humor y distanciamiento. En general, reflejan una **actitud pesimista** y **escéptica**.

Actividades

Pere Gimferrer

Llevan una rosa en el pecho los enamorados

Llevan una rosa en el pecho los enamorados y suelen besarse entre un rumor de girasoles y hélices.

Hay pétalos de rosa abandonados por el viento en los pasillos de las clínicas.

Los escolares hunden sus plumillas entre uña y carne y oprimen suavemente hasta que la sangre empieza a brotar. Algunos aparecen muertos bajo los últimos pupitres.

Estaré enamorado hasta la muerte y temblarán mis manos al coger tus manos y temblará mi voz cuando te acerques y te miraré a los ojos como si llorara.

Los camareros conocen a estos clientes que piden una ficha en la madrugada y hacen llamadas inútiles, cuelgan luego, piden una ginebra, procuran sonreír, están pensando en su vida. A estas horas la noche es un pájaro azul.

Empieza a hacer frío y las muchachas rubias se miran temblando en los escaparates. Un chorrear de estrellas silencioso se extingue.

Luces en un cristal espejeante copian el esplendor lóbrego de la primavera, sus sombrías llamaradas azules, sus flores de azufre y de cal viva, el grito de los ánades llamando desde el país de los muertos.

Guillermo Carnero

Dos cruces

En los sábados noche de las costas doradas
no fuimos a los Clubs, por despojarnos
del fácil satanismo virginal
de los adolescentes a la moda,
y siempre a las verbenas de la Plaza Mayor,
donde bailan las niñas con su señora madre
y la cazalla y el Anís del Mono
parecen exigir
la justa dimensión de la ternura.
¡Qué hermoso fue intentar
esa clase de amor viejo y tranquilo
que se mece al arrullo
de las charangas de interés local!
Debimos aprender
la comprensión y el uso de la humana flaqueza
en vez de convertir aquel *Sevilla*
tuvo que ser con su lunita
plateada[1]
en nostalgia y en humo de sonrisas.

1. Fragmento de una canción española muy popular en los años cincuenta y sesenta.

6. El poema de Pere Gimferrer, como puedes ver, sugiere sentimientos, ideas y sensaciones mediante imágenes. Señala algunas de esas imágenes.
   - ¿Con qué corriente o estilo se relacionan?
7. La suma de imágenes, ¿a qué sentimiento remiten?
   - Escribe una pequeña lista de metáforas y señala las connotaciones positivas o negativas que sugieren.
8. Observa el estilo de Gimferrer y califica este poema según la estructura formal, el léxico y las imágenes empleadas.
9. Indica el tema del poema de Guillermo Carnero.
10. ¿Qué rasgos muestra de la poesía experimental? Ten en cuenta la forma externa, las referencias, el tono, el léxico, etc.

La poesía desde 1980 hasta la actualidad

A finales del siglo XX, la poesía se decanta hacia el **intimismo**, y abandona las formas extremas del vanguardismo y el culturalismo. Al mismo tiempo, se desarrollan tendencias variadas.

En conjunto, se detecta una vuelta a la generación anterior, la Promoción de 1955, algunos de cuyos componentes se consagran como maestros de la poesía actual, como es el caso de Jaime Gil de Biedma y Francisco Brines.

En el panorama de la lírica se distinguen varias **tendencias poéticas**, aunque con frecuencia los límites entre ellas no son claros. También debe tenerse en cuenta que hay poetas que hacen una obra al margen de tendencias y que otros evolucionan de una a otra corriente.

- **Neosimbolismo o neorromanticismo intimista**, representado por Francisco Bejarano, Clara Janés, José M.ª Parreño, José Luis Giménez-Frontín, Antonio Colinas, etc.

Portada de *La tentación de Ícaro*, libro de poemas de Luis Antonio de Villena.

Antología de poemas de Andrés Sánchez Robayna.

Vanguardismo experimental, basado fundamentalmente en el **surrealismo**, el *collage* y la poesía visual. Destacan Félix Grande, Blanca Andreu, José Miguel Ullán, Luis Miguel Rabanal, Fernando Beltrán y Jenaro Talens.

Culturalismo clasicista o barroco. La poesía entendida como arte y cultura tuvo su auge a finales de los años setenta, con el *venecianismo* de Antonio Colinas y Guillermo Carnero, y también el **clasicismo** de Luis Alberto de Cuenca y Luis Antonio de Villena.

Minimalismo o *poesía conceptual*. Heredero de la poesía pura, el minimalismo rechaza el exceso verbalista y pretende la densidad de lo esencial y de las sugerencias. Destacan Andrés Sánchez Robayna, Julia Castillo, Álvaro Valverde, etc.

Poesía de la experiencia, de ambiente urbano, expresa de forma realista sucesos cotidianos desde una perspectiva escéptica y desencantada. Supone una vuelta a la lírica reflexiva de la Promoción de 1955, sobre todo de Gil de Biedma. Está representada por Juan Luis Panero, Andrés Trapiello o Luis García Montero.

LA NARRATIVA

Luis Martín-Santos, en su obra *Tiempo de silencio*, manifiesta un estilo de gran originalidad y una técnica renovadora.

La renovación de las técnicas narrativas en la década de 1960

Al comenzar la década de 1960 decae la novela realista social y se experimentan **nuevas formas narrativas**. Esa tendencia da lugar a una novela compleja y minoritaria.

La renovación de la novela pretende superar el relato realista sencillo, que había sustituido al periodismo testimonial, inexistente por razones políticas en los años cuarenta y cincuenta.

En la renovación narrativa de los años sesenta se toman como **modelo** los novelistas que iniciaron la experimentación desde los años veinte en Europa y Norteamérica: **Proust**, **Joyce**, **Kafka**, **Faulkner** o **Dos Passos**. Posteriormente, la **novela hispanoamericana** de los años sesenta se convertirá, también, en un modelo; por ejemplo, Mario Vargas Llosa (*La ciudad y los perros*, 1962), Julio Cortázar (*Rayuela*, 1963) y Gabriel García Márquez (*Cien años de soledad*, 1967).

En conjunto, en los años sesenta se tiende a una **novela más compleja**, experimental y opaca, es decir, de difícil lectura y minoritaria, pues exige la colaboración del lector para interpretarla.

La **renovación** afecta a diversos aspectos del relato: el **punto de vista** narrativo, el **tiempo**, la **estructura**, etc.

Inicios de la renovación narrativa

En **1962** se publicó *Tiempo de silencio*, de Luis Martín-Santos (1924-1964), novela que revolucionó el ambiente literario por sus **innovaciones formales**. Esa obra **inicia la nueva etapa** experimental que se extiende **hasta 1975**.

El **estilo** de *Tiempo de silencio* se aleja totalmente del realismo de la época. Es una **obra intelectual** y difícil, tanto por las alusiones culturales como por el lenguaje. Mantiene la **crítica social**, pero al mismo tiempo añade la **crítica cultural**, con una ironía y un sarcasmo que deja fuera de toda duda el disgusto del autor ante su entorno. La obra refleja también un **tono existencial**, ya que muestra la vida del ser humano como algo incomprensible.

El **argumento** de *Tiempo de silencio* es de tipo folletinesco, con pinceladas de relato policíaco. Lo original no es el asunto, sino el tratamiento que el novelista da a esta historia. La trama se sitúa en el Madrid de la época, y el protagonista, Pedro, es un investigador que se ve implicado en un aborto que acaba en muerte, en un suburbio de chabolas. La policía le detiene y, al demostrarse su inocencia, sale en libertad. Poco después sufre la venganza de un chabolista.

La **perspectiva** del autor es de ironía y sarcasmo. Al igual que Valle-Inclán, presenta una realidad vulgar o degradada aludiendo a prestigiosas referencias culturales, en tono majestuoso y cultista. Sorprendió el **punto de vista** narrativo, que combina la perspectiva omnisciente del **monólogo interior** con descripciones objetivas, diálogos y digresiones ensayísticas.

Tiempo de silencio significa el **final del realismo social** e inicia una novela más ambiciosa formalmente y una concepción diferente de la literatura. Aunque mantiene la visión crítica de la narrativa social, muestra la imposible e inútil solidaridad entre un intelectual y el mundo marginal; es decir, **acaba con la ilusión de la literatura comprometida**, que confiaba en la capacidad revolucionaria del arte.

Cartel de *Tiempo de silencio*, película dirigida por Vicente Aranda y basada en la novela homónima de Luis Martín-Santos.

Actividades

Tiempo de silencio, de Luis Martín-Santos

El siguiente texto se sitúa tras la descripción del poblado de chabolas. Pedro, el protagonista, y su ayudante Amador llegan a la *mansión* del Muecas, un chabolista *distinguido*.

Y tras haber contemplado el impresionante espectáculo de la ciudad prohibida con los picos ganchudos de sus tejados para protección contra los demonios voladores, descendieron Amador y D. Pedro desde las colinas circundantes y tanteando prudentemente su camino entre los diversos obstáculos, perros ladradores, niños desnudos, montones de estiércol, latas llenas de agua de lluvia, llegaron hasta la misma puerta principal de la residencia del Muecas. Allí estaba el digno propietario volviéndoles la espalda ocupado en ordenar en el suelo de su chabola una serie de objetos heteróclitos[1] que debía haber logrado extraer –como presuntamente valiosos– del montón de basura con el que desde hacía unos meses tenía concertado un acuerdo económico de aprovechamiento. Mas en cuanto les hubo advertido gracias a un significativo sonido brotado de la carnosa boca de Amador, se incorporó con movimiento exento de gracia y en su rostro, surcado por las arrugas del tiempo y los trabajos y agitado por la rítmica tempestad del tic nervioso al que debía su apodo, se pintó una expresión viva de sorpresa.

–¡Cuánto bueno por aquí, D. Pedro! ¡Cuánto bueno por aquí! ¿Por qué no me has avisado?

Siendo esa pregunta dirigida a su amigo y casi pariente.

–Adelante. Pasen ustedes y acomódense.

No de otro modo dispone el burgués los agasajos debidos a sus iguales, haciéndoles pasar a la tranquila, polvorienta y oscurecida sala, donde una sillería forrada de raso espera el honroso peso de los cuerpos de aquellas personas que, dotadas de análoga jerarquía que los propios dueños de la casa, pueden ocupar sus sitiales[2] y disponerse durante lapsos de tiempo variables a una conversación que –aunque aburrida y vacía– no deja de confortar a cuantos en ella participan a título de confirmación indirecta de la pertenencia a un mismo y honroso estamento social.

1. **heteróclitos:** irregulares, variados.
2. **sitial:** asiento de ceremonia reservado a las autoridades.

11. Escribe un breve resumen del texto con un lenguaje sencillo.

12. Señala algunas expresiones metafóricas que emplea el autor en la descripción.

13. El contraste entre el tipo de lenguaje y la realidad descrita resulta irónico. Cuando se compara al Muecas con un burgués acomodado, aparecen epítetos sarcásticos. Indica algunos y comenta su valor en el texto.

14. Observa el estilo del texto (léxico, sintaxis). ¿Cómo lo calificarías?

15. ¿Qué punto de vista narrativo se da en este texto? (Ten en cuenta quién es el narrador y si ese narrador interviene o no en la descripción, interpretándola o comentándola).

La narrativa desde los años sesenta a los setenta

Gonzalo Torrente Ballester.

A partir de *Tiempo de silencio*, y hasta mediados de los años setenta, predominan los **relatos experimentales**, aunque continúan escribiéndose novelas realistas.

El formalismo dominante convierte la narración en un texto de difícil lectura, pues, en general, se considera que la técnica es el centro de interés de la novela, en detrimento de la ficción o del tema.

En **1966** aparecieron tres novelas experimentales que alcanzaron gran resonancia: *Señas de identidad*, de **Juan Goytisolo**; *Últimas tardes con Teresa*, de **Juan Marsé**, y *Cinco horas con Mario*, de **Miguel Delibes**. A partir de ese momento, y coincidiendo con el éxito de las citadas novelas hispanoamericanas, numerosos narradores de distintas generaciones se incorporaron al experimentalismo.

Juan Benet.

Entre los novelistas que ya eran conocidos, escribieron relatos experimentales **Camilo José Cela** (*San Camilo 1936*, 1969), **Torrente Ballester** (*La saga/fuga de J. B.*, 1973), **Carmen Martín Gaite** (*Retahílas*, 1974) y el citado Juan Goytisolo (*Reivindicación del conde don Julián*, 1972).

Manuel Vázquez Montalbán y Juan Marsé en la presentación de *Un día volveré*, novela de Marsé publicada en 1982.

En los años sesenta se dieron a conocer nuevos narradores como **Juan Benet** (*Volverás a Región*, 1967); el citado Juan Marsé (*Si te dicen que caí*, 1973); **Luis Goytisolo**, que logró su momento cumbre con *Antagonía*, que comprende cuatro novelas, y Francisco Umbral (*Memorias de un niño de derechas*, 1972).

Juan Marsé.

La narrativa desde los años ochenta hasta la actualidad

Desde mediados de los años setenta, entra en **crisis** la **fiebre experimental**. A partir de la década de 1980 se vuelve a una **novela más tradicional**, en la que predominan la narración intimista y la de acción, aventura o intriga.

En los años ochenta, se detecta un cansancio de originalidad; los experimentos anteriores quedan asimilados y se emplean moderadamente, cuando parecen eficaces, pero se pierde el afán de acumular novedades y de centrar el interés de la novela en su escritura.

En conjunto, se produce cierta desorientación estética, fruto del eclecticismo de la época. Pero, a pesar de la variedad, se distinguen dos grandes tendencias narrativas: la que recupera el **intimismo** (lo subjetivo y lo psicológico), y la que centra su interés en la trama: novela de **historia**, **aventura** o **intriga**. Por el contrario, decae la preocupación por el análisis social.

En general, se vuelve a la **novela más tradicional**, de estructura simple, lineal en el tiempo, con una trama y unos personajes claros. El estilo vuelve a ponerse al servicio de la historia y los argumentos recuperan su protagonismo. Una de las novelas que inicia este nuevo rumbo es *La verdad sobre el caso Savolta* (1975), de Eduardo Mendoza.

En esa línea se inscribe el grupo que empezó a publicar a **finales de los años sesenta** junto a Eduardo Mendoza, como Javier Marías, Javier Tomeo, Manuel Vázquez Montalbán, José María Merino, Juan José Millás y Luis Landero. Y también los **narradores** que entre **1980** y el final del siglo logran una obra sólida, como Antonio Muñoz Molina, Julio Llamazares, Arturo Pérez-Reverte, Soledad Puértolas, Almudena Grandes, Alejandro Gándara, Enrique Vila Matas, Bernardo Atxaga, Manuel Rivas, etc.

Tipos de novelas

Entre la variedad de tendencias narrativas, algunas se muestran especialmente fructíferas.

- La **novela histórica**, con obras como *La isla de los jacintos cortados* (1980), de Torrente Ballester; *La ciudad de los prodigios* (1986), de Eduardo Mendoza; *La vieja sirena* (1990), de José Luis Sampedro; *Soldados de Salamina* (2001), de Javier Cercas; *Enterrar a los muertos* (2005), de Ignacio Martínez de Pisón, y *Lo que sé de los vampiros* (2008), de Francisco Casavella. También pueden incluirse las narraciones de tono autobiográfico y las memorias, como *La noche en casa* (1977), de José M.ª Guelbenzu; *El jinete polaco* (1991), de Antonio Muñoz Molina, y *La sombra del viento* (2001), de Carlos Ruiz Zafón.

- La **novela experimental**, que suele perder el radicalismo de los años sesenta. Está representada por *Escuela de mandarines* (1974), de Miguel Espinosa; *Larva* (1983), de Julián Ríos; *La orilla oscura* (1985), de José M.ª Merino y, en menor grado, en *Dos mujeres en Praga* (2002), de Juan José Millás, y *El mal de Montano* (2002) o *Exploradores del abismo* (2007), de Enrique Vila-Matas.

Eduardo Mendoza.

José Luis Sampedro.

Almudena Grandes.

Manuel Rivas.

Quim Monzó.

Belén Gopegui.

Cristina Fdez. Cubas.

Julio Llamazares.

- La **novela lírica**, de tono intimista, a veces novela autobiográfica o memorias (reales o ficticias), como las de Javier Marías (*Tu rostro mañana*, trilogía, 2002-2007), Álvaro Pombo (*El metro de platino iridiado*, 1990), José M.ª Merino (*El centro del aire*, 1991); Soledad Puértolas (*La señora Berg*, 1999), Julio Llamazares (*El río del olvido*, 1990; *El cielo de Madrid*, 2005) y Juan José Millás (*El mundo*, 2007).

- La **novela de intriga** con ambición literaria es cultivada por Antonio Muñoz Molina (*El invierno en Lisboa*, 1987; *Beltenebros*, 1989), Eduardo Mendoza (*Una comedia ligera*, 1997) y Arturo Pérez-Reverte (*La piel del tambor*, 1995). En la novela policíaca destaca Manuel Vázquez Montalbán, con su serie sobre el detective Carvalho, Vicente Molina Foix (*La mujer sin cabeza*, 1997), Belén Gopegui (*El lado frío de la almohada*, 2004), etc.

El cuento

Enrique Vila-Matas.

Desde 1939 hasta la actualidad se han publicado numerosos y excelentes cuentos, escritos muchas veces por novelistas. En los últimos años se desarrollan con gran vitalidad los «microrrelatos», es decir, los cuentos brevísimos.

En conjunto, el cuento ha seguido la misma evolución que la novela: una etapa existencial en la inmediata posguerra, realismo social en los años cincuenta y experimentalismo en los sesenta.

Entre las décadas de 1940 y 1960 destacan Cela, Ignacio Aldecoa, Ana M.ª Matute y Jesús Fernández Santos.

A partir de 1975 se produce un crecimiento del relato corto, publicado a menudo en la prensa, con autores como José M.ª Merino, Álvaro Pombo, Cristina Fernández Cubas, Enrique Vila Matas, Almudena Grandes, Luis Mateo Díez, Laura Freixas, Manuel Longares, Ignacio Martínez de Pisón, Manuel Rivas, etc.

La narrativa y el periodismo

En una época de gran auge de los medios de comunicación, las relaciones entre literatura y periodismo son estrechas. Abundan los escritores que colaboran en la prensa y, además, se cultivan géneros que mezclan la ficción y el periodismo documental. También es importante la difusión que han alcanzado algunas obras narrativas mediante su dramatización televisiva.

Entre los numerosos narradores que escriben artículos periodísticos, se encuentran Julio Llamazares, Juan José Millás, Javier Marías, Antonio Muñoz Molina, Manuel Vicent, Francisco Umbral, Manuel Vázquez Montalbán, Soledad Puértolas, Quim Monzó, Manuel Rivas, etc.

Asimismo, cada vez son más frecuentes los escritores que, a partir del periodismo, crean **ficciones** muy documentadas, cercanas al **reportaje periodístico**, como Manuel Leguineche, Rosa Montero o Manuel Vicent.

Javier Marías.

Actividades

El jinete polaco, de Antonio Muñoz Molina

El jinete polaco (1991) es como un rompecabezas, un relato fragmentado en el que todas las piezas acaban encajando. El autor evoca la vida del pueblo donde nació, entre 1870 y 1991, a través de sus antepasados y de otros personajes. Es una novela histórica, de base autobiográfica, muy representativa del momento. El siguiente fragmento recoge una escena de represión de la policía franquista.

Se nos ha olvidado cómo eran aquellos cabrones de sociales[1], dice Manuel, o hemos preferido no acordarnos: eran jóvenes, eficaces, brutales, de una chulería calculada y grosera, tan estridente como el color de sus camisas y el tamaño de sus corbatas y de las pistolas que esgrimían. Mientras uno de ellos, el que parecía mayor y más cruel, registraba las habitaciones derribando a patadas las pilas de libros y pisando los papeles y los discos tirados en el suelo, el otro, más delgado, tal vez más joven, con el pelo castaño y las patillas un poco más cortas, la condujo a ella al sofá apretándole dolorosamente un brazo y sin dejar de mirarla guardó la pistola en la sobaquera y le preguntó por él. «Si te portas bien no vamos a hacerte nada. Mi compañero es un poco bruto, así que será mejor que procures no irritarlo. No tenemos nada contra ti, por ahora. Así que será mejor que nos digas dónde está tu amigo. Estás nerviosa, a que sí. ¿Quieres un cigarrillo?» Se lo estaba encendiendo cuando el otro salió del dormitorio. Los botones del chaleco parecían a punto de reventarle sobre el torso hinchado por la ira. Adelantó una mano en la que llevaba todavía la pistola, cogida por el cañón: todo su cuerpo se encogió en el sofá al sentir que iba a ser golpeada con la culata y casi percibir el sabor de la sangre en su boca. Pero no pueden hacerme nada, pensaba, yo no soy española: era como decirse «estoy soñando» en medio de una pesadilla y no lograr sin embargo que se desvaneciera el peligro.

1. **sociales:** miembros de la policía secreta.

16. Antonio Muñoz Molina nació en 1956. Sitúa su biografía en la historia de España y comprueba si la visión que da de la policía franquista puede haberla conocido.

17. Escribe un breve resumen.

18. Diferencia la parte narrativa de la reflexiva.

19. Señala el fragmento que mejor recoge algún juicio sobre el pasado.

20. El conjunto de la novela tiene un aire vanguardista porque se mezclan tiempos e historias, pero en el fragmento predominan los elementos típicos de la novela tradicional (el valor de la trama y la transparencia del lenguaje). El ritmo debe mucho a la novela de acción o a la novela policíaca. Señala cómo caracteriza el autor a los policías.

- Compáralos con personajes de algunas películas.

EL TEATRO

El teatro de la década de 1960. La evolución del realismo social

A finales de la década de 1950 y durante los años sesenta, aparece una nueva generación de dramaturgos que se alejan del **realismo social**; aunque mantienen una visión **crítica** de la realidad, presentan una **estética más simbólica que realista**.

El grupo de dramaturgos que comenzó su obra en esos años está integrado por Carlos Muñiz, Lauro Olmo, Martín Recuerda, Rodríguez Méndez, Rodríguez Buded y Antonio Gala, nacidos todos ellos en torno a 1925. En conjunto, pretenden ser una **alternativa comprometida e innovadora** al teatro comercial que triunfaba en esa época, representado por Alfonso Paso, Jaime Salom o Jaime de Armiñán.

Carlos Muñiz, Rodríguez Méndez, Bertolt Brecht, Alberto Miralles y José Sanchis Sinisterra son algunos de los dramaturgos que aparecen en nuestra antología de teatro breve.

Numerosos autores del grupo tuvieron dificultades para acceder a los escenarios, ya que la censura teatral estuvo vigente hasta los últimos años del franquismo.

Los rasgos que caracterizan a estos autores son los siguientes:

- Plantean **temas** de **crítica social y denuncia**: la injusticia, la explotación, las condiciones de vida de las clases populares, los abusos del poder, etc. Los **protagonistas** suelen ser **víctimas** que acaban derrotados por el entorno social. Lo original es que los personajes que actúan como verdugos aparecen, a su vez, como víctimas de la situación global, del sistema.
- La **estética** se **aleja del realismo** y tiende hacia unas nuevas formas expresivas: **alegórica-simbólica**, **expresionista** o en tono de **farsa**. Emplean un **lenguaje violento**, desgarrado y popular, desafiante para el público más conservador, que se convierte en un medio eficaz de expresar la violencia y la crueldad del mundo.
- **Obras** destacadas son *La llanura* (1954) y *Las salvajes en Puente San Gil* (1963), de Martín Recuerda; *El tintero* (1960), de Carlos Muñiz; *Los inocentes de la Moncloa* (1961), de José M.ª Rodríguez Méndez; *La camisa* (1962), de Lauro Olmo, y *Los verdes campos del Edén* (1963), de Antonio Gala.

El teatro de la década de 1970. El experimentalismo

En los años setenta, la renovación teatral va ligada al **teatro independiente**. Este nuevo tipo de teatro liquida **definitivamente el realismo** y se lanza a la **experimentación** de nuevas formas dramáticas.

En la década de 1970 surgieron numerosas **compañías** de actores y directores que se constituían para hacer un teatro claramente diferenciado del comercial. Los nuevos grupos se inclinaban por el teatro concebido como un **espectáculo vanguardista** y **experimental**, que recogía la influencia de los dramaturgos europeos de la segunda mitad del siglo XX, como Bertolt Brecht, Antonin Artaud, E. Grotowski y, en especial, los autores del *teatro del absurdo*, como Samuel Beckett y Eugene Ionesco. A mediados de la década de 1970, la ebullición teatral queda patente en los más de 150 grupos no comerciales (teatros de aficionados, de cámara, universitarios y teatros experimentales que investigan especialmente la formación de actores).

En el **teatro-espectáculo** pierde protagonismo el *texto literario* en beneficio de la escenografía. Se desdibujan los personajes y la acción dramática, como sucedía en la novela de la época; se emplea un lenguaje alegórico y abstracto, a veces en tono ceremonial, como ocurre en el teatro primitivo. En algunos casos se incorporan importantes innovaciones en los *efectos especiales* y se difuminan los **límites entre ciertos géneros**, como el circo, el musical o el espectáculo festivo.

Entre los **teatros independientes** que se consolidaron con una oferta comercial, destacaron el CAPSA (Barcelona), el TEI (Teatro Experimental Independiente, de Madrid) y Quart 23 (Valencia).

De los numerosos **grupos** con una trayectoria estimable, solo mencionaremos algunos, como Els Joglars, Los Goliardos, Tábano, Dagoll-Dagom, La Cuadra, Teatro Estudio Lebrijano, Teatro Universitario de Murcia, Els Comediants, Teatro Fronterizo, La Máscara, Aspasia, La Araña, La Cubana y, más tardíamente, La Fura dels Baus.

Junto a los grupos teatrales destacan varios **dramaturgos vanguardistas**. Muchos de ellos no consiguieron el apoyo del público ni de la crítica, como José Ruibal, Francisco Nieva, Romero Esteo, Martínez Mediero, Luis Matilla y Alberto Miralles. Mención aparte merece la figura de Fernando Arrabal, quien desde su exilio voluntario en París destacó y triunfó con su ***teatro pánico***, de corte netamente vanguardista y provocador.

Las bicicletas son para el verano, obra de teatro de Fernando Fernán-Gómez (arriba, foto del autor). Portada e ilustraciones interiores realizadas por Estudio Fénix para la edición de la colección Biblioteca Teide.

El teatro de la década de 1980 hasta la actualidad

A partir de los años ochenta se **afianza** el **teatro de autor** y se abandonan las formas extremas del experimentalismo. No obstante, subsiste y alcanza un gran prestigio el teatro-espectáculo.

Al mismo tiempo se recuperan obras de autores exiliados (Max Aub, Alberti) y surge un teatro (y un cine) que trata el **tema de la guerra** y obtiene una gran acogida. En general, triunfan en la escena **obras realistas**, o bien de un **realismo paródico** cercano a la **farsa esperpéntica**.

En conjunto, se distinguen las siguientes tendencias:

- **Teatro de tipo tradicional.** Como autor tardío se revela el actor y escritor Fernando Fernán Gómez con *Las bicicletas son para el verano* (1982), obra situada en la Guerra Civil. El mismo tema trata *¡Ay, Carmela!* (1987), de José Sanchis Sinisterra, autor también de *Terror y miseria en el primer franquismo* (2004). Las dos primeras obras consiguieron éxito en la escena y, sobre todo, en el cine.

- **Teatro-farsa.** Recoge elementos del esperpento y del sainete, y suele plantear temas conflictivos, como el paro, las drogas o la violencia en clave trágico-grotesca. Representan esta tendencia obras como *La estanquera de Vallecas* (1981) y *Bajarse al moro* (1985), de José Luis Alonso de Santos, que cosecharon un gran éxito de público.

- **Teatro experimental.** En general, es un teatro de grupo, en el que destaca La Fura dels Baus con un teatro-espectáculo. Para la difusión de nuevas tendencias, han sido fundamentales los festivales internacionales. En esta línea, es frecuente la revisión y reinterpretación de textos clásicos de cualquier género.

Actividades

Las bicicletas son para el verano, de Fernando Fernán-Gómez

La obra se inicia en el verano del 36, a punto de comenzar la Guerra Civil, y acaba cuando finaliza el conflicto bélico, en 1939. Al empezar la obra, Luis es un adolescente de Madrid que ha suspendido la física y debe quedarse a estudiar en la ciudad, mientras que muchos de sus amigos marchan de veraneo. La dura experiencia de la guerra marca la vida y destroza las ilusiones de Luis y de toda su familia. El cuadro II, del principio de la obra, presenta a dos personajes adolescentes que hacen planes para el futuro, ajenos al drama que se avecina.

CUADRO II

Un parque. Quizá el pequeño parquecillo que hay ante el Museo de Ciencias Naturales. O el parque del Oeste.

(En uno de sus bancos están sentados LUIS *y* CHARITO. CHARITO *tiene en sus manos unas cuartillas que* LUIS *acaba de entregarle.)*

CHARITO. ¿Lo has escrito tú?

LUIS. Claro. Es una poesía. La he escrito para ti. Para que te la lleves al veraneo. Y si quieres, la lees de vez en cuando.

CHARITO. Bueno.

LUIS. Léela ahora.

(CHARITO *va leyendo el papel con la mirada.)*

LUIS. No, pero en voz alta.

CHARITO. *(Empieza a leer lentamente.)* «Quiero estar siempre...». ¿Aquí qué dice?

LUIS. A tu lado.

CHARITO. No entiendo bien la letra. ¿Por qué no la lees tú la primera vez?

LUIS. Trae. *(Coge el papel y empieza a leer, aunque, en realidad, se la sabe casi de memoria.)* «Quiero estar siempre a tu lado, / quiero a tu lado estar siempre, / aunque se pasen las horas, / aunque se vayan los trenes, / aunque se acaben los días, / y aunque se mueran los meses. / Quiero estar frente a tus ojos, / quiero a tu lado estar siempre. / Quiero estar frente a tus labios, / quiero estar frente a tus dientes. / La mariposa se va, / la mariposa no vuelve. / Sé como la golondrina / para que siempre regreses, / que los caminos del cielo / los encuentra y no los pierde». *(Deja de leer.)* Ya está.

CHARITO. Es muy bonita. Qué bien escribes. Eres el que mejor escribe de quinto.

LUIS. ¿Te gusta de verdad?

CHARITO. Sí, de verdad. Y me gusta mucho que la hayas escrito para mí.

LUIS. ¿Te la quieres llevar?

CHARITO. Claro. *(Toma el papel y le echa una ojeada.)* Solo hay una cosa que no me gusta. Bueno, que me gusta menos.

LUIS. ¿Cuál?

CHARITO. Esto... *(Busca entre los renglones.)* Esto de los dientes... Aquí: *(Lee.)* «Quiero estar frente a tus dientes».

LUIS. Eso he tenido que ponerlo para que pegue. Es un romance. Y los romances tienen que tener ocho sílabas y rima asonante en los versos pares. Como he empezado con «siempre» tengo que seguir e-e, e-e, e-e. Por eso he puesto «dientes» en vez de «cara» o «pelo» o «cuerpo». Porque si no, no era un romance.

CHARITO. ¿Ah, no?

LUIS. Claro, Charito, ¿no te acuerdas?

CHARITO. No; la verdad es que eso nunca me entró.

LUIS. *(Vuelve a tomar el papel para ampliar sus explicaciones.)* Y eso de aquí, lo de la mariposa, es que es un lepidóptero de vida efímera, o sea que vive solo un día. Si se va, ya nunca vuelve. En cambio, la golondrina es un ave migratoria que, aunque todos los años se marcha a países más cálidos, siempre vuelve a su nido.

CHARITO. Sí, eso sí lo sé.

LUIS. *(Habla titubeando y con cierta emoción.)* Charito... antes de que te marches de veraneo... ¿podemos vernos otra vez?

CHARITO. Me marcho pasado mañana. Pero mañana, para despedirnos, hacemos una excursión en bicicleta a la Casa de Campo. Vienen Coca y los otros. ¿Por qué no vienes tú también?

LUIS. Ya sabes que no tengo bicicleta. Como me han suspendido...

21. Realizad una lectura dramatizada de la escena.

22. Señala los diferentes registros lingüísticos que emplea Luis en el diálogo. Indica si esa mezcla de registros puede ser una forma de caracterizar la psicología del personaje.

23. La escena precede el inicio de la guerra. Charito no había aparecido ni volverá a aparecer en la obra y Luis no podrá ir al instituto porque, tras la guerra, debe trabajar para ayudar a su familia. ¿Qué valor dramático aporta a la obra el acuerdo de verse el curso siguiente que no podrá realizarse?

24. Indica algunos rasgos característicos del lenguaje oral que aparecen en el diálogo.

COMENTARIO *Clima*, de Andrés Sánchez Robayna

Sentidos del sol

En el silencio
brotes
de claridad
se dilapidan

Crujen los ramajes
inciertos

Mediodía
abierto hacia el no ser

Te miro
ahora
aquí
bajo
la lentitud de este
clima
de inexistencia

Existimos
sobre el calmo desierto

La lentitud del aire
llama
a pájaros silentes[1]

Somos
un único rumor
de pasos
y de miradas

Agosto
llama al sol sobre estos
médanos[2]

Claman
ahora
en su vacío los golpes
de la luz
alrededor de un espacio de nada.

---

1. **silentes:** silenciosos.
2. **médanos:** dunas.

Localización

1. Revisa las corrientes de la poesía actual y sitúa la obra de Sánchez Robayna.

2. Repasa los conceptos de poesía pura, poesía o arte conceptual y minimalismo. Anota los representantes más conocidos de la poesía pura y los poetas del 27 que siguieron esa tendencia.

Análisis del contenido y de la expresión

3. Observa que el poema presenta una descripción de un paisaje y una mínima narración de un suceso. Distingue las partes descriptivas de las «narrativas».

4. Escribe una lista de los elementos descriptivos.

- Señala a qué campo semántico aluden en conjunto.
- Anota los adverbios que sitúan el poema y los sustantivos abstractos que aparecen.

5. Junto al léxico *descriptivo-narrativo*, el poeta emplea palabras que aluden a un ámbito más filosófico: la existencia o el ser, que recuerdan la poesía de Guillén y que aportan un tono conceptual o intelectual al poema. Señala a quiénes se refieren los verbos *ser/existir* y de quién dice lo contrario: *no-ser/inexistencia.*

- ¿Qué tema aclaran estas expresiones?

6. Indica si aparece el *yo* del poeta y si se dirige a alguien. ¿Qué dice el poeta sobre sí mismo?

- Teniendo en cuenta la reducción de la subjetividad, ¿calificarías esta poesía de *intimista* o de *objetivista*?

7. Anota la existencia o ausencia de conectores textuales.

- ¿Qué crees que aporta al poema este recurso?

8. Comenta la forma externa del poema.

Valoración y creación

9. A partir de los elementos analizados anteriormente (léxico, descripción, narración-anécdota, subjetivismo-objetivismo, forma externa...), redacta una breve descripción de la poesía *minimalista*.

10. Escribe un poema *minimalista*.

LOS GÉNEROS DE LA LITERATURA HISPANOAMERICANA			
SIGLO XX	lírica	Rubén Darío	*Prosas profanas, Cantos de vida y esperanza*
		Nicolás Guillén	*Sóngoro Cosongo*
		César Vallejo	*Trilce, Poemas humanos*
		Pablo Neruda	*Residencia en la tierra, Canto general*
		Octavio Paz	*Salamandra, Ladera Este*
	narrativa	Miguel Ángel Asturias	*El señor Presidente*
		Alejo Carpentier	*El siglo de las luces*
		Jorge Luis Borges	*Ficciones, El Aleph*
		Juan Rulfo	*Pedro Páramo*
		Ernesto Sábato	*El túnel, Sobre héroes y tumbas*
		Julio Cortázar	*Bestiario, Rayuela*
		Carlos Fuentes	*La muerte de Artemio Cruz*
		Gabriel García Márquez	*Cien años de soledad*
		Mario Vargas Llosa	*La ciudad y los perros*

11/7

La literatura hispanoamericana del siglo XX

LA LÍRICA

La literatura a comienzos del siglo XX. El modernismo

La obra de Fernando Botero es un correlato pictórico a la obra novelística de Gabriel García Márquez: una mezcla de elementos fantásticos y de observación minuciosa de la realidad que conforma un universo personal.

En los primeros años del siglo XX, con el **modernismo**, la literatura hispanoamericana alcanza un momento de esplendor. Esta corriente también refleja el deseo de afirmar su personalidad cultural.

En líneas generales, la literatura de los países hispanoamericanos sigue las tendencias de la española hasta el siglo XIX, cuando alcanzan su independencia. A finales del siglo XIX se produce un momento esplendoroso de la literatura hispanoamericana con el **modernismo**, que se manifiesta como un movimiento de afirmación política y cultural. Los modernistas americanos rechazan la influencia española, sobre todo la casticista, mientras que buscan nuevos modelos en la literatura norteamericana (Edgar Allan Poe, Walt Whitman...), en la italiana (Gabrielle D'Annunzio) y, sobre todo, en la francesa; asimismo, valoran las raíces americanas precolombinas: mitos, leyendas y tradiciones.

En los primeros años del siglo XX, el modernismo alcanza la plenitud con **Rubén Darío**, el gran poeta del momento; el cubano José Martí; el mexicano Amado Nervo; el argentino Leopoldo Lugones; el peruano José Santos Chocano; el uruguayo Julio Herrera y Reissig; etc. La influencia del modernismo fue muy intensa en la primera década del siglo, pero hacia 1920, con las vanguardias, puede darse por acabado.

Rubén Darío (1867-1916)

Rubén Darío fue el más destacado poeta **modernista** de su época; **sintetiza el modernismo americano** y los movimientos europeos de finales de siglo, sobre todo el **parnasianismo** y el **simbolismo** francés.

Retrato de Rubén Darío, por Vázquez Díaz.

Vida

Félix Rubén García Sarmiento nació en Metapa (Nicaragua). Como periodista y como diplomático realizó frecuentes viajes por Europa y América, lo que le proporcionó una visión excepcional de la cultura de su tiempo. Visitó España en 1892 y también en 1899, cuando ya era considerado el mejor poeta de su época, y se relacionó con los escritores españoles. Su estancia en París le permitió un profundo conocimiento de la poesía francesa. Vivió intensamente la vida bohemia y murió en 1916, en León (Nicaragua).

Rubén Darío fotografiado hacia 1910.

Obra

En su trayectoria se distinguen dos épocas:

- La **primera etapa** abarca *Azul* (1888) y *Prosas profanas* (1896). *Azul* refleja el estilo característico del **modernismo americano**: exotismo, musicalidad, erotismo, temas de mitos precolombinos, etc. *Prosas profanas* culmina esta tendencia y le añade resonancias parnasianas; resulta una poesía brillante de temas cosmopolitas, exóticos o paganos. La profunda **renovación** en los **temas**, en el riquísimo **lenguaje** y en la **métrica** provocó reacciones opuestas, bien de rendida admiración o de desprecio. Sorprendió, sobre todo, la deslumbrante **sensualidad**, el **vitalismo** paganizante, la fantasía, el aristocraticismo y, a veces, cierta frivolidad.

- La **segunda etapa**, que se desarrolla tras su segundo viaje a España, se recoge en *Cantos de vida y esperanza* (1905) y muestra una mayor preocupación por los **contenidos humanos**. Combina **motivos españoles** cercanos al Grupo del 98 (*Letanía de Nuestro Señor Don Quijote*), poemas de **tema político** (*Oda a Roosevelt*) con otros evasivos o **esteticistas** (*La marcha triunfal*) y, finalmente, composiciones graves de **tema existencial** (*Lo fatal*).

En **prosa**, escribió numerosos artículos periodísticos y, sobre todo, cuentos, en una excelente prosa poética modernista.

Actividades

Cantos de vida y esperanza, de Rubén Darío

Lo fatal

Dichoso el árbol que es apenas sensitivo,
y más la piedra dura, porque esa ya no siente,
pues no hay dolor más grande que el dolor de ser vivo,
ni mayor pesadumbre que la vida consciente.

Ser, y no saber nada, y ser sin rumbo cierto,
y el temor de haber sido y un futuro terror...
Y el espanto seguro de estar mañana muerto,
y sufrir por la vida y por la sombra y por

lo que no conocemos y apenas sospechamos,
y la carne que tienta con sus frescos racimos,
y la tumba que aguarda con sus fúnebres ramos,
¡y no saber adónde vamos,
ni de dónde venimos!...

Ilustración de una edición facsímil de poesías de Rubén Darío.

1. Señala las ideas principales del poema.
2. ¿Cuál es el tema principal? ¿Cómo puede calificarse este tema?
3. Por el tema que trata, señala a qué etapa pertenece.
4. Indica algunos recursos expresivos del poema.

La poesía hispanoamericana tras el modernismo

Gabriela Mistral y Alfonsina Storni.

Desde el primer tercio de siglo, tras el modernismo, se distinguen varias **corrientes poéticas**: la **intimista** y **costumbrista**, la **vanguardista**, la **poesía pura** y la **poesía de la negritud**.

- La poesía **intimista** y **costumbrista**, de forma **sencilla**, se centra en temas de la **vida cotidiana** y del **amor a la tierra**. En esa línea se encuadran la obra del mexicano Ramón López Velarde y la *poesía femenina* de las uruguayas Juana de Ibarbourou y Delmira Agustini, de la argentina Alfonsina Storni y, en especial, de la chilena Gabriela Mistral. En esta tendencia se inician también César Vallejo y Pablo Neruda.

- La **poesía vanguardista** de los **años veinte**, la cultivan Vicente Huidobro, fundador del *creacionismo*, y Jorge Luis Borges. Desde finales de la década de 1920, el **surrealismo** aparece a menudo como expresión de la poesía social y existencial en la obra de César Vallejo y Pablo Neruda. Más tardíamente, en los años cincuenta y sesenta, continúan esa corriente los mexicanos Octavio Paz y Marco Antonio Montes de Oca, quienes revitalizan el **vanguardismo** experimental hasta finales del siglo XX.

- La **poesía pura** tiene menor desarrollo que las otras tendencias. Sus iniciadores, coetáneos de la Generación del 27, comparten con el grupo español el interés tanto por lo tradicional como por lo vanguardista, y la influencia de Paul Valéry y de Juan Ramón Jiménez. Destacan en esta corriente José Gorostiza y Eduardo Carranza, y también algunos libros de Jorge Luis Borges y José Lezama Lima. En las últimas décadas pervive esa corriente en poetas como el mexicano Alí Chumacero.

La **poesía de la negritud** reacciona contra el cosmopolitismo y busca la inspiración en las raíces mestizas de las Antillas, de herencia africana e hispánica: el folclore, sus ritmos, sus tradiciones y mitos. Logra especial relevancia el cubano Nicolás Guillén, con libros como *Sóngoro Cosongo* (1931) y *La paloma de vuelo popular* (1958), que mezcla el ritmo y la sensualidad con las preocupaciones sociales y políticas.

Otros poetas destacados de la poesía actual son: Nicanor Parra, lírico chileno de tono social y sencillo; el paraguayo Elvio Romero, que sigue los pasos de Neruda, y el cubano Fernández Retamar, autor de una poesía de tono político.

Nicolás Guillén.

Actividades

Nicolás Guillén

Son n.º 6

Yoruba[1] soy, lloro en yoruba
lucumí.
Como soy un yoruba de Cuba,
quiero que hasta Cuba suba mi llanto yoruba;
que suba el alegre llanto yoruba
que sale de mí.
Yoruba soy,
cantando voy,
llorando estoy,
y cuando no soy yoruba,
soy congo, mandinga, carabalí.
Atiendan, amigos, mi son, que empieza así:
Adivinanza
de la esperanza:
lo mío es tuyo,
lo tuyo es mío;
toda la sangre
formando un río.
La seiba[2] seiba con su penacho;
el padre padre con su muchacho;
la jicotera en su capacho.
¡Que rompa el son caliente,
y que lo baile la gente, [...]
Yoruba soy, soy lucumí,
mandinga, congo, carabalí.
Atiendan, amigos, mi son, que acaba así:
Salga el mulato,
suelte el zapato,
díganle al blanco que no se va:
de aquí no hay nadie que se separe;
mire y no pare,
oiga y no pare,
beba y no pare,
coma y no pare,
viva y no pare,
¡que el son de todos no va a parar!

1. **yoruba:** pueblo africano, como lucumí, congo, etc.
2. **seiba:** árbol africano trasplantado a Cuba.

5. Comenta algunos procedimientos que emplea el poeta para marcar el ritmo del poema.

6. Señala algunos temas que aparecen en la composición anterior.

7. Observa que alude a diversos pueblos africanos: yoruba, mandinga, lucumí... ¿Qué crees que pretende el poeta con esas enumeraciones?

César Vallejo (Perú, 1892-1938)

César Vallejo.

La poesía de Cesar Vallejo sintetiza los **contenidos humanos y sociales** con la voluntad de **renovación estética**.

A los veinticinco años César Vallejo fue a París y se integró en los movimientos vanguardistas y revolucionarios. Pasó algunas temporadas en España, en contacto con los poetas del Grupo del 27. Durante la Guerra Civil, escribió *España, aparta de mí este cáliz*, que recoge el dolor y la esperanza por el pueblo español en guerra.

Su obra siempre gira en torno al **tema del dolor**, aunque su estilo evoluciona. *Los heraldos negros* (1918) refleja rasgos modernistas, pero ya tiende hacia una poesía más sencilla, de tono conversacional. Como mestizo, Vallejo se convierte en la voz de los indígenas en unos poemas tremendamente tristes. *Trilce* (1922) significó un cambio radical, un vanguardismo que explora formas expresivas al margen de la lógica y de las reglas del lenguaje, con imágenes muy originales y palabras inventadas, como la que da título al libro. En *Poemas humanos*, publicado en 1939, tras su muerte, y seguramente su mejor libro, atenúa el vanguardismo y lo combina con un tono coloquial; trata el tema del dolor humano desde la perspectiva intimista y social.

Actividades

***Poemas humanos*, de César Vallejo**

Traspié entre dos estrellas

Hay gentes tan desgraciadas, que ni siquiera
tienen un cuerpo; cuantitativo el pelo,
baja, en pulgadas, la genial pesadumbre;
el modo, arriba;
no me busques la muela del olvido,
parecen salir del aire, sumar respiros mentalmente, oír
claros azotes en sus palabras.

Vanse de su piel, rascándose el sarcófago en que nacen
y suben por su muerte de hora en hora
y caen, a lo largo de su alfabeto gélido, hasta el suelo.

Ay de tanto! Ay de tan poco! Ay de ellas!
Ay en mi cuarto, oyéndolas con lentes!
Ay en mi tórax, cuando compran trajes!
Ay de mi mugre blanca, en su hez mancomunada!

Amadas sean las orejas sánchez,
amadas las personas que se sientan,
amado el desconocido y su señora,
el prójimo con mangas, cuello y ojos!

Amado sea aquel que tiene chinches,
el que lleva zapato roto bajo la lluvia,
el que vela el cadáver de un pan con dos cerillas,
el que se coge un dedo en una puerta,
el que no tiene cumpleaños,
el que perdió su sombra en un incendio,
el animal, el que parece un loro,
el que parece un hombre, el pobre rico,
el puro miserable, el pobre pobre! [...]

Amado sea el niño, que cae y aún llora
y el hombre que ha caído y ya no llora.

Ay de tanto! Ay de tan poco! Ay de ellos!

8. El poeta a veces emplea un lenguaje lógico, mientras que otras rompe la lógica. Señala algunas expresiones que no siguen las reglas lingüísticas.
   - ¿Con qué corrientes estéticas se relaciona este estilo?
9. ¿De quién o quiénes habla el poeta? ¿Qué sentimientos muestra hacia ellos?
   - ¿Cuál es el tema? ¿Es el habitual en César Vallejo?
10. Realizad una lectura expresiva del poema.
11. Tomando como modelo el poema anterior, añade cuatro nuevos versos que comiencen igual que el verso 19: «Amado sea...». Procura seguir el estilo de César Vallejo.

Pablo Neruda (Chile, 1904-1973)

La obra de Pablo Neruda es muy amplia y **refleja las etapas de la poesía hispanoamericana** de su tiempo: inicios modernistas, surrealismo, poesía sociopolítica y vuelta a una mayor sencillez.

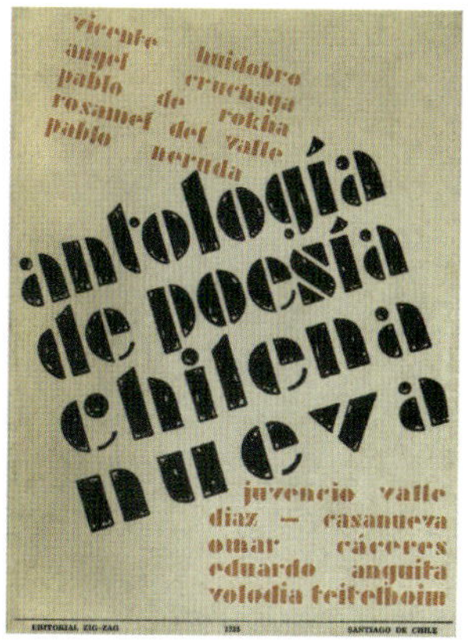

Portada de la *Antología de poesía chilena nueva*, publicada por la editorial Zig-Zag de Santiago de Chile en 1935.

Naftalí Ricardo Reyes, nombre de Pablo Neruda, publicó sus primeros libros cuando apenas tenía veinte años y pronto alcanzó gran popularidad. Desde 1926 fue diplomático; residió en Madrid entre 1934 y 1938, y ejerció una profunda influencia en los poetas del momento, especialmente en Miguel Hernández, pues Neruda defendía la *rehumanización* y el compromiso de la literatura.

A partir de esa época, desde la militancia comunista, escribió una poesía comprometida. Recibió el premio Nobel en 1971 y murió en 1973, poco después del golpe militar contra Salvador Allende, en circunstancias penosas para el poeta.

En su trayectoria se distinguen varias etapas:

- Tras un comienzo modernista, Neruda publicó con éxito *Veinte poemas de amor y una canción desesperada* (1924), un libro de amor juvenil apasionado de **estilo sencillo**. En él ya aparecen las originalísimas **metáforas** que aluden a lo natural, tan características del poeta.

- *Residencia en la tierra* (1933 y 1935) supone la asimilación del **surrealismo** que, a partir de entonces, se implanta en la poesía hispanoamericana. El libro, escrito en un momento de crisis personal, presenta una visión **pesimista** del ser humano.

- *Tercera residencia* (1935-1945) manifiesta el **compromiso político** y la superación del pesimismo, pues muestra una actitud **vitalista** y un **estilo más sencillo**. Incluye *España en el corazón*, obra sobre la guerra civil española, escrita en 1937. La poesía comprometida culmina en el *Canto general* (1950), un canto épico a las tierras americanas.

- A partir de *Odas elementales* (1954-1957), Neruda intensifica la **sencillez** y el tono **vital y optimista**; canta a los sentimientos y a los objetos más simples, humildes y cotidianos, como la alegría, la esperanza, o la cebolla, la madera, el pan, etc. Obras posteriores son *Cien sonetos de amor* (1959) y *Memorial de la Isla Negra* (1964).

Pablo Neruda en Isla Negra, Chile.

Actividades

Canto general, de Pablo Neruda

Amor América (1400)

Antes de la peluca y la casaca
fueron los ríos, ríos arteriales:
fueron las cordilleras, en cuya onda raída
el cóndor o la nieve parecían inmóviles:
fue la humedad y la espesura, el trueno
sin nombre todavía, las pampas planetarias.

El hombre tierra fue, vasija, párpado
del barro trémulo, forma de la arcilla,
fue cántaro caribe, piedra chibcha[1],
copa imperial o sílice araucana[2].
Tierno y sangriento fue, pero en la empuñadura
de su arma de cristal humedecido
las iniciales de la tierra estaban
escritas.

Nadie pudo
recordarlas después: el viento
las olvidó, el idioma del agua
fue enterrado, las claves se perdieron
o se inundaron de silencio o sangre. [...]

Yo estoy aquí para contar la historia.
Desde la paz del búfalo
hasta las azotadas arenas
de la tierra final, en las espumas
acumuladas de la luz antártica,
y por las madrigueras despeñadas
de la sombría paz venezolana,
te busqué, padre mío,
joven guerrero de tiniebla y cobre,
oh tú, planta nupcial, cabellera indomable,
madre caimán, metálica paloma. [...]

Tierra mía sin nombre, sin América,
estambre equinoccial, lanza púrpura,
tu aroma me trepó por las raíces
hasta la copa que bebía, hasta la más delgada
palabra aún no nacida de mi boca.

1. **chibcha:** pueblo indígena de Colombia.
2. **araucana:** originaria de la región chilena de Arauco.

Detalle de uno de los mascarones de proa que hay en la casa de Neruda en Isla Negra. El poeta compró esta casa a un español, capitán de navío retirado.

12. Resume este poema.

13. Observa la relación que el poeta establece con su tierra.
- Señala en qué versos la explica.

14. Analiza cómo caracteriza Neruda la tierra americana.
- Anota algunas imágenes que te parezcan expresivas.

15. ¿Con qué estilo se relaciona este poema?

Octavio Paz (México, 1914-1998)

Como Vallejo y Neruda, Octavio Paz residió en España durante la Guerra Civil y apoyó al bando republicano. Su actividad diplomática le llevó a residir en numerosos países, entre ellos la India, cuya cultura le marcaría notablemente. Se le considera el mayor poeta hispanoamericano de finales del siglo XX, y su influencia es notable en América y España. Recibió el premio Nobel en 1990.

La **obra** de Octavio Paz, como recogen sus magníficos **ensayos**, refleja a un intelectual preocupado por todos los temas que afectan al ser humano. Destacan, entre ellos, *El arco y la lira* (1956) y *Los signos en rotación* (1965), sobre la creación poética, y *El laberinto de la soledad* (1959), sobre las características de lo mexicano.

Su **poesía** hasta 1968 está recogida en tres títulos: *Libertad bajo palabra*, *Salamandra* y *Ladera Este*. Posteriormente publicó otros libros.

Libertad bajo palabra recopila la poesía escrita entre 1935 y 1957. Comienza con una lírica **social** y **existencial**, pero pronto tiende hacia el **surrealismo**, estilo de algunas de sus mejores composiciones, como *Piedra y sol* (1957), sobre la concepción azteca del tiempo circular.

Octavio Paz.

Salamandra reúne la poesía escrita entre 1958 y 1961. Es una lírica difícil y sugerente que ahonda en lo **irracional** y **misterioso**, pues el poeta trata de entender los enigmas del universo.

Ladera Este muestra la influencia de la **cultura hindú** y acentúa el **interés por el misterio**. Emplea un lenguaje libre de cualquier regla y experimenta con la tipografía en poemas como *Blanco* (1967), cuya disposición, en tres columnas, permite diferentes lecturas. Continúa el **experimentalismo** en libros de *poesía visual*, como *Topoemas* y *Discos visuales*.

Pasado en claro (1975) es un largo poema más sencillo, en el que el poeta repasa su vida.

Actividades

***Libertad bajo palabra*, de Octavio Paz**

Piedra de sol

[...]
voy por tu talle como por un río,
voy por tu cuerpo como por un bosque,
como por un sendero en la montaña,
que en un abismo brusco se termina,
y por tus pensamientos afilados
y a la salida de tu blanca frente
mi sombra despeñada se destroza,
recojo mis fragmentos uno a uno
y prosigo sin cuerpo, busco a tientas.

16. Resume las ideas del poema.

17. Observa que el fragmento tiene un tono narrativo; la sintaxis sigue las reglas usuales, mientras que el aspecto original reside en las imágenes. Anota algunas imágenes irracionales.

18. Por su estilo, ¿cómo calificarías estas metáforas?

19. Analiza algunos recursos expresivos muy tradicionales que aparecen en el texto.

LA NARRATIVA

La narrativa hispanoamericana del siglo XX

De arriba abajo, Miguel Ángel Asturias, Alejo Carpentier y Jorge Luis Borges.

En la narrativa americana del siglo XX se distinguen tres grandes etapas: el **realismo tradicional**, el **realismo mágico** y el **experimentalismo**.

El realismo tradicional

Hasta la década de **1940**, el desarrollo de la narrativa fue menor que el de la lírica. Se mantuvo la **novela realista** (costumbrista o naturalista) heredera de la del siglo XIX, con obras que presentaban el mundo rural y sus tipos. Las mejores novelas de esa línea plantean **problemas sociales y humanos** situados en una **naturaleza** grandiosa y salvaje, como *Doña Bárbara* (1929), del venezolano Rómulo Gallegos, considerada «la novela de la selva»; *La vorágine* (1924), del colombiano José Eustasio Rivera, sobre la durísima vida en la Amazonia, y *Don Segundo Sombra* (1926), del argentino Ricardo Güiraldes, en torno a la Pampa y la vida gauchesca.

La **novela indigenista** se inscribe en el realismo tradicional por su técnica, pero se distingue por la temática, pues denuncia la explotación del indio por parte de los blancos. Representan esta tendencia el boliviano Alcides Arguedas, con *Raza de bronce* (1919); el ecuatoriano Jorge Icaza, con *Huasipungo* (1934), y el peruano Ciro Alegría, autor de *El mundo es ancho y ajeno* (1941).

El realismo mágico

Entre 1940 y 1950, aparece un grupo de narradores que **combinan el realismo con elementos fantásticos**; por eso también se les conoce como los creadores de ***lo real maravilloso***. Otros rasgos los distinguen del realismo tradicional, como el predominio de los **ambientes urbanos**, el planteamiento de **preocupaciones existenciales** (no solo sociales) y el deseo de **innovación formal** (es la primera generación que inicia la renovación de las técnicas narrativas). Representan esta corriente Miguel Ángel Asturias, Alejo Carpentier, Jorge Luis Borges y Juan Rulfo.

- **Miguel Ángel Asturias** (Guatemala, 1899-1974). Inició una profunda innovación con *El señor Presidente* (1946), una *novela de dictador* de estética expresionista, en la que emplea un lenguaje barroco y abundantes imágenes y símbolos. Otras novelas destacadas son *El Papa verde* (1954) y *Los ojos de los enterrados* (1960). Recibió el premio Nobel en 1967.

- **Alejo Carpentier** (Cuba, 1904-1980). Se caracteriza por su afán de experimentar nuevas formas narrativas, por un lenguaje rico y sugerente, y por la capacidad de crear mundos y personajes muy atractivos. *Los pasos perdidos* (1953) presenta un protagonista que se aleja de la civilización y se adentra en la selva, donde encuentra lo auténtico del mundo y de sí mismo. *El siglo de las luces* (1962), ficción sobre la Revolución Francesa, es una profunda reflexión histórica y humana. También destaca como narrador de relatos breves.

- **Jorge Luis Borges** (Argentina, 1899-1986). Se inició como poeta ultraísta en los años veinte. A partir de 1930 escribió ensayos y, sobre todo, cuentos que tienen aire de ensayo, como *Historia universal de la infamia* (1935), *Historia de la eternidad* (1936), *Ficciones* (1944), *El Aleph* (1949), *El* *informe de Brodie* (1970), *El libro de arena* (1975), etc. Lo original de Borges es su concepción del **tiempo** y de la **individualidad**, que parecen no existir; en sus relatos, Julio César «revive» en un gaucho contemporáneo, o alguno de sus protagonistas alcanza la inmortalidad. Plantea el tema del destino personal y del tiempo circular en *Tlön, Uqbqr, Orbis Tertius* y *La biblioteca de Babel*. Otros escritos tratan sobre el conocimiento y la creación literaria, como *Funes el memorioso*, *El Aleph* y *El Hacedor*. En conjunto, Borges, escritor cultísimo, crea un **universo imaginativo** y plantea **temas metafísicos e intelectuales** con un estilo irónico, que combina el tono erudito y el conversacional.

Juan Rulfo.

Juan Rulfo (México, 1918-1986). Fue casi un autodidacta, que sufrió durante su infancia los avatares de la violenta historia mexicana. Su primera obra, *El llano en llamas* (1953), pasó casi desapercibida; pero *Pedro Páramo* (1955) pronto fue considerada un «clásico». La obra gira en torno a la muerte y se desarrolla en un **ambiente fantasmagórico**, poblado de voces y fuerzas sobrenaturales. Sorprendió la incorporación de innovaciones formales, como la ruptura de la linealidad temporal, los bruscos cambios del punto de vista narrativo y el monólogo interior. Por todo ello, se convertiría en un modelo de la **narrativa experimental** de los años sesenta.

Actividades

***The unending gift*[1], de Jorge Luis Borges**

Un pintor nos prometió un cuadro.

Ahora, en New England, sé que ha muerto. Sentí, como otras veces, la tristeza y la sorpresa de comprender que somos como un sueño. Pensé en el hombre y en el cuadro perdidos.

(Solo los dioses pueden prometer, porque son inmortales).

Pensé en un lugar prefijado que la tela no ocupará.

Pensé después: si estuviera ahí, sería con el tiempo esa cosa más, una cosa, una de las vanidades o hábitos de mi casa; ahora es ilimitada, incesante, capaz de cualquier forma y cualquier color y no atada a ninguno.

Existe de algún modo. Vivirá y crecerá como una música, y estará conmigo hasta el fin. Gracias, Jorge Larco.

(También los hombres pueden prometer, porque en la promesa hay algo inmortal).

1. El regalo inacabado.

20. Resume este texto.

21. Señala en el texto la parte narrativa y la reflexiva.
 ¿Cuál es la fundamental del relato?

22. Observa cómo Borges nos hace seguir su pensamiento: parte de una afirmación para llegar a la conclusión contraria. Señala la afirmación primera y la conclusión.

23. ¿Qué parece ser más importante para Borges: los objetos reales o las ideas?

La novela experimental

Entre **1960** y **1980** se publicó un conjunto de excelentes novelas, todas ellas **innovadoras** en la forma. En general, intensifican las tendencias de la generación anterior, pues continúan el **realismo mágico**, pero profundizan en la **experimentación** de nuevas **formas narrativas**.

Para aludir al auge espectacular de la novela de esos años, se acuñó la expresión *boom de la narrativa hispanoamericana*.

Los nuevos novelistas incorporaron las innovaciones que en Europa y Estados Unidos se daban desde los años veinte (Proust, Joyce, Kafka, Faulkner...) y, además, ensayaron otras técnicas nuevas. Por ello, los narradores hispanoamericanos de la década de 1960 se convirtieron en un modelo de la novela española experimental de esos años.

Los **novelistas** que iniciaron este movimiento fueron, entre otros, Ernesto Sábato, Julio Cortázar, Juan Carlos Onetti, José Lezama Lima, Carlos Fuentes, Augusto Roa Bastos, Gabriel García Márquez, Mario Vargas Llosa, Mario Benedetti, Guillermo Cabrera Infante, Manuel Mújica Laínez, etc.

Destacamos a continuación aquellos que han alcanzado mayor resonancia.

Ernesto Sábato.

- **Ernesto Sábato** (Argentina, 1911-2011). Escribe una **narrativa intelectualizada** cercana al ensayo, que cuaja en obras como *El túnel* (1948), breve novela de amor y locura; *Sobre héroes y tumbas* (1961), extensa narración que incluye una visión apocalíptica del mundo, y *Abaddón el exterminador* (1974), de un experimentalismo radical, donde se confunden la autobiografía y la ficción, la realidad y los sueños, la narración y el ensayo. Su obra supone una reflexión crítica sobre la sociedad actual.

- **Julio Cortázar** (Argentina, 1914-1984). Sobresale por sus relatos breves, **cuentos fantásticos** en la línea de Kafka o de Borges, con títulos como *Bestiario* (1951), *Las armas secretas* (1959), *Todos los fuegos, el fuego* (1966), etc. En su novela *Rayuela* (1963) crea un mundo y unos personajes muy sugerentes. Además, incorpora una curiosa novedad estructural: la obra puede ser leída de diferentes formas; es decir, el autor propone varias posibles lecturas según se siga un orden de lectura u otro. Esta obra marca lo que será la narrativa de Cortázar, su **visión crítica de la sociedad** y su postura de **innovación estética** permanente.

Gabriel García Márquez.

- **Carlos Fuentes** (México, 1928-2012). Comparte con los escritores anteriores la **actitud crítica** y la voluntad de **renovación formal**. *La región más transparente* (1958) presenta una visión caleidoscópica de la ciudad de México; *La muerte de Artemio Cruz* (1962) rememora una parte de la historia mexicana a través de los recuerdos de un hombre poderoso, y en ella combina numerosas innovaciones narrativas, como la yuxtaposición de diversos puntos de vista o los saltos cronológicos. Posteriormente, siguió esa línea en novelas como *Cambio de piel* (1967).

- **Gabriel García Márquez** (Colombia, 1928-2014). Con *Cien años de soledad* (1967) se convirtió en uno de los más conocidos novelistas del momento. La novela recoge personajes y escenarios (el pueblo de Macondo) que habían aparecido en relatos breves escritos con anterioridad, como *La hojarasca* (1955) o *El coronel no tiene quien le escriba* (1961). *Cien años de soledad* narra la historia de la familia Buendía, paralela a la creación y destrucción del mundo mítico de Macondo. La obra combina elementos variadísimos: el **realismo mágico**, la **visión lírica**, la **crítica social**, el **humor** y la **tragedia**. Otros títulos son *El otoño del patriarca* (1975), *Crónica de una muerte anunciada* (1981), *El amor en los tiempos del cólera* (1985) y *Del amor y otros demonios* (1994). También es autor de una amplia obra periodística. En 1982 recibió el premio Nobel.

Mario Vargas Llosa.

- **Mario Vargas Llosa** (Perú, 1936). Se dio a conocer con *La ciudad y los perros* (1962), novela experimental que presenta la violencia y corrupción de un colegio militar. Continuó mostrando un **mundo brutal** en otras narraciones **formalmente innovadoras**, como *La casa verde* (1966) y *Conversación en la catedral* (1969). La experimentación formal se combina con una visión **irónica** en *Pantaleón y las visitadoras* (1973) y *La tía Julia y el escribidor* (1977). Sorprende su capacidad de **variación**, al recrear movimientos, personajes o sucesos históricos. *La guerra del fin del mundo* (1981) trata sobre una especie de profeta que arrastra a las multitudes del norte de Brasil; *Lituma en los Andes* (1993), sobre unas extrañas desapariciones en un poblado andino, y *La fiesta del Chivo* (2000), sobre el dictador dominicano Trujillo.

El relato breve

En el siglo XX, el cuento y las narraciones breves (*microrrelatos*) experimentan un gran desarrollo en la literatura hispanoamericana.

Como hemos visto, gran parte de los novelistas destacados cultivan el género, como Benedetti, Borges y Cortázar, así como Augusto Monterroso (1921-2003), escritor guatemalteco nacido en Tegucigalpa (Honduras), considerado uno de los grandes escritores hispanoamericanos de cuentos y narraciones breves del siglo XX.

Actividades

***Instrucciones-ejemplos sobre la forma de tener miedo*, de Julio Cortázar**

En un pueblo de Escocia venden libros con una página en blanco perdida en algún lugar del volumen. Si un lector desemboca en esa página al dar las tres de la tarde, muere.

En la plaza del Quirinal, en Roma, hay un punto que conocían los iniciados hasta el siglo XIX, y desde el cual, con luna llena, se ven moverse lentamente las estatuas de los Dioscuros que luchan con sus caballos encabritados.

En Amalfí, al terminar la zona costanera, hay un malecón que entra en el mar y la noche. Se oye ladrar a un perro más allá de la última farola.

Un señor está extendiendo pasta dentrífica en el cepillo. De pronto ve, acostada de espaldas, una diminuta imagen de mujer, de coral o quizá de miga de pan pintada.

Al abrir el ropero para sacar una camisa, cae un viejo almanaque que se deshace, se deshoja, cubre la ropa blanca con miles de sucias mariposas de papel.

Se sabe de un viajante de comercio a quien le empezó a doler la muñeca izquierda, justamente debajo del reloj de pulsera. Al arrancarse el reloj, saltó la sangre: la herida mostraba la huella de unos dientes muy finos.

El médico termina de examinarnos y nos tranquiliza. Su voz grave y cordial precede los medicamentos cuya receta escribe ahora, sentado ante su mesa. De cuando en cuando alza la cabeza y sonríe, alentándonos. No es de cuidado, en una semana estaremos bien. Nos arrellanamos en nuestro sillón, felices, y miramos distraídamente en torno. De pronto, en la penumbra debajo de la mesa vemos las piernas del médico. Se ha subido los pantalones hasta los muslos, y tiene medias de mujer.

24. Observa el título del texto. ¿Te parece representativo del contenido?

- Propón un nuevo título coherente con el texto.

25. En literatura, como en el cine, el miedo puede ir asociado a diversas situaciones: de violencia, de terror ante seres monstruosos, de inquietud ante el misterio o lo desconocido, etc. ¿Con qué sensación se asocia el miedo en estos relatos?

26. Intenta establecer la similitud que existe entre los dos primeros ejemplos: ¿qué tipo de suceso provoca inquietud en ellos? También hay cierto parecido entre los dos últimos, ¿cómo calificarías la resolución de ambos?

27. ¿Qué «ejemplo» te parece más conseguido? Justifica la elección aduciendo dos argumentos.

28. Tomando como modelo algún «ejemplo» de Cortázar, escribe un microrrelato inquietante. Puedes inspirarte en algunos textos de Cortázar, o bien en los de Augusto Monterroso que puedes encontrar en las siguientes direcciones de Internet: *http://www.cortazartextual.com.ar/salida.html* y *http://cvc.cervantes.es/actcult/monterroso/antologia/.*

COMENTARIO *Veinte poemas de amor y una canción desesperada*, de Pablo Neruda

POEMA XV

Me gustas cuando callas porque estás como ausente,
y me oyes desde lejos, y mi voz no te toca.
Parece que los ojos se te hubieran volado
y parece que un beso te cerrara la boca.

Como todas las cosas están llenas de mi alma
emerges de las cosas, llena del alma mía.
Mariposa de sueño, te pareces a mi alma,
y te pareces a la palabra melancolía.

Me gustas cuando callas y estás como distante.
Y estás como quejándote, mariposa en arrullo.
Y me oyes desde lejos, y mi voz no te alcanza:
déjame que me calle con el silencio tuyo.

Déjame que te hable también con tu silencio
claro como una lámpara, simple como un anillo.
Eres como la noche, callada y constelada.
Tu silencio es de estrella, tan lejano y sencillo.

Me gustas cuando callas porque estás como ausente.
Distante y dolorosa como si hubieras muerto.
Una palabra entonces, una sonrisa bastan.
Y estoy alegre, alegre de que no sea cierto.

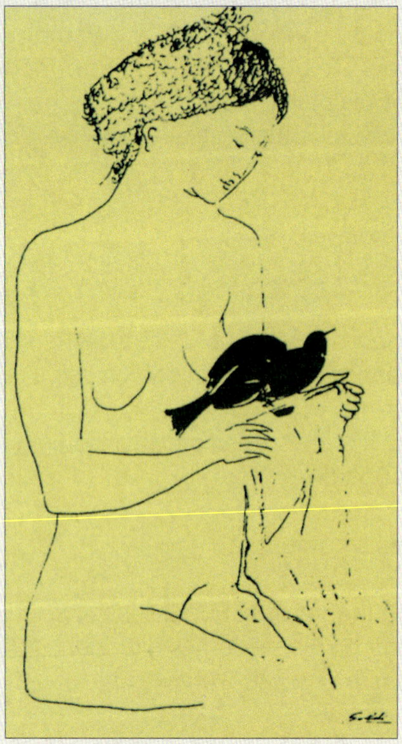

Localización

1. Repasa la unidad anterior y apunta las grandes corrientes de la poesía hispanoamericana del siglo XX.

2. Indica las etapas de la poesía de Neruda y sitúa *Veinte poemas de amor y una canción desesperada* en la que le corresponda.

Análisis del contenido y de la expresión

3. ¿Cuál es el tema de la composición?

4. Observa que el poeta relaciona el silencio de la amada con algunos elementos positivos, pero también aparecen otros elementos negativos vinculados al silencio.

▶ Escribe una lista de algunas imágenes o comparaciones positivas, y otra de las negativas.

5. Comenta los dos últimos versos.

▶ ¿Cómo relacionas su significado con el resto del poema, sobre todo con el repetido «Me gusta cuando callas...»?

6. Señala la estructura del poema.

7. ¿Cómo calificas el estilo según el léxico, el tipo de frase que predomina, la estructura...?

8. Neruda es un poeta con gran facilidad para la creación de imágenes, muchas de las cuales aluden a la naturaleza. En este poema, sin embargo, predominan las comparaciones. Escribe una lista de elementos con los que relaciona a la amada, ya sea a través de metáforas o de comparaciones.

Valoración y creación

9. *Veinte poemas de amor y una canción desesperada* es el libro de poesía amorosa que seguramente ha sido más leído. Dicen que todos los jóvenes chilenos saben de memoria alguno de sus poemas. ¿Qué puede deducirse de este éxito?

10. Puede ser interesante, al acabar el curso, hacer una lectura expresiva de los poemas de Neruda. Por supuesto, aún sería mejor intentar un recital.

GUÍA DE LECTURA

Cien años de soledad, de Gabriel García Márquez

Cien años de soledad se publicó en 1967 y obtuvo un éxito inmediato. Supuso la consagración definitiva de García Márquez, narrador que nos recuerda el origen del arte novelístico, el gusto por explicar historias. La obra muestra una genial capacidad de fabular, pues entreteje innumerables sucesos y combina la fantasía, el relato histórico-social y la reflexión sobre la soledad, el tiempo, el amor y la muerte.

La novela presenta **veinte capítulos** o **secuencias** sin numerar, que relatan la historia de **Macondo** y de la **familia Buendía** desde el nacimiento o *génesis* hasta su final o *apocalipsis*. Está **narrada** como los **antiguos cuentos** y **mitos**; es decir, el narrador nos adelanta información y conoce el pensamiento de sus personajes, y el relato pierde las dimensiones temporales. También tiene numerosas **resonancias religiosas**, especialmente bíblicas, y de la **literatura culta**, como el recurso de la historia narrada en un manuscrito que debe descifrarse. En ese mundo, los sucesos verosímiles adquieren carácter *mágico* (como el conocimiento del hielo) y los milagros son narrados con la naturalidad de lo habitual. La abundancia desbordante de datos, anécdotas y personajes que repiten nombres y caracteres convierte la novela en un laberinto que parece repetirse cíclicamente. Sin embargo, en su **estructura** se distinguen **tres secuencias**:

- El **tiempo de los fundadores** de tono grandioso y mítico, que se convierte en **histórico** cuando recoge las guerras civiles.
- El **periodo de conflictos sociales** que aparece con la compañía bananera, en el que desaparecen los fundadores y se transforma el pueblo.
- La **decadencia** y **destrucción** de Macondo y los Buendía, que coincide con el desciframiento de los manuscritos.

Por su utilidad, a continuación recogemos el cuadro genealógico de los Buendía.

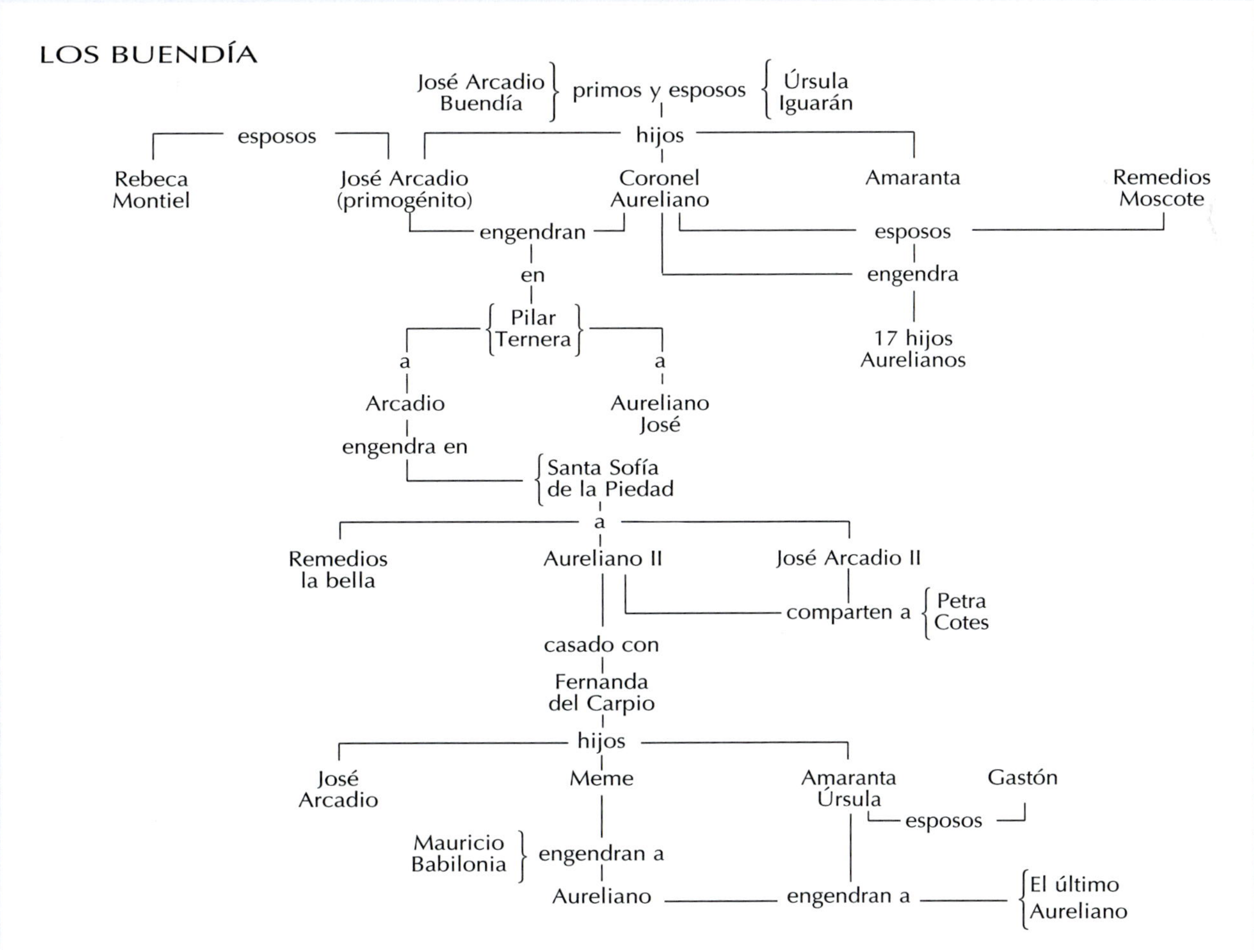

Introducción

Por la complejidad y extensión de esta novela, planteamos la guía de lectura como un instrumento que ayude a reflexionar sobre los temas recurrentes de la obra, sin estorbar el placer de la lectura.

A efectos prácticos, si se trabaja la novela en clase, es aconsejable que los alumnos utilicen la misma edición para que las referencias a las páginas coincidan. Nosotros seguimos la de Espasa-Calpe (Austral), muy asequible. Asimismo, para aludir a los capítulos-secuencias, resulta cómodo numerarlos; a partir de ahora nos referiremos a ellos con la numeración romana.

A la hora de abordar la novela parece conveniente plantear una serie de tareas que se realizarán paralelamente a la primera lectura. Ello facilita el trabajo posterior, pues diversos materiales quedan clasificados, lo que permite trabajar sobre ellos sin obligar a una segunda lectura. Por la extensión del libro resulta adecuado distribuir las tareas por grupos.

Así, proponemos las siguientes **actividades para realizar durante la lectura**:

- Elaborar un **breve resumen de cada capítulo-secuencia**. Todos los resúmenes deberían recoger sintéticamente las transformaciones de la familia Buendía y del mundo exterior.
- Adelantamos una serie de **motivos recurrentes** en la obra. Durante la lectura, cada grupo se encargará de apuntar cuándo aparece alguno de esos temas (la página y el párrafo). La lista de fragmentos sobre esos motivos será la base para trabajos posteriores. Entre otros rasgos sería interesante señalar los siguientes:
  - Lo mágico y maravilloso.
  - El tratamiento hiperbólico o exagerado de sucesos, caracteres, sentimientos...
  - La soledad.
  - Los elementos religiosos, literarios y míticos.
  - El tiempo (real, subjetivo y cíclico –repeticiones–). Las reflexiones sobre el tiempo.
  - El amor y la muerte.
  - La violencia (en lo social y en lo individual).

Capítulo I

1. La primera frase de la novela se refiere a un recuerdo. ¿Quién narra?
   - ¿Quién es el protagonista de los sucesos que se explican?

2. Indica los rasgos que caracterizan a Melquiades y a los gitanos en su presentación.

Macondo, según la pintora colombiana Lucy Tejada. Macondo es el universo imaginario creado por Gabriel García Márquez, un lugar en el que se confunden la realidad y la ficción.

3. Señala la caracterización psicológica de José Arcadio y Úrsula.

4. ¿Quién decide quedarse en Macondo? ¿Por qué?

Capítulo II

El capítulo se inicia remontándose a los bisabuelos de José Arcadio y de Úrsula.

5. ¿Qué profetizan los parientes sobre la descendencia de la pareja? ¿Por qué?

6. ¿Qué consecuencias comporta la marcha de José Arcadio y Úrsula del pueblo de sus padres?

7. ¿Por qué razón José Arcadio decide fundar la ciudad de Macondo?

8. ¿Cómo reacciona Úrsula ante la fuga de su primogénito?
   - ¿Qué implica esto para Macondo?

9. ¿Cómo se alude a la llegada de la civilización tras abrirse las rutas del comercio?

Capítulo III

10. ¿Quién trae la peste del sueño?
- ¿Cómo reaccionan?
- ¿A quiénes culpan?
- ¿Quién los salva?

11. ¿Qué tipo de parentesco tienen las personas que se incorporan a la casa familiar, Arcadio y Rebeca?

12. ¿Qué significa la aparición del corregidor en Macondo?
- ¿Cómo logra quedarse?

Capítulo IV

13. ¿Cómo consigue Aureliano el amor de Remedios?
- ¿Qué motivo enfrenta a Amaranta y Rebeca?

14. ¿Cómo muere Melquiades?

15. ¿Qué indica la aparición de Prudencio Aguilar para José Arcadio?
- ¿Cómo aparece José Arcadio al final del capítulo?

Capítulo V

16. Comenta cómo entra de nuevo en la familia José Arcadio, tras su larga ausencia.

17. Sintetiza la visión política de liberales y conservadores que aparece en las conversaciones entre Aureliano y su suegro.
- ¿Por qué decide Aureliano entrar en acción?

Capítulo VI

18. Señala las diferencias entre el coronel Aureliano y Arcadio durante la guerra.

19. Comenta la actitud de Úrsula ante los sucesos de la guerra.

20. ¿Cómo acaba Arcadio?
- ¿Qué significa su última voluntad?

Capítulo VII

21. ¿Cuándo cae prisionero el coronel Aureliano Buendía?
- ¿Por qué pide que le fusilen en Macondo?
- ¿Cuándo había aparecido ante el pelotón de fusilamiento evocando la primera vez que vio el hielo?
- ¿Cómo acaba el fusilamiento?

22. Comenta la conversación entre Aureliano y Gerineldo Márquez sobre la razón de sus luchas.

23. Indica los detalles de la muerte de José Arcadio: presentimientos, apariciones...

Capítulo VIII

24. Se desata la pasión entre Amaranta y Aureliano José. ¿Qué parentesco tienen?
- ¿Qué tema aparece?
- ¿Cómo resuelve teóricamente el problema Aureliano José?

25. ¿Qué relación establecen el general Moncada y el coronel Buendía?
- Señala sus ideas sobre las guerras.

26. ¿Cómo ve Úrsula a su hijo cuando vuelve de las guerras?
- ¿Cómo reaccionan las mujeres del pueblo respecto al general Moncada?
- Sintetiza las reflexiones del general sobre los militares.

Capítulo IX

27. Indica la actitud del coronel hacia Gerineldo Márquez.
- ¿Cómo reacciona Úrsula?

Gabriel García Márquez consideraba que *Cien años de soledad* no podía ser adaptada cinematográficamente. En cambio, *Crónica de una muerte anunciada* y *El amor en los tiempos del cólera* sí han sido objeto de sendas adaptaciones a la gran pantalla.

28. Observa la ironía sobre cuánto cuesta acabar una guerra. Anota algunas ideas.

29. Indica los detalles mágicos que rodean el suicidio frustrado del coronel.

- ¿Es habitual esto?

Capítulo X

30. Los gemelos José Arcadio y Aureliano pasan por fases similares y diferentes, pero siempre comparten el aire de soledad. ¿Qué piensa Úrsula sobre los nombres de la familia?

31. Indica los rasgos más característicos de Petra Cotes.

32. Remedios es uno de los personajes más hiperbólicos. Señala algunas exageraciones.

Capítulo XI

33. Señala los contrastes que existen entre las figuras de Petra Cotes y Fernanda.

34. Aparecen 17 hijos del coronel. ¿Adónde va a vivir Aureliano Triste?

35. Aureliano Triste trae el tren. ¿Qué aportará al pueblo, según el último párrafo?

Capítulo XII

36. Indica algunas transformaciones del pueblo y las reacciones de los Buendía ante ellas.

37. ¿Qué destino espera a los enamorados de Remedios?

- ¿Qué reacciones produce su desaparición?

Capítulo XIII

38. Úrsula evoca el pasado familiar. Señala el fragmento en que aparecen estas evocaciones.

39. Anota algunos detalles sobre la vejez de Úrsula y Aureliano.

- ¿Cómo acaba el coronel?
- ¿Qué simboliza el castaño?

Capítulo XIV

40. Indica algunos detalles de la historia de Amaranta.

- ¿Por qué teje su mortaja?
- ¿Cómo repara el dolor que ha causado a lo largo de su vida?

41. ¿Cómo acaba Mauricio Babilonia?

- ¿Qué acompañaba siempre a este joven?

Capítulo XV

42. Resume el final de Meme.

- ¿Qué paisaje aparece cuando se la llevan del pueblo?

43. ¿Qué explican sobre el hijo de Meme?

- ¿En qué suceso bíblico se inspira?

44. Resume las causas del estallido social.

- ¿Cómo acaba?
- ¿Qué se explica del suceso?

45. Comenta las reflexiones de José Arcadio sobre la guerra (en el penúltimo párrafo).

Capítulo XVI

46. La lluvia asola Macondo. El entierro de Gerineldo Márquez resume la desolación. Comenta el fragmento.

47. ¿Qué nueva generación de los Buendía cobra protagonismo?

Capítulo XVII

48. Comenta lo que significa la muerte de Úrsula.

49. ¿Qué ideas transmite José Arcadio Segundo al pequeño Aureliano?

Capítulo XVIII

50. ¿Qué vida llevan el joven Aureliano y Fernanda tras la muerte de Úrsula?

51. ¿Cómo acaba Aureliano Amador, único superviviente de los 17 hijos del coronel?

52. ¿Cómo muere José Arcadio, el hijo de Fernanda que ha vuelto tras la muerte de su madre?

Capítulo XIX

53. El regreso de Amaranta Úrsula incita al joven Aureliano a salir de su casa. ¿Qué Macondo vemos a través de sus ojos?

- ¿Con quiénes se comunica?

54. ¿Qué comenta Pilar Ternera cuando Aureliano le confiesa su amor por Amaranta Úrsula?

Capítulo XX

55. ¿Qué supone para Aureliano la muerte de Pilar Ternera y la partida de los amigos?

- ¿Cómo está Macondo?

56. El amor entre Aureliano y Amaranta Úrsula es simultáneo a la destrucción de la casa. ¿Qué significa para la pareja la carta que preludia la muerte del sabio catalán?

57. ¿Cuándo comprende Aureliano el significado de los papeles de Melquiades?

- ¿Qué suponen para él?

Propuestas de trabajo

- Los alumnos, en grupos, pueden recopilar el material sobre los motivos señalados anteriormente: lo mágico, lo hiperbólico, el amor y la muerte, la soledad, etc., y elaborar trabajos sobre esos temas.
- Además, tras la lectura completa de la obra, sugerimos comentar algunos aspectos:
  - La realidad social de Hispanoamérica a través del libro.
  - Los personajes que representan caracteres extremos, muchos de ellos femeninos; el vitalismo maternal de Petra Cotes o Pilar Ternera, la fortaleza de Úrsula, el sacrificio de Santa Sofía de la Piedad, la frustración y mojigatería de Fernanda del Carpio...
  - El contraste que existe entre Aurelianos y Arcadios.
  - El carácter cíclico del libro: génesis y apocalipsis de una familia y una sociedad, y repeticiones cíclicas de situaciones.

Sin duda, el denominado «boom» es el fenómeno de las literaturas hispánicas más destacado de la segunda mitad del siglo XX. Esta fotografía, tomada en 1972, muestra a tres de los grandes escritores miembros del *boom*: Gabriel García Márquez y Mario Vargas Llosa, quienes, años después, serían galardonados con el Premio Nobel de Literatura, y Julio Cortázar. En primer término, observándolos, aparece José María Castellet y, al fondo, Carlos Barral, dos editores clave en el desarrollo de este fenómeno editorial.

APÉNDICE

El comentario de texto

Introducción

El **comentario de texto** consiste en el **análisis** detallado de un texto o de algunos de sus elementos (comunicativos, textuales, verbales, estilísticos, ideológicos...), y en su **valoración**. Es una **técnica** que tiene como finalidad mejorar la capacidad de **análisis** y de **crítica** y, al mismo tiempo, la **expresión escrita**, ya que la redacción ordenada de los elementos analizados y valorados críticamente es resultado final del comentario.

Debemos tener en cuenta que el **comentario de texto** depende del tipo y la clase o género del texto elegido, y, por lo tanto, del lenguaje específico: literario, jurídico, científico... Por otro lado, también depende de los aspectos concretos que nos hemos propuesto comentar sobre este texto. Así, por ejemplo, será forzosamente distinto el comentario que tiene por objetivo el análisis y valoración de la lengua o el estilo de un texto, del comentario que se proponga estudiar su relación con el contexto cultural (en el que lo lingüístico debe tener un papel muy secundario); es decir, los diferentes objetivos nos harán profundizar en unos elementos y abandonar o tratar de forma más superficial otros. En conclusión, los puntos y niveles de análisis que proponemos dan más o menos juego en función del texto concreto y de los objetivos que nos hayamos marcado. Debemos, pues, en cada caso, profundizar en los elementos del análisis que se ajusten al objetivo final y utilizar los otros como puntos de apoyo o, si es necesario, dejarlos aparte.

No obstante, a pesar de las diferencias que pueden implicar textos distintos y objetivos diversos, todo comentario debe seguir un método, en el que se distinguen las siguientes fases:

1. Fase de **preparación** del comentario, que tiene dos momentos:
   - **Lectura y comprensión** del texto.
   - **Análisis** (y toma de notas) de los elementos que forman el texto:
     - Localización o encuadre.
     - Análisis textual.
     - Valoración crítica.
2. Fase de **redacción** del comentario de texto.

Vamos a describir detalladamente los pasos de cada una de estas fases.

Fase de preparación

Lectura y comprensión

Empezaremos por una **lectura detenida** que nos permita conseguir una aceptable **comprensión global** del texto. La lectura debe hacerse tantas veces como sea preciso para su comprensión. Es imprescindible precisar el sentido de las palabras cuyo significado nos resulte dudoso o desconocido. Para ello, debemos consultar un buen **diccionario** y elegir la acepción más apropiada para el texto; en ocasiones, tendremos que recurrir a una enciclopedia u otro apoyo bibliográfico. Si no comprendemos algún párrafo u oración, lo más adecuado es segmentar las unidades sintácticas y observar su estructura gramatical.

Tras, por lo menos, una lectura, procederemos al **subrayado** de las ideas principales y de los elementos **clave** (palabras, sintagmas, conectores...). **Anotar** al margen estas ideas es otra forma de subrayar que suele ser muy útil (como también lo es anotar aquello que la lectura nos sugiere, empleando una marca para indicar que se trata de una opinión nuestra). La observación de cómo está estructurado el texto en párrafos es una gran ayuda para el primer acercamiento al análisis. Si es posible, podemos distinguir ya las **ideas principales y secundarias** y cómo se relacionan, y con ello obtener una primera idea del **tema**.

Análisis del texto

■ **Localización o encuadre.** Es la «introducción» al comentario del texto. Por ello, hay que señalar los aspectos más destacables de la **situación** (es decir, los comunicativos o pragmáticos), y establecer el **tipo** y la **clase** o **género** de texto de que se trate. A través del análisis de la situación, reconoceremos el **objetivo** o **intención** que ha guiado al autor (informar, criticar, persuadir, conmover, burlarse, etc.) y también el **tono** del texto (humorístico, grave, crítico, irónico, nostálgico...). El **tono** y el **objetivo**, o intención, repercuten a su vez en la elección del tipo y la clase o género de texto; y todo ello –tono, objetivo, tipo, clase– es importante, directa o indirectamente, para una buena comprensión. En concreto, los elementos que interesan para encuadrar el texto son los siguientes:

- **Situación.** Nos fijaremos en el autor (trayectoria vital, obra...); el marco histórico, cultural, literario, etc., en que se inscribe el texto; la relación entre el emisor-autor y el receptor o receptores; el canal, y el objetivo o intención del autor. Es posible que algunos de estos aspectos se desconozcan totalmente, o que alguno de ellos solo pueda deducirse del texto; en estos casos, proseguiremos con el comentario pasando a la siguiente fase. Se puede avanzar en este punto el tema o problema que se plantea en el texto.
- **Tipo de texto** (narrativo, descriptivo, instructivo, argumentativo...); **clase** o **género** (carta, noticia, poema, novela, crónica...) y **discurso** o **lenguaje específico** (periodístico, administrativo, científico...).

■ **Análisis textual.** Esta fase atiende a los aspectos textuales: el establecimiento del **tema** principal, el análisis de la **estructura** u organización de las ideas (la relación de tema y subtemas), y el análisis de la **lengua** y del **estilo**:

- El **tema** es la **idea** que el autor ha expresado en el texto. Debemos poder resumirla en pocas palabras, cuantas menos mejor. Normalmente se expresa a través de un sustantivo abstracto con algún complemento, por ejemplo: *la corrupción en la sociedad actual* o *la falta de planificación urbanística en las grandes ciudades*. A veces, el título del texto refleja perfectamente su tema.

El **tema** se establece teniendo en cuenta el objetivo o intención que persigue el autor, la actitud objetiva o subjetiva que manifiesta, y el tono, que confiere al texto un enfoque de las ideas humorístico, irónico, divulgativo, etc. Distinguiremos también los **subtemas** y su relación con el **tema**. Si tenemos dificultades para su identificación, podemos pasar a la **estructura** y, desde el análisis de cada una de las partes, abstraer el tema.

- En la **estructura** analizaremos cómo se organizan las ideas a lo largo del texto. Es un análisis fundamental para comprender el texto, porque establece cuáles son las ideas principales y las secundarias, cómo se relacionan, cómo van avanzando a lo largo del texto y si siguen el orden lógico o no lo hacen. La estructura puede presentarse –si se considera oportuno– a través de esquemas gráficos (mapa conceptual, esquema numérico o de llaves...). Los **párrafos** y **conectores** son las pistas que nos ayudarán a ver la relación y el orden entre los diversos apartados. Es aconsejable no distinguir excesivos apartados (puede haber subapartados) y sintetizar brevemente (o incluso a través de palabras clave) el contenido de cada uno. El **subrayado** es una buena ayuda en esta fase.
- El análisis de la **lengua**, de especial interés en el comentario de texto lingüístico o literario, atiende al uso que se hace del lenguaje. Así, analizaremos el registro (formal, estándar, familiar...) y los rasgos más característicos que presenta en los distintos niveles (gráfico, fónico, morfosintáctico, léxico-semántico –sobre todo este último–). La especial selección que hace el autor de algunos de estos rasgos y el uso de los **recursos retóricos** (metáfora, contraste, hipérbaton...) nos muestran el **estilo** (uso individual de la lengua por parte de un autor) y abren un amplio campo de análisis en el comentario de texto literario.

■ **Valoración crítica.** Un buen análisis de los aspectos que hemos venido señalando nos ha de conducir, con una preparación suficiente, a una valoración bien argumentada, en la que seamos capaces de razonar las afirmaciones que hagamos. Es el momento de reflexionar sobre el material que hemos reunido en la fase anterior. La finalidad que persiga el comentario centra el objeto de la valoración. Este objeto puede ser:

- Comentario del **texto** como tal: adecuación, coherencia, cohesión y estilo. Es sobre todo apropiado para el comentario de texto lingüístico o literario.
- Comentario del **texto** en relación con el autor, su obra, época, movimiento cultural al que pertenece...
- Comentario de aspectos **históricos**, **sociales** o **ideológicos**. Centra la atención en las ideas, relacionadas con el contexto cultural, y en su valoración (apropiado para textos filosóficos, históricos, etc.).
- Comentario de las **ideas** del texto: síntesis y valoración de las ideas expuestas por el autor, y comentario personal de lo que opinamos como lectores acerca del tema (apropiado para textos ensayísticos, periodísticos...).

El **comentario** de **ideas** o comentario **crítico** es el que relaciona autor y lector. El tipo de texto es predominantemente argumentativo. Frente a los otros, el comentario **crítico** nos exige la capacidad de expresar una opinión razonada sobre aspectos diversos y de poner en juego nuestra experiencia y conocimientos para relacionarlos con lo que hemos extraído del texto. Consta de dos partes:

- La **explicación y evaluación de lo más significativo del texto** que se comenta. Comprende una síntesis de lo fundamental, y la evaluación del aspecto o aspectos más relevantes de la estructura, el estilo, el propósito, hechos de los que se parte, su interés o actualidad, opiniones o selección de la información. Pero ni deben comentarse todos, ni debe hacerse un comentario con detenimiento, sino solo de aquello que llama la atención.

- La **opinión personal** sobre los contenidos para manifestar nuestro acuerdo con el autor, o al contrario, matizar o rebatir sus planteamientos. Conviene tener presente que, tanto si estamos de acuerdo como si no lo estamos, **debemos aportar nueva información**: bien añadiendo nuevos argumentos si coincidimos con el autor (otras comparaciones o ejemplos, nuevos datos, información fruto de nuestra experiencia personal o de nuestros conocimientos...); bien refutando total o parcialmente los razonamientos del autor con argumentos sólidos.

Por último, recordemos algunas indicaciones: hay que distinguir siempre lo objetivo de lo subjetivo; evitar la excesiva implicación personal en el texto (abusando de expresiones del tipo *en mi opinión*, *yo creo*, *me interesa*, *me gusta*), con el fin de dar mayor objetividad a nuestras ideas; no se deben hacer valoraciones con un adjetivo y sin razones de apoyo del tipo *es interesante* o *es aburrido*, y finalmente, no deben utilizarse falsos argumentos, como son, por ejemplo, las descalificaciones personales, las generalizaciones a partir de informaciones incompletas o los argumentos «emotivos».

Fase de redacción

Ahora debe redactarse toda la información que hemos considerado importante para el objetivo planteado en el comentario en concreto.

Todavía queda una última puntualización: teniendo en cuenta que el **comentario de texto** es, a su vez, un texto expositivo o argumentativo, debe presentar una estructura del tipo **introducción**, **desarrollo** y **conclusión** que se adapte, en cada caso, a las peculiaridades de contenido de los distintos comentarios.